KB274771

문학이란 무엇인가

문학이란 무엇인가

유종호 지음

민음사

증보판에 부쳐

책이 나온 지도 어느새 몇몇 해가 되었다. 독자들의 호응이 있는 편이어서 몇 번 거푸 찍게 되었다. 그때마다 손을 좀 보고 싶었다. 첫 판 「책 머리에」에서 열려 있는 제 I 텍스트임을 밝혀놓은 터이기도 하다. 그렇지만 그리 되지 못하고 말았다. 허둥지둥 살아온 평생 고질이 좀처럼 떨어지지 않는 탓이기도 하였다. 영 미룰 수만도 없는 노릇이어서 이번에 젊은 문학독자를 위한 글 두 편을 새로 써넣었다. 책읽기와 글쓰기에 참고가 될까 해서이다.

글이 글을 낳는다. 좋은 글이 좋은 글을 낳고 서투른 글이 서투른 글을 낳는다. 부모가 반팔자란 말이 있지만 글쓰기에서는 스승이 곧 반팔자이다. 글재주란 것이 있다면 그것은 좋은 글을 알아보는 식별력 이외의 아무것도 아니다. 따라서 많이 읽으면서 典範을 찾아 내는 길밖에 딴 도리가 없다. 이것은 새로운 소리가 아니다. 〈젊은이들이여, 명심하라. 악마는 그대들보다 나이먹었다〉고 한 것은 막스 베버이다. 해 아래 새로운 지식은 있어도 새로운 지혜는 없다. 내가 만나본 지혜의 여신도 호호백발이었다.

이 글을 쓰게 된 것은 여러 知音과 후배들의 조언과 성원 덕택이다. 여기서

일일이 거명하는 것도 결례일 것 같다. 꽃 지고 새 우는 봄날 혹 외나무다리
같은 데서 만나게 되면 두손 잡아 드리련다. 총총.

1994년 3월 유종호

책 머리에

　문학이란 무엇인가? 이것은 문학을 공부하고 문학을 가르치는 사람들이 회피할 수 없는 도전적인 물음이다. 도전적인 물음이 대체로 그러하듯 그 해답이 쉽게 마련되는 것은 아니다. 또 그 해답은 사람마다 다르게 마련일 것이다. 글을 쓰거나 문학을 공부하고 가르치는 것을 생업으로 하는 사람이면 누구나 이 물음에 대한 체계적인 해답을 시도하고 싶은 유혹을 느낄 것이다. 실상 그것은 하나의 직업적 의무일지도 모른다.
　갖가지 텍스트를 사용하여 교실에서 작품을 읽기도 하고 문학작품이 실지로 존재하는 방식에 대한 여러가지 설명을 대하면서 늘 쉽게 이해할 수 있는 문학개론 흐름의 책이 있었으면 좋겠다는 생각을 해왔다. 또 가능하면 그런 책을 쓰고 싶다는 막연한 충동을 느껴 온 것도 사실이다. 이때 내가 염두에 둔 것은 우리나라에도 소개된 바 있는 피터 버거의 『사회학에의 초대』였다. 확고한 대상 파악을 기반으로 해서 감칠 맛 나는 문체로 사회학의 기본 문제를 자유자재로 흥미 진진하게 설명하는 솜씨에 매료된 바 있었기 때문이다. 이렇듯 유쾌한 초대를 받고 보면 누구라도 사회학이란 학문에 끌리지 않을 수가 없을 것이다. 재미있으면 얕아지기가 십상이라는 세상통념을 완전히 뒤집어 놓고 있는 이 비슷한 책을 문학분야에선 아직 찾아내지 못하고 있다. 특히 우리 풍토에서는 턱없이 무미건조하거나 생경한 개념놀이로 떨어지고 마는 것이 예사이다.

깊이와 무게를 갖춘 채 흥미진진하게 읽혀서 『사회학에의 초대』와 경쟁할 수 있는 책을 쓴다는 것은 당장은 아무래도 가망이 없다. 그래서 그 초고나 만들어 보자는 생각을 해오던 차 연래의 숙제를 풀게 될 기회가 생겼다. 교육방송의 공개대학 프로에서 연속강연을 하게 된 것이다. 그것을 직접적인 계기로 해서 이 책이 씌어진 셈인데 그 사이 줄곧 다음 사항을 염두에 두었었다.

첫째, 문학은 삶에서 구할 수 있는 〈낙〉의 하나이고 따라서 문학을 즐길 수 있도록 유도해야 한다는 생각으로 시종하였다. 적어도 내게 있어 문학경험은 즐거운 것만은 아닌 나날의 삶에서 내가 벗삼을 수 있었던 희귀하고 소중한 〈낙〉의 하나였다. 따라서 즐기지 못하고서는 이해하지 못한다는 비평 가설을 전폭적으로 수용한다. 왜 문학공부를 하는 것인지 이해가 안 가게 작품읽기를 고통으로 알고 있는 문학도나 상투적인 비평 관용구는 좔좔 외우지만 좋아하는 시구 하나 외지 못하는 많은 사람들을 목도하기 때문에 이러한 생각은 더욱 굳어져 가고 있다.

둘째, 사례를 친근한 우리 문학 속에서 구하여 문학경험이 아주 비근하고 예사로우면서 동시에 신묘한 것임을 상기시키려고 하였다. 문학적 감수성은 모국어 내지는 제1언어에 대한 민감성에 기초를 두고 있으며 제1언어로 된 동요 하나 제대로 감식하지 못한다면 그것은 문학문맹(文學文盲)에 지나지 못한다고 생각한다. 모국어 속에서의 문학문맹이 난삽한 외국문학에 대해서 고담준론하는 관행이 의미하는 바는 내가 지금껏 풀지 못하고 있는 땅 위의 수수께끼의 하나이다. 모국어를 사랑하는 사람만이 진정한 문학이해에 이를 수 있다는 것이 나의 완강한 편견이다. 또 나는 우리 문학과 외국문학을 잘라서 생각하는 경향에 대해서 유보감을 갖는다. 그리스의 고전 비극, 19세기의 서양소설, 그리고 한용운이나 임거정을 읽는 것을 별개의 일이라고 생각하지 않는다. 이해와 연구는 다르다고 할지 모르지만 즐거운 이해 없는 연구가 무슨 가치가 있을 것인가. 〈사랑의 노동〉만이 이 세상에서 소중한 성과를 올릴 수 있다는 것 또한 버리고 싶지 않은 나의 두텁고 집요한 편견이다.

이러한 생각을 품고 있었다고 해서 그것이 잘 드러났다고 생각하지는 않는다. 다만 이 책을 읽는 독자들에게 참고는 될 것이다. 책 쓰는 사이에 우리의 현장과의 연계를 의식하다 보니 그때그때의 문학적 사건에 영향받아 재료를 취택한 면도 있다. 정지용, 김기림, 백석에 관한 언급은 당시에 해제금지가 되었다는 것과 크게 관련되어 있고 이것은 의도적인 것이었다. 쟁점에 따라 난이도에 있어서 들쑥날쑥이 있으며 더러 중복되는 발언도 있다. 그것은 이 책의 〈출신성분〉과 연결되는 부분이다. 〈출신성분〉은 속일 수 없다는 말도 있는 모양이니 넓은 이해 있기를 바란다. 이 책에는 또 순서가 없다. 바둑과는 달리 문학이해에 있어서의 정석이 있는 것은 아니다. 그러니 일정한 순서가 없어도 되리라고 생각한다. 문학이해를 위한 모든 것이 망라되어 있는 것도 아니다. 가장 중요한 의미와 해석 부분이 시사만 되어 있을 뿐이다. 다른 미흡점과 함께 두고두고 수정 보완할 작정이다. 그 점 이 책은 닫힌 책이 아니라 열려 있는 책이며 제1텍스트일 뿐이다.

이 책은 어느 모로는 인용문만으로 구성되어 있는 책이다. 요즘 우리 사회에서는 다양한 문학이론이 소개되어 문학도의 지적 호기심을 혹은 자극하고 혹은 충족시켜 주고 있다. 바흐찐에서 데리다에 이르는 참신한 이론은 도전적인 것이고 우리도 그 충격을 흡수하여 우리의 시각을 확대해야 할 것임은 물론이다. 그러나 한편 그것이 이론을 위한 이론놀이로 그쳐 실제 작품향수와는 멀어지는 것이 아닌가 하는 의혹이 갈 때도 많다. 첨단이론이 수용되는 한편으로 수많은 대학인구를 포용하고 있는 문학도 내지는 문학지망자 사이에서 소홀치 않은 수효의 문학적 문맹을 보게 되는 것 또한 부정할 수 없다. 이러한 양극화 현상을 염두에 둘 때 이 책이 지향하고 있는 예스러운 양식(良識)의 복권도 정당성을 갖고 있다고 생각한다. 가령 문학은 언어예술이라고 말할 때 우리는 따옴표 없이 남의 말을 인용하는 셈이다. 이렇게 사람들의 입에 오르내리는 사이 스스로 따옴표를 벗어 버린 인용문들이 세상의 지혜로 통하는 것이다. 그 점 이 책에서 독자적인 사고나 통찰은 찾아볼 수가 없을 것이다. 가난을 부끄러워하지 않는 것처럼 나는 이 점을 부끄럽게 생각하지 않는다. 이것저것 찾아보자니 과연 불편한 것이 흠일 뿐이다. 따라서 꼼꼼한 각주를 붙이지 않았다. 본시 교육자란 다양한 견해를 자상하게 설명하여 주는 사람이지 독창적인 사상가나 선교사가 아닌 법이다. 우리나라에서

x)

가르치고 있는 수천명의 문학교사들이 모두 〈독창적인 사고와 체계〉를 가르친다면 어떻게 될 것인가? 그것은 참으로 어지러운 일일 것이다. 이 세상에서 참으로 독자적이고 독창적인 사고나 담론은 사실 희귀하다. 독창성과 주체성을 쉽게 내세우는 경우가 도리어 의심쩍다. 그렇다고 이 책의 미흡점을 인용문 탓으로 돌리려는 배포로 있는 것은 아니다. 언젠가 누군가의 손으로 참으로 〈주체적인 우리의 문학이론〉이 수립된다면 그것은 따옴표 없는 인용문 투성이의 책들을 기초로 해서 이루어질 수밖에 없을 것이다. 작품읽기에 주력하면 되지 이론이 무슨 필요가 있느냐는 이론경원도 널리 퍼져 있다. 그러나 이러한 주장을 하는 사람들 가운데는 작품과 개인사의 상호관련에 각별히 민감한 낡은 이론의 중독자들이 의외로 많다. 문학의 문법으로서의 문학이론은 문학이해를 위해서 또 문학인의 자기성찰을 위해서 필요하고 유익한 것이다.

　이 책은 처음부터 문학이론 공부를 위한 개론서로 구상된 것이다. 따라서 첫걸음을 익힌 뒤 독자들이 더욱 깊은 문학이해와 연구로 나아가는 계기가 된다면 그것으로 일단 소임이 끝난다고 생각한다. 이 책은 많은 분들의 공동노력의 소산이다. 마지막 단계에서 민음사 편집부 여러분이 각별히 애쓰셨고 특히 이화여대 대학원의 김영미, 홍유미 학생이 한더위에 교정 수고를 아끼지 않았다. 두루 감사의 뜻을 전하고 싶다.

1989년 8월　유종호

문학이란 무엇인가

차례

일러두기

1. 참조문헌은 실지로 참고한 책과 독자들이 구해 읽기를 권하고 싶은 책을 병기했음.
2. 확실한 번역본이 있는 것은 우리말 번역을 적었음.
3. 비근한 작품 인용은 굳이 출처를 밝히지 않았음.
4. 이왕에 적은 책은 두번째부터는 약술했음.
5. 인용한 작품 중 한자는 무리가 없는 한 한글로 바꾸었음.
6. 루스번(Ruthven)의 『비평의 가설 *Critical Assumptions*』은 딱딱한 내용을 재미있게 적은 책으로서 특히 의존한 바가 많음.

문학 텍스트의 확정

　꼭 읽어야 할 문학 고전으로 지정되어 있는 것의 하나에 동양 쪽의 『시경』과 서양 쪽의 호메로스가 있다. 연대순으로 적혀 있게 마련인 필독서 목록의 첫머리를 차지하고 있는 이러한 고전들이 과연 얼마만큼 교양교육 수료자들에게 친숙한 것인지는 헤아릴 수 없다. 또 한번쯤 훑어 본 독자들이라 할지라도 우리에게 접근 가능하게 되기 위해서 이러한 고전들이 겪었던 변천과정을 짐작하는 이들은 많지 않다. 작가의 원고를 인쇄에 부치고 교정과정을 거쳐 책으로 선보이는 것이 근대문학 텍스트의 성립과정이다. 이러한 근대 문학 텍스트에의 접근과정을 우리는 부지중에 고전작품의 경우에도 상상하기 쉽다. 그러나 실로 많은 우여곡절을 거쳐서 고전 텍스트는 우리에게 접근 가능한 것으로 되는 것이다. 그것은 많은 사람들의 문화적 노력의 결과로 생산된 것이다. 우리는 문학 텍스트의 성립과정을 호메로스의 『오뒷세이아』를 통해서 검토해 볼 것이다.

호메로스의 경우

세계에서 가장 오래된 서사시의 하나인 호메로스의 『오뒷세이아』는 대략 1만 2천 행으로 구성되어 있다. 그러나 대부분의 독자들은 아마 산문으로 된 번역을 통해서 작품에 접근할 것이다. 운문 번역의 걸작이 전해 오는 영어문화권에서도 요즘엔 산문 번역이 널리 이용되고 있다. 그런데 이때 대본이 되는 텍스트는 어떠한 것인가?

우리들이 읽는 『오뒷세이아』의 가장 오래된 원전은 서력 1000년경 동로마 제국의 수도였던 비잔티움에서 베껴 놓은 사본으로 현재 이탈리아 피렌체에 보관되어 있다. 이보다 더 오래된 사본은 알려지지 않고 있다. 그런데 이 피렌체 사본이 의존하고 있는 고대 말기의 교정본은 기원전 150년경에 이집트의 알렉산드리아에서 처음으로 교정된 호메로스 원본을 베낀 것이라고 추정되고 있다. 이 최초의 교정본을 만들기 이전 알렉산드리아에서는 여러 도시에 소장되어 있던 호메로스본이 수집되었고 백여 년에 걸친 원본 확정 작업이 진행되었다. 그리하여 5세대에 걸친 당대 석학들의 노력에 의해서 교정본이 완성되었는바 이것이 다시 몇다리 걸쳐서 피렌체본의 대본이 된 것이다. 이때 참여한 학자들의 이름은 그대로 전해지고 있으며 또 교정본 확정을 위해 수집한 호메로스본 사이에는 어구의 차이가 많았다는 것도 분명하게 기록되어 있다. 또 이 작업에 종사한 학자들 사이에서는 어떤 구절이 호메로스의 목소리에 가장 어울리는 것인가에 관해서 의견이 구구했는데 이것도 주석에서 밝혀 놓고 있다. 그러니까 기원전 3세기경에 지중해 전역 및 흑해 연안에 산재해 있던 여러가지 호메로스본을 검토해서 마련한 교정본에 의존하여 현재의 『오뒷세이아』 텍스트가 이루어진 것이다.

알렉산드리아에서 이루어진 교정작업이 완성되기 이전의 호메로스 텍스트는 『일리아스』건 『오뒷세이아』건 완전한 형태로는 단 한 권도 남아 있지 않다. 또 플라톤이나 아리스토텔레스가 인용하고 있는 호메로스의 시행(詩行)도 대개의 경우 피렌체본의 어구와 맞지 않으며 또 피렌체본에 없는 시행이 인용되고 있는 경우도 있다. 또 호메로스로부터의 인용은 기원전 4세기 중엽까지 거슬러올라가 발견되지만 그 이전의 시기엔 호메로스의 구절을 호메로스의 구절이라며 인용하고 있는 경우는 없다.

호메로스 연구자들이 밝히고 있는 『오뒷세이아』텍스트의 성립 과정을 요약해 보았지만 그것으로 이 고전의 윤곽이 탕진되는 것은 아니다. 과거 2천년 동안 많은 학자들이 호메로스 연구에 헌신했으며 19세기에는 〈호메로스 문제〉가 새삼스레 제기되었다. 그리하여 분석론자라고 알려진 학자들은 호메로스 서사시를 그 전대(前代) 시편이나 단편(斷片)이 결합된 것이라 보고 그 가운데서 정말 호메로스의 부분이 무엇인가를 분석에 의해서 찾아내려고 시도하였다. 그러다 20세기에 들어와서는 호메로스의 서사시가 정교하게 구성되어 있고 성격묘사에 일관성이 있으며 전체적으로 탁월한 예술이기 때문에 한 시인의 창작임에 틀림없다는 단독론자들이 우세하게 되었다. 호메로스 연구에 획기적 기여를 했다고 평가되는 요절한 미국의 고전학자 밀먼 패리(Milman Parry)는 단독론이 우세하던 상황에서 새로운 발견을 하게 된 것이다.

패리의 발견은 호메로스 시(詩)의 모든 뚜렷한 특징이 구두적 시작 방법이 강요하는 경제적 처리에서 나온다는 것으로 요약된다. 호메로스의 시에 있어서 말과 어형(語形)의 선택은 구두(口頭)로 짓는 〈보격시행(步格詩行)〉의 형태에 의존한다는 것이다. 가령 포도주를 나타내는 형용사는 모두 운율상으로 상이한데 특정 형용사는 정확한 의미 때문이 아니라 그때그때의 운율상의 필요에 따라서 사용이 결정된다는 것이다. 이러한 통찰은 패리의 발견 이전에도 있었다. 패리 발견의 특징은 종래의 호메로스 이해를 뛰어넘어서 호메로스가 규격화된 상투어구를 되풀이해서 사용했다는 것을 알아낸 점에 있었다. 호메로스의 시 가운데서 극소 부분만이 상투적인 관용구가 아니고 대부분은 예측가능한 규격화된 관용구로 점철되어 있다는 것이다. 따라서 호메로스의 시의 언어 속에 여러 시대의 언어적 특징이 한데 어우러져 있는 것은 여러 텍스트가 겹쳐져 있기 때문이 아니라 운율상의 필요를 위해서 서사시인들이 보존하고 또 가공하기도 한 규격화된 관용적 표현의 구사 때문에 장구한 세월에 걸쳐서 이루어진 것으로 설명된다. 이때의 규격화된 관용구 즉 공식을 패리는 〈일정한 생각을 나타내기 위해 동일한 운율적 상황 아래서 으례껏 채용하는 어군(語群)〉이라고 정의하고 있다. 어쨌거나 호메로스의 시는 이러한 규격화된 관용구를 되풀이해서 활용했고 그것은 모든 것을 기억에 의존해야 하는 구비문화(口碑文化)의 경우 불가결한 일이었다. 패리의 연구는 1930년경에 발표되었으나 1960년대에 와서 널리 인정받게 되었다. 그리하여 호메로스의 시 속에서 발견할 수 있는 뼈대가 여러 세대에 걸친 시인들의 노력을 계승한 한 구비시인의 즉흥시 낭송의 방법으로 완성된 것이었다고 생각하기에 이르렀다.

이러한 연구성과로 과연 〈호메로스 문제〉가 완전히 해결된 것은 아닐 것이다. 알렉산드리아 교정본 이전의 텍스트가 현존해 있지 않기 때문에 의문점은 아직도 많은 것이다. 우리가 검토한 것은 고전학자들의 연구 개관이 아니라 문학 텍스트가 이루어지는 과정에 대한 일별이다. 실로 많은 사람들의 집합된 노력에 의해서 우리가 번역으로나마 접할 수 있는 텍스트가 이루어지는 것이다. 참고로 덧붙인다면 호메로스 서사시의 배경이 되어 있는 트로이전쟁이 일어난 것은 기원전 1200년경이었다. 또 역사가 헤르도투스의 기록에 의존하여 추측한 호메로스의 상한(上限) 연대는 기원전 850~750년이 된다. 그리고 그리스 말의 알파벳이 발전하여 급속히 퍼진 것은 기원전 720년에서 700년 사이인 것으로 알려져 있다.

문자문학의 경우

『오뒷세이아』의 텍스트는 기본적으로 구비문학이었고 또 고대문학이었기 때문에 우여곡절 끝에 접근 가능하게 된 것이다. 옛 구비문학이 전승하게 된 것은 그 탁월성 때문에 학자들의 노력으로 살아남을 가능성이 커진 때문이라고 할 수 있다. 여러 텍스트가 흩어져 있다가 그 중의 하나가 살아남았기 때문이다. 그러나 구비문학의 전승이 보다 우연에 의지하고 있는 경우도 없지 않다. 영문학사에서 가장 오래된 것으로 얘기하는 『베오울프』는 7세기 후반이나 8세기 전반의 구비시로 여겨지고 있다. 『베오울프』의 텍스트로는 10세기에 씌어진 것으로 생각되는 필사본 하나가 전해지고 있는데 이것이 재발견된 것은 17세기에 와서의 일이다. 그나마 제본기술 부족에다가 화재 때문에 이 유일 필사본은 훼손되어 온전히 남아 있지를 않은 것이다. 우연한 행운이 『베오울프』를 남아 있게 한 것이다. 『삼대목(三代目)』처럼 소멸된 옛 문학도 헤아릴 수 없이 많을 것이다. 현재, 세계에는 약 3,000개의 언어가 있는데 이중 78개 언어만이 문자기록을 가지고 있다. 인류 역사에서 있었던 언어는 수만 개로 추정되지만 문자로 씌어진 문학을 가지고 있는 언어는 106개에 지나지 않는다. 이렇게 생각한다면 유실되고 소멸된 구비문학의 규모는 엄청나게 크다고 하지 않을 수 없다.

구비문학이 아니고 처음부터 문자로 씌어진 경우에도 텍스트의 문제는 간단하지가 않다. 영문학사에서 크게 취급되는 시인에 초서가 있다. 그의 『캔터베리 이야기』는 상이한 판본이 너무나 많다. 『베오울프』의 경우와는 정반대인 셈이다. 82종의 다른 텍스트를 연구한 초서학자들은 그중 58개가 거의 완전한 형태로 되어 있다는 것을 보고하고 있다. 이러한 상이한 현존 텍스트 가운데서 가장 믿음직스러운 것을 대본으로 하여 학자들이 수정 가감하여서 『캔터베리 이야기』가 독자들에게 전달되는 것이다. 그래서 셰익스피어의 경우에도 이렇게 텍스트확정을 위한 원문비평이 커다란 연구분야를 이루고 있는 것이다.

우리 문학의 경우에도 『춘향전』『심청전』『홍길동전』『조웅전』처럼 널리 읽혀진 작품들의 경우 10여 종에서 7, 8종에 이르는 방각본(坊刻本)이 있고 이보다 더욱 많은 사본들이 남아 있다. 전주의 완판본(完版本)이나 서울의 경판본(京版本) 사이에 차이가 있다는 것도 알려져 있다. 대개 어느 하나를 대본으로 하여 편자가 적의 가감하여 텍스트가 확정되는 것

이다. 잘못되었다고 생각되는 것을 고치기도 하고 빠졌다고 생각되는 부
분을 보충하기도 한다. 한때 영국 같은 데서는 근대문학 작품의 원본확
정이 젊은 학도에게 주어지는 중요한 학문적 과제이기도 하였다.

근자에 우리 사이에서도 근대문학의 복간작업이 활발해지고 있다. 신
문 잡지에 흩어져 있는 글을 전집으로 엮기도 하고 묻혀 있던 것을 발굴
하기도 한다. 연구 자료로 삼기 위해 잘못된 것까지 포함해서 원형으로
보여주기도 하고 또 독자들의 편의를 위해서 띄어쓰기나 맞춤법을 현행
대로 고치기도 하고 또 전후문맥으로 보아 잘못임이 분명한 것은 고쳐
놓기도 한다. 이때 일관성을 유지한다는 것은 겉보기처럼 단순하지가 않
다. 이러한 원본 확정과정에서 우리는 몇 가지 문제와 부딪히게 된다.

텍스트 확정의 문제점

박두진의 「어서 너는 오너라」는 되풀이를 통해서 독특하게 리듬을 살
리고 있는 시인의 대표적인 작품의 하나다. 소리내어 읽으면 시의 효과
가 커진다.

복사꽃이 피었다고 일러라. 살구꽃도 피었다고 일러라. 너이 오래 정
드리고 살다 간집, 함부로 함부로 짓밟힌 울타리에 앵도꽃도 오얏꽃도
피었다고 일러라. 낮이면 벌떼와 나비가 날고 밤이면 소쩍새가 울더라
고 일러라.
……
복사꽃 피고, 살구꽃 피는 곳, 너와 나와 뛰놀며 자라난 푸른 보리밭
에 남풍은 불고 젖빛 구름 보오얀 구름속에 종달새는 운다. 기름진 냉
이꽃 향기로운 언덕, 여기 푸른 잔디밭에 누워서, 철이야 너는 너는
닐 닐 닐 가락맞춰 풀피리나 불고, 나는, 두둥싯 두둥실 봉새춤 추며,
막쇠와, 돌이와, 복술이랑 함께, 우리, 우리, 옛날을, 옛날을, 딩굴어

16

보자.

한번은 이 대목을 인용하기 위해서 시인의 시집을 뒤져 보았다. 박두
진시선집 『에레미야의 노래』에 이 작품이 실려 있는데 〈함부로 함부로
짓밟힌 울타리〉에서 되풀이가 빠지고 〈함부로〉가 단 한 번 나올 뿐이다.
읽으면서 어쩐지 리듬이 맞지 않는다고 생각했다. 대체로 소년기에 읽은
시는 가락이 기억되는 법이어서 아무래도 오식으로 빠진 것이 아닌가 생
각되었다. 그러나 근자에 나온 시선집이고 보니 혹시 시인이 고친 것이
아닐까 하는 생각이 들기도 했다. 『청록집』이 수중에 없어 확인도 안 되
고 해서 그냥 빼고 인용하였다. 그 후 우연히 시인을 뵙게 되어서 직접
문의했더니 역시 되풀이가 맞고 『에레미야의 노래』쪽이 틀린 것이라는
대답이셨다. 시인이 생존해 계시니까 문제는 간단하지만 그렇지 않은 경
우 꽤 까다로운 문제로 남게 되는 셈이다. 되풀이가 없는 『에레미야의
노래』와 되풀이가 되어 있는 『청록집』쪽의 텍스트가 아울러 남아 있을
때 뒷날의 연구자들은 어느 편을 취택할 것인가? 그 작품의 끝맺음 쪽
에서 볼 수 있는 〈우리, 우리, 옛날을, 옛날을, 딩굴어 보자〉를 위시한
시인의 버릇을 근거로 해서 되풀이 쪽을 취하는 이도 있을 것이다. 또
시의 리듬으로 보거나 초판본 『청록집』의 권위를 빌어 그것을 보강할 수
도 있을 것이다. 그것이 자연스러워 보인다. 그러나 시에 대한 취향은
사람마다 다르게 마련이다. 작자의 생존당시에 나온 시선집이란 점을 들
어 되풀이가 생략된 쪽을 취택할 가능성도 배제할 수는 없는 것이다.
　앞의 경우는 출판 과정에서 생긴 착오의 산물임이 분명하다. 작자의
유권해석이 기능을 발휘하는 현시점에서는 문제가 되지 않는다. 문제가
되는 것은 추정에 의한 선택을 해야 할 때이다. 사실 시인작가들은 이미
발표된 작품에 손질과 개칠을 가하는 경우가 많다.

방초봉(芳草峰) 한나절
고운 암노루

아랫마을 골짝에
홀로 와서

흐르는 냇물에
목을 추기고

흐르는 구름에
눈을 씻고

열 두 고개 넘어가는
타는 아지랑이

—— 박목월, 「3월」

마지막 두 줄이 처음 발표 당시에는 〈낡은 청석(靑石)바위／피는 돌옷〉으로 되어 있었다(이 작품은 8·15직후 김동석이 주재하던 《상아탑》에 발표되었다. 지금 가까이 없어 확인할 길이 없지만 기억에 틀림은 없을 것이다. 혹 착오라면 지적해 주기를 요망한다). 이 경우 작자 자신이 고친 것이고 또 고쳐진 현재의 구절이 전체적으로 3월과 조화되어 있기 때문에 별 문제가 되지 않을 것이다. 본래의 대목은 대체로 한시적(漢詩的)인 구도에 어울린다는 국면은 있으나 얼마쯤 억지스러워 보이는 것이 사실이다.

혼히 영감을 강조하는 낭만주의 쪽에서는 시의 제작과정을 신비화해서 시가 즉흥적으로 씌어진다는 투로 설명하는 경우가 많다. 그러나 이것은 사실에 맞지 않는다. 소박하고 단순한 경우에도 많은 수정을 거쳐서 한 편의 시가 제작된다. 시인이 표방하거나 시인의 것이라고 추정되는 의도가 한 작품의 성취도를 가늠하는 판단기준이 될 수 없다는 〈의도의 오류〉 이론은 터무니없이 수정되고 첨가된 부분을 가리키면서 어느 것이 과연 시인의 진짜 의사냐며 자설(自說)의 근거의 하나로 삼고 있기도 하다. 발표 후에도 고치고 또 고쳐서 작품의 완벽성을 기한다는 것은 좋은 일이다. 또 고쳐진 부분이 본래의 것보다 효과적인 경우가 많다.

고향에 고향에 돌아와도
그리던 고향은 아니러뇨.

산꿩이 알을 품고
뻐꾸기 제철에 울건만

마음은 제 고향 지니지 않고
머언 항구로 떠도는 구름

처음 발표된 후 근 60년의 세월이 흘렀지만 조금도 퇴색해 보이지 않는 정지용의 「고향」의 첫 부분이다. 1932년 발표되었을 때는 〈뻐꾹이 한창 울건만〉으로 되어 있었는데 1935년의 『정지용 시집』에는 〈뻐꾸기 제철에 울건만〉으로 고쳐졌다. 〈한창〉과 〈제철에〉 사이의 차이는 작다면 작지만 굉장히 큰 것이다. 〈한창〉은 너무 흔하고 또 누구라도 쓸 수 있는 말이다. 〈제철에〉는 흔히 쓰이되 과일이나 농작물이 아닌 새소리에 연결시킨 것은 창의적인 언어구사라고 생각된다. 또 〈그리던 고향이 아니러뇨〉나 〈마음은 제 고향 지니지 않고〉이하의 시행과의 대조를 돋보이게 해서 〈한창〉보다 훨씬 효과적이다. 〈한창〉을 〈제철에〉로 고친 것은 시인의 언어감각에 대한 우리의 신뢰를 두텁게 해주는 명수의 솜씨이다. 이러한 요소가 작자에게 〈기교파 시인〉이란 달갑지 못한 호칭을 안겨 준 계기가 되기도 했겠지만 언어예술인 한, 명수의 솜씨는 세련되어 있으면 있을수록 좋은 것이다.

위에서 든 보기에서는 개칠과 수정된 쪽이 어느 모로나 작품의 성취도에 도움이 되어 주고 있는 경우다. 따라서 작자가 고친 부분에 대해서 이의를 제기할 여지가 없다. 이때 수정의 계기가 되어 준 것은 대체로 작품 내적인 고려이다. 그래서 대체로 기술적인 수준에 머물러 있다. 그러나 개작이 시도되는 것은 흔히 작품 외적인 고려에서 오는 경우도 많다.

외적인 고려

아버지는 나귀 타고 장에 가시고
할머니는 건너 마을 아저씨 댁에.
고추 먹고 맴맴
달래 먹고 맴맴.

할머니가 돌떡 받아 머리에 이고
꼬불꼬불 산골길로 오실 때까지.
고추 먹고 맴맴
달래 먹고 맴맴.

아버지가 옷감 떠서 나귀에 싣고
딸랑딸랑 고개 넘어 오실 때까지.
고추 먹고 맴맴
달래 먹고 맴맴.

———— 윤석중, 「고추 먹고 맴맴」

윤석중 동요선집 『날아라 새들아』에 실려 있는 대로 옮겨 놓은 것이다. 어릴적 동요로 노래 부를 때 분명히 〈담배 먹고 맴맴〉이었는데 〈담배〉가 〈달래〉로 고쳐져 있다. 1932년에 나온 김기주편 『조선신동요선집』을 보니 분명히 〈담배 먹고 맴맴〉으로 되어 있다. 맞춤법상의 사소한 차이를 제외한다면 담배가 달래로 되고 제목이 「집보는 아기 노래」에서 「고추 먹고 맴맴」으로 되어 있는 것을 제외하고서는 차이가 없다. 작가가 고친 것이 언제인지는 모르겠다. 제목은 고친 쪽이 나아 보이지만 〈달래〉쪽은 아무래도 부자연스럽다. 왜 하필 달래인가. 마늘, 파, 달래, 고추 사이에 어떤 유사관계가 있는 것은 사실이다. 또 담배와 달래의 소리도 비슷하다. 그러나 본래의 담배가 낫다. 어린이를 위한 동요라는 점을 참작해서 교육적 관점에서 고친 것이 분명하다. 그러나 어린이에게도 무의식적인 모방충동이나 불량(不良)충동이 있는 법이다. 「담배 먹고 맴 맴」을 노래하며 담배를 피울 가능성보다는 그러한 간접 경험을 통해 불량충동을 배출해 버릴 공산이 크다고 볼 수 있다. 모범적인 착한 어린이의 동요와 함께 장난기 있는 동요도 필요한 것이다. 장난기를 다룬 매우 희귀한 이색적인 동요를 잃어버렸다는 생각이 든다. 그 점 수정되지 않은 원본 쪽에 동요의 매력이 있다고 생각한다.

위에서 동요를 들어 외적인 고려에서 손을 본 경우의 실례를 보았다. 그런데 외적 고려에서 개작하는 경우는 의외로 많다. 그것은 특히 정치적인 것과 밀접히 연결되어 있는 경우가 흔하다. 각 세대마다 역사를 새로이 써야 한다는 말이 있다. 현재의 관점에서 과거를 돌아볼 때 과거의 의미가 새롭게 비쳐 오는 것은 당연하다. 그것은 개인사의 경우에도 마찬가지다. 성숙해 가고 노쇠해 가면서 사람은 자기의 과거가 새로운 모습으로 다가오는 것을 경험한다. 행복했던 계기에서 재앙의 시초를 보고 재앙이라고 생각했던 사건에서 전화위복의 계기를 새롭게 발견하게 되기도 한다. 그러니까 사람들은 머리속에서 끊임없이 자서전을 고쳐 쓴다. 의식적일 수도 무의식 수준의 일일 수도 있다. 그런데 일관성 있고 영웅적인 자화상을 그리고 싶은 허영이 남달리 강한 사람이 있다. 자크 프레베르가 노래한 「위대한 사람」도 그러한 사람이다.

내가 그를 만났던
돌 깎는 사람 집에서
그는 후세를 위하여
제 몸의 칫수를 재고 있었다

—— 김화영 옮김

그러다 보니 심미적 완성이나 도덕적 고려에서가 아니라 〈제 몸의 칫수재기〉의 일환으로 개작하는 경우도 없지 않은 것이다. 이럴 때 어느 쪽을 텍스트로 확정할 것인가 하는 문제는 간단하지가 않다. 뒷날 고쳐 쓴 것이 작자의 의도를 살리는 길이 아니겠느냐는 생각에 동조할 수만도 없다. 「고추 먹고 맴맴」이라는 짤막한 동요가 시사하듯이 개작과 수정 이전의 본래 모습에 작품 고유의 매력이 있을 수도 있다. 그리고 그것을 텍스트로 확정할 수도 있는 것이다. 워즈워드의 자전적인 장시인 「서곡」 은 1805년의 원고본과 1850년에 간행된 수정본이 있다. 시인 자신은 후 자를 텍스트로 확정해 놓은 셈이지만 젊은 날의 1805년본이 한결 신선하 고 명징하다면서 그것을 텍스트로 삼아야 한다고 주장하는 학자들도 많 다. 그리하여 양자를 함께 실어 좌우로 대조할 수 있게 하는 텍스트가 나오고 있다. 어쨌거나 외적인 고려에서 개작한 경우 작자의 계산이나 의도가 더 잘드러남으로 해서 한 작가를 검토하는 데 도움이 되는 것은 사실이다.

「만세전」의 경우

작가에 따라서는 작품 내적인 심미적 고려에서 일삼아 개작을 시도하 는 이들이 있다. 그리하여 정본(定本)임을 생전에 확인해 두는 경우도 있다. 헨리 제임스 같은 이가 그쪽으로 악명이 나다시피한 작가이다. 우 리 쪽에선 황순원(黃順元)이 꾸준히 부분적인 세련을 가하는 편이다. 또 최인훈(崔仁勳)은 「광장」을 풀어 쓴 일이 있다. 자라나가는 젊은 세대의 취향에 맞도록 한자말을 될수록 토박이말로 바꿔 본 것이다. 그것은 토 박이말의 가능성을 타진한다는 부차적 의미를 갖는 시도이기도 하였다. 앞서 보았던 것처럼 개작이 반드시 개선으로 이어지는 것은 아니다. 흔 히 선집에 나오는 「황토기」도 처음 발표되었던 대본 이후 많은 손을 본 작품이다. 아주 오래전이지만 개작된 텍스트에서 동회란 말을 접하고 크 게 실망한 적이 있다. 주인공 억쇠가 소년의 신분으로 장사 소리를 들었 을 때 노인들이 동회로 모여들었다는 장면이 있다. 이 원형적 상황과 인물의 얘기는 분명한 시대를 밝히지 않을 때 더욱 폭넓은 상징성을 띠게 된다. 최근의 얘기임을 시사하는 동회가 등장함으로써 억쇠도 득보도 이상하게 왜소해지는 것 같은 느낌이 들었던 것이다.

그런 의미에서 성공적이고 의미있는 개작의 보기로는 염상섭의 「만세전」을 꼽고 싶다. 많은 사람들이 8·15이후의 개작 텍스트를 통해서 이 작품을 알게 된다. 필자도 그 가운데의 하나였지만 전집의 간행을 통해서 비로소 그 이전의 텍스트가 일반 독자에게 접근 가능하게 된 것이다. 『한국현대소설사』의 저자인 이재선(李在銑)의 노력으로 「만세전」의 개작 과정이 소상하게 밝혀지게 되었지만 그의 연구를 따르면 이 작품은 세 차례나 개작되었고 따라서 흔히 읽히는 텍스트는 네번째 것이 되는 셈이다. 첫번째 텍스트는 「묘지」란 제목으로 1922년에 잡지 《신생활》에 연재되었으나 잡지 폐간으로 연재 3회로 중단된다. 두번째 텍스트는 1924년 4월부터 《시대일보》에 59회 연재된 것이다. 이때 「만세전」으로 표제가 바뀌는데 이를 기초로 개작하여 1924년 3월 고려공사(高麗公司)에서 단행본으로 간행한 것이 세번째 텍스트이다. 그리고 1948년 10월 수선사(首善社)에서 개작 간행된 것이 널리 읽힌 네번째 텍스트라고 한다.

《신생활》 9호에 실린 3회분은 완전히 삭제된 채 잡지가 발매되었는데 이때 검열기관인 조선총독부 경무국에 검열용으로 납본된 것에 의거하여 이재선은 삭제된 부분을 되살려서 검토하고 있다. 그리고 일제 당국의 검열이 작가의 상상력이나 의식에 얼마나 파괴적으로 작용했는가 하는 점을 새삼 깨우치고 있다. 그리고 식민지시대의 문학을 역사적으로 논의할 경우 개작된 텍스트보다는 식민지 상황에서 씌어진 텍스트를 우선적으로 다루어야 한다고 정당하게 주장하고 있다. 그런데 「만세전」의 경우 흥미있는 것은 1924년도의 세번째 텍스트로도 이 작품에 대한 긍정적 평가의 의미가 조금도 줄어들지 않는다는 점이다. 이 점은 아주 중요하다고 생각된다.

「만세전」의 개작에 대해서 작가가 이렇다할 언급을 하고 있는 성싶지는 않다. 연재 중단, 새 연재, 단행본 간행에 따른 개작과 수정은 개량

지향이라는 점에서 1920년대의 짤막한 기간 동안에 있었던 자연스러운 과정이었다: 여기서 문제가 되는 것은 8·15이후의 네 번째 텍스트이다. 그것은 시간상으로 보더라도 1924년 단행본 간행 이후 4반세기만의 수정이기도 하다. 우리는 개작 동기를 여러가지로 추측할 수 있다. 첫째로 1920년대 단행본 간행 때 수정했듯이 보다 완벽한 작품을 보여주려는 성취의욕을 지적할 수 있고 이것은 누구에게나 있는 것이다. 둘째, 한자 비중이 우세한 국한혼용이 되어 있는 제3텍스트를 작가 자신도 1920년대 후반부터 채택해 온 한글전용을 거울삼아 고칠 필요를 느꼈을 것이다. 독자에 대한 고려도 있지만 소설에서의 한글전용은 소설문체에 각별한 섬세함과 유연성을 더해 준 만큼 한결 원숙해진 필치를 지닌 작가가 개필 충동을 느꼈을 것임은 능히 추측할 수 있다. 셋째, 검열이라는 억압적 굴레를 벗어난 상황에서 지난날 말하지 못했던 부분을 보충하고 싶은 충동도 의당 느꼈을 것이다. 삭제된 제1텍스트 부분이 그 사이의 사정을 웅변으로 설명해 주고 있다.

그런데 여기서 중요한 것은 세번째 충동이다. 마음 놓고 생각했던 대로 써 보자는 복원 충동은 8·15이후의 감격시대에 영합하여 제3텍스트에 있던 반일적 요소를 과장하고 그렇게 함으로써 혹 반일적 민족적 저항적 작가라는 측면을 강조할 위험성을 안고 있다. 그것은 작품의 진정성을 훼손시킬 수 있고 〈후세를 위하여 몸의 칫수를 재는〉 허영을 노출시킬 수도 있다. 현재의 관점에서 개인사와 사회사를 아울러 고쳐 쓰는 일이 될 수 있으며 그러한 한에서는 역사 왜곡의 위험성을 크게 안고 있는 셈이 되기도 한다. 제4텍스트의 진정성이 문제되는 것은 이러한 관점에서라고 생각된다.

그런데 작자를 위해서, 작품을 위해서, 또 우리 문학을 위해서 극히 다행스럽게도 제4텍스트는 제3텍스트를 크게 벗어나지 않고 있다. 부분적인 세련과 추가는 있으나 사실상의 〈역사왜곡〉이라 할 만한 것은 찾아볼 수 없다. 제3텍스트를 처음 읽었을 때 어떤 불안감을 가졌던 일을 솔직히 고백한다. 8·15이후의 새 상황에 편승하여 1920년대 텍스트에 없는 반일적 요소가 지나치게 보충된 것이라면 어떻게 하나 하는 두려움은 안도감으로 변해 갔다. 사실 「만세전」에서 우리가 탄복하게 되는 식민지 상황의 간결하면서도 극명한 제시는 1920년대 텍스트 속에 고스란히 앞당겨져 있는 것이다. 따라서 제4텍스트의 문학적 진정성을 의심할 필요는 없다. 물론 제4텍스트에 상당한 보충이 있는 것은 사실이다. 그러나 그것은 제3텍스트의 뼈대를 벗어나지 않는다.

조선에 〈만세〉가 일어나던 전해 겨울이다. 세계대전이 막 끝나고 휴전 조약이 성립되어 세상은 비로소 변해진 듯싶고 세계개조의 소리가 동양천지에도 떠들썩한 때이다. 일본은 참전국이라 하여도 이번 전쟁 덕에 단단히 한 밑천 잡아서 소위 나리긴(成金) 나리긴 하고 졸부가 된 터이라, 전쟁이 끝났다고 별로 어깻바람이 날 일도 없지만은 그래도 또 한몫보겠다고 발버둥을 치는 판이다.

위의 인용문에서 첫머리 문장을 제외한 나머지는 제3텍스트에 없고 제4텍스트에 첨가된 부분이다. 1920년대 검열사정을 생각하면 작가로서는 조심스러웠을 부분이다. 그러나 여타 부분과 비교할 때 그렇게 위험한 대목도 아니다. 일본에 대한 냉소적 태도가 엿보이는 것은 사실이나 8·15 직후의 반일감정에 편승했다기 보다는 당시 독자들에게 시대상황을 알리기 위한 지문이라고 생각된다. 1920년대 독자에겐 불필요한 해설이지만 1940년대 말기의 독자들에겐 필요한 친절이었을 것이다.
식민지 조선에 대한 일인의 태도가 잘 드러나 있는 연락선의 목욕탕 장면에서도 약간의 손질은 있으나 뼈대가 크게 바뀐 것은 아니다. 제3텍스트도 할 소리를 다하고 있는 것이다.

"요보말씀예요? 젊은 놈들은, 그래도 제법들이지만, 촌에 들어가면 대만의 생번(生蕃)보다 낫다면 나흘까, 인제 가서 보슈…… 하하하,"
 '대만의 생번'이란 말에, 그 욕탕에 들어 앉었든 사람들이, 나만 빼어놓고는 모다 킥킥 웃었다. 나는 가만히 앉았다가 무심코 입살을 악물고 치어다 보았으나, 더운 김에 가리워서, 궐자(厥者)들에게는 자세히 보이지 않은 모양이었다. 사실말이지, 나는 그 소위 우국의 지사는 아니다. 자기가 망국민족의 일분자이라는 사실은 자기도 간혹은 명료히 의식하는 바요, 따라서 고통을 감(感)하는 때가 없는 것은 아니나……

검열당국에겐 거슬리는 말이지만 그대로 나와 있고, 제4텍스트에서도 크게 바뀐 것은 없다. 〈대만의 생번〉이란 말에 모두 웃었다는 대목에서 〈나는 기가 막혀 입술을 악물고 치어다 보았으나〉로 되어 〈기가 막혀〉가 첨가되어 있다. 그러나 실감을 위해 첨가했을 뿐 제3텍스트에서도 〈기가 막힌〉 느낌은 그대로 전달되고 있다. 또 우국지사 운운하는 대목에서도 제4텍스트에 8·15직후의 열기가 첨가되어 있는 것은 아니다. 일본에 대한 〈적개심이나 반항심을 일으킬 기회가 적었었다〉고 제3텍스트의 맥락을 그대로 유지하고 있는 것이다.

제4텍스트에서 크게 바뀐 것은 작품 끝머리에 있는 정자(靜子)에게 부치는 편지이다. 1920년대 텍스트에는 흔히 인용되고 또 어느 모로는 제4텍스트의 정상 부분이 되어 있는 부분이 보이지 않는다.

〈소학교 선생님이 사아벨(환도)을 차고 교단에 오르는 나라가 있는 것을 보셨읍니까? 나는 그런 나랏 백성이외다〉가 포함되어 있는 대목이 그것이다. 제3텍스트에는 세계대전이 끝나고 전세계에 신생(新生)의 서광이 비치는 만큼 서로의 생활을 광명과 정도(正道)로 끌어가자는 개인적인 차원에서의 새출발이 강조되어 있다.

〈나의 주위는 공동묘지 같습니다. 생활력을 잃은 백의의 민(民)＝망리(魍魎) 같은 생명들이 준동(蠢動)하는 이 무덤 가운데 들어앉은 지금의 나로서 어찌 '꽃의 서울'을 꿈꿀 수가 있겠읍니까〉란 대목이 사회적 현실을 드러내는 주요한 대목일 뿐이다. 분명히 검열을 의식해서 억압했던 부분이라고 생각된다. 그러나 자유상황을 빙자해서 지난날의 원한을 소급적용하여 과도하게 우국지사를 내세우는 경향은 보이지 않는다. 정자에게 들리지 않으리라는 것과 송금을 했다는 점에서 두 텍스트는 동일하다. 불우한 위치에 있는 식민국 여성과 비교적 유복한 식민지 지식인 사이의 연대감 설정을 통해서 각자가 새 길을 가자는 시사는 엉거주춤한 결말임에 틀림없다. 그러나 그것은 제4텍스트에서도 기본적으로 마찬가지이다.

개작문제를 면밀히 검토해서 문제제기를 했던 이재선도 〈원작만으로서도 이 작품이 우리의 현대문학사에 있어서 하나의 기념비적 존재가 될 수 있음에는 의심의 여지가 없다〉고 천명하고 있다. 비평적 동의를 얻기에 충분한 설득력과 현장 논리를 가지고 있다. 추가 보충된 부분은 검열과 이에 따른 자기 검열이 억압한 부분의 복원에 지나지 않는다. 감격시대의 열기를 소급하여 작가로서의 개인사 왜곡을 시도한 구석은 보이지 않으며 기본적인 뼈대에 큰 변화는 없다. 작가적 기법의 원숙과 한글전용의 소설 관습에서 익혀진 유연한 문체 획득의 성과를 도입한 것은 제4텍스트에 괄목할 만한 설득력과 호소력을 부여하고 있다. 그리하여 한결 단단하고 자상한 세목의 결을 보태 주고 있다. 작가가 수정으로 제4텍스트를 남겨 놓은 것은 다행한 일이다. 또 일반 독자를 위해서는 제4텍스트로 원본 확정을 마감해 두는 것이 좋을 것이다. 선행 텍스트는 연구자를 위한 가외 텍스트로 유보해 두면 될 것이다. 알려주는 바가 참으로 많은 텍스트이다.

「만세전」은 수정과 개작을 통해서 더욱 흥미있는 작품이 되었다. 개작을 통해서 드러난 작가의 태도도 귀중하다고 생각한다. 피암시성이 강해 사회적 유행풍조에 과민한 증세를 보여 주었던 사회에서 1940년대말의 저 감격시대에 크게 동요됨이 없이 작가적 냉정을 유지한 것은 점잖은 일이었다. 그는 우국지사임을 내세우지 않았다. 직업적인 표변 애국자가 판을 치던 시대에 그것은 예사로운 일이 아니었다고 생각된다. 물론 염상섭의 한계는 한두 가지가 아니다. 제3텍스트에도 토로되어 있는 정치적 무관심은 비판받아 마땅하다. 그러나 그가 성급하게 노도질풍에 휘말

리지 않고 냉정을 유지한 것은 작품 「만세전」을 위해서 다행스러운 일이
었다.

주요 참조문헌
이재선, 「일제의 검열과 「만세전」의 개작」, 권영민 편, 『염상섭 문학연구』, 민
　음사.
Eric A. Havelock, *Preface to Plato* (Havard University Press, Cambridge,
　1963).
Walter J. Ong, *Orality and Literacy* (Methuen, London, 1982), chs. 1-2.
Rene Wellék & Austin Warren, *Theory of Literature* (Harcourt, Brace &
　World, New York, 1949), ch. 6.

시와 사상

즐거움을 주는 글

널리 퍼져 있는 문학 정의의 하나는 문학을 언어예술이라고 규정한다. 대개의 정의나 일반론이 그러하듯이 구체적인 문학이해를 위해서 별 쓸 모없는 말놀이이지만 하나의 편리한 출발점이자 거점이 되어 준다. 이러한 정의놀이의 하나로 우리는 〈즐거움을 주는 글〉이라는 생각을 첨가할 수 있다. 한 글이 가지고 있는 즐거움 제공 능력을 그 글의 문학성이라고 정의할 수도 있겠다는 뜻이다. 정보전달을 근간으로 하는 글에 있어서도 즐거움을 줄 수 있는 가능성만큼 그 글의 문학성이 잠재해 있다고 정의할 수 있다. 이러한 국면이 가장 잘 드러나는 것으로 우리는 어린이를 위한 동시나 동화를 검토해 보는 것도 유익할 것이다.

인류학자들은 흔히 문자를 가지고 있지 않은 전문자(前文字)사회나 산업화되지 않은 〈차가운 사회〉를 연구 대상으로 설정하여 인간사회와 문화의 성격을 검토한다. 그리하여 자기나라 문화와 극히 동떨어져 있는 이질문화의 검토를 통해서 언뜻 보아 생소하고 야릇한 풍습들이 인류의 공통적인 문제에 대처하는 상이한 방식일 뿐이며 우리의 방식이 반드시 최선의 것도 또 유일한 것도 아니라는 것을 밝혀 준다. 또 우리와 다른 사회들이 우리의 사고를 지배하는 관심사와는 전혀 다른 관심사를 가지고 있음을 밝혀 줌으로써 우리 사회도 한정된 관심사를 가지고 있는 특정사회의 하나에 지나지 않는다는 자기발견에 이르게 한다. 이때 인류학자가 선정한 비교적 소박 단순한 사회는 보다 복잡한 발전단계에 있는 사회보다도 사회 조직의 원리에 대해서 많은 것을 극명하게 보여준다. 그것은 자연과학에서의 실험실과 같은 단순하고 극명한 상황이라고 말할 수 있다. 마찬가지로 동시나 동화는 문학이 존재하고 기능하는 방식에 대해서 단순하기 때문에 더욱 선명한 빛을 던져 준다고 할 수 있다. 이때 우리는 〈즐거움을 주는 글이 문학이다〉란 진술이 보기보다도 한결 탄탄한 기반 위에 서 있음을 발견하게 된다.

　자주꽃 핀건 자주감자
　파보나 마나 자주감자

　하얀 꽃 핀건 하얀 감자
　파보나 마나 하얀 감자

—— 권태응, 「감자꽃」

　이 짤막한 동시는 농경사회에서 상식이 되어 있는 식물학적 정보를 제공해 주고 있다. 그러나 우리는 그러한 농작물 재배상의 정보를 얻기 위해서 이 동시를 읽지 않는다. 또 그러한 정보전달을 위해서 어린이들에게 읽히는 것도 아니다. 이 동시가 주는 즐거움은 사실상 정보획득의 즐거움도 아니다. 모르는 것을 알게 되는 것은 즐거운 일이지만 감자라는 다년생초본과 감자꽃을 모르는 어린이에게 이 동요가 충분한 즐거움을 줄 개연성은 희박하다고 할 수 있다. 물론 어느 정도의 즐거움은 준다. 그러나 감자와 감자꽃에 대해서 잘 알고 있는 어린이가 감득하게 될 즐거움에 비하면 그것은 크게 가난한 즐거움일 것이다. 사실 이 동요가 주는 즐거움은 농촌 어린이가 익히 알고 있는 사실을 재확인시켜 주는 데 있다. 익히 알고는 있지만 굳이 언어화하거나 의식화할 필요성이 없는 비근한 사실을 단순한 어린이의 말로 노래했다는 점에 있다. 처음 이 동요를 읽은 농촌 어린이는 〈참, 그렇지〉하고 즐거운 재확인의 기회를 갖게 되는 것이다. 물론 이 동요가 주는 즐거움은 거기서 끝나지 않는다. 하얀 꽃이 핀 줄기에 흰 감자가 달려 있는 오묘한 자연의 이치에 대한 눈뜸이 주는 신비감도 만만치는 않은 것이다. 그리고 이 모든 즐거움의 원천이 부분적인 변화와 어울려 있는 같은 말 되풀이, 그리고 막힘 없는 리듬에 있음은 쉽게 확인된다. 감자꽃을 보지 못한 도회 어린이라고 해서 이 동요에서 아무런 즐거움을 얻지 못한다는 것은 아니다. 다만 농촌 어린이와 비교해서 그 농도는 엷다고 추측할 수 있다. 또 그런 어린이에게 정보획득의 재미가 아주 없으란 법은 없다. 그러나 그것은 어디까지나 부수적인 요소이지 지배적인 요소는 아니다.

    산너머 저쪽엔
    별똥이 많겠지
    밤마다 서너 개씩
    떨어졌으니.

    산너머 저쪽엔
    바다가 있겠지
    여름내 은하수가
    흘러갔으니.

—— 이문구, 「산너머 저쪽」

  한 중견 작가가 쓴 이 아름다운 동시는 아무런 정보전달도 하지 않는다. 이 작품의 아름다움은 어린이의 상상력에 가하는 신선한 충격에서

온다. 그것은 과학과 상식이 설명하는 경험적 사실의 허를 찌르는 대담
하면서 그럴 듯한 상상놀이에서 온다. 정보가치로 치면 분명히 오도적인
요소가 많지만 바로 그러하기 때문에 이 글이 동시로서 성립된다. 이 동
시는 분명히 신선한 즐거움을 준다. 그러나 「감자꽃」에서와는 달리 「산
너머 저쪽」의 경우 우리는 〈즐거움〉보다도 〈아름다움〉을 얘기하고 싶은
충동을 느끼게 된다. 경험적 진실로부터의 탈선과 일탈이 그만큼 신선하
기 때문이다. 한편 「감자꽃」에 관해서 〈즐거움〉을 얘기할지언정 〈아름다
움〉을 얘기하길 망설이는 것은 상상(想像)놀이보다도 경험세계에 대한 충
실성이 두드러지기 때문이다.

오다 말다 가랑비
가을 들판에
아기 염소 젖는
들길 시오리

개다 말다 가을비
두메 외딴집
여물 쑨 굴뚝에
연기 한 오리

——「가을비」

이 동시의 매력은 깔끔한 사생능력에서 오고 있다. 이따금 가랑비가
내리는 들길에 비에 젖는 염소가 보이고 외딴집에 오르는 연기가 보인
다. 여느 시골의 풍경이 선명하고 또렷하게 경제적으로 처리되어 있다.
한 장의 예술사진이다. 어린이 독자들이 얻는 것은 생활상의 정보도 아
니고 따분하나 요긴할 수도 있는 교훈이 아니다. 생존경쟁에서의 전략
같은 것은 더더구나 아니다. 굳이 정의하자면 풍경을 바라보는 방법 같
은 것이겠지만 그것은 어디까지나 후속효과일 뿐이다. 우선 깔끔하고 인

상적인 그림에서 즐거움을 얻게 되는 것이다.

　　논둑에 사는
　　미류나무
　　이십 년 모은 재산
　　까치둥지 하나.
　　반짝이던 잎새
　　다 어디 가고
　　긴긴 겨울에
　　빈 하늘뿐.

──「미류나무」

겨울 미류나무를 노래한 이 아름다운 동시는 어른의 작품임을 느끼게 한다. 까치둥지 하나가 이십 년 모은 재산이란 생각은 이십 년을 벌었어도 재산 하나 장만하지 못한 어른이나 생각해냄직한 착상이다. 그렇다고 해서 동심에서 멀어져 있는 시라고 생각하는 것은 온당치 않다. 어린이를 위해 씌어진 시가 동시인 것이지 어른들이 멋대로 책정한 〈동심〉의 발로만이 동시인 것은 아니다. 겨울 미류나무의 썰렁한 아름다움을 전하면서 이 작품은 어린이들에게 어른 세계에 대한 하나의 예감을 경험시켜 준다. 그것은 가파로울 수도 있는 삶에 대한 은밀한 예고이다. 그것은 미지의 세계에 대한 시사이지만 그것이 지배적인 것이 아니라는 점에서 더욱 매력 있어 보인다.

「산너머 저쪽」과 같은 동시의 아름다움을 생활과 유리된 환상으로 처리하는 관점도 꽤 유포되어 있는 듯이 보인다. 어린이가 자라서 진입하게 될 어른 세계에 대한 시사도 또 각박한 세상살이에 대한 예시도 결여되어 있는 이러한 동시가 결국은 현실의 외면이라는 심적 태도를 빚기가 십상이라는 관점이다. 그러나 이러한 관점은 인간의 가능성에 대한 폐쇄적 태도로 치닫게 마련이라는 비판에 대해서 무력하다. 산너머 저쪽에

대한 막연한 그리움과 호기심은 어쩌면 인간성장에 있어서 필수적인 과
정이라 말할 수 있다. 〈지금 이곳〉의 초월은 산너머 저쪽에 대한 동경에
서 그 동력과 기원을 가지고 있다고 말하는 것도 가능하다.

별똥 떠러진 곳,

마음해 두었다

다음날 가보려,

벼르다 벼르다

인젠 다 자랐오,

——「별똥」

산넘어 저쪽에는
누가 사나?

뻐꾹이 영(嶺)우에서
한나절 울음 운다.

산넘어 저쪽에는
누가 사나?

철나무 치는 소리만
서로 맞어 쩌르렁!

산넘어 저쪽에는

누가 사나?

늘 오던 바늘장수도
이봄 들며 아니 뵈네.

——「산넘어 저쪽」

  정지용이 60년 전에 적어 놓은 이러한 동시의 모티브는 가히 원형적인
것의 하나라고 말할 수도 있다. 그것은 보편적인 동심의 진솔한 표현이
다. 유년기의 이러한 심성을 부정하는 것은 상상력 자체에 대한 부정이
라고 할 수밖에 없다. 우리는 가능성으로서의 어린이에게 구김 없는 밋
밋한 성장을 기대한다. 어린이의 세계 향유 능력을 처음부터 제한하려
드는 것은 행복추구에 대한 중대한 침해됨을 면치 못한다. 허기진 아이
에게 여름밤 하늘에서 슬어지는 별똥이 아름답게 보일 수는 없을 것이
다. 그러나 그에겐 벌써 책도 글자도 잘 보이지가 않을 것이다. 어렵고
가파로운 삶에 있어 하늘의 별은 더욱 소중한 것이다. 무한한 잠재성으
로서의 어린 영혼에게서 다양하고 풍요한 가능성을 미리 닫아 놓는다는
것은 잘못이다. 가난하고 어려운 어린이에게일수록 은하수가 흘러가는
산너머 저쪽에 대한 무구한 갈망은 필요한 것일지도 모른다.

사연찾기

  동시나 동화는 극히 제한된 세계이해나 인간파악밖에 가지고 있지 못
한 어린이를 위한 또 때로는 어린이에 의한 문학이다. 거기에는 문명의
복합성이나 인간심리의 복잡성에 대한 의식이 처음부터 배제되어 있다.
따라서 사회는 동물적인 생존경쟁의 터전으로 파악되는 법도 없고 또 잡
다한 이익집단의 상호갈등의 마당으로 제시되는 법도 없다. 그것은 〈마
법으로부터의 세계 해방〉이 이루어지기 이전 마법의 등불이 따사롭게 온

시와 사상 35

누리를 비추는 친화의 세계이다. 그리하여 극히 단순화된 예정조화의 세계가 다채로운 경험에 대한 유혹의 형태로 펼쳐지게 마련이다. 일의 따분함보다는 놀이의 즐거움이 눈짓하는 세계이기도 하다. 이러한 동시의 세계와 시의 세계를 평면적으로 단순비교하는 데는 무리가 따르지 않을 수 없다. 그러나 공리성이나 유용성에서 떨어져 있는 어린이의 눈을 시인의 눈과 동일시하는 낭만주의적인 문학이해가 아니더라도 동시와 시, 민요와 시 사이의 연속성을 부정할 수는 없다. 따라서 〈즐거움을 주는 글〉이라는 정의가 동시(童詩)에 적용되는 그만큼 그것은 시에도 적용된다고 할 수 있다. 그리고 〈즐거움을 주는 글〉에서 동떨어져 있는 글이 〈가르침〉을 주려는 글일 것이다. 이때의 가르침은 세계이해나 인간이해와 관련된 통찰이나 지혜의 제시라는 넓은 의미라기보다는 좁은 의미의 도덕적인 교훈을 뜻한다.

　　가난하여 발 벗고 들에 나무를 줍기로서니
　　소년이여 너는
　　좋은 햇빛과 비로 사는 초목 모양
　　끝내 옳고 바르게 자라거라

　　설령 어버이의 자애가 모자랄지라도
　　병 같은 가난에 쥐어 짜는
　　그의 피눈물에 염통을 대고
　　작은 짐승처럼 울음일랑 울음일랑 견디어라

　　어디나 어디나 떠나고 싶거들랑
　　가만히 휘파람 불며 흐르는 구름에 생각하라
　　진실로 사람에겐 무엇이 있어야 되고
　　인류의 큰 사랑이란 어떠한 것인가를

아아 빈한함이 아무리 아프고 추울지라도
유족함에 개같이 길드느니보다
가난한 볕아래 끝내 고개 바르게 들고
너는 세상의 쓰디쓴 소금이 되라

—— 유치환, 「가난하여」

유가적인 효제사상으로부터 산상수훈(山上垂訓)의 의로움과 사랑을 망라하여 가르치고 있는 이 작품은 그런 대로 시의 위엄을 지니면서 즐거움을 전해 주고 있다. 그러나 교훈을 전해 주고 있음에도 불구하고 이 시의 매력이 〈바르게 자라거라〉 〈쓰디쓴 소금이 되라〉는 경구적 권면에 있는 것은 아니다. 그것은 〈그의 피눈물에 염통을 대고 울음일랑 견디어라〉나 〈어디나 떠나고 싶거들랑 흐르는 구름에 생각하라〉 등의 대목에서 엿보이는 가난한 소년에 대한 짙은 연민과 공감의 표출에서 오는 것이다. 설교와 교훈에 앞선 〈아프고 추운〉 가난에 대한 측은의 공감이 없다면 이 작품은 볼품없이 따분한 설교로 끝나고 말았을 것이다.

「가난하여」는 교훈조의 가르침이 드러나 있으면서도 일단의 시적 성취에 이른 매우 희귀한 우리 현대시편의 하나일 것이다. 그러나 전체적으로 볼 때 이 시는 유치환의 수작(秀作) 시편 가운데서 그리 빼어난 것이라 할 수는 없다. 또 시의 독자들이 〈세상의 쓰디쓴 소금이 되라〉는 사연을 들으려고 시를 대하는 것도 아닐 것이다. 그럼에도 불구하고 이렇게 분명한 사연을 내포하고 있는 시는 문학교육의 현장에서 존중되는 경우가 많다. 유용하고 의미 있어 보이는 것은 언뜻 보아 무상의 즐거움이나 아름다움보다 가치 있는 것이라는 생각이 널리 퍼져 있기 때문이다. 무상한 혹은 무용한 아름다움이나 즐거움은 흔히 경건한 지상의 삶을 강조하는 종교인, 도덕의 타락에서 세계의 종말을 읽는 도덕군자, 유용성과 편의로 이어지지 않는 모든 것을 타박하는 공리적인 세속인들에게 수상쩍은 무용지물로 비치기가 십상이다. 이러한 백안시에 민감한 심약한 사람들이 가르침을 담고 있는 교훈시를 통해 문학의 옹호를 실천하려는

심정은 이해할 만한 것이다. 더구나 교과서에 실린 시편에서 교훈을 추
출하려는 시도가 특히 유가적 덕목을 강조하는 유교적 전통의 터전에서
강렬하다는 것도 나무랄 수만은 없는 일이다.

　　少年易老學難成
　　一寸光陰不可輕
　　未覺池塘春草夢
　　階前梧葉已秋聲

　　고인도 날 못 보고 나도 고인 못 뵈,
　　고인을 못 봐도 예던 길 앞에 있네,
　　예던 길 앞에 있거든 아니 예고 어쩔고.

이러한 시편들이 흔히 바람벽에 걸려 있어 은연중 시의 범례 구실을
하고 보면 시에서 교훈의 사연을 추출하려는 경향은 더욱 굳어지게 마련
일 것이다. 그러나 좁은 뜻의 교훈이 시의 고유한 매력이 아님은 분명하
다. 두보시를 번역하여 읽혔던 우리 조상들도 그것을 몰랐을 리는 없다.
다만 옹졸한 선비들의 좁은 소견이 잘 먹혀 가는 국면이 있다는 것은 예
나 이제나 매한가지인 것 같다.

　　보믹 왯는 만리(萬里)옛 나그내는
　　난(亂)이 긋거든 어느 히예 도라 가려요.
　　강성(江城)에 그려기
　　노피 정(正)히 북(北)으로 ㄴ라 가매 애를 긋노라.
　　　　　　　　　　　　　　── 두시언해(杜詩諺解), 귀안(歸雁)

　　ᄀᆞᄅᆞ미 프ᄅ니 새 더욱 히오
　　뫼히 퍼러 ᄒᆞ니 곳 비치 블 븓는 ᄃᆞ도다.

38

늙 보미 본 듯 디나 가딋니
어느 나리 이 도라 갈 히오.

── 두시언해, 절구(絶句)

사고의 구체

시에서 협의의 가르침이나 교훈을 건져내려는 성향은 이내 어떤 사상이나 이념을 찾아내려는 시도로 이어질 수 있다. 그리하여 몇몇 생각을 추상해냄으로써 그 작품을 요약할 수 있다고 생각하게 된다. 이러한 경향은 요약이 곧잘 훌륭한 답안으로 통용되기 쉬운 각급 교육기관에서 퍼지게 마련이다. 그 결과 어떤 사상이나 이념의 추출이 용이하지 않은 시가 타박을 받게 된다. 사상 빈곤이나 철학 빈곤의 지적은 시에 대한 가장 비근한 비판이 된다. 그리하여 사람들은 시가 철학의 한 분과인 양 생각하게끔 유도된다. 시가 언어예술이고 언어가 사고의 전달과 아울러 사고의 형성을 가능케 한다고 할 때 시가 어떤 이념이나 사상을 표현하게 된다는 것은 자연스럽다. 그러나 시를 처음부터 또 일차적으로 사상의 표현으로 이해한다는 것은 시 이해의 바른 길이 될 수 없다. 철학적이며 추상적인 사상의 소재를 찾아서 가령 이백이나 두보에 접근해 간다면 많은 사람들이 좌절을 경험할 것이다. 그러나 그들이 천하의 대시인이라는 사실은 그 누구도 부정하지 못할 것이다.

이 점 엘리어트가 「셰익스피어와 세네카의 견인주의」라는 글에서 적고 있는 말은 경청할 만하다. 단테도 셰익스피어도 독자적인 사고를 했다고 믿을 만한 이유가 없다고 그는 생각한다. 셰익스피어가 사고했다고 생각하는 사람은 시 쓰기에 골몰하고 있는 것이 아니라 사고에 골몰하고 있으며 사람들은 누구나 위대한 사람들이 자기 자신과 비슷하다고 생각하고 싶어한다는 것이다. 그러면서 철학이나 사상으로서는 대단치 않으면서 시로서 위대한 구절을 예증하고 있기도 하다. 엘리어트 자신이 선호

해 마지 않았던 존 단에 관해서도 그가 〈중세적 사상가〉였다는 정의를
부정한다. 존 단이 시의 효과를 위해서 체계 없고 혼란스러운 박식에 의
존하였던 것은 사실이나 그에게서는 〈중세정신〉도 〈사상가〉도 발견할 수
없다는 것이다. 그에게 있어 시에 철학이 없다는 것은 조금도 흠이 아니
다. 특히 이 말은 낭만주의 이후 중요 문학 장르로 부상한 서정시의 경
우에 해당된다고 생각된다. 어쭙지않은 〈생각〉을 지향해서 시로서 실패
하는 경우는 어쭙지않은 〈생각〉의 전달을 지향해서 실패한 동시와 마찬
가지로 시 이전의 상태로 남아 있는 것이라 할 수 있다.

　　호숫가 나무들 사이에 조그만 집 한 채.
　　그 지붕에서 연기가 피어오른다.
　　이 연기가 없다면
　　집과 나무들과 호수가
　　얼마나 적막할 것인가

　　　　　　　　　　　　　—— 브레히트, 김광규 옮김, 「연기」

　　물론 나는 알고 있다.
　　오직 운이 좋았던 덕택에
　　나는 그 많은 친구들보다
　　오래 살아 남았다.
　　그러나 지난 밤 꿈속에서
　　이 친구들이 나에 대하여
　　이야기하는 소리가 들려 왔다.
　　"강한 자는 살아 남는다"
　　그러자 나는 자신이 미워졌다.

　　　　　　　　　　　　　　　　　　—— 「살아 남은 자의 슬픔」

　인간 없는 자연의 황량한 불모를 지적함으로써 인간송가가 되어 있는

40

「연기」에 아무런 생각이나 철학이 없다고 할 수는 없다. 그것은 인간에 대한 무한한 신뢰와 사랑과 그리움을 담고 있는 휴머니즘의 고백이다. 앞서 간 친구들에 대한 우정과 회한으로 자기 자신이 생물적인 적자생존의 사례로 느껴져 죄책감을 느끼는 「살아 남은 자의 슬픔」에 강렬한 감정과 함께 어떤 생각이 결여되어 있다고 말할 수는 없다. 그러한 〈생각〉이 있기 때문에 번역을 통해서도 위의 시편들은 절실한 호소력을 잃지 않고 있는 것이다. 그러나 여기 담긴 생각이란 것은 철학이나 이념이란 이름으로 처리할 체계적이고 일관성 있는 것은 아니다. 그것은 토막생각이란 이름에 어울리며 또 일정한 감정에 휩싸여 있는 생각의 조각이다. 이러한 토막생각들이 모여서 시의 지평을 이루면서 우리가 시인의 사상을 얘기할 수 있는 가능성도 생겨날 것이다. 그러나 미리 어떤 철학체계가 구성되어 있고 그 순차적인 표현이 낱낱의 시편으로 나타난다는 생각은 사실과 맞지 않는다.

　　낮잠에서 깨어보니
　　방안에 어느새 전등이
　　켜있고,
　　아무도 보이지 않는데
　　어딘지 먼 곳에 단란한
　　웃음소리 들려온다.

　　눈을 비비고
　　소리 있는 쪽을 찾아보니
　　집안 식구들은 저만치서
　　식탁을 둘러앉아 있는데
　　그것은 마치도 이승과 저승의
　　거리만큼이나 멀다.

아무리 소리 질러도
누구 한 사람 돌아다보지 않는다.
그들과 나·사이에는 무슨 벽이
가로 놓여 있는가
안타까이 어머니를 부르나
내 목소리는 메아리처럼
헛되이 되돌아 올 뿐

갑자기 두려움과 설움에 젖어
뿌우연 전등만 지켜보다
울음을 터뜨린다.
어머니, 어머니,

비로소 인생의 설움을 안
울음이 눈물과 더불어 자꾸만 복받쳐 오른다.
── 김윤성, 「추억에서」

이 시가 성취하고 있는 것은 유년경험의 거의 완벽한 재생산이다. 낮잠에서 깨어나 말짱한 정신이 채 들기 직전의 이를테면 수면과 생시의 과도적 상태가 불러일으키는 일상적 삶의 생소화가 과장 없이 재생되고 있다. 너무나 비근한 경험이면서 어떻게 보면 하찮게 여겨지는 경험이기 때문에 시의 소재로서 숭상된 바가 없다. 독자들은 유년의 재경험을 통해 이러한 경험이 보편적인 것이라는 발견에 이르게 된다. 분명히 경험했지만 자기만의 못난 경험이 아닌가해서 멋적어 말도 안 했던 것이 고스란히 재생되어 있음을 알고 반가움과 놀라움을 아울러 느끼게 된다. 이 반가움과 놀라움은 분명히 즐거운 것임에 틀림없다. 이 작품이 전해주는 것은 교훈도 아니고 가르침도 아니고 추상적인 사고도 아니다. 그것은 공감의 공유라고 요약할 수 있는 경험의 교환이다. 그리고 그것으로 충분히 의미 있는 것이다. 언어를 매체로 하는 시에 있어서 사고란 대체로 경험의 교환이고 그것도 짙은 정서로 충전되어 있는 경험의 교환인 것이다. 세계의 명시들을 검토할 때 그들이 한결같이 독창적인 사상이나 체계적인 철학을 구현하고 있는 것도 아니다. 〈채국동리하(采菊東籬下)／유연견남산(悠然見南山)〉의 도연명이나 〈국파산하재(國破山河在)／성춘초목심(城春草木深)〉의 두보에게서도 그러한 사정을 엿볼 수 있다. 세계의 모든 민족시인들을 검토해 보는 것은 불가능한 일이지만 대개 비슷하리라고 생각한다. 서정시인으로서의 괴테라든가 푸쉬킨이라든가 하는 민족시인들이 사상이나 지혜로부터 동떨어진 시인이라 할 수는 없을 것이다. 그러나 이들은 그 무엇보다도 모국어의 탁월한 마술사가 됨으로써 그 지혜를 지혜이게 할 수 있었다고 생각해야 할 것이다. 단테의 배후에는 가톨릭교의라는 신앙체계 내지는 철학이 있었다는 것을 엘리어트는 되풀이 강조하고 있다. 세계의 탁월한 시편들을 사상이라는 관점에서 분석해 보면 그 핵심은 삶의 모질음과 가파로움 또는 목숨의 덧없음과 같은 익히 아는 감개로 환원되고 말 것이다. 그리고 시를 산문적 진술로 환원시켜 생각한다는 것은 작품의 구성과 조직을 도외시함으로써 시의 몰이해로 그치고 말 것이다.

시와 사상

시인도 살아 있는 인간으로서 자신이 살고 있는 시대에 대해서 어떠한 태도를 갖지 않을 수 없다. 그리고 동시대의 지적 풍토나 사상조류에 대해서도 무관심할 수는 없다. 따라서 시의 역사가 사상사나 정신사와 연관을 갖는 것은 당연하다. 사실 문학사를 넓은 의미의 철학사의 반영으로 보는 관점도 없지 않다. 고려시대의 문학을 불교와의 연계 없이 이해하기는 어려울 것이다. 조선시대 사대부의 문학을 유학과의 연계 없이 설명하기는 불가능할 것이다. 그러나 이때 시와 사상, 문학과 철학의 관계는 그렇게 단순한 것은 아니다. 몇 가지 문제가 제기되게 마련이다. 『문학의 이론』이 거론하고 있는 문제는 당연하고도 정당한 것이다.

시를 산문으로 검토하고 있는 비평담론은 시인의 철학적 사상적 신념의 일관성이나 명석성을 과대평가하는 경향이 있다. 또 문학의 흐름을 윤곽적 도식적으로 제시하려는 문학사가들의 경우 이러한 경향은 특히 현저하다. 또 시인의 작품 속에서 철학자 발언의 근사치를 발견하여 영향관계를 설정하려는 경향도 짙다고 할 수 있다. 그러나 사색적인 경향이 농후하고 또 〈철학적〉이라고 정의할 수 있는 시인의 경우에도 〈시가 철학적일수록 좋은 시인가?〉하는 의문이 제기될 수 있다. 또 그 시가 채용하고 있는 철학의 가치에 의해서 또는 그 시가 채용하고 있는 철학에 대한 시인 자신의 통찰에 의해서 작품이 판단되어야 하는가 하는 의문이 제기되게 마련이다. 가령 어떤 주장처럼 「님의 침묵」이 선(禪)의 시화(詩化)라고 할 때 그것은 선 자체의 가치에 의해서 판단되어야 하는가, 혹은 만해가 보여주는 선에 대한 통찰의 정도에 따라서 판단되어야 하는가 하는 문제를 우리는 외면할 수 없는 것이다. 기타 선의 근대적 변용에서 가치를 찾아야 할 것인가, 혹은 선의 독자적 이해에서 찾아야 할 것인가 하는 문제도 따라붙게 마련인 것이다.

18세기 영국 신고전주의 시인 알렉산더 포우프의 「인간론」이라는 시는 〈존재의 거대한 연쇄〉라는 유럽에 널리 퍼져 있던 이념에 입각하여 신의 섭리를 옹호한 넓은 의미의 사상시 혹은 철학적인 시이다.

모든 자연은 오직 그대가 모르는 예술,
모든 우연은 그대가 보지 못하는 섭리,
모든 부조화는 이해되지 못한 조화,
모든 부분적인 악은 전체적인 선,
그리고 오만과 이성의 오류에도 불구하고
하나의 진리는 명백하니
'존재하는 모든 것은 옳은 것'이니라.

　전지전능한 신이 악과 재앙은 왜 만들었으며 인간을 왜 이리도 왜소하고 불완전하게 창조한 것이냐는 항변과 회의에 대해서 일관하여 현상태의 세계질서가 가능한 세계 가운데서 최상의 것임을 입증하려 시도하고 있다. 이때 시인이 의존하고 있는 사상적 근거는 시인 자신의 창의가 아닌 〈존재의 거대한 연쇄〉이다. 그렇다고 해서 이 시의 가치가 줄어드는 것은 아닐 것이다. 이 시의 재미는 재치 있게 종횡무진으로 〈인간에 대한 신의 도리〉를 정당화하는 방식에 있다. 무수한 경구흐름의 지혜가 엄격한 시형식의 제약 속에서도 동에 번쩍 서에 번쩍 번뜩이고 있다. 그러나 전체적으로 많은 모순을 안고 있다고 해서 성공작이 못된다는 것이 영문학사 쪽의 통념이다. 그러한 모순이 제거되어 논리적 일관성이 유지되었을 때 이 작품의 설득력은 증가했을지도 모른다. 그러나 부분적인 개선이 이루어진다 하더라도 오늘날의 비기독교인 독자에게 〈존재의 거대한 연쇄〉라는 이념 자체를 설복시키기는 어려울 것이다. 그것은 깊은 종교적 체험의 세례 이후에나 가능한 일일 것이다. 오늘날 「인간론」이 독자에게 주는 재미는 엄격한 제약 속에서 수행되는 상상과 논리의 재치놀이라 해도 지나치지 않는다. 거기에 옛사람들의 사고 진행을 추적하는 재미가 따른다. 그러나 이 모든 것은 엄격한 제약 속에서 자재롭게 진행되는 언어구사의 기초 위에서 이루어지고 있는 것이다.

　사상이나 철학을 포용하고 있는 시에 대해서 우리가 인색하려고 하는 것은 결코 아니다. 〈생각〉을 전혀 가지고 있지 않은 시는 사실상 불가능하다. 그러나 짤막한 근대의 서정시에서 사상과 철학을 찾아내어 그 정도에 따라 시를 판단하려는 태도는 시 이해를 위한 정도(正道)가 되지 못할 것이다. 시에는 시 고유의 즐거움이 있으며 충족시켜 주어야 할 형태적인 요건이 있다. 충족될 것이 충족되지 못한 언어조직은 시라는 이름에 어울리지 않는다. 시로서의 최소한도의 위엄을 갖추고 나서야 비로소 사상과 철학과 세계관도 거론될 수 있을 것이다. 그러한 의미에서 엘리어트의 말은 다시 경청에 값한다.

　〈한 작품이 문학이냐 아니냐 하는 문제는 문학적 기준에 의해서 판단될 수 있다. 그러나 한 문학작품이 그릇 큰 것이냐 아니냐 하는 것은 문학적인 기준만으로는 판단될 수 없다.〉 우리가 유의해야 할 것은 위의 인용문 가운데서 후반부 못지않게 전반부도 중요하다는 사실일 것이다. 사상도 철학도 어디까지나 시의 소재 내지는 재료에 지나지 않는다. 그것이 얼마만큼 시 속에 통합되어 있느냐 하는 것은 산문적 진술로의 환원에 의해서만 판단될 수는 없다. 그러한 안이한 습관으로부터 벗어나는 것이야말로 시 이해의 정도(正道)일 것이다.

주요 참조문헌

T. S Eliot, "Shakespeare and the Stoicism of Seneca" in *Selected Essays* (Farber & Farber, London, 1951).

Paul Valéry, 'Poetry and Abstract Thought', in *The Art of Poetry,* tr. Denise Folliot (Routledge & Kegan Paul, London, 1958).

Wellék & Warren, *Theory of Literature,* ch 10.

시와 진실

　문학작품이 가지고 있는 지속적 호소력의 원천의 하나는 진실의 제시 기능이다. 작품이 구현하고 있는 진실의 넓이와 깊이에 따라서 작품이 발휘하는 호소력도 달라지게 마련이다. 삶의 진실이 너무나 잘 드러나 있다고 하는 감탄 섞인 발언은 감동적인 작품에 관해서 토로되는 가장 비근한 독자 반응의 하나이다. 이때 독자는 부지중에 문학이 삶의 묘사라는 미메시스이론을 딛고 서 있는 경우가 많다. 그러나 소박한 감정 토로를 위주로 한 서정시의 경우에도 진실성이 중요한 가치판단의 기준으로 적용되는 것을 흔히 목도하게 된다. 이때의 진실은 대체로 과장된 수사적 장치에서 동떨어져 있는 표현의 직접성이나 적절성과 연관된 경우가 많다. 진실이란 말 자체가 다의성으로 엉겨 있지만 문학담론 속에서 이 말은 맥락에 따라 아주 다른 뜻으로 사용된다. 우리는 아래에서 작품 속에 제시되어 있거나 작품이 구현하고 있다고 생각되는 진실의 이모저모와 그 의미를 검토해 볼 것이다.

사실에의 충실

‘전 이름이 없어요
태어난 지 이틀밖에 안 되거든요.’
너를 무어라 부를까?
‘전 행복해요
제 이름은 기쁨이에요.’
달콤한 기쁨이 너에게 나리기를!

어여쁜 기쁨!
이틀밖에 되지 않은 달콤한 기쁨
나는 너를 달콤한 기쁨이라 부르마.
너는 미소짓는다.
그 사이 나는 노래한다
달콤한 기쁨이 너에게 나리기를!

이것은 윌리엄 블레이크의 『순결의 노래』 속에 들어 있는 「갓난이의 기쁨」이란 시의 전문이다. 블레이크는 『순결의 노래』에 대응하여 같은 소재로 『경험의 노래』를 썼는데 「갓난이의 기쁨」은 거기 대응하는 「갓난이의 설움」과 비교하면 아주 소박한 작품이다. 영국 현대시인 로버트 그레이브즈는 이 작품에 대한 어떤 간호원의 반응을 전해 주고 있다. 갓난이가 미소를 지으려면 적어도 생후 2주일은 지나야 한다. 그런데 이틀밖에 안 되어 미소를 짓는 것으로 독자를 믿게 하는 이 작품에 대해 승복할 수 없다는 것이 그 간호원의 반응이었다. 독자들이 사실과의 사소한 불일치에 대해서 민감한 반응을 표시한다는 것을 보여주는 사례이다. 문학은 크게 보아 허구의 세계이고 독자는 이 허구의 세계로, 이를테면 알면서 스스로 속고 들어간다. 그럼에도 그 허구의 세계 속에서 발견되는 경험적 사실과의 불일치에 대해서 거부감을 갖게 되는 것이다. 태어난 지 이틀밖에 안되는 갓난이가 〈전 이름이 없어요〉라고 말하는 바 보다 큰 허구적 전제는 의식적이건 심층적이건 문학 속의 관습으로 시인하면서도 이틀 만에 미소 짓는 사실과의 불일치에 대해서는 알면서 속아 주기를 거부하는 것이다.

윌리엄 골딩의 『파리대왕』은 노벨수상작가의 소설이라고 해서 우리나라에서도 많이 읽혀진 작품이다. 또 원문이 비교적 평이하면서도 중층적인 의미구조를 가지고 있어 대학의 외국문학 교실에서도 많이 읽혀지고 있다. 영국에는, 『보물섬』 흐름을 탄 소년을 위한 해양모험 소설의 줄기가 있는데 『파리대왕』도 이러한 계열의 작품이다. 핵전쟁이 일어나서 일단의 영국 어린이를 비행기에 태워 안전지대로 대피시킨다. 비행기는 도중에 피격되고 비상탈출한 어린이들은 남태평양에 있는 무인도에 떨어지게 된다. 5세에서 12세까지의 사내 아이들만 등장하는 이 작품에서 아이들은 처음 랄프라는 소년의 주도 아래 구조 신호로 산꼭대기에 봉화도 올리고 장마철에 대비하여 바닷가에 오두막집을 짓는 등 제법 성숙한 공동생활을 영위한다. 그러나 곧 잭이라는 폭력 성향의 소년을 우두머리로 한 사냥부대가 이탈해 나감으로써 협동적 공동체는 붕괴되고 극한적 대립을 보인다. 암퇘지 사냥에 성공한 사냥부대는 피의 잔치를 벌이고 처음엔 모르고, 그러나 나중엔 알면서 동료를 살해한다. 그리고 불을 피우는 기본도구였던 안경을 훔쳐 가고 반환을 요구하는 안경 임자에게 바위를 굴려 죽음으로 몰아넣는다. 거기서 끝나지 않고 랄프를 추격하는데 위기의 순간에 불과 연기를 보고 상륙한 영국 해군장교에게 모두가 구조된다는 이야기다.

작가가 한떼의 소년들을 무인도에 올려 놓고 제기하는 의문은 내면화된 문명의 가치가 어느 정도의 견고성과 효용성을 가지고 있느냐는 것이다. 작가는 양식과 이성이 폭력과 야만주의 앞에서 무력한 것이 아니냐고 반문한다. 모험 소설의 외관에 도덕적 우화, 정치소설, 심리 소설이라는 중층적 의미를 겹으로 갖추고 있는 이 작품은 지나치게 단순화되어 있으면서 너무나 잘 짜여져 있는 교묘한 속임수라는 비판을 받은 바도 있다. 그러나 인간본성의 어둠을 충격적으로 보여준다는 점에서 가령 콘라드의 『어둠의 속』과 비교되기도 하는 강렬한 작품인 것은 사실이다.

『파리대왕』에서 유독 돼지라는 별명으로 불려지는 소년은 근시안경을 쓰고 있다. 소년들은 이 안경을 사용하여 불을 피우고 구조신호로 삼는다. 불과 문명을 상징하는 안경을 쓰고 있는 소년은 또 지식인의 표상으로 등장한다. 그런데 그레이엄 하프라는 비평가는 이 안경이 작가 쪽의 실수라고 지적하고 있다. 돋보기로는 초점을 맞추어 불을 피울 수 있지만 근시안경으로는 안 되니 작가편의 천려일실이라는 것이다. 그렇다고 이 작품의 매력이 크게 감퇴되는 것은 아니다. 또 그레이엄 하프 쪽에서도 작가와 독자들이 흔히 간과하고 지나치는 사실을 재미 삼아 상기시킨 것이지 치명적인 결함으로 지적한 것도 아니다. 『파리대왕』 자체가 공상적인 미래소설의 형태를 띠고 있어 근본적으로 가공적 상황이지만 비록 세목에 있어서도 경험적 사실과의 불일치를 보여주고 있는 것은 결함이지 강점이 될 수는 없다.

이효석의 「메밀꽃 필 무렵」에서는 떠돌이 행상인 허생원과 동이는 부자 사이임이 시사되고 있다. 그리고 이러한 시사를 보강이라도 하듯이 두 사람이 모두 왼손잡이임이 결말 부분에서 주목되어 있다. 왼손잡이가 유전하지 않는다는 점을 들어 결함이라고 지적할 수도 있을 것이다. 그러나 전체 맥락으로 보아 그것은 『파리대왕』에서의 근시안경과 마찬가지로 치명적인 결함이 되는 것은 아니다. 피할 수 있다면 피하는 것이 좋을 세목상의 불일치일 뿐이다.

앞서 시사했듯이 위에 열거한 바와 같은 경험적 사실과의 불일치는 사소한 세목으로서 작품에 치명적인 영향을 미치는 것은 아니다. 전체 맥락에서 떼어 놓고 거론하니까 조금 크게 돋보일 뿐이다. 이러한 불일치를 지적하는 사람도 전체 맥락 자체가 가공적이라는 사실 자체에 대해서까지 이의를 제기하지는 않는다. 또 민화나 전설이나 신화에 엿보이는 기상천외한 불일치를 일일이 거론하지도 않는다. 대체로 근대 이후의 작

품에 대해서 각별히 까다롭게 대하는 것이다. 근대의 자연과학이 거둔
학문적 성취가 외경심을 불러일으키면서 사람들의 세계이해 방식에 크나
큰 영향을 끼친 결과라고 할 수 있다. 또 초월적인 것에 대한 믿음의 쇠
퇴, 조금 거창하게 말하면 〈마법으로부터의 세계해방〉에서 빚어진 결과
의 일환이라고 파악할 수도 있을 것이다. 밤꾀꼬리를 두고 〈태어났으되
죽지 않는 그대, 불사의 새〉라고 노래한 것이 키이츠의 지식으로는 진실
이었지만 현대 독자에게는 그저 바보 같은 소리라며 백 년 후에 밤꾀꼬
리는 화석으로 남아 있을 뿐일 것이라고 적고 있는 어떤 과학자의 반응
에서도 우리는 저간의 사정을 엿볼 수 있다.

　이러한 반응을 통해서 우리는 문학 독자들의 진실에 대한 요구가 완강
하면서도 끈질긴 것임을 엿볼 수 있다. 경험적 사실과의 사소한 불일치
에도 민감한 거부반응을 일으키고 또 소박한 심정으로 사실과의 불일치
를 진실에 대한 소홀치 않은 반칙이라고 생각하고 있음을 확인하게 된
다.

시적 허용

　위에서 살펴본 것과 같은 불일치의 사례는 면밀히 검토해 보면 많은
작품 속에서 찾아낼 수 있을 것이다. 그것은 있는 것보다 없는 편이 나
은 결함임에 틀림없지만 시인들이 전통적으로 창작상의 상상적 자유를
부여 받아 온 것도 사실이다. 작품 속에서 발견하게 되는 수사적 장치나
방책이 경험적 사실에 대한 충실보다는 일탈을 드러내는 경우는 허다하
다.

白髮三千丈
綠愁似箇長
不知明鏡裏

何處得秋霜

——「추포가(秋浦歌)」, 제15수

　　백발의 길이가 3천길에 이른다는 이백의 명구를 놓고 사실과의 불일치를 시비할 사람은 없다. 인구에 회자되는 한시들이 대체로 이러한 과장이나 허풍으로 해서 사람의 입을 타온 것이다.

　　〈봄밤의 일각은 천금에 값한다(春宵一刻直千金)〉는 소식(蘇軾)의 기구(起句), 〈삶이 얼마이냐, 아침이슬과 같다(人生幾何, 譬如朝露)〉는 조조의 단가행(短歌行), 〈산을 뽑아낼 힘과 온 세상을 덮을 만한 기개(力拔山氣蓋世)〉를 자처한 항우의 명구가 모두 그러하다. 의표를 찌르는 경험적 사실로부터의 의도적인 일탈이야말로 이러한 명구를 구성하는 요체라고 하는 편이 옳을 것이다. 〈입추의 여지가 없다〉〈일각이 여삼추다〉와 같은 상투화된 죽은 비유에서도 그 기초가 되어 있는 것은 과장이요 허풍이다. 그런가 하면 〈죽어도 아니 눈물 흘리우리다〉와 같이 반대되는 말로 심정을 드러내는 반어도 우리에게 익숙한 수사적 방책의 하나다.

　　서양에서는 그래서 〈시적 허용〉이라는 일종의 창조적 자유가 시인에게 주어졌다. 산문에서는 보통 용인되지 않는 문법과 말 순서의 무시, 옛말과 새말의 자유로운 사용이 허용된 것이다. 〈시적 허용〉은 시어와 구문에만 한정된 것은 아니고 보다 넓게 역사적 지리적 사실에도 적용되었다. 셰익스피어의 「줄리어스 시저」에서는 실제 시저 시대에 없었던 괘종시계가 시간을 알리고 있으며 「겨울 이야기」에서는 대륙 한 가운데 있는 보헤미아 지방에 바닷가가 있는 것으로 되어 있다. 일정한 효과를 성공적으로 도출하고 있다면 어법상의 규범 무시나 사실과의 사소한 불일치는 모두 허용되고 있는 것이다. 그러한 맥락에서 본다면 『파리대왕』 속의 근시안경도 넓은 의미의 시적 허용의 범주로 집어넣어도 무방할 것이다. 작가 자신도 몰라서 그랬다기보다는 시적 허용에 의지하여 근시안경에 돋보기의 기능을 부여한 것인지도 모른다. 다만 근대 자연주의의 문학경험이 독자들로 하여금 현대 소설 속에서 명백한 불일치를 허용하는 것을 주저하게 만들고 있을 뿐이다.

운문의 경우 음보나 각운을 맞추기 위해서 부득이 사실로부터 일탈하는 경우도 적지않다. 그래서 어떤 18세기 영국인은 시인들이 성서에 나오는 재료와 비기독교적인 재료를 혼동해서 쓰는 것을 불평하고 있다. 〈2음절이 필요할 때는 사탄이 나오고 4음절이 필요하면 티시퍼니가 나온다.〉 말할 것도 없이 마귀를 가리키는 사탄은 신에게 항거하여 영원한 저주를 받은 타락한 천사이며 성서적 세계 구상의 일부이다. 이에 반해서 티시퍼니는 머리에 뱀이 있고 날개가 있는 그리스 신화의 복수의 여신인 처녀 삼형제 중의 하나이다. 그녀가 범죄자들을 추적하여 그들을 미치게 하고 명부에서도 그들을 괴롭히는 것으로 되어 있다는 공통점이 있기는 하나 근본적으로 성격을 달리하는 티시퍼니와 사탄을 음절의 요구에 따라 대체 가능한 것으로 간주하는 관습을 종교적 관점에서 비판하고 있는 것이다.

시적 허용이란 관습은 시인의 악의 없는 거짓말에 대해서 부여한 일종의 면책 특권이다. 그러한 의미에서 시인은 일종의 면허받은 거짓말장이라 할 수도 있다. 서양중세 궁정의 어릿광대가 권력자를 조롱함에 있어서 면책특권을 누렸고 그렇게 함으로써 권력자에 대한 비판이 기성질서와 체제 속에 수용되었듯이 시적 허용은 일정한 효과 창출을 위해서 사실 그리고 넓은 의미의 진실로부터의 일탈을 작품 속에 수용했던 것이다. 시인을 면허받은 거짓말장이로 파악하면 플라톤이 그랬듯이 굳이 국가로 들어오는 것을 마다할 필요는 없게 될 것이다. 근대 작가들이 운문을 버리고 산문을 선택하였을 때 그것은 시적 허용과 예외 규정을 필요로 했던 운문의 형식상의 요구로부터의 해방을 의미하기도 하였었다.

사실과 허구

이상 말한 여러가지 사실로부터 명백한 것은, 시인의 임무는 실제로

일어난 일을 이야기하는 데 있는 것이 아니라, 일어날 법한 일, 개연
성 또는 필연성의 법칙에 따라 가능한 일을 이야기하는 데 있다는 사
실이다. 역사가와 시인의 차이점은 운문을 쓰느냐 아니면 산문을 쓰느
냐 하는 점에 있는 것이 아니라(헤로도토스의 작품은 운문으로 고쳐
쓸 수도 있을 것이다. 그러나 운율이 있든 없든 그것은 역시 일종의
역사임에는 변함이 없을 것이다) 한 사람은 실제로 일어난 일을 이야
기하고 다른 사람은 일어날 법한 일을 이야기한다는 점에 있다.

──『시학』, 제9장

시인과 역사가의 소임을 구별해서 언급하고 있는 이 대목은 『시학』가
운데서도 가장 빈번히 인용되는 부분이다. 아리스토텔레스는 이어서 시
가 보편적인 것을 다루고 역사는 개별적인 것을 다루기 때문에 시는 역
사보다 더 중요하고 철학적이라고 부연하고 있다. 르네상스와 신고전주
의 시대의 비평가들이 교훈주의적 문학이론을 추출해낸 것은 이러한 대
목에서였다. 덕성과 악덕의 특출한 모습을 보여주기 위해서 시는 역사가
의 구체와 철학자의 보편적 도덕원리를 결합시킨다면서 위의 대목을 그
전거로 원용하였던 것이다. 역사가는 흔히 악인들이 행복한 삶을 영위하
고 착한 사람들이 불행하게 되는 것을 보여준다. 반면에 도덕 철학은 덕
성이 행복으로, 악덕이 불행으로 이르게 된다고 가르친다. 시가 역사보
다 철학적이기 때문에 시는 보편적인 교훈과 구체적인 사례를 결합해서
악인이 벌받고 선인이 보답받는 것을 보여줄 수 있다는 것이었다. 설득
력 없는 교훈론적 해석을 물리칠 때 우리는 위에서 강조되어 있는 시와
역사의 구별이 역사적 사실과 문학적 진실의 차이를 일변 부각시키고 있
다는 점에 주목하게 된다. 그리스 비극의 실상은 비극이 역사를 그대로
옮겨 썼으며 양자가 밀접히 연관되어 있다는 잘못된 생각을 유발시키기
가 첩경이었기 때문에 양자의 구별은 특히 중요하다고도 할 수 있다.
　아리스토텔레스의 권위있는 우열 판정에도 불구하고 시인 작가들은 오
랫동안 역사가들에게 어떤 자격지심을 느끼고 있었던 것 같다. 역사가가

실제로 일어난 사실들을 기술함에 반해서 허구를 다룬다는 시인 작가편
에서의 자의식과 독자들의 세속적 통념이 시의 보편성, 그리고 경험적
사실에 우월하는 진실이라는 개념을 수용하기 어렵게 만들었던 것이다.
실제로 일어난 역사적 사실이 진실임에 비하여 비록 개연성으로 특징지
어졌다 하더라도 꾸며낸 허구는 진실일 수 없다는 통념이 완강했기 때문
이다. 역사적 사실을 진실과 동일시한 것은 진실의 기준을 일어난 사실
이라는 대응항목과의 일치에서 구했기 때문이다. 이에 반해서 일치의 대
응항목이 없다고 생각된 허구의 세계에 대해서는 진실이라는 존칭개념을
유보하는 것이 통념이었다. 초기 근대소설의 작가들이 허구작품을 실화
나 역사라고 되풀이 역설한 사실은 허구의 진실 혹은 시적 진실이라는
개념을 수용하지 못했던 통념이 얼마나 완강했는가를 시사해 준다. 허구
의 반개념은 진실이 아니라 사실이라는 시의 자기옹호론은 쉽게 뿌리내
리지 못하였던 것이다.

  오늘날 역사를 〈실제로 일어난 일의 기술〉이라고 소박하게 받아들이는
사람은 없다. 역사적 사실도 무수한 사실로부터 취사선택해서 재구성된
사실이며 그러한 한에서 사색적 상상력의 소산이라는 측면을 부정할 수
없다. 객관적 사실로 통하고 있는 것도 편의와 습관에 의해서 실체화된
우연한 사색에 지나지 않을 수도 있다. 역사를 〈사건에 대한 하나의 설
명〉이라고 정의하는 역사가도 있다. 역사를 사실과의 일치라는 기준에서
진실이라고 일괄처리하는 것도 소박한 사고임이 드러났다. 당대의 역사
책보다 우수한 문학작품에서 역사적 진실을 더 많이 발견할 수 있다는
것은 문학사회학자들의 통념이 되다시피 하였다. 그럼에도 불구하고 문
학과 역사의 소박한 대조는 경험적 사실과의 일치를 척도로 하는 진실
기준이 허구작품에도 유서 깊게 적용되어 왔다는 사실을 다시 확인시켜
준다. 그런 뜻에서 허구의 반대가 진실이 아니라 사실이라는 것을 다짐
해 두는 것은 유익한 일이다. 그리고 허구에서의 진실의 척도가 있을 법
한 개연성에 의존하고 있다는 것을 유념해 두는 것도 중요한 일이다.

의사진술(擬似陳述)

진실에 관해서 시인작가들이 느껴야 했던 자격지심은 역사가에게만 향해진 것은 아니다. 과학자나 실증주의 성향의 철학자에게도 더욱 심한 자격지심을 느껴야 했다. 정확한 논리적 진실의 전달을 고유한 기능으로 가지고 있는 말을 오용하고 있기 때문에 모든 시가 거짓진술이라는 생각은 근대 과학의 발전과 함께 적지않은 추종자를 낳게 하였다. 플라톤에 있어서의 시와 철학의 대립은 근대에 와서 시와 과학의 대립으로 변용되었다. 이에 대한 해답의 하나로 제시된 것이 1920년대의 리처즈의 제안이다. 그는 언어의 〈과학적 사용〉과 〈정감적 사용〉을 구별한다. 과학적 진술에 있어서는 진실은 궁극적으로 검증으로 판가름된다. 예컨대 〈지구는 둥글다〉라는 진술은 과학적인 진술이다. 이 진술의 진위는 검증으로 판가름하는데 가령 월식 때 비친 지구의 그림자로 미루어 우리는 이 진술이 진실이라고 판정할 수 있다. 정감적 발언에 있어 진실은 어떤 태도가 그것을 수긍할 수 있느냐의 여부로 결정된다. 그리하여 리처즈는 시의 언어가 정감적 사용의 언어이며 시의 진술이 의사진술이라고 말한다. 그리고 〈우리의 충동과 태도를 방출하거나 조직함에 있어서의 그 효과에 의해서 전적으로 정당화되는 말의 형태〉라고 의사진술을 정의하고 있다. 당시 일부에서 위세를 떨치고 있던 논리실증주의 검증이론의 압도적 영향을 받은 듯이 보이는 의사진술론을 그가 더욱 발전시킨 흔적은 없다. 70년에 나온 『시와 과학』보주판(補注版)에서 〈의사진술〉을 〈거짓진술〉로 오해하는 사람이 많다고 불평하면서 간략한 설명을 첨가해 놓고 있을 뿐이다. 의사진술 이론이 실제비평에 끼친 영향이 거의 없다는 비판자의 지적은 리처즈의 이론의 취약성을 시사해 주고 있다.

언제나 미망에 속고 깨고
일어났다 주저앉도록 지어지고

만물의 영장이면서도 만물의 제물.
진리의 유일한 판관이면서
끊임없는 오류 속으로 동댕이쳐지니
세상의 영광이요, 웃음감이요, 수수께끼어라.

　　　　　　　　　　　── 포우프, 「인간론」에서

　리처즈의 의사진술 이론이 신고전주의의 사상시에 적용될 수 없다는
것은 분명하다. 진위를 검증으로 결정할 수 있는 과학적 진술이 아니라
는 것 이상으로 의미있는 분석을 보여주기는 어려울 것이다. 인간과 세
계에 대한 인식을 담고 있는 시행의 진실성을 태도 조직의 영향만으로
가늠할 수도 없다. 그 예를 추론적인 신고전주의 시 아닌 현대시에서 구
하더라도 사정은 마찬가지다.

　낙원에는 죽음의 변화가 없을까?
　무르익은 과일도 떨어지는 법이 없을까? 가지들도
　늘 무겁게 그 완전한 하늘에 걸려 있을까?
　변함없이……

　　　　　　　　　　　── 스티븐즈, 「일요일 아침」에서

　엄밀한 의미에서의 논리실증주의자는 스티븐즈의 이러한 구절이 검증
에 의해서 진위를 판단할 수 없기 때문에 무의미한 말로밖에 취급하지
않을 것이다. 한 진술의 진위는 검증에 의해서 판단된다는 논리실증주의
의 제일원리 자체가 검증 불가능하기 때문에 논리실증주의의 기반 자체
가 위태로와졌다는 비판과 관계 없이 리처즈의 이분법은 위의 대목으로
부터 어떤 의미를 읽어낼 수 없을 것이다. 그러나 스티븐즈의 넉 줄은
모든 종교가 약속하는 낙원에 대한 회의론을 충격적으로 제기한다. 무르
익은 과일이 떨어진다면 낙원 또한 생자필멸(生者必滅), 회자정리(會者定
離), 제행무상(諸行無常)의 고해임을 면치 못할 것이다. 그러지 않고 무

르익은 과일이 떨어지지 않는다면 그것은 애초에 풋과일과 익은 과일의 차이도 있을 수 없는 모든 운동이 정지되고 응고된 광물질 공간일 것이다. 숨길 막힌 광물적 공간에 유폐된 채 허용된 석상적(石像的)인 삶은 벌써 낙원의 삶은 아닐 것이다. 모든 종교가 마음 가난한 세상의 쓴 소금들에게 기약하는 낙원의 약속을 스티븐즈의 넉 줄은 일거에 깨뜨리고 있다. 이러한 인식 촉진적인 진실을 태도조직에 있어서의 효과로 수용한다는 것은 거친 환원주의라고밖에 볼 수 없다. 우리는 시의 진술이 구체적인 심상의 직접성을 통해서 싱싱한 진실을 구현하고 있음을 확인할 수 있다. 그것은 경험적 사실과의 일치를 함축하면서 삶의 근원적인 수수께끼에 의문을 제기하고 대답하는 심각한 진실이다. 물론 우리는 이러한 시의 진술을, 주장하고 단언하는 명제 진술로만 파악해서는 안 된다. 그것은 신비평에서 비아냥거리는 메시지 찾기로 떨어지는 일이 된다. 그것은 시의 의미를 메시지로 번역하고 만족하는 또 다른 형태의 환원주의에 지나지 않는다. 우리는 위의 대목이 한 전체 중의 일부에 지나지 않음을 상기해야 한다. 다만 시의 진실이 의미로 차 있음을 다시 확인하면서 아울러 리처즈 흐름의 이분법이 별 쓸모 없는 것임을 새겨 두는 것이 유익하다.

일관성의 진실

실증주의자들이 곧잘 시비를 거는 시의 대목은 〈미가 진리요 진리는 미〉라는 키이츠의 귀절이다. 「희랍 자기부(磁器賦)」의 최종연에 나오는 이 대목을 논리적으로 검토해 보면 분명히 상이한 범주의 혼선을 빚고 있는 잘못을 발견하게 될 뿐이라는 것이다. 양자의 동일성을 인정한다면 애초부터 서로 다른 개념의 설정이 잘못된 것으로 드러난다. 이에 대한 시 옹호론자의 반론은 이 대목을 전체와의 관련 속에서 파악하여 그것을 희랍 자기의 극적 발언으로 이해하자는 것이다. 이는 일인칭 화자로 되어 있는 서정시도 그것을 시인과 분리시켜 극적 독백으로 보아야 한다는 관점의 변형적 적용이다. 〈미가 진리〉라는 진술은 키이츠가 직접 토로하는 것도 아니요 또 작품 속의 화자의 발언도 아니다. 그것은 희랍 자기의 발언이고 또 희랍 자기가 토로함직한 말이라는 것이다. 시 전체 속에서 희랍 자기는 불변하는 미적 조화의 상징이 되어 있어, 현실생활의 불확실한 만족과 대조를 이루고 있다는 것이다. 따라서 희랍 자기에게 있어 〈미〉와 〈진〉의 구별은 있을 수 없고 그 진실은 〈미〉라는 자기 성질에 대한 진실이 있을 뿐이라는 것이다. 그러므로 의사진술이라는 수상한 이론에 의존하지 않더라도 키이츠의 귀절은 진실된 것이라는 것이다. 이때 진실성의 척도가 되는 것은 작품전체라는 맥락 속에서 저항없이 받아들일 수 있는 일관성을 갖추고 있느냐의 여부이다. 일관성을 척도로 한 진실성의 범위를 넘어서 〈미가 진〉이라는 진술의 진실성을 지적하는 사람도 있다. 수학자로서의 훈련도 받은 인문학자인 브로노프스키는 코페르니쿠스의 지동설의 체계는 토레미의 천동설의 체계가 가지고 있지 못한 통일성을 가지고 있다고 설명한다. 토레미의 체계는 매우 혼란스럽고 복잡함에 반하여 코페르니쿠스의 체계는 한결 단순하다. 이 정연한 단순성은 쉽게 정의할 수 없지만 일종의 미적 감정이다. 토레미의 체계에서 코페르니쿠스의 체계로 넘어가면서 과학자들은 〈미〉와 〈진〉이 그들이 추구하는 것의 두 얼굴이라는 것을 확신하게 된다는 것이다. 따라서 브로노프스키에게 있어 〈미가 진〉이라는 진술은 정감적 언어 사용의 사례도 아니고 희랍 자기의 극적 독백만도 아니다. 보다 큰 맥락에서 경험적 사실과 일치되는 진실을 나타내고 있는 뜻깊은 진술인 셈이다. 일관성의 진실이 요구하는 시의 맥락을 벗어나서도 그 진실이 보증되는 명제인 것이다.

　일관성의 진실이 특정 맥락 속에서의 진실이기 때문에 우리가 이해하는 문학 속의 진실은 사실상 일관성의 진실인 경우가 많다. 〈4월은 가장 잔인한 달이다〉라는 진술은 〈어떤 태도에 적합하거나 기여한다면 진〉이 되는 의사진술로 보아 언어의 정감적 사용으로 처리할 수도 있다. 〈4월

은 따뜻한 달이다〉라는 진술과 달리 엘리어트의 구절은 경험적 사실과의
일치여부로 진실이 규정되는 것도 아니다. 초서의 〈감미로운 소나기와
더불은 4월〉을 묵시적으로 시사하고 있는 〈4월은 가장 잔인한 달이다〉라
는 진술은 「황무지」라는 장시, 그리고 특히 그 제Ⅰ부라는 맥락 속에서
일관성 있는 일부를 이루고 있느냐의 여부에서 그 진실성이 판가름된다.
따라서 〈감미로운 4월〉과 〈잔인한 4월〉 중 어느 것이 〈진〉이냐는 의문은
처음부터 잘못 제기된 질문이다. 잘못된 질문은 정당한 해답을 처음부터
기약하지 못한다. 〈오동잎 지는 소리가 천하의 가을을 알린다〉는 것은
흔히 인용되는 동양의 지혜이다. 저쪽에는 〈제비 한 마리가 여름을 만들
지 않는다〉는 속담이 있다. 상호배제적인 두 진술은 그냥 독립해서 병치
할 때 그 뜻과 진위를 가동하지 못한다. 구체적 맥락 속에서 상호배제적
인 두 진술이 제각기 진실이 될 수도 있고 허위도 될 수 있다.
　〈4월은 가장 잔인한 달이다〉와 같은 시적 진술은 어떤 단언적(斷言的)
인 명제가 아니다. 그러나 단언적 명제의 외관을 가진 진술이 특히 산문
소설에서는 많이 발견된다.

　　행복한 가정들은 모두 엇비슷하다. 그러나 모든 불행한 가정은 제가
끔 다르게 불행하다.

　　모든 행복한 가정들은 다소간 유다르다. 그러나 모든 불행한 가정들
은 다소간 엇비슷하다.

앞엣것은 톨스토이의 『안나 카레니나』의 첫머리 지문이고 뒤엣것은 나
보코브의 『아이다』의 첫 지문이다. 나보코브가 오블론스키의 집안이 온
통 혼란에 빠져 있음을 묘사하고 있는 톨스토이의 지문을 염두에 두고
자기 작품을 시작하고 있는 것은 분명하다. 의식하건 안하건 후대 작품
은 전대 작품의 패러디가 되게 마련이다. 우리는 단언적 명제처럼 보이
는 이 상반되는 진술을 어떻게 처리하고 어떤 쪽에 손을 들어 주어야 할

것인가? 우선 생각할 수 있는 것은 경험적 사실과의 일치라는 관점에서 명제의 타당성을 검토하는 일이다. 이것은 매우 어려운 일이지만 검토 자체는 불가능한 것은 아니다. 그리하여 가령 베링튼 무어의 『인간 불행의 원인과 그 제거를 위한 제언에 관한 고찰』이라는 긴 제목의 창의적 연구서를 참조하여 우리의 고찰을 진행할 수도 있을 것이다. 베링튼 무어는 인간행복이 다양함에 반해서 인간불행은 단일하다고 주장한다. 전쟁, 잔학성, 기아, 고역, 부정의, 억압 등이 인간불행의 대종을 이루고 있어 불행이 비교적 단일함에 반해서 행복은 가지각색이라는 것이다. 무어의 인간불행이 보다 일반적이고 작가들이 위에 적은 행·불행론은 가정으로 한정되어 있어, 보다 특수한 경우이기도 하나 전체적인 맥락으로 보아 무어가 톨스토이보다는 나보코브에 동조할 공산이 크다고 볼 수 있다.

그러나 실제 독자들의 경우 작품을 읽으면서 단언적 명제처럼 보이는 진술의 일치 여부를 검토하는 것은 흔하지 않다. 선뜻 찬반 의견을 형성하기보다는 잠정적으로 동의하면서 작품세계로 들어간다(사실 잠정적 동의없이 한 권의 책을 독파하기란 불가능하다. 읽기를 계속한다는 것은 잠정적 동의에 기초한 선택 및 비판행위이다). 따라서 위의 명제적 진술이 갖는 진실성은 그것이 작품 전체와 얼마만큼 유기적으로 연관되어 있는가 하는 일관성의 척도에 의해서 가늠될 수밖에 없다.

양수겸장의 진실

그렇다면 문학 속의 진실은 한결같이 작품 속에 구현된 일관성의 진실에 의해서만 성취될 수 있는 것이냐는 당연한 질문이 제기된다. 그 누구도 반유태인주의를 찬양하는 훌륭한 작품을 쓸 수 없다는 사르트르의 명제를 우리는 기억한다. 20세기초의 한국을 무대로 하여 일본제국주의를 찬양하는 훌륭한 소설이 가능하느냐는 의문은 정당한 것이다. 진실의 기준을 작품 내적인 일관성으로 책정할 때 우리는 그 가능성을 완전히 배제할 수는 없다. 심정적인 거부감이 벌써 일관성의 진실을 거부할 것이라는 반론도 있을 수 있으나 외국인 독자를 상정할 때 반드시 그런 것만도 아니다. 경험적 사실과의 일치를 진실의 척도로 삼을 때 비로소 우리는 〈일본 제국주의를 찬양하는 훌륭한 소설은 그 누구도 쓸 수 없다〉고 명쾌하게 단언할 수 있을 것이다. 이러한 사실은 적어도 일치의 진실과 일관성의 진실을 양수겸장으로 성취해야 비로소 그릇 큰 문학이 가능하다는 것을 강력하게 시사한다. 흔히 얘기하는 리얼리즘도 사실은 두 가지 진실의 동시 성취, 아니 하나로 어울린 일관성과 일치의 진실의 구현을 가리키는 것에 지나지 않는다. 단순한 일치의 진실에 만족할 때, 문학은 중층적 의미구조에서 동떨어진 실화로 떨어질 수 있다. 한편 일관성의 진실로 만족할 때 그것은 한낱 별세계에서의 신선놀음으로 떨어질 위험성을 안게 된다. 덧붙여 우리는 〈미는 도덕적 선의 상징이다〉라는 칸트의 말을 상기해야 한다. 그때 비로소 예술적 진실과 사회정의가 일치한다는 생소하지 않은 사실의 신선한 의미를 이해하게 될 것이다. 〈미는 진이다〉 보다는 〈선이 미다〉라는 진술이 시와 진실에 더 많은 빛을 던져 주는 것인지도 모른다.

주요 참조문헌

장 뽈 사르트르, 『문학이란 무엇인가』, 김붕구 옮김, 문예출판사, 1972.

J. Bronowski & Bruce Mazlish, *The Western Intellectual Tradition* (Harper & Row, New York, 1960), ch. 7.

Barrington Moore, Jr., *Reflections on the Causes of Human Misery and upon Certain Proposals to Eliminate Them* (Beacon Press, Boston, 1973), ch. 1.

I. A. Richards, *Poetries and Sciences : A Reissue of Science and Poetry with*

Commentary (Routledge & Kegan Paul, London, 1970).

K. K. Ruthven, *Critical Assumptions* (Cambridge University Press, Cambridge, 1979), ch. 11.

J. P. Stern, *On Realsim* (Routledge & Kegan Paul, London, 1973), ch. 1.

시의 언어

   현학적이면서 별 소용없는 놀음이란 것을 잘 알면서도 사람들은 시와 산문을 구분해서 정의하려는 충동을 갖는다. 그리하여 산문이 그 자체를 넘어서는 목적을 지향한다고 말한다. 즉 어떤 사태를 시사하거나 묘사하며 어떤 행동방침을 권면하거나 처방하거나 지시하는 경향이 있다고 말한다. 시도 이러한 일을 하지 않는 것은 아니다. 그러나 시의 줏대되는 목적은 말을 타동사적으로 사용하는 것이 아니라 말의 구조를 마련하는 것이라고 말한다. 산문의 경우 말은 목적을 수행하는 유용한 연장이지만, 시에 있어서 말은 그 자체가 목적이 되어 있다는 것이다. 〈시인이란 언어를 이용하기를 거절하는 사람이다〉라는 사르트르의 명제 속에서 이러한 생각은 집약적인 표현을 얻고 있다. 사르트르의 이러한 시인관의 배경에는 프랑스 상징주의의 시 전통이 엄존해 있는 것은 사실이다. 따라서 그의 명제는 그러한 시 전통을 맥락으로 해서 투명한 설득력을 갖게 되는 것 또한 사실이다. 그러나 이러한 극단적인 경우가 오히려 사물의 본질을 극명하게 조명해 주는 경우는 많다. 몰리에르의 어떤 작중인물은 자기가 여태 써온 말이 산문의 언어임을 알고 놀라와 하지만 어쨌건 시의 언어와 산문의 언어는 많은 공통성과 함께 차이점을 가지고 있다. 그 차이점의 하나로 우리는 시에 있어서의 언어의 함축에 대한 무거운 의존을 지적할 수가 있다.

지시적 의미와 함축

말이라고 하는 것은 일정한 지시적 의미를 갖는다. 그것은 그 말을 사용하는 언어공동체 속의 묵계와 관습에 의해서 결정된 것이다. 한 낱말은 지시적 의미 이외에도 제각기 특유한 함축을 가지고 있다. 이 함축도 그 말을 사용하는 언어공동체의 동의와 관습에 의해서 형성된 것이다. 그러나 개인적 지역적 시대적 변수에 따라서 지시적 의미보다 상대적으로 고정성이나 항상성이 취약하며 가변적이라 말할 수 있다.

지시적 의미와 함축의 차이는 동의어를 검토해 보면 분명해진다. 부부, 부처, 내외, 안팎, 양주는 모두 동의어여서 그 지시적 의미는 동일하다. 그럼에도 불구하고 그 함축은 크게 달라서 적절치 않게 사용되었다고 생각될 때 큰 감정의 분규를 자아낼 소지조차 있다. 이러한 함축이 크게는 계급적 편견의 소산인 경우가 많아서 어떤 계층이 쓰는 말이냐에 따라서 그 함축의 성질이 결정되는 수도 있다. 똑같은 여성임에도 불구하고 신문보도는 어떤 경우엔 김여사, 또는 김여인으로 표기하는 데 이때의 구별이 당사자의 사회적 신분을 반영하고 있다는 것은 우리가 흔히 목도하는 사실이다. 이러한 계층적 차별의 반영 이외에도 잡다한 요소가 독특한 함축을 구성하게 마련이다. 〈역사(役事)〉와 〈공사(工事)〉에서 우리는 시대적 변화가 야기시킨 함축의 차이를 발견하게 된다. 그런가 하면 〈권태〉와 〈싫증〉에서 미묘한 생활감각상의 차이를 감득하게 된다. 그런데 시는 이러한 함축에 크게 의존하고 있다. 우리는 그것을 널리 알려지고 애송되는 표준적인 사화집 흐름의 작품 속에서 확인할 수 있다.

강나루 건너서

밀밭길을

구름에 달가듯이
가는 나그네

길은 외줄기
남도 삼백리

술익는 마을마다
타는 저녁놀

구름에 달가듯이
가는 나그네

굳이 작자와 표제를 밝히지 않더라도 독자들에게는 친숙한 작품이다. 나그네의 동의어로 우리는 여행자, 여객, 행객, 과객, 길손을 떠올릴 수 있다. 그러나 이러한 동의어로 작품 속의 나그네를 대치해 본다면 이 명시는 크게 훼손되고 말 것이다. 〈구름에 달가듯이 가는 여행자〉라 해도 파격이요 또 같은 토박이 말이라 하더라도 〈구름에 달가듯이 가는 길손〉이라 하면 리듬상으로 커다란 훼손이 온다. 〈길은 외줄기 남도 120킬로〉라 하더라도 돌이킬 길 없는 불협화음을 빚어내고 만다. 우스개와 익살의 효과는 있을지 몰라도 당초의 기품 있는 정취는 행방이 묘연해지고 말 것이다. 우리는 시에 있어서의 함축의 압도적인 무게를 확인하게 된다. 조그마한 차이지만 실은 그것이 우주적인 차이임을 실감하는 것이다. 시 속에 동원된 낱말들의 걸맞음에서 나오는 조화에 작품의 성질이 의존하고 있다 해도 과언이 아니다.

　동지ㅅ달 기나긴 밤을 한 허리를 베어내어

춘풍(春風) 이불 아래 서리서리 넣었다가
어른 님 오신 날 밤이어든 구비구비 펴리라

인구에 회자되는 이 옛시조에서 〈동지ㅅ달〉을 가령 음력으로 쳐서 11월로 한다든가 양력으로 쳐서 12월로 고쳤다고 가정해 보자. 우리는 이 시조의 정취가 무산되어 있음을 발견하게 될 것이다. 〈12월 기나긴 밤을 한 허리를 베어내어〉라고 해서는 아무래도 원시(原詩)의 정취를 당해낼 수 없다. 물론 이러한 함축의 차이가 지속적일 것이라는 보증은 아무데도 없다. 〈동지섣달〉이란 말을 일상언어로 접하면서 성장한 세대가 〈동지ㅅ달〉이란 말에서 감득하는 함축과 그러한 말을 사전 속에서 익힌 세대가 감득하는 함축 사이에는 커다란 차이가 있겠기 때문이다. 그러나 동지 팥죽을 먹으면 한 살을 더 먹게 마련이었던 세대에게 있어 〈동지ㅅ달〉이란 말이 환기하는 독특한 연상과 함축은 황진이의 시조를 수용함에 있어 결정적인 친화적 요소로 작용할 것임에 틀림없다. 외국시의 이해가 어렵고 또 시 번역이 반역으로 끝난다는 것이 이러한 함축 때문이라는 것은 두말할 것도 없다.

단초의 언어

시가 산문보다 앞서 나왔다는 것은 대체로 시인할 수 있는 소리다. 한 사회의 주요 관심사를 표현하는 유일한 수단으로서 시가 산문을 앞섰으리라는 것은 능히 추측할 수 있다. 당초의 시 언어는 따라서 사람의 투박하고 절실한 정감을 토로하는 직정의 언어로서 생활에 밀착된 말이었으리라고 생각된다.

민요나 민담을 연구하는 민속문학의 이론에는 생산이론과 수용이론이라는 상반되는 이론이 있다. 민요 같은 것은 농촌공동체 자체의 생산이라는 것이 이른바 생산이론으로 요약되는 반면 고급문화가 사회적으로

하강하고 침전하여 농촌공동체에 의해 수용되었다는 것이 이른바 수용이
론이라는 것이다. 수용이론에서는 그러니까 모든 민요는 사실상 고급문
화의 표절이라는 극단론까지 있다. 그러나 수용이론의 주창자까지도 가
령 노동요나 상여노래 같은 것은 어디까지나 농촌공동체 자신의 생산물
이라고 해서 침전물과 이를 구분하려 든다. 이러한 민요가 민중의 생활
언어로 되어 있다는 것은 말할 것도 없다. 수용이론에서 말하는 침전적
표절작품이 상류층의 언어를 많이 수용하고 있는 것과는 성질을 달리한
다.

　많은 사람들에게 애송되며 호소력을 갖고 있는 시가 대체로 생활에 밀
착된 기본어휘로 되어 있다는 것은 주목할 만하다. 물론 사람들에게 선
호받는 애송시라는 것이 고급독자나 시인 자신들 혹은 사화집이나 교과
서 편찬자의 안목이나 취향에 의해서 좌지우지된다는 측면이 강하다. 그
러나 어쨌건 선호받는 시의 대부분은 모국어의 가장 기초적인 어휘로 이
루어진 경우가 많다.

　산에는 꽃피네
　꽃이 피네
　갈 봄 여름없이
　꽃이 피네

　산에
　산에
　피는 꽃은
　저만치 혼자서 피어 있네

　산에서 우는 작은 새여
　꽃이 좋아
　산에서

사노라네

산에는 꽃 지네
꽃이 지네
갈 봄 여름없이
꽃이 지네

사계를 포함해서 있는 대로의 자연에 대한 화해로운 관계와 부족함이 없는 자연을 지극한 평정 속에서 바라볼 수 있는 유연한 관점을 지닌 이 작품은 단단한 균제성을 가지고 있다. 〈산유화(山有花)〉라는 표제를 제외한다면 산, 꽃, 새, 가을, 봄, 여름, 피다, 지다, 운다, 저만치 등 자연과 삶의 가장 기본적인 국면을 드러내는 어휘로 구성되어 있다는 것이 특징이다. 그런데 이런 기초적인 모국어 단어는 누구에게나 성장과정의 초기에 익혀서 가장 오래 알고 있는 어휘를 이루고 있다. 그리고 이러한 기초어휘에 대해서 사람들은 독특한 반응을 하는 것으로 생각된다. 사람들의 입맛이란 대개 어릴 적에 형성된다고 한다. 어릴 적에 맛들였던 것을 구미의 취향으로 가지고 있다는 것이다. 그래서 애국심이란 것은 어릴 적에 맛있게 먹었던 것에 대한 사랑에 지나지 않는다고 갈파한 익살꾼도 있다. 자연 풍경만 하더라도 열 살 이전에 익힌 풍물에 대한 선호를 사람들은 지속적으로 갖는다는 것이다. 따라서 사람들이 구상하는 유토피아의 기본 구도는 어린 시절을 보낸 고향의 풍치를 닮게 마련이다. 어린 시절이 누구에게 있어서나 잃어버린 낙원으로 생각되는 것도 바로 그런 까닭에서다.

　말도 마찬가지다. 극히 어린 시절에 익혔던 기본단어가 이를테면 기층언어로서 사람의 의식 심층에 자리잡고 있다. 가령 죽는다는 말은 죽음에 대한 불가사의 그리고 죽음에 관한 최초의 경험이 주었던 충격을 유지하면서 사람의 가장 깊은 의식 심층에 자리잡고 있다. 그리고 죽음이란 말을 접할 때 사람들은 이 최초의 충격이나 공포나 불가사의의 환기

를 촉발받는다. 그것은 의식 깊은 곳에서 이루어지지만 그만큼 미묘하면
서도 거역할 길 없는 효과를 야기한다. 선호받는 애송시가 주로 기본단
어로 되어 있다는 것은 이와 같은 심층언어이며 성장의 초기단계에 익힌
단어라는 사실과 연관된다고 할 수 있다.

  언어학자들은 열 두 살 이전에 익힌 모국어의 위력을 얘기한다. 그리
고 열 두 살 이전에 두 언어를 익혔을 때 두 언어가 동시에 〈모어(母語)〉
구실을 한다고 말한다. 바꾸어 말하면 열 두 살이 지나서 배운 말은 결
국 제2언어 구실밖에 못한다는 얘기가 된다. 다급한 경우에 〈사투리〉가
나오는 것도 그 까닭이다. 전하는 바에 의하면 사망 얼마전부터 이승만
은 실어증에 걸려 영어를 완전히 잊어버렸다고 한다. 오랜 외국생활 때
문에 모국어의 구사가 늘 별스러웠던 이 노인은 세상을 뜨기 직전에 어
릴 적에 배웠던 모국어의 기본어휘로 돌아갔던 것이다. 즉 단초의 기층
언어로 회귀한 것이다. 그가 오랫동안 익히고 썼던 외국어는 어디까지나
제2언어에 지나지 않았던 것이다.

김광섭의 경우

  여기서 김광섭의 경우도 하나의 흥미있는 사례가 되어 준다. 김광섭은
젊은 시절 몇 편의 괜찮은 시를 보여주고 나서는 시인으로서의 성장을
정지하고 자기 자신이 스스로의 아류가 된다는, 흔히 있는 경우를 완전
히 전도시킨 희유한 시인의 하나이다. 만년에 그가 보여준 「성북동 비둘
기」「산」「겨울날」「사자(死者)의 대지(大地)」 등은 그의 전작들과 비교
할 때 놀랄 만한 경지에 이른 명편이다. 이산(怡山)의 처녀시집 『동경
(憧憬)』에서 가장 성공적인 시편의 하나라고 생각되는 「우수」에 있어서
조차 기층언어보다는 뒷날의 교양체험의 언어에의 의존을 엿볼 수 있다.

  해심(海心)에 깜빡이는 등불로 말미암아

밤바다는 무한히 캄캄하다.
물결은
발아래 바위에 부딪쳐서 출렁이고
자유는
영원한 우수를 또한 이 국토에 더하노라.

어둠을 스쳐 멀리서 갈매기 우는 소리
귓가에 와서 가슴에 상처를 허비고 사라지나니

이 밤바다에 외치고 가는 시(詩)의 새여
그대의 길도 어둠에 차서 향방없거늘
비애의 시인 고뇌를 안고
또한 그대로 더불어 밤의 대양으로 가라.

여기 나오는 〈해심〉〈자유〉〈우수〉〈국토〉〈비애〉〈시인〉〈대양〉〈향방〉 등
은 극히 어릴 적에 익힌 기층언어는 아니다. 뒷날의 교양 체험에서 얻은
이를테면 후기 습득언어로서 기층언어 특유의 친화적 호소력은 많이 감
소되어 있는 어휘들이다. 사실 시집 『동경』에서 대부분의 시는 위의 시
가 가지고 있는 호소력을 가지고 있지 못한데 여타 시편에서 후기 습득
언어에 대한 의존도는 굉장히 높다.

비애의 언어를 쫓아내고
신념의 중세(中世)를 쫓아내고
시대의 고뇌를 쫓아낸 뒤

나의 체중이 경기구(輕氣球)가 되어 난다.
나의 미래가 경쾌하게 상승한다.
그 다음엔 관모(冠毛)같이 나는 하늘지경에 가서 운다.

                                                        —— 공막(空寞)

  후기 습득언어에의 의존은 이산의 이른바 〈애국시편(愛國詩篇)〉에서도
이어지는데 처녀시집에 있어서보다 그 성취는 단단하고 야무지다.

    아 한(恨) 많고
    원(怨) 많은 곳에서 홀로 살찌던
    일본제국주의
    한 민족을 잡아 피를 짜며
    악령을 불러 무장하고
    세계의 관(冠)을 얻으랴든
    일본제국주의

    오늘 우리들은
    그대의 머리 우에
    황혼의 만가(挽歌)를 보내나니
    잘 가거라 일본아
    고달픈 옷자락에
    눈물을 씻으며
    영원히 물러가라
    흉몽(凶夢)을 안고
    심연에 누워
    고요히 잠자거라
    자장가는
    우리의 행진으로 하리라

    이리하야
    오래 고민하던 시대는 가고

환희에 넘치는 세대가
분화(噴火)같은 입을 열고
부르짖으며 행동하나니
만물은 감격하여
우리와 함께
웃고 노래하고 춤춘다.

──「해방」

그러나 만년의 작품에 오면 후기 습득언어, 교양체험의 어휘는 현격히 줄어들면서 유아기 기층언어에의 의존도가 커지는 것이다. 「산」「성북동 비둘기」 이하의 명편이 다 그렇지만 편의상 짤막한 시편들을 검토해 보기로 하자.

저렇게 많은 중에서
별 하나가 나를 내려다본다.
이렇게 많은 사람 중에서
그 별 하나를 쳐다본다.

밤이 깊을수록
별은 밝음 속에 사라지고
나는 어둠 속에 사라진다.

이렇게 정다운
너 하나 나 하나는
어디서 무엇이 되어
다시 만나랴

──「저녁에」

백도(白桃) 하얀 꽃송이들이 백옥같이
눈부시게 조롱조롱 피더니
얼굴을 맞대고 서로 비쳐서

한 송이가 백 송이의 웃음을 웃고 갔다
이것은 덧없는 인생의 가지가지
슬픔에 대한 토막 이야기다

저녁 등불 아래 앉아서
어느 마지막 잔 같은 차를 마신다

나는 무심히 내 주변을 살펴본다
나의 청춘의 모든 것도 다 그렇게 작별되었다
지금 다시 눈에 보이고 생각나는 것은 모두
그 작별의 짤막한 유서들이다
그러니 황혼이 울고 있다.

——「황혼이 울고 있다」

    진솔한 호소력에 차 있는 이런 시편들과 『동경』 시편들의 거리와 차이
는 엄청나다. 그것은 그대로 미숙과 성숙의 차이다. 그러면서도 만년의
시편들이 진솔한 그만큼 어떤 어눌함을 지니고 있다는 사실을 부정할 수
없다. 그러면 통상적인 관례를 벗어나 성숙과 진솔의 경지에 도달한 만
년 시편을 어떻게 설명할 것인가? 나는 그것이 일종의 실어증과 연관된
다고 생각한다. 초로기(初老期)의 이산은 야구 구경을 하다가 졸도하여
고혈압으로 고생하다가 회복하였고 또 지병을 지닌 채 만년의 성숙 시편
을 써낸 것으로 알려지고 있다. 앞서도 보았듯이 만년시편의 특색은 유
아기의 기층언어 내지는 기초어휘에 대한 의존도가 아주 높다는 것이다.
바꾸어 말하여 후기 습득어휘가 거의 자취를 감추다시피 했다는 사실이

다. 세상을 뜨기 전의 이승만이 영어 실어증에 걸렸듯이 초로 이후의 이산도 후기 습득어휘의 실어병 상태를 나타내었고 이로 말미암아 유아기의 기층언어로 회귀하고 그렇게 함으로써 거기에 의존하여 우리의 심층을 건드리는 함축의 성숙시편이 가능해진 것이라고 생각할 수 있다. 물론 이것은 하나의 가설이다. 좀더 깊이 있게 검토하고 방증 자료를 보강해야 할 가설이다. 그러나 그 대요가 크게 틀리는 것으로 생각되지는 않는다.

앞서도 보았듯이 시의 언어에서 함축은 중요하다. 유아기에 습득한 기층언어일수록 함축과 함의는 풍요하고 또 강렬하다. 심층에 자리하고 있어 그 호소력도 강하게 마련이다. 기층언어는 사람이 위기상황에서 소리치는 개인적 차원의 〈사투리〉이기도 하다. 의식이 미치지 못하는 영역에서 우리의 정감과 태도를 결정하는 심층언어인 것이다. 이러한 개인적 기층언어가 동시에 겨레의 생활과 밀착된 토착어라는 사실은 중요하다. 교양체험의 축적과 함께 증가하는 후기 습득언어가 토착어가 아니라는 사실은 후기 습득언어로 구성된 시의 호소력을 감퇴시키고 그 함축을 그만큼 불모지화시킨다고 할 수 있다. 생활과 유리되고 또 우리들의 잃어버린 낙원과의 거리가 그만큼 현격하기 때문이다.

시의 언어가 함축에 무겁게 의존하지만 그것만 가지고 시 언어가 탕진되는 것은 아니다. 우리는 교양체험의 축적에 따라서 증폭하는 후기 습득어휘 체계를 버릴 수도 떠날 수도 없다. 지적인 산문에서 그러하고 시에서도 그러하다. 그러나 후기 습득어휘에 기초한 이산 초기작품 흐름의 관념시의 실패는 시언어의 본질에 대해서 많은 것을 시사한다. 그리고 그의 성숙시편의 성공은 초기작품의 실패의 원인을 다시 분명하게 밝혀주고 있는 것으로 보인다. 그것은 시의 언어가 일종의 원시주의를 내포하고 있다는 것이다. 삶의 외경과 신비, 그 공포와 불가사의, 그 뜨거움과 한기를 하나의 경험의 덩어리로 가지고 있는 기층언어와 유아기 습득의 기초어휘의 풍요한 함축은 삶의 직접성과 구체성을 구현하면서 우리에게 전신적으로 호소해 온다. 우리가 선호하는 애송시의 대부분이 모국

어의 기초어휘로 구성되어 있다는 사실의 비밀은 여기에 있다. 그리고
모더니즘의 시적 실패도 이러한 기층언어에 대한 배반에서 나왔다 해도
과언은 아닐 것이다.

주요 참조문헌
김종길, 「시의 언어」, 『시에 대하여』, 민음사, 1986.
김치수, 「문학언어와 일상적인 삶」, 『문학과 비평의 구조』, 문학과 지성사,
  1984.
월터 J. 옹, 『언어의 현존』, 이영걸 옮김, 탐구당, 1985.
유종호, 「시와 토착어 지향」, 『동시대의 시와 진실』, 민음사, 1982.
_____, 「시인과 모국어」, 『사회역사적 상상력』, 민음사, 1987.

시와 산문

최근에 완간을 본 『김기림전집』 6권은 양질의 문학 유산을 격리시켜온 문화정책이 얼마나 우열한 것인가를 통감시켜 준다. 뒤늦게나마 한 재능 있고 탐구적이었던 시인의 이모저모가 접근 가능해진 것은 다행스러운 일이다. 우리가 시인이라는 이름으로 단순화해서 부르는 바람에 가리워졌던 김기림의 전인적 모습이 드러났다는 것도 유쾌한 일이다. 빈약한 자료로서나마 김기림이 뛰어난 산문가요, 또 당대의 견식 있는 교양인이라는 것은 대충 알만한 일이었다. 이번 전집의 완간은 이러한 우리의 예단을 더욱 확실하게 해주면서 40대 전반에 좌절된 한 문학적 가능성에 대한 우리의 애석함을 진하게 해주고 있다.

모더니스트라는 규격화된 판정 때문에 가리워져 있던 「문장론」 쪽에 경주한 지적 노력이나 「시의 이해」 속에 반영되어 있는 비평적 노력은 우리 근대문학 쪽에서는 소홀히 된 분야로서 이 부문에 있어서 김기림의 기여는 참으로 소중한 것이라 하지 않을 수 없다. 또 잡문이라는 이름으로 홀대받고 있는 수필 부문에서도 그가 빼어난 글들을 많이 남기고 있는 것이 눈에 띤다. 가령 서정적인 「첫기러기」「별들을 잃어버린 사나이」와 같은 글들, 또 짤막하면서도 글쓴이의 사고의 궤적이 잘 드러나 있는 「동양의 미덕」이나 「단념」 같은 수필들은 읽을 맛 나는 글들이다. 현행 고등학교 국어 교과서에 실려 있는 이른바 수필류의 글들을 머리 위에서 비웃고 있는 명문이라 해도 틀림은 없다. 그 시절에 누구나 버리지 못했던 서구 쪽 외래어의 남용이나 또 일본제 한자어에의 무거운 의존이 더러 거슬리기도 한다. 또 좀더 진중한 사고의 맥이 있었으면 하는 욕심이 일지 않는 것은 아니나 어떠한 재능도 당대의 일반적 한계를 벗어나기 힘들다는 것을 인정하지 않을 수 없다. 정지용의 산문도 좋기는 하지만 너무 담백하여 감칠맛이 없다. 산문에 관한 한 김기림을 따르지 못한다는 생각이 든다.

시인가, 수필인가 ?

김기림의 수필집 『바다와 육체』 속에는 「길」이라는 짤막한 글이 실려 있다. 1936년 3월에 발표된 것으로 되어 있는 글이다. 아래에 전문을 인용한다.

나의 소년 시절은 은빛 바다가 엿보이는 그 긴 언덕길을 어머니의 상여와 함께 꼬부라져 돌아갔다.

내 첫사랑도 그 길 위에서 조약돌처럼 집었다가 조약돌처럼 잃어버렸다.

그래서 나는 푸른 하늘 빛에 호져 때없이 그 길을 넘어 강가로 내려갔다가도 노을에 함북 자주 빛으로 젖어서 돌아오곤 했다.

그 강가에는 봄이, 여름이, 가을이, 겨울이 나의 나이와 함께 여러 번 다녀갔다. 까마귀도 날아가고 두루미도 떠나간 다음에는 누런 모래

둔과 그리고 어두운 내 마음이 남아서 몸서리쳤다. 그런 날은 항용 감기를 만나서 돌아와 앓았다.

할아버지도 언제 난지를 모른다는 마을 밖 그 늙은 버드나무 밑에서 나는 지금도 돌아오지 않는 어머니, 돌아오지 않는 계집애, 돌아오지 않는 이야기가 돌아올 것만 같아 멍하니 기다려 본다. 그러면 어느새 어둠이 기어와서 내 뺨의 얼룩을 씻어 준다.

호사가들이 서정문이라고 분류할 종류의 글일 것이다. 모더니스트 김기림의 전혀 다른 일면을 보여준다. 〈자장가도 불을 줄 모르는 바보인 바다/바다는 다만/어둠에 반란하는/영원한 불평가다/바다는 자꾸만/헌 이빨로 밤을 깨문다〉와 같은 「기상도(氣象圖)」 속의 바다와 비교할 때 「길」 속에 나오는 바다와 강과 길은 훨씬 정태적일지는 모르지만 한결 또렷하고 의젓한 시적 소도구로 되어 있다. 『김기림전집』 속에 있는 많은 시보다 훨씬 시답다는 생각이 들기도 한다. 필자가 만약 20편으로 된 『김기림시선』을 엮는다면 「길」을 수록할 것이다. 시를 서정적인 것으로 한정해서 생각하기 때문이 아니라 이 작품에는 사실 기림 시의 허술함이 되어 있는 부적절한 직유나 무게 없는 말놀이가 말끔히 가셔져 기품있는 서정의 경지에 이르고 있기 때문이다. 『태양의 풍속』 속에 들어 있는 시편과 비교해 보면 흥미 있다.

별들은 지구 우에서 날개를 걷우어 가지고 날어갑니다. 변하기 쉬운 연인들이여. 푸른 하늘에는 구름의 층층대가 걸려 있읍니다. 부즈런한 사무가(事務家)인 태양군(太陽君)은 아침 여섯 시인데도 벌서 침상에서 일어나 별의 잠옷을 벗습니다. 그러고 총총히 층층대를 올러가는 것이 안개가 찢어진 틈으로 보입니다.
── 할로 바다와 육지

그의 걸음거리는 전설 속의 임금답지도 않게 고무뿔처럼 가볍습니다.
──「아침해」

　　강은 그의 모든 종족과 함께 대지의 영원한 하수도입니다. 아마존,
따뉴브, 쎄느, 라인, 한강, 두만강, 미시시피……최후로 저 위대한 땅
을 흐르는 양자강.
　그렇지만 시민들은 한번도 수도료를 낸 일이라곤 없습니다. 그렇다고
사용을 거절당한 일도 없습니다. 지금 그는 아침의 들을 따리며 물레
방아를 굴리며 느껴 울며 노래하며 깊은 안개 속을 굴러 떨어집니다.
──「강」

　　작자 자신이 시나 수필로 구분했다는 우연한 자의(恣意) 이외에 「길」
과 「아침해」 「강」을 구별하는 특징은 있어 보이질 않는다. 굳이 그 차이
를 지적한다면 시로 분류된 「아침해」와 「강」에 비유와 재담적인 요소가
많은 반면, 「길」에서 그것이 아주 절제되어 있다는 사실일 것이다. 「아
침해」에서 별들은 〈변하기 쉬운 연인들〉로 드러나며 태양은 〈부지런한
사무가〉로 비유되어 있다. 그리고 층층대로 표현되어 있는 구름 사이로
올라가는 태양의 떠오름이 〈전설속의 임금답지도 않고 고무뿔처럼 가볍
다〉는 것이다. 재담이라면 재담이지만 얼마만큼 공감을 자아낼는지는 의
문이다. 작품 「강」에서 강은 〈대지의 영원한 하수도〉로 비유되고 있으며
그럼에도 시민들이 수도료를 낸 일이 없고 그렇다고 사용을 거절당한 일
이 없다는 것이 신기하다는 투로 적혀 있다. 세계의 이름 있는 강들이
하필 불결한 인상을 주는 하수도로 비유되어 있다는 것이 의심쩍기는 하
나 바로 그 점에 대지의 무한한 풍요성이 드러나 있는 것인지도 모른다.
　「아침해」나 「강」과 비교해 본다면 「길」은 〈조약돌처럼 집었다가 잃어
버렸다〉는 첫사랑의 직유가 없는 것은 아니지만, 또 〈어머니의 상여와
함께 꼬부라져 돌아간〉 소년시절의 비유가 보이지만 훨씬 절제되어 있고
또 자연스럽다는 점에서 적정성을 얻고 있다. 전체적으로 재담적인 요소

80

가 아주 없달 수는 없지만 그것이 돌출하여 관심을 끄는 법이 없이 의젓한 품위를 유지하고 있으며 어머니의 상실, 첫사랑의 상실, 소년 상실이라는 애가(哀歌) 정서와 조화를 유지하고 있다. 취향이라는 것은 사람마다 다른 것이고 따라서 취미나 취향을 가지고 다투지 말라는 경구도 있다. 그러나 시집 속에 들어 있는 「아침해」나 「강」보다도 수필집 속에 들어 있는 「길」이 훨씬 시로 느껴지는 독자들이 많으리라고 생각된다. 시라는 점에 반론을 제기한다면 산문시라고 말해도 좋다.

　시와 산문의 구분이 이렇듯 모호하고 유동적이기 때문에 『김기림전집』의 편자는 가령 「기적(奇蹟)」이라는 역시 『바다와 육체』 속에 수록되어 있는 글을 산문시라 해서 시집 속에 포함시키고 있다. 또 애초 「관북기행단장(關北紀行斷章)」으로 발표되었다가 역시 수필집 속에 수록했던 짤막한 글들을 시집 속에 수록하고 있다. 사실 이들 기행작품은 시인 자신도 시로 기획했으나 적절한 기회가 없어 방치해 두었다가 수필집을 낼 때 버리기 아까와 수록했던 것으로 보여진다.

　　물레방아가 멈춰선 날 밤
　　아버지는 번연히 돌아오지 못할 아들이
　　돌아오는 꿈을 꾸면서 눈을 감엇단다.

　　마을에서는
　　구두소리가 뜰악에 요란하던 그날 밤 일도
　　불빛이 휘황하던 회관의 일도 모르는 아이들이
　　어머니의 잔소리만 들으면서 자라난다.

　　　　　　　　　　　　　　　　　──「마을」

　　「이것두 먹어라」「저것두 먹어라」고
　　집어 놓으시는 바람에
　　이번에도 또 배탈을 내가지고 돌아간다.

——「육친(肉親)」

　마을회관에 대한 탄압이나 이에 따른 검거 선풍이 시사되어 있는 「마을」이나 귀향한 아들에게 성찬을 베풀어 주는 「육친」등은 짤막한 시로서 가령 시집 『태양의 풍속』에 수록되어 있는 「함경선 오백킬로 여행풍경」의 단시에 뒤질 것도 없다. 시대상황에 대한 관심이 시사되어 있다는 점에선 수필집 수록 단장들이 도리어 무게 있는 편이다. 위에서 읽어 본 「마을」과 당초 시집 속에 수록되었던 「산촌」이란 작품을 비교해 보더라도 알 수 있다.

　모든 것이 마을을 사랑한담네.
　참아 영(嶺)을 넘지 못하고
　산허리에서 멍서리는
　흰
　아침연기.

운문과 산문

　위에서 우리는 시와 산문의 구분이 매우 자의적인 것이며 엄격한 기준에 의존한 것이 아님을 보았다. 전통적으로 시와 산문의 구분은 운문과 산문의 그것에 의존 해온 것이 사실이다. 그러나 운문과 산문의 대조적 검토는 실증적인 운문 개념 정립이 매우 어려운 우리 근대문학의 현장에선 큰 도움이 되지 않는다. 한 언어의 소리 체계의 조직이라고 흔히 정의하지만 이러한 정의로 운문의 뜻이 탕진되는 것도 아니다. 이른바 정형시를 기준으로 생각할 때 일정한 수의 음절이 모여 단위를 이루면서 반복하는 글을 운문이라고 부른 이왕의 설명은 일단 그럴싸해 보인다.

씨어마니 죽을때는 좋더니만
보리방아 물부으니 생각난다.
*
네잘났나 내잘났나 누잘났노
꾸리백통 은전지화(銀錢紙貨) 제잘났지.
*
그리운 우리님의 맑은노래는
언제나 제가슴에 젖어있어요

긴날을 문밖에서 서서들어도
그리운 우리님의 고운노래는
해지고 저물도록 귀에 들려요
밤들고 잠들도록 귀에들려요.

그래서 4·4조니 7·5조니 하는 말도 자주 쓰이고 띄어쓰기도 거기에
맞추어서 쓰는 경향도 있었다. 그리하여 운문을 이러한 정형시와 동일선
상에서 설명하고 비교적 음절 관행을 엄격히 지킨 이른바 평시조를 그
예로 드는 경우도 있었다. 그러나 이러한 4·4조나 7·5조가 구전 민요
등에서 엄격히 지켜지는 경우는 드물고 그 변형이 도리어 많은 편임은
쉽게 드러난다.

시집사리 몬살면 친정가살지
술담배 굶고는 내못살레
*
이웃집 서방님은 군도칼차는데
우리집 저문딩이 정지칼차네
*
영감아 도둑놈아 잠들어라

남의집 외동자식 살려주자

＊

씨어마니 죽으라고 축원했더니
친정엄마 죽었다고 부고왔네

위에서 명백하듯이 이른바 4·4조 7·5조를 근간으로 하면서 약간의
변주가 나타난다. 그리고 이러한 변형이나 변주는 또 크게 글의 리듬을
부수지는 않는다. 따라서 음절수에 기초한 음수율은 전통시가의 율격을
설명하는 데 부적당한 개념이라고 해서 비판을 받게 된다. 더구나 그것
이 일본시의 음수율에 빚지고 있다는 취약성 때문에 가령 강약율에서 전
통시가의 기본 율격을 발견하려는 대안 등의 검토과정을 거쳐 근자에는
음보율의 방법이 호응을 얻고 있는 것으로 보인다. 즉 민요의 율격을 분
석한 결과를 토대로 해서 율격 형성 단위로 음절·음보·행·연을 책정
하는 것이다. 음절이 모여서 음보를 이루고 음보가 모여서 행을 이루고
행이 모여서 연을 이루는데 연은 필수적인 것이 아니라고 규정한다. 한
국 시에서는 행을 이루는 음보수(音步數)는 고정적이지만 행을 이루는
음절수는 가변적이라는 것이다. 그런데 한 행이 3음보의 되풀이로 된 3
음보격과 4음보의 되풀이로 된 4음보격이 전통적 율격의 기본 형태이며
가령 시조와 가사는 4음보격이라고 한다. 그리하여 한용운, 김소월, 김
영랑은 3음보격을 계승한 시인으로 또 이상화는 4음보격을 계승한 시인
으로 정의된다. 최남선은 전통적 율격을 파괴한 장본인으로 정의되며 우
리 시가에 없는 일본 시가 흐름의 7·5조 음수율을 추종했다는 것으로
규정된다.
　운문의 한 속성인 율격을 규정하기 위한 이러한 노력이 비평적 일치에
이르기 위해서는 더욱 많은 보족적 연구가 뒤따라야 할 것 같다. 또 변
형과 예외가 더욱 많아 보이기도 하는 규칙의 정당성도 더욱 깊이 검토
되어야 할 것이다. 우리는 책장 끝까지 각행이 이어지는 것이 산문이요
끝까지 이어지지 않는 것이 시라고 한 제러미 벤쌈의 말에 동조하고 싶

은 심정이 되기까지 한다.

　우리 시가에서 운문 개념을 어렵게 하는 것은 또 두운이나 각운이 운문에서 필수적인 것이 아니라는 사실도 작용한다. 따라서 시 제작에 임할 때 필수적으로 익혀야 할 작시법으로서의 운율법prosody이 확정되어 있지 않은 것이다. W.H.오든은 「시인과 도시」라는 글에서 자기가 구상하는 시인학교의 교과과정을 적은 일이 있다. 모국어를 포함해서 세 개의 현대어와 한 개의 고전어를 필수로 과하고 이들 언어로 된 시를 수천 행 암송시키며 운율법, 수사학, 비교언어학이 필수 과목으로 되어 있다. 또 가축 돌보기와 밭 가꾸기도 필수로 하고 있다. 우리에게 시작(詩作) 이전의 필수 과정으로서의 운율법이 없다는 것, 또 동요나 동시를 쓰는 어린이들이 무심코 음수율에 기초한 정형에 의존하며 일반적인 표어짓기에서도 그러하다는 것은 우리에게 시사하는 바가 많다고 할 것이다. 우리의 율격 구조를 어떻게 정의하든 그것이 리듬을 가지고 있다는 것은 분명하다. 규칙적인 반복이 리듬이고 이 리듬은 우리에게 어떤 즐거움을 안겨 준다. 어쨌건 리듬의 즐거움 속에서 운문이 생겨난다. 리듬에서 즐거움을 발견하는 것은 인간에게 한한 것이 아니고 동물의 경우에도 발견된다고 한다. 어린이의 놀이, 사람들의 북치기, 춤 속에서도 우리는 그것을 쉽게 찾아볼 수 있다. 리듬에서 즐거움을 찾게 되는 것은 생리학적 기초를 가지고 있으며 신체의 리듬과 관련되어 있다. 심장의 박동이나 호흡의 리듬은 신체 리듬 중 가장 중요하고 현저한 것이다. 가령 영시의 경우에는 음보가 대충 심장의 박동과 일치한다. 그보다 큰 단위인 행은 또 대체로 호흡의 리듬과 일치한다. 두뇌 속에는 알파 리듬이라는 계속적으로 진동하는 전류가 있어서 전자 뇌파기에 기록이 되는데 이 전류가 다양한 율동적인 신체 동작의 원동력이 된다는 연구도 있다. 노동과 리듬에 관한 고전적 연구서의 저자는 노동할 때의 율동적인 동작이 피로를 덜어 준다는 사실에 착안해서 시의 기원을 일꾼들이 노래를 하면서 벌이는 협동적 노동에서 찾고 있기도 하다. 심장의 박동이나 호흡 동작은 평소에 우리가 의식하는 법이 없는 생명에 관계되는 중요 동작이다. 소리나 동작으로 이러한 동작을 강조하는 것은 고양된 생명감을 주게 된다. 의미와 관계없이 운문이 주는 즐거움의 근원적 원인이 여기에 있다는 생리학적인 설명은 널리 인정되고 있다. 우리 시의 율격을 어떻게 설명하든 운문이 산문에서보다 리듬 고유의 쾌감을 풍족하게 갖추고 있는 것은 분명하다. 운문으로의 엄격성이 느슨한 근대의 자유시에서도 우리는 그것을 쉽사리 감지할 수 있다. 한편 규칙적이고 율동적인 운문은 우리의 기억에도 썩 유효하다. 따라서 예로부터 시는 기억술을 위한 유효한 수단이었다. 우리가 일상 접하는 표어나 구호가 운문적 구조를 가지고 있는 이유의 하나도 그 때문일 것이다.

　　못살겠다 갈아보자

　　이놈저놈 다썩었다
　　국민은 통곡한다

언어 안쪽과 바깥쪽

　문학이론의 다양한 전개로 말미암아 요즘 들어 거론되는 일이 별로 없으나 여전히 도전적인 책으로 남아 있는 『문학이란 무엇인가?』에서 사르트르는 시와 산문을 명쾌하게 구분해서 설명한다. 그는 운문과 산문이라는 구차한 양분법을 거쳐 가는 법 없이 대뜸 산문과 시를 구별한다. 사르트르를 따르면 시와 산문은 똑같은 방식으로 말을 사용하지 않는다. 시는 말을 사용하지 않을뿐더러 말에 봉사한다고 하는 편이 적절하다. 시인들은 언어를 이용하기를 거절한 사람이라고 그는 말한다. 이에 반해서 산문은 본질적으로 효용을 목적으로 하는 공리적인 것이다. 산문가는 말을 사용하고 이용하는 사람이다. 그리하여 산문의 경우 우리는 언어의 안쪽에 있으며 시인은 언어 바깥에 있다고 말한다.

위험이나 난경(難境)에 처했을 때 사람은 닥치는 대로 아무런 도구나 움켜잡는다. 위험을 넘기면 그것이 망치였는지 막대기였는지도 기억해내지 못한다. 전혀 모른 채 움켜잡았던 것이다. 그가 필요로 했던 것은 몸을 뻗치는 일이었고, 자기 손을 가장 높은 가지까지 뻗치는 수단이었다. 그것은 이를테면 제6의 손가락이었고 제3의 다리였고 요컨대 그가 흡수한 순수한 기능이었다. 마찬가지로 언어는 우리의 껍질이며 촉각이다. 언어는 타인으로부터 우리를 보호해 주고 타인에 관해서 우리에게 가르쳐 준다. 언어는 우리의 감각의 연장(延長)이며 우리 이웃의 가슴속을 들여다보려는 제3의 눈이다. 우리는 우리의 몸뚱이 안쪽에 있듯이 언어 안쪽에 있는 것이다.

시인에게 있어 언어는 외부세계의 한 구조물이다……시인은 언어 바깥쪽에 있다. 그는 마치 인간 조건을 나누어 가지고 있지 않은 것처럼, 또 인간들을 향해 다가갈 때 하나의 장애물을 만나듯 처음 말을 마주친 것처럼 말을 거꾸로 뒤집어 본다.

사르트르는 산문의 언어를 철두철미 공리적이고 실용적인 도구로 본다. 우리가 자신의 몸뚱이 안에 있으면서 손과 발과 눈과 귀를 활용하듯이 그렇게 언어 안쪽에 있으면서 그것을 활용한다. 그것이 산문 언어의 경우이다. 그러나 시의 경우는 정반대다. 우리는 언어 밖에 있으면서 외적인 구조물로서 그것을 경험하고 부딪힌다. 띤또레뜨의 그림을 이야기하면서 골고다의 하늘에 노랗게 찢긴 자리는 고뇌를 의미하거나 고뇌를 도발하기 위해서 선택한 것이 아니라고 그는 말한다. 그것은 고뇌이며 동시에 노란 하늘이다. 고뇌의 하늘도 아니고 고뇌에 찬 하늘도 아니다. 그것은 사물이 되어 버린 고뇌이다. 그런데 시는 이와 같은 회화나 조각이나 음악에 가깝다. 시인은 말을 기호로서가 아니라 사물로 간주하기로 선택한 사람이다.

<오, 계절이여! 성(城)이여!/흠 없는 영혼이 어디 있는가?>라는

랭보의 구절을 인용하고 나서 이 시에서는 질문하는 이도 질문받는 이도 없다고 말한다. 그리고 외관상의 질문은 대답을 요구하지도 않으며 굳이 말한다면 질문 자체가 그 대답이다. 랭보는 이를테면 절대적 질문을 던져서 〈영혼〉이라는 아름다운 말에 의문의 존재를 부여했다고 그는 말한다.

의문은 띤또레프의 고뇌가 노란 하늘이 되었듯이 사물이 되었다. 그것은 이미 의미가 아니라 사물이다. 그것은 밖으로부터 보여지며 랭보는 자기와 함께 그것을 밖에서 보도록 우리를 초대한다. 그것이 신기한 것은 그것을 숙고하도록 하기 위해서 우리는 인간 조건의 반대편, 즉 신(神) 편에 자리잡아야 한다는 사실이다.

독자를 인간 조건에서 끌어내어 독자로 하여금 신의 눈을 가지고 뒤집어진 언어를 보도록 유도하는 시의 세계에 대하여, 그러므로 사르트르는 그의 참여이론을 적용시키지 않는다. 그것을 산문가에게 맡기는 것이다. 여기서 우리가 주목하게 되는 것은 사르트르가 랭보나 말라르메의 시 전통 아래서 글을 쓰고 있다는 사실이다. 그리고 랭보나 말라르메에게서 극한까지 간 시 특성을 모형으로 해서 얘기하고 있다는 점이다. 시 언어가 사물이 되어 있다고 할 때 우리는 그러한 시론과 〈시는 의미하는 것이 아니라 존재하는 것〉이라는 「시법(詩法)」과의 유사성에 주목하게 된다. 아울러 의사소통과 전달을 위주로 하는 일상언어와는 달리 문학의 언어는 일상언어에 가해진 조직적인 폭력이라는 러시아 형식주의의 관점과도 유사성이 있음을 알아차리게 된다(형식주의에서는 시언어를 문학 언어의 모형으로 설정하고 있다). 문학성이 지배적 요소가 되어 있는 담론이 곧 문학작품이라고 하는 로만 야콥슨의 시 언어 이론을 우리는 자연스럽게 연상하게 된다. 전달행위에 관한 야콥슨의 유명한 도형을 빌어서 검토해 보는 것도 유익할 것이다.

맥락

메시지

발신자 ————————————————————— 수신자

경로

코드

　　그런데 메시지가 자신의 음상(音相), 시어, 구문 등에 수신자의 주의를 집중시킴으로써 자신을 강조하는 발화형태가 있다. 이것이 시적 요소이며 그것은 모든 언어에 나타난다. 그런데 시적 요소는 언어예술의 유일한 요소가 아니라 오직 지배적이고 결정적인 요소라고 야콥슨은 말한다. 야콥슨 도형의 유용성을 시인하면서도 용어상의 부적정성에 대한 비판도 끊이지 않고 있다. 메시지란 말이 때로는 〈의미〉의 뜻으로, 때로는 〈언어형식〉의 뜻으로 쓰여 혼동을 불러일으킨다는 것이다. 그러므로 언어형식 혹은 기호 표현이 자신의 여러 형식적 특징에 관심을 끌게 하는 요소가 곧 시적 문학적 요소라고 이해하는 것이 타당할 것이다. 이것을 다시 요약하면 시는 음상, 리듬, 이미지 등을 강조함으로써 언어를 불투명하고 복잡하게 만들어 사람으로 하여금 언어의 지시적 의미에서 눈길을 돌려 그 형식적 특징에 주목하게 한다고 말할 수 있다. 사르트르가 말하는 사물이 된 언어는 결국 이렇게 자기 자신에게로 주의를 집중시키는 불투명하고, 모호하며, 농도 짙고, 복잡하면서, 전달기능이 극소화 내지는 배제된 언어라고 말할 수 있다. 이러한 언어로 자유에의 호소가 어려워지리라는 것은 충분히 상상할 수 있다. 또 이러한 시언어관을 채용할 경우 시의 인지적 성격을 부정하거나 과소평가하게 마련이라는 것도 능히 상상할 수 있다. 그리고 이러한 사물화된 언어는 의미를 찾아내려는 독자의 노력에 의해서 시적 긴장을 충전시킨다는 것도 주목해 두어야 할 것이다.

포에지

  김기림의 「길」에서 시작한 우리의 검토를 끝내기 전에 우리는 김기림
의 산문과 백석(白石)의 시를 검토함으로써 시와 산문의 특성을 다시 확
인해 보는 것이 유익할 것이다. 수필집 『바다와 육체』에는 「촌아주머니」
라는 또다른 짤막한 산문이 수록되어 있다.

  마을 아낙네들은 쌀값이 올라가는 것보다도 밀가루값이 올라갈까 보
아서 읍에서 돌아오는 우차편(牛車便)마다 걱정스럽게 밀가루 시세를
물어본다.
  만주조를 팔던 가게 앞에는 조 대신 밀가루 포대가 쌓였다.
  장날이면 아낙네들은 소나무단을 머리 위에 이고 또는 팟되나 계란
개나 판 것을 모아가지고 그런 것도 없으면 강아지나 도야지 새끼를
붙들어 이고 장에 와서는 밀가루를 바꾸어 가지고 돌아간다.
  장정들은 온 겨울을 밀가루풀을 먹다가야 어떻게 단오에 씨름을 할
수가 있는가고 한숨을 쉰다.

                                        ――「촌아주머니」

시골 장터의 서경(敍景)을 통해서 밀가루풀 죽으로 끼니를 이어가는
가난한 사람들의 삶이 감정의 개입 없이 시사되어 있다. 어차피 쌀밥은
팔자에 없다 치부하고 마을 아낙네들은 그저 밀가루 시세에 정신이 쏠린
다. 밀가루를 구하기 위한 그들의 고단한 노력 한옆으로는 단오날 씨름
판을 벌이는 예스러운 여유가 있다. <모더니스트 김기림>이란 규격화된
인상과는 또다른 모습을 보여주어 그의 다면성이 돋보인다. 그는 이렇게
산문 속에서 당대 현실에 충실했던 것으로 생각된다. 뒷날 「새노래」속에
보인 새 모습도 우연의 소치거나 급작스러운 변모였던 것으로는 생각되
지 않는다. 「촌아주머니」를 시라고 생각할 사람은 없지만 그렇게 시와

동떨어져 있는 것도 아니다. 백석의 「월림장」이란 시와 비교해 보기로 하자. 〈서행시초(西行詩鈔) 4〉란 부제가 달린 시로 같은 30년대 소작(所作)이지만 「촌아주머니」보다 3년 후에 발표된 것이다.

> '자시동북 80 킬로희천(自是東北八十粁熙川)'의 팻말이 선 곳
> 돌능와집에 소달구지에 싸리신에 옛날이 사는 장거리에
> 아니 근방 산천에서 덜거기 꿱꿱 검방지게 운다.
>
> 초아호레 장판에
> 산 멧도야지 너구리가죽 튀튀새 났다.
> 또 가얌에 귀이리에 도토리묵 도토리범벅도 났다.
>
> 나는 주먹다시 같은 떡당이에 꿀보다도 달다는 강낭엿을 산다.
> 그리고 물이라도 들 듯이 샛노랗디 샛노란 산골 마가슬 볕에 눈이 시울도록 샛노랗고 샛노란 햇기장 쌀을 주므르며
> 기장쌀은 기장차떡이 좋고 기장차랍이 좋고 기장감주가 좋고 그리고 기장쌀로 쑨 호박죽은 맛도 있는 것을 생각하며 나는 기쁘다.
>
> ——「월림장」

똑같이 시골 장터가 소재로 되어 있다. 사실 산문에서는 각행이 책장 끝까지 이어져 있고 시의 경우엔 그렇지 않다고 진술한 제러미 벤쌈의 말을 상기시켜 준다. 실상 김기림의 산문과 백석의 시를 율격이나 음보라는 관점에서 검토한다면 큰 차이가 생기지 않는다. 「월림장」의 전반에서 행갈이가 또렷하다는 차이 정도가 눈에 띈다. 행갈이가 적고 각행의 길이가 긴 가령 만해의 시를 음보로 분석할 수 없는 것은 아니나 거기서 도출된 음보격은 웬만큼 잘 씌어진 산문에서는 두루 발견할 수 있는 것이다. 어쨌거나 운문이라는 관점에서 양자를 비교할 때 큰 차이가 보이지 않는다. 그럼에도 「월림장」을 산문이라고 하지는 않을 것이다. 수필

이나 기행문 같은 분류를 거부하기 때문만은 아닐 것이다. 그렇다면 「월림장」을 시라고 정의하게 하는 특징은 무엇일까? 「촌아주머니」가 밀가루만을 주곡인 양 먹어야 하는 주민들의 구차함과 연관된 국면만을 배타적으로 다루고 있음에 반해서 「월림장」은 시골 장터의 정경과 함께 장판에 나와 있는 상품의 가난한 세목이 두루 나열되어 있다. 그리고 샛노란 기장쌀이 촉발하는 미각 연상이 첨가되어 있다. 따라서 소재에 있어 훨씬 포괄적이다. 그러나 그것이 바로 시로 연결되는 것은 아닐 터이다.

그렇다면 「월림장」의 시적 특징은 무엇일까? 우선 시골장 풍물의 낯섦도 그 자체로서 효과적인 소도구가 되어 있다. 〈돌능와집에 소달구지에 싸리신에 옛날이 사는 장거리〉는 그 자체로서 극히 환정적(喚情的)이다. 또 생소한 방언은 독자의 주의를 끌어당기면서 전체적으로 일단은 불투명성 조성에 기여한다. 〈덜거기〉〈주먹다시〉〈떡당이〉〈마가슬〉〈시울도록〉〈기장차랍〉 등은 방언이기 때문에 또 〈돌능와집〉〈싸리신〉〈튀튀새〉〈도토리범벅〉〈강낭엿〉 등은 그 생소성 때문에 독자들의 독서 호흡을 중단시키는 효과가 있다. 이 점이 막힘 없이 읽히는 「촌아주머니」와 대조가 된다. 그러니까 투명하고 막힘 없고, 밀도 없는 일상언어와 달리 작품 속의 방언이나 사용 빈도가 낮은 생소한 단어가 은연중에 시어 구실을 하는 셈이다. 또 〈기장〉과 〈샛노란〉의 반복이 독특한 리듬 효과를 내는 것도 사실이다. 그렇다면 이 작품이 「촌아주머니」와 비교할 때 돋보이는 시적 특성은 비근한 일상언어로부터의 거리와 거기서 유래한 상대적 모호성 또는 기계적 유창성의 거절이라고 말할 수 있다. 그리고 「여우난골록」「가즈랑집」「고야(古夜)」「고방」「오금덩이라는 곳」 등의 백석의 초기 시편들은 대체로 이러한 유창성의 거부와 잃어버린 시절의 탐구의 교차에서 시적 성질을 마련하고 있다는 규정이 가능하다. 한편 「촌아주머니」도 적당히 행갈이를 하고 말수를 줄여 생략과 여백을 통한 독자의 상상적 재구성의 여지를 확대한다면 그만큼 시에 가까와질 것이다. 그리하여 적절한 비유와 이미지, 그 자체가 주목을 끄는 방언 등을 첨가한다면 기림의 가장 우수한 시의 하나로 탈바꿈할 수 있을 것이다(〈먹다가야〉의 효과를 생각해 보라).

이렇게 생각할 때 적어도 우리 근대시의 경우 이른바 자유시와 산문시의 차이는 그렇게 분명치가 않다. 적절한 행갈이를 통해서 율격을 조절하고 있다는 점을 뺀다면 양자의 차이는 모호하다. 그 점 정형에서 벗어난 우리의 근대시는 사실 산문시에 가까운 것이고 우리에게 운문 개념이 아직껏 논쟁거리로 남아 있는 이유의 태반도 여기에 있을 것이다.

그러면 단초로 돌아가 김기림의 「길」을 우수한 시 혹은 산문시로 정의하도록 유혹하는 요소는 무엇인가? 운문 개념으로 접근하거나 혹은 비유, 이미지, 구문법 등의 분석으로 접근하더라도 시적 요소는 잘 드러나지 않는다. 사물화된 언어는 더욱 아니고 기호 표현 자체에 주의를 끌어당기는 모호성의 구조물도 아니다. 그럼에도 불구하고 시라는 이름으로 발표된 근대문학 속의 많은 작품을 누르는 힘을 이 글은 가지고 있다. 이 〈산문시〉의 호소력을 어떻게 설명할 것인가? 어머니의 상실, 첫사랑의 상실, 소년 상실이 삶의 길에 있어 누구나 겪게 되는 원형적 체험이라는 설명으로는 충분하지 못하다. 「길」이 갖는 그윽한 상징성의 지적도 역시 넉넉하지 못하다. 운문으로 된 모든 글이 곧 시가 아니라는 평범한 사실에서 우리는 해답을 찾아야 할 것이다. 운문이 단순히 율격과 리듬의 기술적인 특징을 가지고 있을 뿐이라는 함축을 가지고 있음에 반해서 운문으로 된 글인 시란 말에는 어떤 가치 부여 내지는 평가적인 요소가 따라 있다. 마치 비극이나 리얼리즘이란 말이 긍정적 평가의 함축을 가지고 있는 것과 같다. 독일어에서 특히 현저한 〈시〉와 〈시인〉의 평가적 사용은 자칫 혼란을 불러올 수도 있다. 그 점은 시인하지만 운문에서건 산문에서건 의사소통이나 전달을 넘어선 말의 반짝임과 울림의 매력이 있는 법이다. 그것은 글을 문체이게 한다. 다양하게 정의할 수 있지만 좋은 글에는 그것이 들어 있다. 이른바 포에지란 것이다. 그러한 의미에서 「길」을 김기림의 가장 우수한 시의 하나라고 보아 잘못은 없을 것이다. 좋은 생각은 그 자체로 시가 되기도 한다. 물론 이때의 시는 비유다. 그러나 비유없이 말을 못 하는 것 또한 사람의 일이요 글의 일이다

(우리말에 압운현상이 드문 것을 염두에 두고 운문 대신 율문을 쓰는 경
향도 있으나 이 글에서는 이왕에 써 온 용어를 그대로 썼다).

주요 참조문헌

조동일, 「현대시에 나타난 전통적 율격의 계승」, 김대행 편, 『운율』, 문학과
　　지성사, 1984.
김용직, 『현대시원론』, 학연사, 1988, 6장.
사르트르, 『문학이란 무엇인가』, 김붕구 옮김, 문예출판사, 1972
W. H. Auden, "The Poet & The City", in *The Dyer's Hand and Other Essays*
　　(Vintage Books, New York, 1968).
Roman Jakobson, *Language in Literature* (Havard University Press, Cam-
　　bridge, 1987), ch. 7.

시와 번역

그 중요성에도 불구하고 문학작품 번역에 대한 면밀한 검토가 이루어진 사례는 별로 없는 것 같다. 생각하면 기이한 일이다. 그 생산량에 있어서나 소비량에 있어서나 작품 번역은 우리말로 된 문학작품의 물량을 웃돈다고 생각된다. 멀리 『시경』과 소포클레스로부터 숄로호프나 쏘잉카에 이르기까지 작품 번역의 생산과 소비는 왕성하고 탐욕스럽게 이루어져 왔다. 한 작품이 서너 개의 번역을 지니고 있는 경우도 드물지 않다. 그럼에도 불구하고 우리는 믿을 수 있는 번역 고전을 가지고 있지 못하다. 두보 시는 누구 것으로 읽고 『고리오 영감』은 누구 것으로 읽는 것이 확실하다는 구분도 없다. 그러는 한편으로 고전을 읽어야 하느니라고 입버릇처럼 되뇌이고 있으니 앞뒤가 맞지 않는다. 작품 번역에 대한 검토는 고작 중역이냐 아니냐, 번역문장이 잘 읽히느냐 않느냐는 정도의 시비 수준에 머물고 있다.

여러가지 사정이 있을 것이다. 번역생산 자체는 굉장히 힘드는 일이지만 응분의 보답을 기대할 수 없다. 게다가 영세한 출판 자본에 얽힌 열악한 조건이 번역작품의 졸속적 생산을 촉진하고 있다. 이 세상의 모든 일은 사랑의 노동이 되어야 온전한 생산품을 마련할 수 있다. 번역생산물이 사랑노동의 산물인 경우는 매우 희귀한 듯이 보인다. 오늘날 우리들의 어문생활은 우리가 생각하는 것 이상으로 번역문화의 막강한 영향 아래 있다. 〈나의 살던 고향은 꽃피는 산골〉이란 노랫말을 부르면서 일변 그것이 〈내가 살던 고향〉의 잘못이 아니냐고 의심하게 된다. 〈진주라 천리길〉이라는 예스러운 말투도 잘못된 것이 아니냐는 느낌을 갖게 된다. 서구어의 통어법이 문장구조뿐 아니라 우리의 의식에 깊이 침투되어 있기 때문이다. 번역이라는 매개를 통해서건 서구어 학습이란 직거래를 통해서건 이러한 추세는 앞으로도 계속될 것이다. 그렇다면 넓은 의미의 번역문제는 우리 어문생활과 직결된다는 측면에서 보다 심도있는 검토가 요청된다고 할 수 있다.

번역작품을 거론함에 있어 가장 중요한 것은 소비의 국면이다. 특히 청소년들에게 있어 문학번역의 소비는 국내 작품의 소비를 압도하고 있다. 중고등학생이나 대학생을 대상으로 한 독서경향의 조사연구는 외국 문학에 대한 선호가 압도적임을 가리키고 있다. 소설이 각별히 선호되고 있지만 외국 시인의 이름도 빠지지 않고 있다. 청소년기 독서의 형성적 영향력은 추측만 되고 있을 뿐 실증적 연구에 기초한 지표가 마련되어 있는 것은 아니다. 그러나 추측과 비근한 관찰에 따르더라도 공들이지 않은 번역작품이 문학적 감수성에 끼치는 해독적 영향은 어렵지 않게 알아볼 수 있다. 허술하고 막돼먹은 번역소설 독서는 문학의 핵심부에 있는 문체에 대한 적절한 감각을 길러 주지 못하고 소설을 단순한 얘기와 줄거리의 차원에서 즐기게 해준다. 즉 모든 진지한 소설을 단순한 대중 소설로 격하시켜 향수하게 한다. 또 서투르게 번역된 시는 시의 고유한 즐거움을 독자에게 맛보여주지 못하고 고작 단편적인 격언이나 경구 혹은 사실 진술로 비치게 한다. 마구잡이로 의역된 번역시를 선호하고 그것을 모형으로 해서 시를 쓴다는 것은 실패한 시인으로 성장하는 가장 확실한 길의 하나가 될 것이다. 괜찮다고 평가되는 우리 현대 시인들의 작품 가운데서도 옅은 성취로 끝난 시편들은 대개 번역시를 닮고 있다. 대담하게 일반화한다면 온전치 못한 번역시는 문학적 감수성이나 작품

향수능력에 큰 상처를 남길 수 있다. 우리의 시 전통에만 붙박혀 있는 시인이 그릇 큰 시인으로 발전할 가능성은 희박하다. 그러나 우리 시 전통에 대한 친숙과 거기 의존한 시적 감수성의 세련은 최소한 시인으로서의 필수조건을 채워 준다. 수상한 번역시란 외풍에 잘못 현혹되지 않는 것이야말로 문학 감수성의 장애자로 떨어지는 위기를 넘어서는 길이라 할 것이다.

지푸라기로 채워 놓은 달빛

번역을 거론할 때 중심적인 쟁점으로 떠올라 온 것은 충실성의 문제였다. 어떠한 방식으로 원전에 대한 충실성을 성취할 수 있을 것인가 하는 점이야말로 모든 진지한 번역자들이 마주친 어려움이었다. 원어와 수용어 사이에 최선의 상관관계를 확보하는 것이 번역의 소망스러운 상태가 되는 셈이다. 틀린 것까지 포함하여 단어 하나하나에 엄격한 대응관계를 마련하면서 원문에 충실해야 한다는 직역론과 국부적인 단어 낱낱에 대한 충실성보다는 원문의 취지나 정신에 충실하여야 한다는 의역론의 대립은 자연스러운 일이다. 모든 번역자는 직역과 의역, 축자역과 자유역, 말과 뜻 사이의 긴장을 경험하게 마련이다. 여성이나 줄타기와의 비유도 이런 환경에서 생겨난 것이다. 아름다우면 충실(정숙)하지 못하고 정숙하면 곱지 못하다던가 충실하게 조심하면 몸놀림이 유연하지 못하고 우아한 몸놀림을 겨냥하다가는 줄에서 떨어지기가 십상이라는 번역 비유담이 그것이다.

그리하여 대체로 양극단 사이의 조화 혹은 타협이 지혜로운 덕목으로 떠오르게 된다. 우선 원전의 정신을 완벽하게 파악할 것, 수용어는 물론 원어에 대한 깊은 지식과 이해를 가지고 있을 것, 말의 순서가 아니라 문장의 의미에 충실할 것, 쉬운 말을 지향하고 새 말이나 드문 말을 피할 것, 조화로운 문체를 성취할 것을 16세기에 나온 프랑스의 번역이론은 권장하고 있지만 이것은 하나의 실용이론으로서 타당성을 가지고 있다. 번역자들이 외면할 수 없는 자명한 권고인 것이다.

그러나 이러한 실용적 번역론은 고집스러운 충실론자에게는 어디까지나 하나의 타협안에 지나지 않는다. 번역이란 애시당초 불가능하다는 원칙론을 유보한 채 필요에 따라서 잠정적으로 시도해 보는 편의주의의 소산이 된다. 정보전달을 주요 목적으로 하는 글이 아니고 말에 고유한 특성을 조직하고 놀리는 데서 오는 질감에 많은 것을 의존하고 있는 문학 특히 시의 경우 번역은 불가능한 것으로 비치게 마련이다. 대의는 전달될 수 있을지 모르나 원어의 문학전통에서 하나의 시편이 구실하고 있는 것과 같은 객관적 상관물을 수용어의 문학전통 내부에 마련해낸다는 것은 사실 불가능하다.

번역 불가능론은 문학번역에 앞서 종교적인 맥락에서 토로되었다. 태초에 말이 있었다며 말의 신령스러움을 믿는 처지에서는 계시가 담긴 하느님의 말씀을 다른 말로 옮긴다는 것은 불충스러운 섭리의 훼손이자 신성모독이 되기도 한다. 말씀의 지엄한 직접성에서 벗어나는 일체의 설명이나 번역이 수상쩍은 것으로 비치는 것이다. 종교적 맥락에서 구상된 번역 불가능론에 찾아낸 세속적 대응물이 곧 운문 혹은 시인 셈이다. 두 개의 다른 의미론적 체계 사이에 넉넉한 조응관계나 평형을 마련해내는 것에 대한 의구심은 당연한 것이기도 하다. 실제로 원작의 언어적 세목이나 결이 엉뚱하게 변모되는 것은 누구에게나 비근한 문학 경험의 하나이다. 진주가 실은 조개의 병집인 것과 마찬가지로 시는 사람의 병이라는 명언을 남긴 시인 하인리히 하이네는 프랑스말로 번역된 자기 시가 〈지푸라기로 채워 놓은 달빛〉 같다고 말하고 있다. 번역시의 부적합성에 대한 고전적인 발언이다.

언어학적 상대주의자들은 제가끔의 언어가 세계를 바라보고 경험을 해석하는 특수한 방식임을 강조한다. 인식주체가 주체 바깥에 있는 세계에서 일어나고 있는 것에 대해서 가지고 있는 일반적인 생각은 외적 사건에 의해서 주어진 것만은 아니라는 것이다. 어느 정도까지 사람은 모국

어의 문법체계가 지시하는 대로 보고 듣고 경험한다는 것이다. 심하게
말하면 모국어의 분류체계가 만들어낸 외적 사건을 인지만 하는 셈이다.
전통 논리학이 한 일은 서구 고전어의 구조에 있어서의 일관성의 분석에
지나지 않으며 주어와 술어로 된 통어론은 물질과 그 품성 사이의 관계
가 고정되어 있는 변화없는 세계를 시사하지만 그것은 현실세계와 맞지
않는다는 것이다. 모국어는 한 민족이 성취한 세계관을 반영하고 있으며
한편 모국어는 언어공동체 구성원의 사고를 규제하기 마련이라는 순환논
리는 언어학적 상대주의가 드러내고 있는 취약점의 하나이다. 우리는 두
언어 사이의 세계상과 사고방식의 충돌 때문에 엄격한 의미의 번역이 불
가능하다는 언어학적 상대주의의 시사를 시작품에 그대로 적용할 필요는
없다. 세상에 알려져 있고 또 우리가 상정할 수 있는 모든 언어는 같은
모형에서 나온 것이라는 언어학적 보편주의자의 입장을 따르지 않더라도
번역을 통한 의사소통의 실제 가능성은 극단적인 언어학적 상대주의에
대해서도 유보감을 갖게 한다. 문학언어에 관한 한 우리는 보편주의자의
모형보다는 언어학적 상대주의의 모형에 끌리는 것은 사실이다. 그러나
그것보다는 시가 말놀이와 같은 음소와 의미론적 단위 사이의 관계에 의
해서 지배된다는 사실의 이해가 중요하다. 충청도 지방의 망실된 민요
가운데 〈시집살이 고사리／나는 싫어요〉란 대목이 있다. 〈시집살이 고생
살이〉라고 터놓고 말하지 않는 데 이 구절의 묘미가 있다. 그러면서 고
사리는 나물 뜯기나 음식 만들기의 소재여서 시집살이가 연관된다. 거기
에 〈사리〉라는 소리값의 되풀이가 추가되어 독특한 의미의 마당이 펼쳐
지는 것이다. 시의 번역이 불가능하다는 것은 이와 같은 음소와 의미론
적 단위 사이의 관계 때문만이 아니다. 한 낱말에 얽혀 있는 문화사적
생활사적 함축 또한 번역으로는 전달 불가능하다. 아랍어에는 낙타, 그
신체 부위, 그 장비에 연관되는 단어가 무려 6천개도 넘는다고 한다. 낙
타가 아랍인 세계에서 차지했던 비중을 말해 준다. 최재석의 『한국의 친
족용어』에 수록된 친족용어는 무려 460개에 이른다. 고조부에서 현손(玄
孫)에 이르는 9세대의 친족관계를 포용하고 있으며 〈죽은 딸의 남편의

후처)를 가리키는 〈움딸〉이라는 단어까지 있다는 것은 우리 사이의 종중(宗中)의식과 친소의식이 얼마나 진한 것이었나를 시사해 준다. 서구어로 번역한 경우 사촌·고종·이종은 모두 사촌, 백부·숙부·외숙·고모부·이모부는 모두 아저씨로 고치면 된다. 그러나 저쪽 것을 우리말로 옮길 때는 문제가 까다로와진다. 안티고네와 이스멘느는 누가 언니인가? 레닌 사후 소련 지도자로서 트로이카 체제를 이루었던 사람들 중 트로츠키와 카메니에프는 〈법률상의 형제〉로 되어 있다. 동서간인지 처남 매부 사이인지 알 길이 없다. 또 남매간이라면 누가 처남이고 누가 매부인 것인가? 우리말로 옮길 때는 당연히 문제가 되는 것이다.

　범상한 달이름만 하더라도 〈윤사월〉〈상달〉〈동짓달〉〈섣달〉은 시어로서는 국어로도 대체 불가능하다. 1919년과 얽혀 있는 우리들의 3월, 60년과 얽혀 있는 4월, 50년과 얽혀 있는 6월, 61년 그리고 80년과 얽혀 있는 우리들의 5월은 벌써 번역 불가능하다. 역사의 감동이나 회한이 두텁게 끼어 있기 때문이다. 가장 비근하고 표피적인 차원에서도 그러하다. 사실 어느 나라 말로 되어 있건 최고의 시는 번역 불가능하다. 한용운의 「알수 없어요」, 이상화의 「빼앗긴 들에도 봄은 오는가」, 정지용의 「향수」, 백석의 「남신의주 유동 박시봉방」, 이용악의 「전라도 가시내」 등이 모두 그렇다.

　네 두만강을 건너왔다는 석달전이면
　단풍이 물들어 천리 천리 또 천리 산마다 불탔을 겐데

「전라도 가시내」 가운데서도 절절한 대목인 〈천리 천리 또 천리〉를 어떻게 번역할 수 있을 것인가. 번역될 수 없는 부분을 가장 많이 가지고 있는 작품이 우수한 작품이라고 말할 수도 있다. 번역을 통해서도 절실한 의미전달이 가능한 글이 훌륭한 글이라고 스탕달은 말했다고 전해진다. 그러나 그것은 산문을 두고 한 소리다. 시의 경우에도 번역을 통해서 절실한 의미전달이 되는 경우가 있을 것이다. 그것은 위대한 최상급

시의 경우이다. 또 극시나 서사시인 겨우 그럴 가능성은 커진다. 그러나 짤막한 근대 서정시를 모형으로 얘기할 때 번역될 수 없는 시일수록 좋은 작품이라고 말해도 틀림은 없다. 번역을 통과할 때, 아니 같은 원어 안에서의 대체설명 과정 때에 잃어버리게 되는 부분이야말로 시의 핵심 부분이라고 해야 할 것이다.

〈그러께의 눈은 어디 갔는가〉

사정이 그러함에도 우리는 외국시의 번역을 시도하고 또 그 향유를 시도한다. 번역 과정에서 소실된 귀중 부분을 아쉬워하면서 그래도 남아 있을 골격을 더듬어 보는 것이다. 번역시의 실제가 아무리 범상하더라도 원시는 매우 아름답고 정교한 것일 거라고 상상하면서 그 뼈대와 잔재를 어루만져 보는 것이다. 이러한 시번역에 따른 양해사항을 참작한다 하더라도 번역시가 시로서의 품위를 가지고 있는 경우는 매우 드물다. 이상적으로 말하면 번역시도 수용어로 된 시와 겨룰 수 있는 경쟁력을 가지고 있어야 할 것이다. 즉 번역시임을 굳이 유념하지 않고서도 시로서 즐길 수 있는 됨됨이를 가지고 있어야 할 것이다. 불행히도 그런 사례는 우리의 경우 희귀하다. 대개 원시를 원어로 공부하는 사람들을 위한 주석적 번역의 단계에서 자족하고 있기 때문이다. 우리 시와 도저히 경쟁할 수 없는 볼품 없음은 1921년에 간행되어 큰 충격을 주었다는 김억의 『오뇌의 무도』 이후 지금껏 계속되고 있는 것으로 보인다.

술은 입으로 들어가고
사랑은 눈으로 들어가나니
사람아, 늙어서 죽기 전에
반드시 알아둘 것은 이것이러라.
나는 술잔을 입에 대이고

그대를 바라보며 탄식하노라

——예이츠, 「술노래」

『오뇌의 무도』에 실린 시편 가운데서 그래도 큰 거부감 없이 읽을 수 있는 작품이다. 소품인데다가 소박한 서정시여서 투박한 관념어가 끼어들 여지가 없었기 때문에 그나마 읽히는 것이다. 그점 이 역시집 가운데서도 예외적인 사례이다. 그럼에도 위의 번역시는 1924년에 간행된 「봄 잔디밭 위에서」에 수록되어 있는 다음 작품과 경쟁할 수 없다. 이 시의 작자가 전문적인 시인이 아니었다는 사실도 참작해야 할 것이다.

어머니 좀 들어 주서요
저 황혼의 이야기를
숲 사이에 어둠이 엿보아 들고
개천 물소리도 더 한층 가늘어졌나이다.
나무 나무들도 다 기도를 드릴 때입니다.

어머니 좀 들어 주서요
손잡고 귀 기울여 주서요
저 담아래 밤나무에
알암 떨어지는 소리가 들립니다.
「뚝」하고 땅으로 떨어집니다
우주가 새 아들 낳았다고 기별합니다
등불을 켜가지고 오서요
새 손님 맞으러 공손히 걸어 가십시다.

——조명희, 「경이」

번역시가 수용어로 된 빼어난 작품과 경쟁할 수 없는 것은 인정할 수 있지만 우리의 번역시는 그 정도가 너무 심하다. 최소한의 시로서의 기

본조건을 충족시키고 있는 경우가 드물기 때문이다. 그런 가운데 예외적
으로 시로서 읽히는 번역시가 있다. 최근에 전집이 나와서 일반독자에게
접근 가능한 것으로 된 오장환의 시적 노력 가운데 끼어 있는 에세닌 시
의 번역이 그 중의 하나다. 조금 길지만 인용해 본다.

모밀꽃 피는 광야의 토스카속에서
나는 고향살이에 넌더리를 내었다
그리하여
집없는 거지나, 밤도적같이
나는 기울어가는 내 집을 버렸다.

안신할 곳을 찾아서
백일하에 헤매일 때
아, 너무나 눈부신 세월이었다
가장 가까운 줄 알았던 놈도
날카로운 비수를 내 가슴에 겨눈다.

무르녹는 풀밭, 오솔길에도
다사로운 봄빛이 희롱을 할 때
한없이 마음 끌리어
우두커니 서있는 나를……
또 무엇이
내 나라 지경 밖으로 몰아내려 하느냐.

잼처, 내 고향 집에 돌아가면
알 수 없는 안도에
내 마음 기쁘고
어설푸른 저녁 어둠 창가에 다가들 때

아 그때 나는 목을 매리라.

은빛같은 실버들
울타리 가에 상냥히 머리 숙이고
먼발에 개 짖는 소리 속에서
동리사람은
이 부정한 시체를 묻을 것이다.

호수 가에는
키를 내린 달님의 조각배가
가없이 흐르고, 떠나려갈 때……
이래도 러시아는
언제까지나 살아 있고
울타리 가에서 울면서 춤출 것이다.

──「모밀꽃 피는 내 고향」

　서른살 젊은 나이에 스스로 목숨을 버린 시인의 운명을 예고하고 있는
시다. 관념이나 심상으로의 편향을 보이지 않고 있는 데다 농촌의 정감
과 진솔한 심경토로가 독자에게 친근감을 주는 것도 사실이다. 그러나
무엇보다도 유려한 가락이 매력적이다. 번역이라는 느낌을 전혀 주지 않
는다. 이러한 유창함은 오장환이 번역한 에세닌 시 전편에서 엿볼 수 있
다.

그 시절의 나는
러시아의 음모도
전쟁의 목적도 이유도
무엇 하나 아는 것이 없었다.

다만 리야잔의 들판에서
백성들은 씨를 뿌리고
또 이것을 거둘 뿐
이것이 나의 고향이었다.

———「나의 길」에서

　오장환이 실토하고 있듯이 『에세닌 시집』은 중역을 통한 것이다. 첫
머리에 실려 있는 「나는 농촌 최후의 시인」을 원문 곁들인 박형규의 번
역과 비교해 본다면 상당한 차이가 난다. 오역이 아닌가 싶은 수상쩍은
대목도 있다. 그럼에도 불구하고 오장환의 번역 쪽이 훨씬 운율적이다.
소리내어 읽으면 효과의 차이가 커진다. 박형규 번역이 〈금빛의 불꽃으
로 다 타가고 있다/천연 납의 촛불이, /달의 나무 시계가/나의 열두시
를 치리라〉고 충실성에 얽매어 있는 듯이 보이는 반면 오장환 번역은 눈
치보지 않고 대담하게 음율적인 효과를 지향하고 있다.

　　황금빛 불꽃으로
　　밀초는 눈부시게 타오르고
　　달빛에 어리는
　　나의 괘종은
　　나의 자정을 울릴 것이다.

　오장환의 에세닌 번역이 훌륭한 시로 읽히는 것은 그것이 사랑의 노동
의 소산이었기 때문이었을 것이다. 시인에게 끌리고 시세계에 공감하여
시를 쓰듯이 작업을 했기 때문에 울림있고 음율적인 번역으로 귀결되었
다고 생각된다. 역시집의 후기로 쓴 「에세닌에 관하여」가 많지 않은 오
장환 산문 가운데서 가장 생채있는 글로 남아 있는 것은 우연이 아니다.
오장환은 『헌사』나 『나사는 곳』에서 시의 운율과 율격에 각별히 주력하
는 시인으로 드러나고 있지만 『에세닌 시집』의 경우에도 사정은 마찬가

지이고 이점이 그의 번역시를 탁월한 시적 노력의 결실로 만들어 놓고
있다. 가령 전문을 인용해 보는 다음과 같은 소품은 우리 말로 씌어진
시편이라 해도 손색없는 작품이다.

　　눈보라는 무섭게 휘몰아치고
　　끝없는 벌판에
　　보지 못하던 썰매가 달리어 간다.

　　낯설은 젊은 사내가 썰매를 타고
　　달리어간다.

　　나의 행복은 어디에 있느냐
　　미칠 것 같은 나의 기쁨은 어디에 있느냐
　　모든 것은
　　사나운 선풍 밑으로
　　똑같이 미쳐날뛰는 썰매를 타고 가버리었다.

──「눈보라」

　　오장환에 와서 번역시는 우리 시와 동일한 수준에서 경쟁을 하고 있다
고 말할 수 있다. 가령 『나사는 곳』에 수록된 다음의 시는 어떻게 보면
에세닌 시 같다. 이 말은 오장환이 에세닌을 본떴다는 뜻이 아니다. 에
세닌을 그만큼 오장환 자기 것으로 만들었다는 뜻이다. 그러고 보면 친
근한 정신에 의한 사랑의 노동이야말로 읽을만한 번역시의 필요조건이라
고 말할 수 있다.

　　이 치운 겨울 이리떼는 어디로 몰려다니랴.
　　첩첩이 눈 쌓인 골짜기에
　　재목을 싣고 가는 화물차의 철로가 있고

언덕 위 파수막에는
눈 어둔 역원이 저녁마다 람프의 심지를 갈고.

포근히 눈은 날리어
포근히 눈은 나리고 쌓이어
날마다 침울해지는 수림의 어둠 속에서
이리떼를 근심하는 나의 고적은 어디로 가랴.

눈보라 휘날리는 벌판에
통나무 장작을 벌겋게 지피나
아 일찌기 지난날의 사랑만은 다스하지 아니하도다.
──「산협의 노래」에서

에세닌 번역시의 분방하고 음율적인 가락은 국부적인 충실성에 매이지 않고 대담하게 자기 시 비슷하게 만들어 놓았기 때문일 것이다. 우리 시가 속성적으로 가지고 있는 산문시적 요소가 번역시의 경우 더욱 두드러지게 된다. 따라서 대개의 번역시는 산문적인 대의 전달로 만족하고 있다. 많은 한계성을 지닌 채로 한 시대의 대표적인 시인의 한 사람이었던 오장환은 시세계에 대한 친화적 파악을 통해 에세닌에 접근한 후 자기표현의 일환으로 번역시 생산에 임했던 것 같다. 에세닌이 경험했던 갈등은 8·15 직후의 정치상황에서 남의 일로 비치지는 않았을 것이다. 농촌을 떠난 망나니 시인으로서의 모습을 오장환도 공유하고 있었고 그런 의미에서 「다시 미당리」「성묘하러 가는 길」 등은 그 지향에 있어 에세닌과 극히 닮아 있다. 두 편이 모두 우리들 고향의 정경과 정감으로 차 있지만 뉘우치는 불효자의 모티브와 고향 떠난 자의 이중적 심성의 교차는 에세닌에게서도 발견되는 것이다.

오장환의 번역이 얼마만큼 에세닌을 방불하게 전하고 있는지는 의문이다. 앞에서도 시사했듯이 원문충실 성향이 짙은 박형규의 번역과 비교할

때 수상쩍은 부분이 많다. 그러나 국부적인 어구에 매이기보다는 시인에
게 부여되는 〈시적 허용〉의 특권을 마음껏 구사하여 읽히는 시를 마련해
놓았다. 오장환 번역을 40년전 당시의 시들 특히 문학가동맹 소속의 시
인들의 작품과 비교할 때 그 탁월한 언어유창성은 쉽게 드러난다. 시인
은 때때로 음소적 효과를 위해서 의미의 단위를 희생시킨다. 소리를 위
해서 뜻을 버린다는 것은 조그만대로 시인의 정의가 될 수 있다. 흔적도
없이 사라진 것을 우리는 프랑소아 비용의 구절에 의지하여 표현할 수
있다. 이때 비용에 충실하여 〈작년의 눈〉처럼 사라졌다고 하기보다는 〈재
작년의 눈〉처럼 사라졌다고 하는 편이 한결 음율적이다. 소리에 충실한
것은 시에 충실한 것이기 때문에 결코 반역이나 배신이 아니다. 따라서
〈그러께의 눈은 어디 갔는가?〉로 번역한다 하더라도 그것은 오역이 아
니며 오히려 시의 속성에 충실한 번역이라 할 수조차 있다. 그 자체로
훌륭한 시가 되어 있는 경우가 매우 드문 터전에서 오장환의 에세닌 시
는 번역시가 있어야 하는 방식에 대한 매력있는 하나의 시사가 되어 주
고 있다. 시의 번역을 시쓰기의 수준으로 올려놓은 희귀한 예이지만 그
것이 우수한 시인의 손으로 이루어진 분방한 자유역이란 것은 뜻깊은 일
이다.

이백(李白)과 파운드

　번역자가 〈시적 허용〉을 분방하게 적용하여 훌륭한 시를 마련해 놓고
있는 사례로 우리는 또 에즈라 파운드의 중국시 번역을 지적할 수 있다.
잘 알려져 있다시피 이미지즘 시운동에 앞장섰던 파운드는 일본의 하이
꾸와 함께 중국시에도 경도한 바 있다. 페놀로싸라는 매개를 통한 것이
기는 하지만 그는 많은 중국시 번역을 남겨놓고 있다. 명료하고 뚜렷한
영상의 제시를 숭상했던 젊은 날의 파운드는 한자가 갖고 있는 구체적
표상성 혹은 상형성에 매료되어 한자의 독자가 사실상 영상을 보게 된다

는 생각까지 하게 되었다. 한자의 표상성에 대한 그의 과도한 믿음은 오해에 근거하고 있지만 있을 수 있는 이러한 오해를 통해서 그는 동양 문학에 대한 친화적 파악을 두텁게 했던 것으로 보인다.

아직도 앞머리를 짜르고 있을 무렵(1)
나는 꽃을 따며 대문깐에서 놀았어요.
당신은 죽마를 타고 왔었지요.
풋 매화열매를 희롱하며 내 자리께를 서성댔어요.
그렇게 우리는 '장간(長干)' 마을에서 살았댔지요. (5)
싫어하거나 의심하는 법 없이 말예요.

열네살에 서방님 당신에게 시집을 갔어요.
수줍어서 웃지도 못했어요.
고개를 숙인채 바람벽만 바라보았어요.
천번의 부름에도 고개 한번 안 돌렸지요. (10)

열다섯에 상찡그리길 그쳤읍니다.
이 몸이 당신과 함께 하기를 간구했어요.
영원히 영원히 영원히 말예요.
그런데 망루(望樓)에 올라야 하다니요?

열여섯에 당신은 떠났어요. (15)
소용돌이 치는 강가의 멀리 '구당염'까지 들어갔지요.
벌써 다섯달이 되었읍니다.
머리 위에선 잰내비가 슬픈 소리를
내고 있어요.

떠나실 때 당신의 발걸음은 무거웠읍니다.

대문깐에는 이제 새이끼가 자랐어요. (20)
너무 깊어서 치울 수도 없어요!
올 가을따라 낙엽이 일찌감치 떨어지네요.
서쪽 정원 풀밭위로 짝지어 나르는
나비들이 하마 노란 팔월입니다.
그걸 보니 가슴아퍼요. 이렇게 늙나봐요. (25)
장강의 좁은 목따라 내려오신다면
미리 기별을 주셔요.
그러면 '장풍사'까지 마중을 가겠어요.

──「물길 장사아치 아내의 편지」

이백의 「장간(長干)행」을 번역한 이 시는 웬만한 사화집에 흔히 수록
되어 있고 파운드의 중국시 번역 가운데서도 빼어난 것이다. 여기 나오
는 고유 명사가 모두 일본말 발음으로 되어 있는 것으로 미루어 알 수
있듯이 페놀로싸의 매개를 거친 것이다. 파운드의 번역은 우선 쉬운 영
어로 되어 있어 대뜸 친숙해질 수 있다. 동양문화권의 소재를 다룬 것이
라서 그런지 몰라도 쉬 친숙해질 수 있다는 것은 우리나라의 학생들 사
이에서도 공통적인 것 같다. 위에 적은 우리 말 번역도 몇 군데서 자유
역을 시도한 것이지만 파운드 번역은 아주 대담한 자유역이다. 그리고
이 작품이 훌륭한 영시가 되어 있는 것은 바로 번역에 있어서의 대담한
자유분방성 때문이기도 하다. 조금 길지만 충실성 위주의 번역과 비교해
보기로 한다.

내 앞머리가 이마를 덮으려 할 때
나는 꽃을 꺽으며 문 앞에서 놀았어요.
그때 당신은 죽마를 타고 와서
우물난간을 돌며 매실로 나를 희롱했어요.

우리는 장간 마을에 같이 살면서
둘이는 조금도 싫어하지 않았어요.

나는 열네살에 당신의 아내되어
부끄러워하는 얼굴 펴본 적이 없고
머리 숙이고 어두운 벽을 향해
천 번 불러도 한 번 돌아보지 못했어요.

열다섯살에야 비로소 눈썹 펴고
티끌이나 재 되도록 의지하려 했어요.
언제나 기둥 안는 약속을 지켰거니
어째 망부대(望夫臺)에 오를 줄 알았으랴.

내 나이 열여섯에 당신은 멀리 떠나
구당(瞿塘)과 염여의 돌이 가로막았었나니
오월이 되어도 배닿을 수 없었고
하늘에서는 원숭이 소리 슬펐어요.

당신 발길이 끊긴 저의 문 앞뜰에는
푸른 이끼가 여러번 났었어요.
이끼가 깊어 미처 쓸지 못하는데
어느새 가을바람에 나뭇잎 떨어졌소.

팔월이 되며 나비들이 날아와
서쪽 동산 풀밭위로 짝지어 놀았어요.
이 광경 보고 상하는 저의 마음
시름에 겨워 고운 얼굴 여위였어요.

언제고 삼파(三巴)로 내려오실 때에는
집에 편지 보내어 미리 알려주세요.
나는 길이 멀다 탓하지 않고
장풍사(長風沙)로 달려가서 곧 맞이하겠어요.

—— 김달진 옮김

우물 난간 따위의 조그만 세목에서 차이가 나지만 파운드 번역의 첫머리는 대체로 원시에 충실하다. 6행은 본래의 한자에 아주 충실하게 싫어하거나 의심함이 없었다고 적고 있다. I3, I4행에 와서 파운드 번역은 대담한 자유역으로 바뀌는데 그 효과는 가히 명수의 솜씨다. 원시에서 〈티끌이나 재 되도록〉한 것은 티끌과 재가 함께 있어 밀접한 사이임을 시사한다고 해석되기도 한다. 그런데 파운드는 티끌이자 육체이며 동시에 시체를 뜻하기도 하는 dust란 말을 사용하여 그것이 영원히 한데 어우르기를 간구했다고 옮기고 있다. 영원히란 부사를 세번 반복함으로써 강렬한 효과를 내고 있고 역시 강렬한 desire란 동사를 사용함으로써 상찡그리기를 그친 여인의 격정을 엿보여 준다. 드물게 서구화되어 있는 대목이다. 이어서 왜 망루에 올라야 하느냐는 의문문을 배치함으로써 극적인 반전이 경제적으로 처리된다. 어쨌건 I2행에서 I4행까지가 가장 밀도있는 부분이다. 또 그만큼 시인이 시적허용을 마음껏 행사한 부분이기도 하다. I6, I7, I8행은 원시를 왜곡시키면서까지 자유롭게 처리하고 있다. 시인의 솜씨와 의도를 참작하지 않는다면 오역이라고 비난하고 나설만한 대목이다. 구당염(瞿塘灩)은 파운드 번역에서 간단히 고유명사로 처리되어 먼 오지로 시사될 뿐이다. 구당은 사천성(四川省)에 있는 협곡이며 염여퇴(灩澦堆)는 큰 돌이름으로 암초이다. 오월에는 물이 불어 함부로 접근할 수 없는 곳이다. 그런데 이 오월을 파운드는 떠난 후 5개월로 옮겨놓고 있다. 잰내비가 슬피 운다는 대목도 원시에서는 남편이 가 있는 쪽의 상황인데 아내 쪽의 처지로 옮겨놓고 있다. 그러나 파운드 번역시의 내적 논리로서는 부자연스러운 구석이 없다. 더 잘되어 있다. 떠

112

날 때의 발걸음이 무거웠다는 19행의 대목은 원시에 없는 것이지만 잘 어울린다. 이끼 전후의 부분은 충실한 편이다. 짝지어 나는 나비가 팔월인데 벌써 노랗다는 대목은 변개된 셈이지만 아주 효과적이다. 나비를 보고 마음이 언짢아진다는 부분도 간결하게 다루어서 그 다음의 늙는다는 부분과 함께 절묘한 처리를 얻고 있다. 근심 때문에 얼굴이 늙어간다는 원시를 대담하게 그냥 늙어간다고 한 것도 명수의 솜씨다. 구차한 소리를 빼어 한결 호소력이 있다. 원시에 없는 강이름을 댄 것은 다른 시에서 마주친 강이름을 아무렇게나 대거나 강을 멋대로 음역한 것으로 생각된다.

이와 같이 파운드 번역은 원시 세목에 대해서 생략, 변조, 축소, 보충을 마음대로 가하고 있다. 그러한 의미에서 대담한 자유역이지만 전체적으로는 원시의 정서와 대의에는 아주 충실하다. 그리고 무엇보다도 큰 강점은 원시와 관계없이 어엿한 작품으로 홀로서기를 이루고 있다는 점이다. 이백 자신이 살아있더라도 파운드란 지음(知音)에 탄복하고 말 것이다. 명료하고 또렷한 이미지에 대한 배타적 의존보다도 간결한 편지체로 되어 있어 파운드 번역시 가운데서 예외적이랄 수 있다.

서경(敍景)과 이미지 위주의 단시 번역은 파운드에게 많이 있으나 시 자체로서 탁월하다고 말하기는 어렵다. 어디까지나 번역시로서의 별미가 드러나 있을 뿐이다.

'고인(故人)'이 '황학루(黃鶴樓)'에서 서쪽 길에 나선다.
연기꽃이 강물 위로 흐릿하고
외딴 돗이 먼 하늘을 점찍고
보이느니 가람뿐
하늘에 닿아 있는 긴 '장강(長江)'

───「강상별리(江上別離)」

파운드의 변개취향이 잘 드러나 있는 작품이다. 오랜 친구를 뜻하는 고인(故人)을 고유명사로 취급하여 일본 발음으로 적어놓고 있다. 황학루란 실제 누각 이름도 그냥 지명으로 취급하고 있는데 그것도 파열음의 효과를 내기 위해 부분적인 변경을 가하고 있다. 아지랭이와 꽃이 어울리는 연화(煙花)를 연기꽃으로 직역하고 있다. 또 양자강을 가리키는 장강(長江)도 kiang이란 고유명사로 처리하고 있다. 〈외딴 듯이 먼 하늘을 점찍고〉라는 구절에서 엿볼 수 있듯이 이미지즘의 시로 변용시키고 있다는 점에 특성이 있다. 파운드를 비롯한 이미지스트들은 중국시의 서경(敍景)에서도 정감적 함축은 빼어 버리고 명료하고 또렷한 영상의 강조로 만족하고 있다. 일본의 하이꾸에서도 그들이 발견한 것은 서경의 배후에 있는 선적(禪的)인 취향이 아니라 명료하고 또렷한 영상이다. 번역을 통해서 소실되어간 심경시사가 그들에게는 축축한 감정적 논평을 배제한 선명한 영상으로 돋보였던 것으로 생각된다. 파운드의 「강상별리」 번역에서도 감정이 보탬이나 군더더기 없이 서경만을 다룬다는 원시의 정신에 충실하면서 일변 선명한 영상을 돋보이게 한다는 이미지즘으로의 경사가 두드러진다. 우리말 번역과 비교하면 미묘한 차이가 드러난다.

나를
황학루에 남기고
── 안개낀 삼월
친구는 배에 올라
양주(揚州)로 떠나고.
이윽고, 돛대마저
시야에서 사라져
뵈는 것, 아득히 하늘에 닿은
장강(長江)물 뿐이어라.

── 이원섭 옮김

위에서 우리는 자유분방한 자유역을 통해서 시로서의 홀로서기에 성공한 사례를 검토해 보았다. 오장환의 실험 이전에도 그 비슷한 선례가 있기는 하였으나 어쩐 셈인지 큰 발전을 보지 못하였다. 분방한 자유역은 시인이 작품제작에 임할 때의 사랑의 노동을 요청하는 것인데 그런 열의가 희박했던 것같다. 그 점 20년대의 김소월이 분방한 자유역을 시도하고 있는 것은 흥미롭다. 두보의 유명한 「춘망(春望)」을 소월은 이렇게 옮겨놓고 있다.

이 나라 나라는 부서졌는데
이 산천 여태 산천은 남아 있드냐
봄은 왔다 하건만
풀과 나무에 뿐이어

오! 설업다. 이를 두고 봄이냐
치어라 꽃잎에도 눈물 뿐 흘으며
새무리는 지저귀며 울지만
쉬어라 이 두근거리는 가슴아

못보느냐 벍엏게 솟구는 봉숫불이
끝끝내 그 무엇을 태우려 함이료
그리워라 내집은
하늘밖에 있나니

애닯다 긁어 쥐어뜯어서
다시금 젊어졌다고
다만 이 희믓희믓한 머리칼 뿐
인저는 빗질할 것도 없구나.

——「봄」(1926년)

시와 번역　115

두보시의 번역을 빙자하여 나라 잃은 처지를 노래해 보자는 구상이 이 번역을 분방한 자유역으로 몰고갔을 공산이 크다. 계속 발전시켰더라면 많은 수작이 나왔을 법한데 소월의 작업도 결국은 이주가(伊州歌)의 간결 취향으로 굳어졌다. 좋은 번역시의 가능성이 이때 깨어졌는지 모른다. 근자의 번역 노력 가운데서도 정현종, 김광규, 김남주의 네루다나 브레히트 번역은 자체로서도 훌륭한 시로 읽히는 홀로서기 번역을 지향하고 있다. 우수한 시인들이기 때문에 가능한 노력이지만 이를 통해 정평있는 번역시의 고전이 나오기를 기대한다. 그것은 우리 시의 성장을 위해서 좋고 무엇보다도 문학적 감수성의 적정한 형성을 위해서 필수적이다. 그점 시와 문학작품의 번역에 대한 새로운 성찰이 요청되고 있다.

토착적 수용과 충격의 흡수

사람의 개성이란 처음부터 주어진 것은 아니다. 처음부터 주어진 것은 자연이지 문화가 아니다. 사람의 개성도 문화의 소산으로서 외부와의 끊임없는 상호작용을 통해서 형성되고 변모한다. 문화의 경우도 마찬가지다. 외부와의 끊임없는 상호충격의 교환을 통해서 성장하고 내구성을 기르면서 발전해 간다. 우리의 언어구조나 의식구조도 마찬가지이다. 우리 어문생활 속에 끼어든 천박하고 피상적인 외래취향은 업수이 여기어 마땅하다. 그러나 의식적 혹은 심층적 수준에서 우리가 수용한 서구어적 문맥을 배척만 할 것은 아니다. 좋든 궂든 그것은 자연과학이나 인문과학에서 성취한 서구의 지적 전통과 교섭하는 과정에서 스스로의 필요에 의해서 또 과학방법론의 필연적 요청에 따라서 우리가 수용하고 채택한 것이다. 우리 어문생활에서 보게 되는 유연한 신축성, 섬세한 변별성, 다양한 처리가능성과 역동성은 문화의 상호충격 교환 속에서 우리가 성취한 문화적 노력의 소산이다. 그리고 그러한 노력은 어떠한 시대나 상황에서도 필요하고 유익한 것이다.

문화적 원천에 대한 직접적인 접촉을 중요시했던 우리의 지적 전통에서는 기억할만한 번역자를 내지 않았고 또 그 이름을 기억조차 하지 않았다. 조선왕조시대의 이러한 사정은 그 붕괴 이후에도 별로 달라진 바 없다. 이것은 생각해 볼만한 국면이다. 가령 괴테나 횔덜린과 같은 최상급의 시인이 탐욕스러운 번역자였다는 사실은 중요하다. 번역이 독일어의 〈내밀한 운명〉이라는 것을 독일의 시인이나 철학자들은 터놓고 얘기한다. 루터의 성서번역이나 되풀이해서 시도된 셰익스피어 번역, 그리고 호메로스 번역이 근대독일어의 발전에 크게 기여했다는 것은 공지의 사실로 되어 있다. 도스토예프스키의 발자끄 번역, 지드의 햄릿 번역, 예이츠의 소포클레스 번역에서 엿볼 수 있듯이 일급의 시인작가들이 번역을 통해서 자기세련과 모국어 문학에 기여하고 있다는 것은 기억해 둘만하다. 이러한 사례는 헤아릴 수 없이 많다. 이 점 모국어나 문학감수성 형성에 대한 기여도가 의심스러운 중국소설 번역에나 손대지 않을 수 없던 우리 작가들의 경제사정이 안타깝게 생각될 뿐이다.

위에서 우리는 독립된 시로서 홀로 설 수 있는 번역시의 사례를 얘기하면서 그런 번역이 많이 나와야겠다는 것을 강조하였다. 이러한 시들이 대체로 분방한 자유역이면서 우리말의 묘미를 활용하여 음율적이라는 점을 지적하였다. 쉽게 말해서 우리말로 충분히 동화되어 있어 투박한 번역이란 느낌이 들지 않는 것이다. 번역 냄새가 나지 않기 때문에 좋은 시라고 생각하는 것도 사실이다. 우리말로 잘 읽히는 번역시가 우선 좋은 번역이다. 그러나 그것으로 얘기는 끝나지 않는다. 제 일단계에서 그것은 좋은 번역시일 수 있다. 그러나 욕심을 덧붙인다면 그것만으로는 충분치 않다. 우리말로 잘 읽히면서 동시에 번역시만이 줄 수 있는 강렬한 충격을 줄 수 있어야 한다. 우리말로 잘 동화된 번역시는 동시에 범상한 시로 떨어질 수도 있다. 우리말로 잘 동화된 중국시 번역에서 촉발되는 미흡감이 바로 그런 것이다.

　나란 망했어도 산천은 있어

봄들자 옛 성터에 풀만 짙푸르다
한송이 꽃에도 눈시울이 뜨겁고
새소리 마음이 더욱 설렌다.
봉화는 석달을 연달아 오르는데
진정 그리워라 고향 소식이어
흰머리 날로 짧아만지고
비녀도 되려 무거웁구나.

—— 신석정 옮김

　김소월이 멋대로 번역한 「춘망」을 이렇게 정갈하게 옮겨놓고 있다. 어색한 대목도 없고 야한 구석도 없이 우리 말 속에서 편안히 앉아 있다. 일단은 좋은 번역이다. 그러나 바로 그렇기 때문에 우리말에도 독자에게도 충격은 되지 못한다. 일단계에서는 성공이지만 그 이상은 못하고 있다. 문학작품에 고유한 〈낯설게 하기〉의 충격이 없어 범상하게 들린다. 당대적인 어법을 너무나 닮아 있는 탓이다. 정갈하되 규격화된 단아함이다. 두시언해의 예스러움이 도리어 신선한 느낌을 준다.

　　나라히 파망(破亡)ᄒ니 뫼콰 ᄀ람 쑨 잇고
　　잣 앏 보미 풀과 나모 쑨 기펫도다.

　따라서 우리말로의 토착적인 변용과 함께 우리말에 충격을 주어 그 역동성과 신축성을 넓혀 주는 것이야말로 번역시의 이상 상태인지도 모른다. 번역을 통해서 획기적인 근대어 발전을 성취했다는 독일어를 모국어로 한 벤야민이 인용하고 있는 생각은 음미에 값한다고 생각된다. 〈번역가는 특히 자신의 언어와는 멀리 떨어진 언어로부터 번역할 때에는, 언어 그 자체의 원초적 요소 즉 말과 상징 및 토운이 하나로 합쳐지는 점에까지 소급하지 않으면 안된다. 그는 외국어의 수단을 통해 그 자신의 언어를 확대하고 심화하지 않으면 안되는 것이다.〉

118

주요 참조문헌

김달진 역해, 『당시전서』, 민음사, 1987.

김우창, 「언어와 의미창조」, 『지상의 척도』, 민음사, 1981.

최두석 편, 『오장환전집』, 창작과비평사, 1989.

이원섭 역해, 『당시』, 현암사, 1965.

Walter Benjamin, *Illuminations,* 1969.

Cleanth Brooks & Robert Penn Warren, *Understanding Poetry,* Fourth Edition
(Holt, Rinehart & Winston, 1976), ch. 2.

George Steiner, *After Babel* (Oxford University Press, Oxford, 1975), chs. 4-5.

우의적 해석의 허실

〈본문〉과 〈각주〉의 자리바꿈

〈즐기지 않고는 이해할 수 없으며 이해하지 않고는 즐길 수 없다〉는 잘 알려진 말이 있다. 시에 관해서 시인이 토로하고 있는 명언이다. 비단 시뿐 아니라 모든 예술에 두루 적용될 수 있는 말이다. 음악을 즐기지 못하면서 어떻게 그것을 이해할 수 있을 것인가? 또 이해하면 으레히 즐거움이 따르게 마련이 아닌가? 그런데 즐긴다는 것은 매우 주관적인 인간행위이다. 고통스러워 보이는 일을 즐기는 사람이 있고 분명 즐거운 일일 터인데 즐거움을 느끼지 못하는 경우도 있다.

좋은 시를 읽고 좋은 음악을 듣는다는 것은 분명히 즐거운 일이다. 그러나 모든 사람에게 한결같이 즐거운 일이 되는 것은 아니다. 풍물치기나 장기 두기가 한결 즐거운 사람들도 있고 취향이나 선호는 사람마다 다르게 마련이다. 그러기에 취향을 가지고 타인과 논쟁하지 말라는 얘기도 있다. 영원한 평행선을 달릴 터이니 부질없이 열을 올릴 필요가 없다는 경고이다. 즐기는 일이 주관적인 것인 바에야 무엇을 어떻게 즐기느냐 하는 것은 사람마다 다를 수밖에 없고 따라서 간섭할 일이 못 된다는 관점이 있을 수도 있다.

그러나 단순한 취미나 도락이 아니고 예술의 향수나 지적 호기심의 충족과 관련되는 즐거움은 궁극적으로 개인의 성숙과 적절한 세계이해로 이어져야 진정 뜻 있고 가치 있는 것이 된다. 문학이해는 특히 인간의 자기이해와 세계이해로 연결된다. 그 점 인간에게 있어 중요한 형성력이 되고 있으며 동서의 지적 전통이 문학을 숭상하고 중요시하는 연유도 바로 이 점에서 찾을 수 있다. 게다가 특유한 정신적, 도덕적 고양력을 가지고 있어 도덕적 성숙의 계기가 되어 주기도 한다.

그 중요성에도 불구하고 적절한 문학 향수와 문학이해를 위한 교육이 제대로 이루어지고 있는 것 같지는 않다. 각급 학교 수준에서의 문학교육은 적절한 문학향수나 문학이해에 대한 장애가 되는 경우도 적지않다. 특히 국민학교나 중학교 수준에서의 적절치 못한 문학교육은 오도적(誤導的)인 영향력을 발휘하는 것 같다. 이때 길들여진 문학이해나 작품해석의 버릇이 오래도록 그 흔적을 남기는 것으로 생각된다.

작자의 이름을 가린 채 작품을 보여주고 선별력을 알아보는 리차즈 흐름의 설문을 시도한 적이 있다. 대학입학 학력고사에서 이른바 중상위 내지는 상위권에 속해 있던 대학생들을 대상으로 한 것이었다. 결과는 상당히 참담한 것이었다. 교과서나 사화집에서 흔히 찾아볼 수 없는 현대 시인의 작품과 대중가요 가사 흐름의 시행을 뒤섞어 놓고 선별력을 시험한 것인데 대부분 문학적 문맹의 상태를 보여주고 있다. 각급 학교의 교육과정에서 적절한 문학이해를 가로막고 있는 오도적 편향에는 어떤 것이 있을까? 그 점을 검토해 보기로 한다.

우의적 해석

얘기의 즐거움을 모르는 사람은 없다. 생각해 보면 어린 시절 우리들

의 최초의 궁금증과 감흥은 대체로 얘기 듣기와 연관되어 있었다. 아슬
아슬하거나 신기한 얘기의 결말이 어떻게 끝날 것인가에 대해서 우리는
참을성을 갖지 못하였다. 그래서 동화에 관한 한 어린이들은 일단 흥미
와 선호를 보인다. 또 많은 외국동화와 전래동화 그리고 번안된 어린이
용 번역소설이 접근 가능하게 되어 있다. 그러나 동요나 동시에 관한 한
사정은 그렇지 못하다. 좋은 동요나 동시는 의외로 드물고 어린이도 거
기 접할 기회가 그만큼 적다. 따라서 말의 어감이나 리듬에 대한 감각을
기르는 훈련 기회가 적어진다. 시에 대한 문맹적 상황은 어린 시절 좋은
동요, 동시와 친숙해질 기회가 적은 것과 연관되는 것으로 생각된다. 그
리고 동요나 동시에 대한 지나치게 우의적 해석이 어린이들에게 주입되
는 것으로 판단된다.

수남아, 순아야, 잘 가거라
아빠 따라 북간도 가는 동무야.

멀리 가다가도 돌아다보고
"잘 있거라" 손짓하며 가는 순아야.

이제 가면 언제 오나 눈물이 나서
아른아른 고갯길도 안 보이누나.

뻐꾹새 자꾸 우는 산길 넘어서
수남아, 순아야, 잘 가거라.

—— 이원수, 「잘 가거라」

이원수 동시집 『너를 부른다』에 수록되어 있는 이 작품 끝에는 1930년
이라는 날짜가 적혀 있다. 실상 1930년대에 나온 동요집을 참조하면 맞
춤법 말고는 고친 구석이 없다. 8·15 이후 손을 본 자국이 없는 이를테

면 현실주의적인 동요다. 생활과 유리되지 않은 비근한 소재를 다루어 공감을 불러일으킨다. 굳이 사회사를 들추지 않더라도 1920년대와 1930년대에 고향을 등지고 만주로 이주해 간 동포의 수효는 엄청나게 많다. 1940년경에 발표된 단편으로 가령 이태준의 「농군(農軍)」이나 김동리의 「찔레꽃」이 이러한 이주민과 연관된 소재를 다루고 있다. 「잘 가거라」에는 이렇게 농촌 궁핍화에 따른 이민현상이 어린이의 눈으로 포착되어 있다. 본시 헤어짐이라는 것은 슬픔을 자아내는 기본적인 문학 모티브의 하나다. 더구나 낯선 땅으로 돌아온다는 전망도 없이 떠난다는 것이 그러하다. 북간도는 귀에 익었으면서도 먼 땅이다. 그곳으로 떠나가는 동무를 보내는 어린 화자의 고별의 말이 극히 경제적으로 처리되어 있다. 〈이제 가면 언제 오나 눈물이 나서〉는 얼마쯤 판에 박힌 소리지만 헤어짐이라는 국면에 따르는 기초 어법인만큼 그리 어색하지 않다. 〈뻐꾹새 자꾸 우는〉의 〈자꾸〉도 평범하기 때문에 도리어 신선하다. 전체적으로 유창한 흐름과 리듬을 가지고 있는데다 동무의 이름으로 시작되는 직접성 때문에 단박에 외어지는 좋은 작품이다. 반드시 북간도가 아니더라도 이사나 전학 가는 동무와의 헤어짐은 어린이들의 삶에 있어 꽤 큰 사건이다. 더구나 이웃 집 동무일 때 그러하다. 이 작품 말고도 이원수는 비슷한 상황을 노래한 동요를 남겨 놓고 있다. 『너를 부른다』에는 빠져 있지만 〈봄이 오면 간다는 내 동무 순이／앉은뱅이 꽃을 따며 몰래 웁니다〉로 끝나는 「앉은뱅이꽃」 같은 것이 그러하다. 얼마쯤 애상적이기는 하나 애상도 삶의 한 모서리인 만큼 그저 배척할 것도 아니다. 생활과 너무 동떨어진 어린이 세계의 인위적인 강조도 보이지 않고 또 미움이나 시샘의 자극도 보이지 않는 좋은 작품이다.

이 작품은 이사 또는 이민 가는 동무를 보내는 작별의 동요이다. 그리고 그 구체적인 맥락으로서 일제하의 농촌상황을 상기하는 것은 좋은 일이다. 그러나 〈이 동요는 일제하의 한국 농촌의 피폐상과 이에 따른 이민현상을 고발하고 있는 작품〉이라고 처음부터 가르치는 것은 적절한 일이 못된다. 동요 시인이 한국 농촌의 피폐상을 고발하고 그렇게 함으로써 일제에 저항하기 위해서 이것저것 궁리하다가 마침 만주 이민의 이주 현장에 생각이 미쳐 이를 통해 저항을 표현하게 되었다는 투의 생각을 굳혀 놓기가 쉽기 때문이다. 시인의 고발의식이 찾아낸 소재가 만주 이민이며 이에 따라 〈수남아, 순아야〉란 구색을 맞추어서 동요가 제작되었다는 투의 생각, 즉 미리 구상된 기획이 있고 이 기획에 구체적 세목을 뜯어맞춘 것이 곧 시라는 오도적인 생각을 어린이에게 주입하기가 첩경이다. 추상적인 기획이 있고 거기에 맞추어서 세목을 동원하는 경우가 아주 없다는 것은 아니다. 다만 좋은 시의 경우 구체적 세목으로부터 시작되며 그러한 시가 호소력 있는 작품적 성취로 이어진다는 것은 강조해 두어도 좋다. 시인은 〈수남아, 순아야, 잘 가거라/아빠 따라 북간도 가는 동무야〉라는 세목에서 시작했고 독자는 우선 이 대목에 끌리는 것이 필요하다. 그래야 제대로 작품을 음미하고 이해할 수 있다. 조그만 차이 같지만 실은 커다란 차이다. 가다가 되돌아보고 "잘 있거라" 손짓 하며 가는 순아의 모습을 상상하고 공감하고 그 섭섭함을 실감하는 것이 우선 중요하다. 그런 과정 없이 대뜸 일제하의 농촌 고발이라는 설명을 앞세우는 것은 순서가 바뀐 향수 과정이다.

자주 꽃 핀건 자주 감자
파보나 마나 자주 감자

하얀 꽃 핀건 하얀 감자
파보나 마나 하얀 감자

현대 동요 걸작 중의 하나인 권태응의 「감자꽃」은 어린이로 하여금 자연의 오묘한 이치에 대한 감각을 깨닫게 한다. 발견의 즐거움을 줄 수도 있고 재확인의 계기가 되어 줄 수도 있다. 생활과 유리되어 있지도 않고 공연한 청승을 떨고 있지도 않다. 뿐만 아니라 〈삼각산 중토리 비오나 마나/어린 가장 품안에 잠자나 마나〉와 같은 민요에서 엿볼 수 있듯이

토박이 말투의 묘미가 한껏 재미있다. 웬만한 어린이 독자는 재미있는
이 사행 동요를 이내 외고 말 것이다. 외어지지 않고는 배기지 못하는
묘미를 가지고 있다.

그런데 이 동요가 일제 말기에 강행된 창씨개명에 즈음해서 씌어진 작
품으로 그 부당성과 부질없음을 둘러대서 말하고 있는 것이라는 해석이
유포되어 있다. 그럴 수도 있을 것이다. 그러나 어린이에게 그런 식으로
문학교육을 과하는 것이 과연 적절한 일인지는 심히 의심스럽다고 하지
않을 수 없다. 창씨개명에 반대하는 이론을 펴는 사람이 아무리 창씨개
명을 시행해 보았자 한국 사람은 한국 사람으로 남아 있게 마련이며 세
상에 씨도둑은 불가능하다면서 「감자꽃」을 읽어 보는 것으로 결론을 내
린다면 그것은 재미있는 논리전개가 될 수 있을 것이다. 〈장미는 장미라
는 이름이 아니어도 여전히 향기로우리라〉는 셰익스피어의 대목처럼 명
시적이 아니기 때문에 더욱 효과적일 수도 있을 것이다. 그러나 「감자
꽃」이 곧 창씨개명에 대한 풍유(諷諭)라고 가르치는 것은 한 걸작 동요
를 그릇되이 접근하는 것이다. 해석과 예증은 다른 것이다. 우선 넉 줄
의 언어 조직에 대한 충실이 긴요하다. 우리는 그 차이를 실례를 통해서
검토해 보기로 하자.

해석과 자유로운 활용

눈시울이 뜨거워지도록
두 팔에 힘을 주어 버티는 것은
누구를 위한 붉은 마음이냐?

깨여진 꿈조각을
떨리는 손으로 주어 모아
역사가 마련하는 이 국토 우에

옛날을 찾으려는

저승길이 가까운 영감님들이
주책없이 중얼거리는 잠고대를
받어드리자는 우리의 젊음이냐
······
누구를 위한
벅차는 우리의 젊음이냐?
어느 놈이 우리의
분통을 터트리느냐?
우리들 젊음의 힘은
피보다도 무서웁다

머얼리 바다 건너 저쪽에서도
피끓는 젊은이의
씩씩한 행진과 부르짖음이
가슴과 가슴들 속에 파도처럼 울려온다
젊은이 갈 길은 단 한 길이다
가난한 동족이 우는 곳에

피빨이 서 날뛰는
외국×××들과
망녕한 영감님들에게
저승길로 떠나는 노자를 주어
××으로 쫓아야 한다
            ──「누구를 위한 벅찬 우리의 젊음이냐?」

1946년 9월에 씌어진 이 시를 낭독한 시인 유진오(兪鎭五)는 이 때문에 구속된 것으로 알려져 있다. 뒷날 김태준이 이끄는 문화공작대의 일원으로 지리산에 들어간 시인은 체포되어 처형된 것으로 알려져 있는데 위의 시를 낭독하고 구속되자 김동석이 「시와 자유」라는 제목의 글을 통해 이에 항의하고 있다. 가혹한 일본 제국주의 통치하에서도 불온한 시를 썼다는 이유로 시인이 구속된 일은 없었다는 것이다. 「빼앗긴 들에도 봄은 오는가?」에서 빼앗겼다는 것의 의미는 너무나 분명하지만 이 때문에 이상화가 구속된 일은 없었다면서 그 부당성을 항의하고 있다. 그러면서 또 하나의 예로 정지용의 「카페 프란스」를 들고 있다.

울금향(鬱金香) 아가씨는 이 밤에도
경사(更紗) 커틴 밑에서 조시는구료!

나는 자작(子爵)의 아들도 아모것도 아니란다.
남달리 손이 히여서 슬프구나!

나는 나라도 집도 없단다.
대리석 테이블에 닷는 내뺨이 슬프구나!

오오, 이국종(異國種) 강아지야
내 발을 빨어다오.
내 발을 빨어다오.

시인은 나라도 집도 없다고 영탄하면서 일본인 카페 여급을 〈이국종 강아지〉라고 부르고 있다. 그리고 발을 빨아달라고 말한다. 모든 상황으로 보아 일제에 대한 거부가 보이지만 그 때문에 시인이 잡혀가는 일은 없었다고 김동석은 말한다. 그런데 해방되었다는 조국에서 시를 낭독한 죄로 시인이 구속된다는 것은 있을 수 없는 일이라는 것이다. 여러가지 상황으로 보아 「카페 프란스」의 무대가 일본이며 나라 잃은 젊은이의 수심이 토로되어 있는 것은 사실이다. 또 그때가 나라를 잃었다는 사실의 진술조차 쉽게 허용되지 않은 고약한 상황이었다는 것도 사실이다. 그러므로 「시와 자유」라는 글은 당당한 논리와 설득력을 가지고 있다. 그러나 〈이국종 강아지〉가 과연 일본인 여급을 가리키는 것이냐 하는 것은 매우 의심쩍은 일이다. 다만 「시와 자유」라는 글의 맥락에서 다소 무리가 가는 예증이지만 전체적인 논리전개에 적이 효과적이다. 〈이국종 강아지〉가 일인여급이 아니라는 것을 증명하기도 어렵지만 굳이 그럴 필요가 없기 때문이다. 그러나 한 편의 시로 이 작품을 대하는 독자에게 〈이국종 강아지〉는 우선 문자 그대로의 강아지로 읽는 것이 자연스러울 것이다. 지체 없고 나라 없는 가난한 청년이 기껏 강아지에게서나 위안을 받으려는 심정을 토로하고 있다고 보는 편이 훨씬 시의 맥락에 충실한 해석이다. 일인여급을 〈이국종 강아지〉라고 부르는 은유는 자연스럽지도 적절하지도 않다. 불빛에 비치는 밤비를 〈뱀눈처럼 가늘다〉고 표현하고 있는 정지용의 감수성과 조화되지도 않는다.

　창씨개명의 부질없음과 부자연스러움을 지적하면서 「감자꽃」이나 셰익스피어의 장미 대목을 인용해 보는 것은 논리전개상 설득력을 더해 줄 수도 있을 것이다. 그러나 「감자꽃」이 창씨개명이라는 특정 사실에 촉발되어 씌어진 풍유라는 해석은 너무나 억지스러운 해석이다. 「감자꽃」에 대한 매우 주변적인 삽화로서 하나의 얘기거리는 될지 모르지만 동요 「감자꽃」을 즐기고 이해하는 정도(正道)는 아닌 것이다. 「감자꽃」의 제작 연대를 들어 그 연계성을 강조하는 것도 억지스럽다. 물론 제작 연대와 부수적인 상황에 대한 지식이나 고려가 작품 이해를 위해 필요한 경우가 없는 것은 아니다.

부대적 상황 정보

뭍에서 하룻길
바다는 유리판
올해도 동백꽃
붉게 붉게 피었난가.

구름 만 겹
바람은 짠 바람
오늘도 뫼 위에
연기는 나부끼리

아, 마을은 이미 폐허
떼까마귀 몰리는 곳 ──
피로 살찐
잡수풀 이래.

새로운 새로운 생을
흐느껴 노래하는
고달픈 혼들이어
받으라 나의 화환!

──「남쪽 바다 섬을 생각하고」

이 작품을 읽는 독자들은 〈마을은 이미 폐허〉라든가 〈새로운 생을 흐느
껴 노래하는 혼〉들이 무엇일까 하고 일단 궁금하게 생각할 것이다. 그러
나 이러한 영혼들을 시인이 기리고 있다는 사실만은 확인할 수 있을 것

이다. 그리고 피로 물든 아픔의 현장에서 새로운 삶을 희구하는 사람들이 있다는 것만은 어슴프레 짐작할 것이다. 그리고 그것이 남쪽바다 섬에서 일어나고 있다는 사실에서 어떤 이국 정서 비슷한 것도 느낄 수 있을 것이다. 그러나 이러한 막연한 느낌은 이 작품이 1948년에 씌어졌으며 또 작자가 임학수(林學洙)라는 북으로 간 시인임을 알게 될 때 보다 확실한 문맥 이해로 대체될 것이다.

그리고 〈뭍에서 하룻길〉의 섬이 제주도임도 확인하게 될 것이다. 여기서부터 이 시가 제주도 4·3사건을 소재로 하여 씌어진 작품이라는 것은 쉽게 간파된다. 작자의 동정이 어느 편에 있느냐 하는 것도 곧 뚜렷해진다. 부대적 상황 정보는 이 시를 이해하는 데 필수적이기까지 하다.

구체적인 상황 정보를 모르는 경우에도 짤막한 시행으로 되어 있는 이 시의 향수와 이해가 불가능하지는 않다. 먼 남쪽 바다에서 고생하고 있는 영혼들을 기리는 노래라는 정도의 이해 수준에서도 동백꽃 피는 남쪽바다 섬에 대한 안타까운 회포는 넉넉하게 감득할 수 있다. 다만 작자가 표명하고 있는 공감과 애정도 작품의 전체적 의미의 일부를 이루고 있다는 점에서 부대상황의 정보와 지식이 필요하다는 것이다.

사실 우리는 부대상황에 대한 세세한 정보나 지식 없이 작품을 읽는 수가 많고 또 그것으로 족한 경우도 흔하다. 작품 발생의 구체적 맥락이나 부대상황의 정보 없이도 독자를 끌어당기는 힘이 강한 작품이야말로 그릇이 큰 작품이라고 말할 수도 있다.

우리가 잠겨 버린 밀물로부터
떠올르게 될 너희들은
우리의 허약함을 이야기할 때
너희들이 겪지 않은
이 암울한 시대를
생각해다오.
신발보다도 더 자주 나라를 바꾸면서

불의만 있고 분노가 없을 때는 절망하면서
계급이 전쟁을 뚫고 우리는 살아오지 않았느냐.

그러면서 우리는 알게 되었단다.
비천함에 대한 증오도
표정을 일그러뜨린다는 것을.
불의에 대한 분노도
목소리를 쉬게 한다는 것을. 아 우리는
친절한 우애를 위한 터전을 마련하고자 했었지만
우리 스스로가 친절하지 못했단다.

그러나 너희들은, 인간이 인간을 도와 주는
그런 정도까지 되거든
관용하는 마음으로
우리를 생각해다오.

──── 브레히트, 김광규 옮김, 「후손들에게」

　20세기에 생산된 가장 위대한 시편의 하나라고 할 수 있는 이 작품에서 브레히트는 필연성과 인간성 사이의 긴장을 노래하고 있다. 그리고 필연성이 야기시킨 인간성의 훼손을 아파하고 있다. 〈불의에 대한 분노도／목소리를 쉬게 한다〉는 것을 경험하고 그 점을 너그럽게 보아 달라고 후손들에게 당부하고 있다. 1930년대에 씌어진 이 작품은 암울한 시대의 삶을 노래한 것이지만 작자의 개인사나 정치적 입장과 세세하게 연관시킬 때 한편으로는 스탈린주의에 대한 변호라는 색채가 강하다. 정치적 편의주의를 위한 인간성의 희생과 유보에 대한 정당화가 엿 보이는 것이 사실이다. 이러한 측면을 도외시하고 읽을 때 도리어 이 작품이 〈불의에 대한 분노로 쉰 목소리〉라는 정치의 비극과 정의의 자기 훼손의 증언으로 우리에게 호소해 올 것이다. 불확실한 부대상황의 정보를 도외시하고 읽는 편이 도리어 효과적인 예는 우리 현대시에도 있다. 그러나 시간적으로 동떨어져 있는 옛날 작품이나 공간적으로 상거한 외국작품을 읽을 때 우리는 다소간 작품의 발생적 맥락이나 부대 상황에 대한 정보나 지식으로부터 멀어져 있는 셈이 된다. 발생의 맥락을 떠나서 도리어 싱싱한 작품이 구체적 보편에 가까와질 수 있는 작품이라 할 수도 있다.

여덟구멍 피리며 앉으랑 꽃병
동구란 밥상이며 상을 덮은 흰 보재기
안해가 남기고 간 모든 것이 고냥 고대로
한때의 빛을 머금어 차라리 휘휘로운데
새벽마다 뉘우치며 깨는 것이 때론 외로워
술도 아닌 차도 아닌
뜨거운 백탕을 홀홀 마시며 차마 어질게 살아보리

안해가 우리의 첫애길 보듬고
먼 길 돌아오면
내사 고운 꿈 따라 횃불 밝힐까
이 조그마한 방에 푸르른 난초랑 옮겨놓고

나라에 지극히 복된 기별이 있어 찬란한 밤마다
숱한 별 우러러 어찌야 즐거운 백성이 아니리

꽃잎 헤칠사록 깊어만 지는 거울
호올로 차지하기엔 너무나 큰 거울을
언제나 똑바루 앞으로만 대하는 것은
나의 웃음속에
우리 애기의 길이 틔어 있기에

—— 이용악, 「길」

첫애기와 아내의 귀가를 고대하고 있는 심정을 노래하고 있는 이 작품은 그 제작 연대와 발표 시기 또 발표 지면 등 때문에 시세(時勢) 추수의 작품으로 거론된 일도 있다. 전쟁 수행을 위해 모든 것이 총동원되었던 시대에 씌어서 발표되었다는 움직일 수 없는 객관적 사실을 부정할 수는 없다. 임종국의 『친일문학론』이 「불」, 「눈나리는 거리에서」와 함께 「길」을 친일관계 작품목록에 기록한 것은 그러한 부대상황에 대한 세세한 고증의 결과였다고 생각된다. 그러나 이용악이 그 어느 경우에도 명시적으로 시세 추수의 시적 진술을 남겨 놓은 적이 없다는 것은 주목해야 한다. 「불」 같은 것이 특히 그러하다.

위에 적은 「길」의 도입부가 보여주는 것은 혼자 사는 화자의 심정 토로이다. 지금 화자의 아내는 집에 없다. 전후 맥락으로 보아 아마 첫 아기를 낳으려고 친정에 가 있거나 어디 딴 곳에 가 있다. 앓으랑 꽃병, 동구란 밥상, 상을 덮은 흰 보재기가 놓여 있는 공간은 추측건대 얼마쯤 구차스러운 셋방일 것이다. 잠에서 깨어나 둘러볼 때 눈에 뜨이는 이러한 살림도구는 아내의 부재를 새삼 일깨워서 휘휘로운 느낌을 준다. 뉘우치는 바 많은 처지인 화자는 그러나 뜨거운 백탕을 마시면서 어질게 살 궁리를 한다. 이어서 첫아기를 안고 돌아오는 아내를 위해 방에 난초라도 옮겨 놓고 횃불이라도 밝히고 싶다고 화자는 토로한다.

종결부의 〈꽃잎 헤칠사록 깊어만 지는 거울〉은 얼마쯤 모호한 귀절이다. 모호한 대목이 있음으로 해서 이 거울이 단순한 거울 이상임을 암시한다고도 볼 수 있다(가령 거울삼다는 말에서 엿볼 수 있듯 거울은 모범의 뜻도 있고 계고(戒告)의 뜻도 있다. 동양 전통 아래서는 『자치통감』이란 책 이름이 보여 주듯이 역사도 계고적인 거울이었다). 어쨌건 조그마한 방에 걸려 있는 큰 거울을 똑바로 대하며 웃음 짓는 것은 세계 긍정적인 어진 삶 속에 애기의 길도 행복으로 연결되어 있다고 생각되기 때문이라고 화자는 말한다. 요컨대 이 시는 머지않아 맞게 될 첫애기를 기다리며 이제부터는 아기에게도 모범이 될 만한 어진 삶을 살아야겠다는 매우 사사로운 시다. 그리고 첫 애기를 갖게 되는 아버지다웁게 세계 긍정의 심정이 되어 있다(도입부의 뉘우침은 사사로운 영역이기 때문에 우리가 꼬집어서 단정할 수는 없다. 그것은 수용미학에서 얘기하는 불확정성의 공간이다. 아내의 부재가 출산과 관계있는 것은 분명하지만 화자가 남편으로서 혹은 아버지될 위인으로서 뉘우침을 많이 가지고 있다는 것을 행간에서 읽을 수 있다).

이렇게 사사로운 시이기 때문에 〈나라에 지극히 복된 기별이 있어 찬란한 밤마다/숱한 별 우러러 어찌야 즐거운 백성이 아니리〉란 대목은 얼마쯤 의외롭게 생각된다. 화자에게 개인적으로 복된 첫애기의 기다림이 있는 터에 나라에도 복된 기별이 있어 더욱 세계 긍정의 화해적 심정이 된다는 것으로 읽을 수 있다. 그리고 〈나라에 지극히 복된 기별〉은 풍년 소식으로부터 광산의 발견에 이르기까지 여러가지를 상상할 수도 있다. 왕조시대에는 또 왕자의 탄생으로부터 난리의 평정에 이르기까지 여러가지가 있었을 것이다.

그러나 이 작품의 발표 연대인 1942년 3월이나 《국민문학》이라는 발표 지면은 이때의 복된 기별이 싱가포르 함락이라는 일본측의 〈복된 기별〉이라는 해석을 낳게 한 것으로 생각된다. 부대상황에 대한 상세한 정보가 도리어 이 〈사사로운 복된 기별〉이나 기대에 촉발된 시를 훼손시키고 있는 셈이다. 시세 추수라고 비판하는 이들의 지적이 설사 맞는다 하더라도 그것은 군국주의적 총동원 체제 아래서 우리말로 된 사사로움의 표현이 불가피하게 치러야 했던 문학적 〈통행세〉였다고 생각된다. 그리고 어느 대목에서도 명시적인 시세 추수를 보여주지 않았다는 데서 여타 친일작품과는 엄격하게 구별되어야 한다고 생각한다(이 말은 이용악의 「죽음」에 대해서도 해당된다. 부대상황이 어찌됐든 낭만주의 문학체험에서 낯익은 죽음 찬송의 작품이라고 생각된다. 시인이 가령 기독교 신자라면 딴 소리가 나오지 않았을 것이다). 「길」이 부대상황이나 발생 맥락에 대한 정보 없이 더 잘 읽힌다는 사실은 이 시가 그만큼 발생 맥락을 넘어서는 힘과 울림을 가지고 있다는 것을 뜻한다. 그만큼 좋은 작품이다. 첫아기와 아내를 기다리는 긍정적 화해적인 사사로움의 시라고 읽을 때

134

우리는 「길」에 대한 지나친 우의적 해석에 대해 유보감을 갖지 않을 수 없다.

작자보다 작품을 믿으라

　동요 「감자꽃」에 대한 창씨개명과 연관된 우의적 해석은 이 작품의 제작연대가 일제 말기라는 것과 연관된 것으로 생각된다. 이용악의 「길」이나 「목숨」이 발표된 시기와 비슷했기 때문인 것으로 여겨진다. 터전이 좁아서 개인 신상에 관한 활발한 정보교환이 자연스럽게 이루어졌던 우리 사회에서 작자가 자기 작품에 관해서 술회한 발언은 곧잘 전파되고 또 곧잘 비평문 속에 인용된다. 그렇다면 「감자꽃」에 대한 우의적 해석도 작자 편에서 발설했을 가능성이 충분히 있다. 특히 8·15 직후의 감격 시대에는 누구나 예외없이 자기 검열을 통해 억압했던 민족감정을 마구 토로했었다. 그러한 시기에 젊은 시인이 자기의 동요에도 소박한 민족감정이 투영되어 있다고 말했다고 해서 허물될 것은 없다. 그런데 자기 작품에 대한 작자의 발언을 얼마만큼 신용할 수 있느냐 하는 것은 검토를 요한다.
　현대의 심층심리학이 증언해 주듯이 사람의 행동은 반드시 의식의 주도하에 이루어지는 것은 아니다. 의식하지 못하는 잠재의식의 영향은 보기보다도 압도적이다. 이것은 작품의 창작행위 또는 생산행위의 경우에도 예외는 아니다. 작자가 공언하는 제작의 동기나 의미는 어디까지나 의식 수준의 그것이기 때문에 거짓 의식일 수도 있고 심층적인 동기나 의도로부터 멀어질 수도 있다. 작자의 발언이 유효한 빛을 던져 주는 것은 사실이나 전적으로 신뢰할 수 있는 것은 아니다. 그렇기 때문에 작자보다도 작품을 믿으라는 말도 생겨난 것이다.
　작자의 발언이 때로는 의식적인 거짓일 수도 있다. 장난기로 혹은 세평에 대한 반발로 그럴 수도 있다. 그러나 대체로 현재의 시점에서 과거를 재해석하고 거기에 자신을 적응하기 위해서 거짓 발언을 할 수도 있는 것이다. 정치인이나 경제인이 거짓 발언을 하는 것을 사람들은 거의 당연시한다. 도덕적 감각의 마비 때문이기도 하지만 현실의 학습에서 몸에 익힌 버릇이기도 하다. 정치인이나 경제인의 거짓말을 당연시하는 사람들이 예술가의 거짓말에 놀란다는 것은 따지고 보면 일관성이 없는 일이다. 시인이나 소설가는 어찌 보면 면허받은 거짓말쟁이다. 자기 작품에 대한 발언이나 설명도 우리는 선별해서 받아들여야 한다. 의식적 혹은 무의식적 자기 기만을 떠나서도 작가의 작품에 대한 발언에는 엉뚱한 요소가 많다. 빚을 갚기 위해 쓴 작품이라든가 우울증을 쫓기 위해 썼다든가 하는 발언이 있지만 작품 해석에 아무런 도움도 되지 않는 발언이다. 18세기 영국의 존슨은 경건한 신앙심을 장려하기 위해 시인론을 썼다고 했는데 이러한 의도 설명은 작품이해에 장애가 되면 되었지 도움이 되지 않는다. 「감자꽃」의 작자가 어떤 말을 했건 작가보다도 작품을 믿는 쪽이 현명한 처사다.

소박한 동요조차도 지나친 우의적 해석이나 정치적 해석으로 처리하는 투의 문학교육 방식이 문학에 대한 적절한 독자 반응을 오도하고 있다고 생각된다. 그러면 우리는 왜 소박한 작품조차도 가당치 않은 우의적 해석으로 처리해야 만족하는 것일까? 그것은 우리가 명쾌한 표현이 자칫 위험한 처지로 몰릴 수 있는 언론 부자유의 상황 속에서 살아온 것과 관련된 것인지도 모른다. 사람들은 직설적 언사를 피하고 암시와 둔사(遁辭)를 통해서 표현하는 버릇을 익혔고 독자편에서도 행간의 뜻을 살펴서 〈진의〉를 파악하려는 버릇과 기술을 익혀 왔다. 따라서 표면 뒤에 숨어 있는 진의 파악이 문학 독자에게도 중요한 것으로 떠올랐다. 북간도로 이사가는 수남과 순아에게 보내는 섭섭함은 표면적인 것이고 그 〈진의〉는 〈일본제국주의에 의한 농촌 피폐화에 대한 고발〉이 된다. 「감자꽃」이 전하는 신기한 연속성의 발견은 피상적인 것이고 그 〈진의〉는 창씨개명에 대한 풍유가 되는 셈이다.

어떠한 문학작품도 여러 수준에서 읽을 수 있고 여러 의미차원을 가지고 있다. 평범한 일상사에서 깊은 뜻을 읽어내는 것이 지혜의 관행이다. 흐르는 물을 보고 〈가는 자 저와 같다. 밤낮으로 그치지 않는다〉고 말할 수 있는 지혜는 숭상받아 마땅하다. 그러나 모든 시에서 〈진의〉를 찾아내고 그것을 〈정답〉으로 처리하는 접근방식은 결코 지혜로운 것이 못된다. 민족감정은 고향 사랑이나 친소의식의 결합인 지역감정의 확대판이다. 사람들이 염려하는 지역감정의 열기로도 짐작할 수 있듯이 우리들에게는 열렬한 민족의식이 넘칠 만큼 풍요하다. 그것이 부자연스레 억압되었던 시기의 문학작품 속에 넘치는 민족감정이나 의식이 투사되어 있다는 것은 사실이다. 조국 회복에 이렇다 할 기여를 하지 못하고 있다는 자의식은 조그만 일에도 민족감정을 투영하였고 또 사람들은 일일이 그것을 확인하였다. 8·15 이후 자기 검열을 통한 민족감정의 억압이 해제되고 외부상황도 민족감정에 한해서 관용스러워지자 일제하의 문학을 모두 독립과 해방을 위한 은유, 억압받는 상황에 대한 우의로 읽는 버릇이 부지중에 널리 퍼지게 되었다. 이에 따라 일제하의 상업주의가 퍼뜨린 대중가요도 모두 억압적인 상황에서 불렀던 저항의 노래라는 투의 해석이 널리 퍼지고 그러한 저항적 요소가 적은 작품이 있다는 사실 자체에 쑥스러움을 느끼게까지 되었다. 그러한 풍조는 아동문학에까지 전파되어 기초적 문학교육의 수준에서 뒷날의 문학이해에 큰 영향을 미치게 되었다고 생각된다. 거기에 유교적 교훈주의도 가세하여 작품을 우의의 덩어리로 보는 독자 반응이 완고하게 자리잡았다고 생각된다. 말과 생각에 대한 섬세한 반응이 준비되어 있지 않으면 않을수록 우의적 반응은 완강한 듯이 보인다.

　모든 문학작품에는 우의적 요소도 있고 또 말의 성질상 상징적 요소가 있는 법이다. 또 모든 문학이 사회 상황과 함수관계를 갖느니만큼 민족과 민족어의 위기상황에서 출발하고 발전해 온 20세기 전반의 우리 문학, 또 비슷한 맥락 아래서 그것을 전범으로 하고 발전해 온 20세기 후반의 우리 문학 속에 민족의식과 정치의식이 크게 투영되어 있음은 부정할 수 없다. 「님의 침묵」이 사랑의 시이면서 동시에 민족의 노래라는 것을 부정할 수는 없다. 「진달래꽃」에도 또 동시대의 조선주의 문학에도 겨레와 조국은 있다. 그것을 부정하자는 것은 아니다. 그러나 겨레와 민족이 있다는 것과 그것이 마치 전부인 양 얘기하는 것은 전혀 다른 것이다. 부대상황으로 보아 있음직한 함축을 전체인 양 얘기하는 것은 균형 잃은 처사다. 「감자꽃」이 창씨개명의 풍유이고, 〈이국종 강아지〉가 일인 여급이란 해석은 대수롭지 않은 〈각주〉정도로 처리한다면 모르지만 〈본문〉에서 처리할 일이 되지 못한다. 항시 나라사랑과 이웃사랑, 우국과 우민을 외쳐 대는 직업적 애국자나 백성 사랑주의자를 경계해야 하는 것은 정치 뿐 아니라 종교나 문화 분야에서도 마찬가지다. 적절한 세계 향수와 세계이해에 대한 장애요인이 될 수도 있기 때문이다. 해석이란 본시 〈불신의 기술〉이긴 하다. 그러나 〈본문〉과 〈각주〉의 억지스러운 자리바꿈을 빈번히 목격할 때마다 우리가 어려운 불신시대를 살고 있다는 것을 다시 절감하게 된다.

주요 참조문헌
권영민, 『한국 민족문학론 연구』, 민음사, 1988, 제 4 부.
김동석, 『예술과 생활』, 박문출판사, 1947.
염무웅, 「시와 행동」, 『민중시대의 문학』, 창작과 비평사, 1979.
임종국, 『친일문학론』, 평화출판사, 1966.

어려운 시와 고통의 언어

문학을 공부하는 청소년이나 나이 지긋한 문학애호자들을 대상으로 한 모임 같은 곳에서 으례껏 제기되는 질문들이 있다. 판에 박힌 규격화된 질문들이다. 너무나 비슷해서 혹 질문을 위한 질문으로 미리 마련해 놓은 요식용 질문이 아닌가 하는 생각이 들기도 한다. 맥빠지는 일이다. 그러나 낯익은 질문이 되풀이되는 것은 그것이 많은 사람들에게 절실한 공동경험을 이루고 있기 때문이라고 생각할 수도 있다. 그리고 소박한 의문은 때로 유익한 사고의 계기가 될 수도 있다. 우리는 그 진부성을 견디어내면서 극히 소박한 의문에 대한 검토를 시험해 보기로 하자.

현대시는 어려운가?

왜 현대시는 난해한가? 왜 이해하기 쉽게 쓰지 않는가? 이러한 질문은 대체로 시 이해에 대한 노력이 부족한 문학 독자의 입에서 나오기 일쑤다. 현대시에 대한 편견이 전제되어 있다. 현대시가 어렵다고 할 때 구체적으로 어떤 시를 얘기하는 것인지도 분명치 않다. 이럴 때 좋아하는 시나 시인을 대라면 성큼 대지 못하는 수가 많다. 현대시가 어렵다는 사람들은 대체로 시 자체를 즐길 줄 모르는 처지에 있다. 어떻게 보면 시란 모두 어려운 것이다. 시를 제대로 이해하면 그 즐거움은 각별한 것이다. 따라서 될수록 많은 작품을 읽고 싶어진다. 그럴 때 어려움은 큰 장애가 되지 않는다. 어려워서 도무지 이해가 안 되는 시는 그냥 지나쳐 버리면 되는 것이다. 시를 즐기고 이해하는 데 있어서 쉬운 시와 어려운 시라는 이원적 파악은 지혜로운 일이 되지 못한다. 좋은 시와 그렇지 못한 시가 있다고 생각하는 편이 낫다.

애타도록 마음에 서둘지 말라
강물 위에 떨어진 불빛처럼
혁혁한 업적을 바라지 말라
개가 울고 종이 들리고 달이 떠도
너는 조금도 당황하지 말라
술에서 깨어난 무거운 몸이여
오오 봄이여
한없이 풀어지는 피곤한 마음에도
너는 결코 서둘지 말라
너의 꿈이 달의 행로와 비슷한 회전을 하더라도
개가 울고 종이 들리고
기적소리가 과연 슬프다 하더라도
너는 결코 서둘지 말라
서둘지 말라 나의 빛이여
오오 인생이여

재앙과 불행과 격투와 청춘과 천만인의 생활과
그러한 모든 것이 보이는 밤
눈을 뜨지 않은 땅속의 벌레같이

아둔하고 가난한 마음은 서둘지 말라
애타도록 마음에 서둘지 말라
절제여
나의 귀여운 아들이여
오오 나의 영감(靈感)이여

——「봄밤」

　김수영 작품 가운데 빼어난 것의 하나이지만 별로 거론되는 법이 없는 시다. 서둘지 말고 절제를 알라는 작품의 전갈이 어쩌면 김수영의 여느 때 모습과는 크게 달라져 있다고 생각되기 때문인지 모른다. 또 가치 처방적이고 규범 지향적인 입장에 서서 가령 「풀」과 같은 작품을 거론할 때 따르는 비평적 편의를 이 작품에서는 찾아볼 수 없기 때문이기도 할 것이다. 한 시인을 정의하려는 시도 속에서 그 정의의 그물을 빠져나가는 좋은 작품들이 으례히 있게 마련이지만 김수영처럼 한곳에 안주하기를 마다한 시인의 경우 그런 시가 많고 「봄밤」도 그 중의 하나일 것이다. 김수영으로서는 이례적이게 명령문을 통해 교훈적인 설득을 꾀하고 있는 것으로 보이지만 사실은 자기 설득의 시일 것이다. 〈혁혁한 업적〉을 바라지 말며 서둘지 말라는 대목에서 〈개가 울고 종이 들리고 달이 떠도〉 당황하지 말라며 극히 범상한 일상적 용례를 들고 있는 것이 신선하게 들린다. 그러나 시인의 개성적인 목소리가 가장 매력 있게 드러나는 것은 제2연에서이다.

너의 꿈이 달의 행로와 비슷한 회전을 하더라도
개가 울고 종이 들리고
기적소리가 과연 슬프다 하더라도
너는 결코 서둘지 말라

인기척이 나고 무엇인가의 시작을 알리는 종소리가 나더라도 결코 서둘지 말라는 것은 현실의 맥락에서도 의미연관이 있다(그렇다고 반드시 이러한 의미연관 속에서 개짖는 소리와 종소리가 동원되었다는 뜻은 아니다). 그러나 〈기적소리가 과연 슬프다 하더라도〉라고 하는 가장 빼어난 시행은 이러한 의미연관에 대해서 의표를 찌르는 신선함을 가지고 있다. 시의 자력이 충전되고 발산되는 것은 이러한 의외로움이고 또 그것은 〈과연〉이라는 말의 예기치 않은 그러나 절묘한 부사에 의해서 촉진되고 있다(다시 말해 보지만 기적소리에서도 출발의 신호를 읽고 그것을 개짖는 소리나 종소리와 연결시킬 수도 있다. 그러나 그러한 논리의 맥락이 제2연의 구성 원리가 되어 있는 것은 아니다). 이러한 신선한 의외로움과 적절한 비유와 그러면서도 일상적인 소도구의 조직은 〈서둘지 말라〉는 메시지를 독자로 하여금 따분한 교훈으로 받아들이지 않게 하고 있다. 사실 이 시에서 〈서둘지 말라〉는 메시지만을 궁극적인 의미로 생각한다면 아주 서투른 시 읽기가 된다. 서둘지 말고 당황하지 말고 절제를 알라고 자기 설득을 하는 과정이 더 중요한 것이다. 되풀이 읽어도 싫증이 나지 않는 좋은 시이다. 그리고 만만한 시는 아니지만 그리 어려운 시는 아니다. 그리고 이 시에 어려운 점이 있다면 아까 인용한 제2연의 구절에서 말의 독자적인 구사와 낮익은 일상의 낯설게 하기를 알아내고 실감하는 일일 것이다. 그러한 한에 있어 그리 쉬운 시도 아닌 것이다.

   남에게 희생을 당할 만한
   충분한 각오를 가진 사람만이
   살인을 한다

   그러나 우산대로
   여편네를 때려눕혔을 때
   우리들의 옆에서는
   어린 놈이 울었고
   비오는 거리에는

사십명 가량의 취객들이
모여들었고
집에 돌아와서
제일 마음에 꺼리는 것이
아는 사람이
이 캄캄한 범행의 현장을
보았는가 하는 일이었다
── 아니 그보다도 먼저
아까운 것이
지우산을 현장에 버리고 온 일이었다

──「죄와 벌」

　김수영의 작품치고는 극히 드문 짧은 시에 속한다. 행수가 적을 뿐 아니라 각각의 시행도 아주 짧다. 그 점 매우 경제적으로 처리되어 있다. 그만큼 긴박한 박진감도 있다. 이 작품은 어느 모로는 「봄밤」보다 어렵다고 할 수 있다. 초심자에게는 어렵게 생각된다. 우선 이런 것도 시인가 하는 의문이 들 것이다. 물론 시다. 그리고 상당히 괜찮은 시다. 이 세상의 모든 것이 시의 소재가 될 수 있다. 부끄러운 일도, 비오는 밤거리에서 아내에게 가한 폭행도 시가 될 수 있다. 시가 〈시적〉인 것만을 다루어야 한다는 생각은 시의 세계를 몹시 한정시켰다. 일상 생활의 산문은 물론 추악하고 누추한 것도 시가 될 수 있다고 생각해 온 과정으로 근대시의 역사를 파악할 수도 있다. 중요한 것은 아름다운 허위가 아니라 진실이라는 것이 많은 시인들에게 있어서는 중요한 가설로 떠올랐다. 그러므로 위의 작품은 손색 없고 당당한 시다.

　아내 폭행을 다룬 이 시의 표제가 어렵게 생각될지도 모른다. 아내 폭행은 분명히 하나의 죄였다. 그러나 범행 현장에 아는 사람이 있어 목격했다면 어떻게 하나 하는 참괴감 그리고 우산을 버리고 왔다는 손실감이 충분한 벌이 되었다고 읽는다면 「죄와 벌」이라는 제목은 저절로 풀린다.

어려운 시와 고통의 언어　143

아내 폭행과 같은 가벼운 범죄도 충분한 벌을 받게 마련인데 살인죄를 저지르는 사람의 벌은 또 얼마나 가혹할 것인가? 여간한 각오가 아니라면 살인이란 못할 짓이 아닌가? 외적인 응징을 도외시하고서도 말이다. 허두의 유사 경구가 전하는 것은 대충 그러한 역설인 것이다. 사실 굉장한 지혜의 전수나 격언의 발명과는 거리가 멀다. 얼마쯤 독자를 긴장시켜 놓고 나서 부끄러운 고백으로 이어진다. 그러니까 부끄러운 고백을 위한 예비 조처인 셈이다. 인류학자가 읽으면 〈죄책문화(罪責文化)〉아닌 〈수치문화(羞恥文化)〉의 한 사례로 삼을 만한 소재이지만 남의 이목을 의식하는 수치심 못지않게 손실감을 고백함으로써 모든 것을 털어놓고 있음을 시사한다.

이 시는 숨김 없는 고백이라는 점에서 또 느닷없는 아내 폭행이라는 소재를 다루고 있다는 점에서 재미있고 이례적인 작품이다. 또 간결하고 경제적인 처리가 시인의 만만치 않은 솜씨를 감득하게 한다. 그러나 모호한 도입부의 석 줄은 이 작품을 어렵게 만들어 주고 있지만 사실은 불발로 끝난 유사 경구일 뿐이다. 부끄러운 고백을 서슴지 않는 것은 정직함의 발로일 것이다. 그러나 모든 것을 털어 보이고 그 어떤 것도 숨기지 않겠다는 것이 자기현시적인 정직의 포즈가 아니겠는가 하는 겸연쩍음도 시인은 느꼈을 것이다. 모호한 도입부는 그러한 겸연쩍음의 산물이고 다소 거창한 표제 역시 그러하다고 생각할 수 있다. 모호한 부분이 사실은 가장 허약한 부분이라고 생각하는 것으로 작품의 이해를 끝내는 것이 좋을 것이다. 모호함과 어려움에 조금도 위축될 필요가 없다. 「죄와 벌」은 흥미 있는 작품이나 「봄밤」에는 사뭇 미치지 못하는 시다.

흘러가는 물결처럼
지나인(支那人)의 의복(衣服)
나는 또 하나의 해협을 찾았던 것이 어리석었다.

그리고 능금

144

올바로 정신을
기회와 유적(油滴)을 가다듬으면서
나는 수없이 길을 걸어왔다.
그리하야 응결(凝結)한 물이 떨어진다
바위를 문다

와사(瓦斯)의 정치가여
너는 활자처럼 고읍다
내가 옛날 아메리카에서 돌아오던 길
뱃전에 머리대고 울던 것은 여인을 위해서가 아니다.

오늘 또 활자를 본다
한없이 긴 활자의 연속을 보고
와사의 정치가들을 응시한다.

——「아메리카 타임지」

이 시는 김수영의 초기 작품으로 스스로 〈히야까시〉 같은 작품이라고 뒷날 규정한 바 있다. 작자 자신의 고백이 있다고 해서가 아니라 독자들을 조롱하고 있는 놀림의 시다. 독자를 조롱함으로써 세상을 조롱하고 있다. 〈와사의 정치가〉가 두 번이나 나오는데 무슨 뜻일까? 미국 속어에서 〈개스〉는 〈시시한 얘기〉란 뜻이 있는데 혹 쓸모없는 얘기나 떠벌이는 정치가를 뜻하는 것일까? 그러나 이러한 검토는 부질없는 것이다. 각별히 신선한 이미지가 있는 것도 아니고 무의미하면서도 호수운 언어 리듬이 있는 것도 아니다. 어렵다면 어려운 시다. 그러나 정말 어려운 시라고 할 수 있을까? 어려운 시라기 보다는 지극히 졸렬하고 속임수 투성이의 시라고 하는 것이 옳다. 무의미한 놀림의 말이라고 규정하는 것으로서 이 작품의 이해는 끝나는 것이다.
　흔히 처녀작이나 초기 작품은 작품세계에 대해서 시사적인 특징을 지니고 있다고 말한다. 그러나 「아메리카 타임지」는 김수영 시에 대한 아무런 예고 지표도 되어 주지 않고 있다. 그의 뒷날의 시적 성취는 거기에 비하면 가히 놀라운 것이다. 이 시의 〈난해성〉에 우리는 조금도 위축될 필요가 없다. 앞에서 말했듯이 적어도 우리의 현대시에서 난해한 시는 그리 많지 않다. 그리고 대개 난해한 시라고 규정되는 시는 서투른 시인 경우가 많다. 시 공부를 하는 청소년들은 〈난해시〉를 놓고 머리를 조아리기보다는 쉬운 시를 놓고 높낮음을 가릴 줄 아는 안목을 길러야 할 것이다. 이해에 있어 대개의 동요나 동시는 어려운 바가 없다. 그러나 좋은 동시와 범상한 동시를 구분할 수 있는 안목은 매우 희귀한 것이다. 문과 대학생을 대상으로 한 실증적인 조사에서 필자는 그것을 확인할 수 있었다.

기초 독법의 숙달

시의 난해성에 대한 비방은 문학 바깥 쪽에 있는 교양인들 사이에서도 심심치 않게 들린다. 시가 왜 그리 어려우냐는 것이다. 그러면서 거론하는 시는 그렇게 어려운 것이 아니다. 시에 대한 소양이 부족하면서도 이들은 때로 시에 대한 독단적인 의견을 곧잘 토로한다. 다른 분야에서의 전문가이기 때문에 소홀치 않은 무게를 가질 때도 있다. 이러한 전문적 교양인들은 대체로 시에 대한 잘못된 생각을 가지고 있다. 시란 누구에게나 쉽게 이해되어야 한다는 것이다. 이것은 따지고 보면 기이한 생각이 아닐 수 없다.

사람들은 고등수학이나 미적분학을 어려운 것이라고 생각한다. 어려움을 당연시한다. 또 어려운 수학을 이해하기 위해서는 단계적으로 접근하여 일정 수준의 훈련을 쌓아야 한다는 것을 알고 있으며 거기에 이의를 제기하지 않는다. 또 가령 서양 고전음악을 이해하기 위해서는 상당한 듣기 훈련을 통한 친숙화가 필요하다는 것을 알고 있다. 베토벤의 현악

146

사중주를 처음 들어 보는 사람이 그것을 즐길 수 없을 때 음악에 대한 소양이 없음을 자괴하게 마련이지 왜 음악이 어려워야 하느냐고 베토벤을 탓하지 않는다. 그럼에도 불구하고 시나 소설에 이르면 왜 문학이 어려워야 하느냐고 탓하고 나선다. 통속소설이나 역사소설 몇 권을 읽어 보았을 뿐인 처지에서 그것을 척도로 해서 소설 일반을 가늠하는 것이다. 시에 관해서도 유행가처럼 쉽게 익혀 쉽게 노래 부를 수 있는 것 같은 안이함을 요구하는 것이다. 이런 사람들일수록 사실은 좋은 동시와 범상한 동시를 구별조차 못하는 경우가 태반이다. 현대시가 어렵다고 말하지만 시가 주는 기본적인 즐거움을 체득하지 못하고 있는 경우이다. 대학입학 학력고사 성적의 분포도가 보여주듯이 고등학교 졸업생들의 외국어나 수학 실력은 전체적으로 극히 낮은 편이다. 마찬가지로 좋은 글을 읽고 그것을 알아보는 능력도 형편없이 낮다. 말의 엄밀한 의미에서의 교육의 실패는 아주 광범위하게 퍼져 있는 현상이다.

어렵다는 비판을 받는 현대의 시인작가들이 보여주는 반응은 다양하다. 저쪽의 사례지만 가령 10년의 적공을 통해서 완성한 작품이니 독자 편에서도 그만한 정도의 이해를 위한 노력과 적공을 들여야 할 것이라는 역습도 있다. 이것은 명백히 무리한 요구다. 지나치게 자기중심적인 나르시시즘의 반응이다. 그렇기는 하지만 혼신의 힘을 쏟아 쓴 남의 시를 이해하기 위해서 시의 기초 문법 이해를 위한 노력이 필요한 것은 사실이다. 모든 예술 장르에는 그 장르에 고유한 관습이 있는 법이고 이 관습의 습득 없이는 좋은 작품의 생산이나 소비는 둘다 불가능한 것이다.

아이들이 큰 소리로 책을 읽는다
나는 물끄러미 그 소리를 듣고 있다
한 아이가 소리내어 책을 읽으면
딴 아이도 따라서 책을 읽는다
청아한 목소리로 꾸밈없는 목소리로
"아니다 아니다!"하고 읽으니

"아니다 아니다!"따라서 읽는다
"그렇다 그렇다!"하고 읽으니
"그렇다 그렇다!"따라서 읽는다
외우기도 좋아라 하급반 교과서
활자도 커다랗고 읽기에도 좋아라
목소리 하나도 흐트러지지 않고
한 아이가 읽는 대로 따라 읽는다

이 봄날 쓸쓸한 우리들의 책읽기여
우리나라 아이들의 목청들이여

——「하급반 교과서」

김명수의 이 작품에는 부분적으로 어려운 구석이 없다. 동원된 어휘도 우리말의 가장 기본적인 단어만으로 구성되어 있다. 언뜻 보아 국민학교 하급반 교실의 예사로운 정경 묘사로 생각된다. 사실이 그렇다. 그러나 거기에서 끝나지 않는다. 굳이 〈이 봄날 쓸쓸한 우리들의 책읽기여〉란 구절에 기대지 않더라도 이 시가 국민학교 하급반 교실의 정경 이상의 것을 시사하고 있음은 간파할 수 있다. 소리내어 읽는 아이를 따라서 목소리 하나도 흐트러지지 않게 따라 읽는 하급반 교실의 정경은 그대로 큰 목소리의 선창에 따라서 온 국민이 복창하면서 따르고 있는 80년대초 우리 사회의 정경과 겹친다. 그리고 이러한 전체주의 상황은 우리 사회를 적어도 정치적인 맥락에서는 아주 저학년 수준으로 떨어뜨렸다. 시인은 노여움이나 한심하다는 생각을 내색하지 않고 대범하게 한 정경을 보여준다. 고작 쓸쓸하다고 비칠 뿐이다. 그렇기 때문에 더 절실하다. 한 사람의 목소리를 따라서 사회 전체가 추종적으로 움직이는 사회의 쓸쓸함을 호소하기 위해서 이것저것 궁리하다가 하급반의 책읽기 정경을 마련해낸 것은 아닐 것이다. 하급반 교실의 정경이 머리에 떠오르면서 그것이 불현듯 사회적 정경으로 중첩되어 한 편의 시가 생산되었다고 해야 할 것이다. 그 점 관념에서 출발했다기보다는 구체적인 이미지에서 출발하고 있는 시다. 그러하기 때문에 우리는 농촌 피폐 현상에 대한 항의와 분노가 직접 노출되어 있으며 항의를 위해 이미지가 얼마쯤 작위적으로 동원되어 있다고 생각되는 같은 시인의 다음 작품보다 「하급반 교과서」에 한결 끌리는 것이다.

우리 집 마당에 피어나는
해바라기 꽃송이를 잘라내고
진딧물 투성이의 잡초를 심은 자는 누구인가
우리 삼촌이 뿌린 묘판을 갈아엎고
깜부기 씨앗을 심은 자는 누구인가

꽃밭에는 벌 나비 하나 날아오지 않고
못자리엔 구정물만 고여드는데

깜부기는 묘판을 뒤엎어 버리고
잡초는 꽃밭을 갉아먹었다

우리 집 마당에 피어나는
해바라기 꽃송이를 잘라내고
보기 흉한 잡초를 심은 자가 누구인가

우리 삼촌이 뿌린 묘판을 갈아엎고
깜부기 씨앗을 심은 자는 누구인가

———「물음」

위에서 검토한 두 편의 시는 결코 어려운 시가 아니다. 그렇기 때문에 시의 난해성을 탓하는 전문적 교양인들은 이러한 작품을 어려움의 사례로 거론하지 않는다. 그러나 이러한 사람들일수록 「하급반 교과서」가 결코 쉽게 씌어지는 것이 아닌 좋은 시라는 것을 알아차리지 못한다. 그리고 「물음」보다도 한결 진한 노여움과 항의를 담고 있는 작품이라는 것을 깨닫고 있지 못하다. 요컨대 시의 기초 독법을 습득하지 않은 채 시를 비방하고 있는 것이다. 필자가 관찰한 바로는 대체로 그러하다.

관념과 이미지

관념에서 출발하기보다 이미지에서 출발한다는 것은 무슨 뜻인가? 가령 우리의 국화(國花)를 예로 들어도 될 것이다. 1948년 당시 사람들은 무궁화를 나라꽃으로 정하였다. 국호와 국기 결정과 동시의 일이었다. 대개 나라꽃은 국민과 극히 친숙하고 국토에 두루 퍼져 있는 꽃으로 되었다. 영국의 장미나 일본의 벚꽃은 꽃 자체가 화려하지만 에이레의 클로버나 스코틀랜드의 엉경퀴처럼 화려하지 않은 경우도 많다. 우리의 무궁화는 지금 많이 개량되어서 향상이 되었고 또 심미안이란 것은 사람마다 다른 것이지만 그렇게 화려한 꽃이라는 생각은 들지 않는다. 국토에 두루 퍼져 있는 것도 아니다. 설악산이나 지리산 노고단에서 야생의 무궁화를 흔하게 찾아볼 수 없다. 국민들과 아주 친한 꽃이냐하면 그렇지도 않다. 우리의 민요나 옛시조나 근대시 속에서 무궁화가 노래된 적은 거의 없다. 국민 가요와 구식 수사학으로 일관된 애국가 가사를 제외하고서 말이다. 뿐만 아니라 무궁화엔 토박이말이 없다. 「고향의 봄」에 나오는 〈복숭아꽃 살구꽃 아기진달래〉에서 엿볼 수 있듯이 국민들에게 친숙한 꽃들은 토박이말을 가지고 있다. 봉선화(鳳仙花) 같은 것은 봉숭아로 토착적 변용을 겪고 있다. 무궁화의 토박이말이 없다는 것은 겨레와의 유서 깊은 친근성이 없다는 것을 가장 잘 드러내 주고 있다.

그렇게 예쁜 편도 못 되고, 조국의 산하에 지천으로 피어 있는 것도 아니고 겨레에게 극히 친숙한 꽃도 아니면서 무궁화가 나라꽃으로 선정

150

된 것은 무슨 이유에서였을까? 1948년 당시 결정에 참여한 우국노인들은 꽃 자체보다도 무궁화라는 꽃이름에서 출발하였다. 나라를 잃어버린 통한의 과거가 무한한 존속을 시사하는 무궁화의 말뜻에 집착하게 하였다. 그것은 이미지와 실제 대상에서 출발한 것이 아니라 관념에서 출발한 지극히 관념적인 선택이었다(흥미있는 것은 같은 꽃이 곤혹스러운 이웃인 일인들에겐 덧없음의 상징이 되어 있다는 점이다. 우리가 나무 전체를 기준으로 해서 오래 계속되는 꽃이라고 생각하는 것에 반해 저들은 낱낱의 꽃송이를 기준으로 하여 아침에 피었다가 저녁에 져 버리는 하루살이꽃으로 생각하는 것이다. 그러나 이것은 여담으로 덧붙이는 것일 뿐이다).

시를 포함한 모든 문학 장르에서 중요한 것은 추상적인 관념이나 이념이 아니라 구체를 통해서 매개된 관념이요 이념이다. 구체적인 이미지나 대상이 먼저고 그 속에 관념이 숨어 있어야 한다. 구체야말로 모든 예술의 귀염둥이인 것이다.

(A)
다섯 뭍과 여섯 바다에
일제히 인류가 합창을 부르는 날

(B)
복사꽃 피고, 살구꽃 피는 곳, 너와 나와 뛰놀며 자라난 푸른 보리밭에 남풍은 불고 젖빛 보오얀 구름 속에 종달새는 운다. 기름진 냉이꽃 향기로운 언덕, 여기 푸른 잔디밭에 누어서, 철이야 너는 너는 닐 닐 닐 가락 맞춰 풀피리나 불고, 나는 나는, 두둥싯 두둥실 봉새춤 추며 막쇠와 돌이와, 복술이랑 함께 우리, 우리, 옛날을 옛날을, 딩굴어 보자

(C)

복사씨와 살구씨가
한번은 이렇게
사랑에 미쳐 날뛸 날이 올 거다!

　행복과 환희와 도취의 순간을 혹은 그 대망(待望)을 노래한 세 개의
귀절이 있다. B와 C가 구체적 심상에서 출발하고 있는 것과 비교한다면
A는 관념에서 출발한 쪽이라고 말할 수 있다. B와 C에 비한다면 A는
호소력이 그만큼 약한 편이다. 또 A의 대목은 칡범과 사슴이 공존하는
「해」와 비교하더라도 한결 구체에서 멀다. 또 그 구체는 다분히 섬세한
결이 부족한 편이다.

고통의 언어

　자기가 살고 있는 시대상황에 대한 고통의 언어를 남겨 놓고 있지 않
은 시인에 대한 유보와 비판은 누구나 한번쯤 절감하게 마련이다. 그렇
다고 해서 고통의 언어를 남겨 놓았다는 것이 곧 시적 승리가 되는 것은
아니다. 저항하지 않은 시인은 모두 단죄되어야 하며 저항한 시인은 모
두 칭송받아야 하는가? 이러한 의문도 꽤 많이 퍼져 있다. 이 물음에
대해서 심훈의 「그날이 오면」은 적절한 검토 대상이 될 수 있을 것이다.

그날이 오면 그날이 오며는
삼각산이 일어나 더덩실 춤이라도 추고
한강물이 뒤집혀 용솟음칠 그날이
이 목숨이 끊기기 전에 와 주기만 하량이면
나는 밤하늘에 날으는 까마귀와 같이
종로의 인경을 머리로 드리받아 울리오리다.
두개골은 깨어져 산산조각이 나도

152

기뻐서 죽사오매 오히려 무슨 한이 남으오리까

그날이 와서 오오 그날이 와서
6조(六曹)앞 넓은 길을 울며 뛰며 딩굴어도
그래도 넘치는 기쁨에 가슴이 미어질 듯하거든
드는 칼로 이 몸의 가죽이라도 벗겨서
커다란 북을 만들어 둘처메고는
여러분의 행렬에 앞장을 서오리다
우렁찬 그 소리를 한 번이라도 듣기만 하면
그 자리에 거꾸러져도 눈을 감겠소이다.

김윤식이 벌써 상기시킨 바 있지만 영역되었다는 행운에 힘입어 이 작품은 옥스포드대학의 바우라가 쓴 『시와 정치』라는 책 속에 전문 인용되어 있다. 당장 죽어도 여한없는 황홀한 도취의 순간을 노래하고 있다는 평가적이라기보다는 서술적인 논평도 받고 있다. 그리고 이때의 〈그날〉이 일본으로부터의 해방이라면서 그것을 예측하고 있다는 설명도 얻고 있다. 어느 정도 유머러스한 과장이지만 환희의 시사는 조금도 감소되고 있지 않다는 말도 보인다. 잘 알려진 학자 비평가의 외국 책에서 우리 시가 서술의 대상이 되어 있음은 반갑고 괜찮은 일이다.

유머러스한 과장이라고 지적되고 있지만 우리에게는 얼마쯤 끔찍하게 느껴진다. 이 끔찍함은 그날을 기다리는 간구의 간절함을 전해 주고 있는 것이 사실이다. 그럼에도 공감의 유보를 경험하지 않을 수 없다. 그것이 민중의 소박한 심정을 그대로 전하고 있다고 하더라도 공감의 망설임은 여전하다. 「진달래꽃」과 「님의 침묵」이 벌써 나와 있었고, 「우리 오빠와 화로」나 「빼앗긴 들에도 봄은 오는가」가 씌어져 있었던 1930년이라는 제작연도는 시의 솜씨가 아직 아마추어의 수준에 머물러 있음을 실감케 한다. 「그날이 오면」을 쓴 요절한 심훈의 심정과 간구에는 충분히 공명하지만 또 경의를 금할 수 없는 것은 사실이나 그것은 시인 심훈보다는 인간 심훈에 대한 경의라고 해야 할 성질의 것이다. 뒷날 훼절하게 된 많은 문인들의 고사를 상기할 때 그에 대한 추모의 정은 더욱 커지게 마련이다.

그러나 이러한 우국지사로 말하면 그 수효가 엄청나게 많다는 사실을 우리는 잊어서는 안 된다. 『독립운동사』를 보면 해외 망명자를 제외하고서도 크고 작은 국내의 대일 저항 운동에 가담한 수효는 굉장히 많다. 한국인을 모욕한 일인 교사의 배척 운동을 벌이다가 퇴학당한 학생 수효도 이만저만한 숫자가 아니다. 그들이 그 후에 겪은 사회적 불이익이나 고통은 이루 측량할 길이 없다. 이 모든 사람들의 저항행위를 우리는 일일이 기억하지 못하며 또 응분의 경의를 치르고 있는 것도 아니다. 그럼에도 우리가 이육사를 기억하고 윤동주를 추모하는 것은 그들이 저항운동에 참여했거나 일제의 희생자였다는 사실 때문이 아니라 적든많든 민족어 상실의 시대에 모국어로 고통과 간구의 언어를 남겨놓았다는 사실 때문이다. 그리고 좋은 시를 남겨 주었다는 사실 때문이다. 시인들을 거론함에 있어 그들의 저항적 개인사나 수난의 삽화가 상기되고는 하지만 그것은 어디까지나 부가적인 참조사항일 뿐이다. 우리는 시와 시인을 거론하고 있는 것이지 개인의 저항이나 무고한 수난의 사례를 검토하고 있는 것은 아니다. 그리고 시와 시인을 얘기할 때 최우선 순위가 되는 판단기준은 그가 얼마만큼 좋은 시를 남겼느냐는 점이어야 할 것이다.

좋은 시를 쉽게 정의할 수는 없다. 그러나 「그날이 오면」이 「빼앗긴 들에도 봄은 오는가」나 「풀버레 소리 가뜩 차 있었다」에 미치지 못한다는 것은 분명하다. 또 같은 이육사라 하더라도 「광야」나 「절정」에 비해 다음에 적는 「광인의 태양」이 아주 소홀하기 짝이 없다는 것도 분명하다.

분명 라이풀선을 튕겨서 올나
그냥 화화(火華)처럼 사라서 곱고
오랜 나달 연초(煙硝)에 끄스른

얼골을 가리션 슬픈 공작선(孔雀扇)
거츠른 해협마다 흘긴 눈초리
항상 요충지대를 노려가다

—— 1942년 발표

　상황의 시인, 저항의 시인은 성실한 시인이다. 그러나 저항의 시인도
좋은 시를 써야 한다는 시인의 직업 윤리로부터 자유로울 수는 없다. 삶
에 있어서도 예술에 있어서도 선의에 의존한 면책특권은 주어지지 않는
것이 보통이다. 「그날이 오면」의 비원과 간구는 우리를 숙연케 한다. 그
러나 이 사실이 「그날이 오면」을 명시로 올려 주지는 않는다. 1930년대
우리 민족의 비원과 간구는 좀더 치열하게 좀더 위엄 있게 형상화되었어
야 했다. 순정과 진정만으로는 넉넉지 못하다.

주요 참조문헌
김종길, 「현대시의 난해성」, 『시에 대하여』, 민음사, 1986.
이남호, 「시와 시치미」, 『한심한 영혼아』, 민음사, 1986.
이상섭, 「뜻겹침의 일곱 유형」, 『자세히 읽기로서의 비평』, 문학과 지성사,
　1988.
Cecil Maurice Bowra, *Poetry and Politics* (Cambridge University Press,
　Cambridge, 1966).

시와 영감

수탉은 꼬끼요
시냇물이 흐르고 있다.
새들이 지저귀고
호수는 반짝이고.
초록색 들판은 햇볕 속에 잠자고 있다.
늙은이도 어린이도
장정들과 함께 일하고 있다.
고개드는 법 없이
소들은 풀을 뜯고 있다.
마흔 마리가 마치 하나 같구나!

패배한 군사처럼
눈은 물러가고
민둥산 꼭대기에서나
겨우 지탱을 한다.
소 모는 아이는 되풀이 고함치고

산속에는 기쁨
샘속에는 생기
조각구름 나르고
온통 푸른 하늘
비 그치고 개이다!

——「3월에 쓰다」

　번역으로는 잘 드러나지 않지만 윌리엄 워즈워드의 이 소품은 말놀이의 요소가 두드러지고 각운을 잘 맞춘 경쾌한 시다. 시인의 누이동생의 일기를 따르면 이 작품은 1802년 4월 16일에 씌어진 것이다. 〈우리가 브라더즈 워터에 당도했을 때 나는 다리 위에 앉아 있는 윌리엄을 두고 곁을 떠났었다. 돌아와 보니 윌리엄은 우리가 보고 들었던 광경과 소리를 묘사하는 시를 쓰고 있었다. 시냇물이 부드럽게 흐르고 있었고 생기찬 호수가 반짝이고 있었다…… 뒤쪽엔 평평한 목장에서 마흔 두 마리의 소가 풀을 뜯고 있었다. 오빠는 커크스톤 기슭에 당도하기도 전에 작품을 끝냈다.〉 초봄의 전원풍경을 눈에 보이는 대로 또 귀에 들리는 대로 적고 있는 이 시는 그러니까 여행중 다리 위에서 쉬는 동안 즉흥적으로 적은 시다. 그래서 「브라더즈 워터 다리 위에서 쉬는 사이에」란 부제가 달려 있다. 이러한 부대상황 설명이나 누이동생 일기의 진실성은 이 작품의 진솔한 서경이 증거해 준다. 힘들이지 않고 각운을 밟으며 썼으리라고 쉽게 동의가 되는 것이다. 이른바 즉흥시라는 것이다.
　많은 전기적 연구는 한 작품의 발생사정을 면밀하게 추적하여 작품과 작자의 개인사 사이의 상관관계를 상정하고 설명한다. 그리고 작자나 주변인물이 적어놓은 작품에 관한 기록이 과연 진실한 것인가를 고증하려고 노력한다. 앞에서 읽은 「3월에 쓰다」가 처음 즉흥시로 씌어진 것은 사실일 것이다. 그러나 현재 확정되어 있는 텍스트가 다리 위에서 쉬는 사이에 씌어진 초고와 전혀 동일하다는 보증은 아무 데도 없다. 시인은 초고에다가 적지 않게 손을 보았을 것이다. 누이동생의 증언이 사실이라

시와 영감　157

면 이 시는 우선 「3월에 쓰다」라는 표제부터 사실과는 다르다. 사실대로 한다면 「4월에 쓰다」라고 했어야 할 것이다. 사실과의 부분적인 거리가 작품의 즉흥시 됨을 변경시키는 것은 아니지만 그만한 부분적 수정은 초고 자체에도 가해졌을 것이다. 그렇다고 이 사실이 작품의 즉흥시 됨을 변경시키는 것 또한 아니다.

대체로 낭만주의 시대에 와서 시인이 힘들이지 않고 황홀경에서 시를 완성하였다는 투의 얘기가 많아진다. 그것은 한편으로 시인이 여느 사람들과는 다른 특별한 천재라는 생각을 부추긴다. 또 보통사람들이 겪지 못하는 영감의 방문을 받는 것이 시인이나 천재의 특징이라는 생각과 연결된다. 그리하여 축복받은 영감의 순간에 충실하면 충실할수록 순도높은 시가 된다는 생각도 따라붙게 되었다. 뒤에 덧붙이거나 개칠을 하면 그만큼 작품의 순도가 낮아진다는 것이다. 영감받은 상태에서 시는 시인의 의식적인 노력없이 쉽게 마련되며 이것이야말로 천재의 특징이라는 것이다. 낭만주의는 이렇게 영감과 천재를 연결시켜서 천재란 개념을 퍼뜨렸다. 그리고 이와 함께 그때까지 괴팍스럽다는 부정적인 함축을 가지고 있던 독창성이란 말을 긍정적인 함축의 말로 수정해서 퍼뜨렸다. 그리하여 많은 시인들이 영감받은 상태에서 작품을 썼다는 사실을 과장해서 말하였다. 때로는 코울리지처럼 전혀 사실과 다르게 작품의 영감적 성격을 강조하기도 하였다. 낭만주의의 자기현시와 과장벽 때문에 영감설은 널리 퍼지게 되었다. 시인이나 예술가는 특별한 재주를 가지고 있는데 영감받을 수 있는 능력이 곧 시인됨의 재주이자 특징이라는 것이다.

앞에서 읽어 본 「3월에 쓰다」는 보이는 대로 또 들리는 대로 이른 봄의 전원 풍경을 그린 것으로서 제 정신이 아닌 황홀경이나 영감방문의 순간에 씌어졌다고 얘기되거나 상정되는 비전 시와는 거리가 있다. 블레이크나 코울리지의 자유분방한 상상력 시편들이 그러한 비전의 산물로서는 더 잘 어울리는 것으로 보일 것이다. 그럼에도 그 즉흥적 성격이 강조되는 것은 작품의 경쾌한 소품성 때문이기도 하지만 어쨌건 낭만주의 시대에 어울리는 일이라고 할 수 있다.

영감경험의 실상

영감을 뜻하는 영어 inspiration은 본시 〈불어넣다〉의 뜻이다. 따라서 시인 바깥에 있으면서 불어넣는 어떤 것의 존재를 전제한다. 성서가 신의 영감에 의해서 주어졌다고 할 때 그것은 문자 그대로 신의 숨결을 불어넣었다는 뜻이었다. 그러나 오늘날 영감의 경험은 심령현상이라기보다는 심리적 현상이라고 간주하는 것이 통념이다.

영국시인 가운데서 대표적인 영감론자라고 할 윌리엄 블레이크는, 장시 「밀튼」은 한꺼번에 20행 또는 30행씩 자기에게 구술되었으며 자기는 사전계획이 없었다고 말하고 있다. 이를테면 자기 의사와 관계없이 영감을 받고 씌어졌다는 것이다. 또 장시 「예루살렘」도 한밤중에 쓰라는 신의 지시를 받고 시작했노라고 적고 있다. 만년의 블레이크는 황당한 소리를 하는 것으로 소문나 있었다. 후세 사람들을 위해 블레이크와의 대화를 기록했던 한 보고자는 〈나는 소크라테스와 많은 시간을 보냈오. 난 내가 소크라테스라고 생각해요. 아니 이를테면 그와 형제라고 생각해요〉 등속의 소리를 했다고 적어놓고 있다. 그러면서 블레이크가 스스로 〈비전〉을 갖게 된다고 주장했지만 그것은 자신에게만 특유한 것이 아니라 누구나 원하면 볼 수 있는 것이라고 말했음을 첨가하고 있다.

이러한 영감경험에 대해서는 예로부터 두 가지 상이한 태도가 있어 왔다. 시가 마련되는 황홀상태를 신이 불어넣는 은총이라고 보는 관점이 있는가 하면 그것을 일종의 광기라고 보는 관점이 있다. 긍정적인 영감론은 플라톤의 『패드루스』에서 발견되는데 시인은 숭고한 진실을 알리는 예언자 혹은 비전의 중재자로 드러난다. 한편 플라톤의 유명한 『이온』에서 시인은 신들린 상태에서 시를 마련하지만 이때의 신들림은 제정신이 아니라는 점에서 광기에 가까운 것이고 예술적 활동의 원칙을 신경증이나 정신이상에서 찾으려는 뒷날의 시도의 먼 근원이 되어 있다.

영감경험은 블레이크와 같은 극단적인 영감론자에게서만 발견되는 것은 아니다. 성질이 조금 다르기는 하지만 갑작스레 작품의 암시나 시사가 머리에 떠오르는 일은 흔히 얘기되고 있으며 이른바 예술기술론의 입장에 서 있는 시인작가들 사이에서도 드문 일이 아니다. 〈신들은 은혜스럽게도 작품의 첫줄을 우리에게 베풀어 준다. 그러나 둘째줄은 우리 자신이 마련해야 한다. 그리고 이 둘째줄은 첫줄과 조화를 이루어야 하며 하늘이 준 첫줄에 떨어져서는 안된다〉고 영감론자와는 거리가 먼 주지적인 시인 발레리는 적고 있다. 그리고 그 사례를 제공이나 하려는 듯이 시인 릴케는 적고 있다.

내가 소리친다 하더라도
층층 천사들 사이에서 누가 들어줄 것인가?

「두이노 애가」의 이 첫머리를 릴케는 아드리아 해변의 울부짖는 풍랑소리를 뚫고 들려오는 임자없는 목소리를 듣고 나서 쓰기 시작했다는 것이다. 첫부분은 순조롭게 진행되었으나 고통스러운 10년이 지난 후에야 도합 10개의 애가가 완성되었다. 스위스의 옛성에서 정신의 태풍을 경험하며 며칠 사이에 끝냈다고 시인은 말하고 있다. 블레이크의 영감경험과 릴케의 그것 사이에는 커다란 차이가 있다. 그 차이와 거리는 두 경험을 영감이란 동일한 이름으로 묶는 일을 주저하게 하기까지 한다. 그러나 매우 주관적이고 사사로운 경험의 서술이기 때문에 큰 차이가 나는 것이지 그것이 종류의 차이는 아니라고 할 수도 있다. 어쨌건 이러한 영감경험을 현대의 심리학이 어떻게 정의할 것인지는 아주 궁금하다.

무의식의 투사

이른바 영감을 통해서 사자와 통화한다는 수수께끼 같은 강령술(降靈術)의 모임이 있다. 시인 예이츠의 부인은 그러한 영매였는데 그녀를 통해서 메시지를 전달받고 〈비전〉이란 기서(奇書)를 작성한 것으로 알려져 있다. 이러한 수수께끼의 세계는 우리로서는 알 수도 없고 또 그럴 필요도 없을 것 같다. 이러한 신비체험을 제외한 보통의 경우 영감이라는 것은 결국 무의식이 의식으로 띄워 보낸 메세지라 할 수 있다. 프로이트의 모형을 따르면 인간의 마음은 빙산과 같아서 수면 위에 떠있는 의식이 물속에 잠겨 보이지 않는 무의식보다 용적이 작다. 그리고 의식은 무의식에 의해서 지배되는 경우가 많다. 무의식으로부터 간헐적으로 어떤 것이 방출될 때 영감의 순간이 생겨난다. 무의식으로부터 방출되기 때문에 영감경험은 의도적인 것이 아니고 또 놀라움의 요소를 지니게 마련이다. 그러니까 외적인 힘 혹은 초자연적인 힘이 지시하는 것이라고 설명되었던 것을 정신분석의 언어로 해석하면 무의식으로부터 의식으로의 투사가 되는 셈이다. 그런데 프로이트가 말하는 무의식은 의식으로 떠오르지 못하도록 하는 억압된 것이 눌려 있는 부위이기 때문에 무의식의 투사에 의해서 영감을 받은 문학 작품은 〈강력한 신경증이 저절로 넘쳐흐르는 것〉의 기록이 되기가 십상이다. 적어도 이론상으로는 그러하다. 창작과정의 한 연구자는 시작과정의 시작과 그 과정에 생겨나는 영감은 시인의 무의식 혹은 전의식적(前意識的) 감정 갈등의 비유적 구현이라고 설명한다고 한다. 그러나 이러한 설명은 시가 씌여지기 시작할 순간의 우쭐한 영감경험 보고와는 아주 동떨어진 것이라 할 수 있다.

정신분석 흐름의 설명을 따르면 영감의 순간은 시인에게 접근 불가능한 소재를 홀연히 제공해 주는 것이다. 그러나 『비평의 가설』의 저자를 따른다면 소재나 내용만이 영감경험의 소산인 것은 아니다. 리듬이 영감을 통해서 제시되는 사례를 들면서 그는 발레리를 인용하고 있다. 〈「해변의 묘지」는 리듬으로 시작되었다. 나는 이 리듬의 형식을 채울 생각(내용)을 채 갖지 못하고 있었다. 몇개의 낱말이 떠돌아 내려앉아서 조금씩 주제를 결정하게 되었다.〉 발레리의 말을 증거하는 듯한 사례로 그는 또 엘리어트의 말을 인용한다. 〈리듬이 생각과 이미지를 낳을 수도 있다.〉 그러고 보면 가령 우리의 민요 같은 데에서도 가락이 노랫말을 낳게 하는 경우를 상정할 수도 있다.

발레리나 엘리어트는 시작과정을 비평적 노동으로 파악할 만큼 주지적 태도를 견지한 시인들이다. 또 〈내면의 소리〉를 존중한다는 낭만주의에 대해서 늘 거리를 유지하고 있던 이들이다. 그런데도 이들이 영감경험 비슷한 것을 거론하고 있다는 것은 매우 흥미있다. 여기서 우리가 확인할 수 있는 것은 홀연 떠오르는 〈영감〉이 사실은 무의식의 수준에서나마 꾸준히 탐구되고 추구되었던 것이라는 점이다. 꿈이 의도적인 것은 아니지만 무의식의 준비된 산물이듯이 영감도 무의식 수준에서 오래 준비된 소산일 것이다. 따라서 그것은 수동적인 기다림의 소산이 아니다. 그것은 능동적이고 적극적인 기다림의 산물이라고 할 것이다. 우연조차도 강자 편을 들듯이 영감도 의식하고 추구하는 이의 편을 들어줄 것이다.

영감과 천재 예술가

예술가를 다룬 우리의 단편들이 창작과정을 영감과의 관련 속에서 파악하고 있는 경우가 많은 것은 흥미있다. 그 두드러진 사례로 우리는 김동인과 이효석을 들 수가 있다. 먼저 30년에 발표된 「광염소나타」를 살펴보기로 하자.

「광염소나타」의 소재는 30년대의 우리 사회의 얘기라고 인정되기 어려운 성질의 것이다. 〈독자는 이제 내가 할려는 얘기를 유럽의 어떤 곳에서 생긴 일이라고 생각해도 좋다. 혹은 사오십 년 뒤에 조선을 무대로 생겨날 이야기라고 생각하여도 좋다〉는 첫머리의 지문이 막연한 보편성

을 시사하고 있는 것은 취약한 개연성을 보완하려는 방책인 것으로 보인
다. 따라서 사회 반영적 성격보다도 작자의 자기표현적인 요소가 강한
작품이라고 할 수 있다. 예술을 옹호하는 음악비평가가 사회및 세속을
대표하는 사회교화자에게 들려주는 얘기의 형식을 취하고 있는 이 작품
은 작가의 예술관 혹 예술가관이 가장 명시적으로 드러나 있어 흥미롭
다.

「광염소나타」의 백성수는 자기 절제를 하지 못하였던 자기파괴적 재사
의 유복자이다. 불우한 소년시절을 보냈던 그는 화자의 말에 따르면 천
재적인 음악가로서 「광염소나타」 「성난 파도」 「피의 선율」 「사령(死靈)」
등 〈우리 문화의 기념탑〉이 되는 작품을 남겼다. 그런데 이들 작품의 제
작은 특수한 경험과 직접적으로 연결되어 있다. 위독한 어머니를 구하련
다는 절망적인 상황에서 정신없이 돈을 훔친 탓에 6개월간 갇힌 몸이 되
었고 출옥했을 때는 모친의 분묘조차 알 수 없게 된다. 밤거리를 헤매던
중 우연히 돈을 훔쳤다가 몰인정한 주인에게 잡혔던 집 앞에 당도하여
복수심에서 방화한다. 그때 충천하는 불길을 보고 감흥이 솟아 생겨난
것이 「광염소나타」이다. 〈일어서는 불길, 사람의 비명, 온갖 것을 무시
하고 퍼져나가는 불의 세력〉에 〈광포적 쾌미〉를 즐긴 다음 폭발하여 나왔
다는 것이다. 「성난 파도」는 두번째로 방화하고 작곡한 것이요, 「피의선
율」은 늙은이의 시체를 보고 시체 모욕을 마음껏 저지르고 나서 작곡한
것이다.

「사령」은 죽은 여인의 시체를 파내어 시간(屍姦)을 저지르고 나서 작
곡한 것이다. 백성수는 온갖 범죄를 다 저지른 셈이지만 예술가협회에서
요로에 탄원하여 정신병자라는 구실로 정신병원에 수용되어 있다. 백성
수를 예술가의 한 범례라고 할 때 그에게서 구현되어 있는 예술가관은
어떻게 정의할 수 있는 것인가?

음악비평가와 사회교화자의 대화 및 토론이라는 작품의 기본형태에 시
사되어 있듯이 예술과 사회, 예술과 도덕은 상호배제적인 갈등관계로 파
악되어 있다. 사회의 도덕적인 척도로 예술과 예술가를 판단하고 심판할

수 없으며 예술은 도덕을 뛰어넘어서 존재한다는 것이다. 작자는 예술과 예술가를 분리시켜 생각하기보다는 한데 어울려 있는 것으로 파악한 듯이 보인다. 〈천년에 한번, 만년에 한번 날지 말지 모르는 큰 천재를, 몇 개의 변변치 않은 범죄를 구실로, 이 세상에서 없이하여 버린다 하는 것은 큰 죄악이 아닐까요. 적어도 우리 예술가에게는 그렇게 생각됩니다.〉

또 예술은 문명이나 도덕의 순치적 기능과도 대립하는 것으로 나타난다. 〈즉 성수의 어머니는 몹시 어진 사람으로서, 어렸을 때부터 성수의 교육을 몹시 힘을 들여서 착한 사람이 되도록 이렇게 길렀읍니다그려. 그 어진 교육 때문에 그가 하늘에서 타고난 광포성과 야성이 표면상에 나타나지를 못하였읍니다. 그 타오르는 야성적 열정과 힘이 음보로 그려 놓으면 아주 힘없는 말하자면 김빠진 술같이 되고 하는 것이 모두 그 때문이었읍니다그려. 점잖고 어진 교훈이 그의 천분을 못 발휘하게 한 셈이지요.〉 어쨌거나 예술의 기본 충동은 순치되지 않은 광포한 야성과 연관되어 있는 것으로 파악되고 있으며 병적인 것, 범죄적인 것으로 흐를 공산이 큰 것으로 드러난다.

한편 예술의 원천은 영감에 있으며 예술관습의 습득이나 장인적 노력에 의해서 완성되는 것이 아닌 것으로 파악되고 있다. 백성수는 가난한 홀어머니 밑에서 성장하는데 집에 있는 피아노 건반을 두드리다 음악의 요체를 체득한 것으로 기술되어 있다. 〈비록 돈이 없어서 정식으로 음악 교육은 못받을망정, 거리에서 손님을 끄으노라고 틀어놓은 유성기 앞이며, 또는 일요일날 예배당에서 찬양대의 노래에, 젊은 가슴을 뛰놀리던 그였읍니다. 집에서는 피아노 앞을 떠나본 일이 없었읍니다.〉 이것이 백성수가 받은 음악교육의 전부이다. 그럼에도 〈우리 문화의 기념탑〉이며 〈베토벤 이래로 근대 음악가에서 보지 못하던 광포스런 야성〉의 소산인 〈성난 파도〉등의 걸작을 작곡한 것이다. 그리고 그 원천은 감흥이요 영감이다. 감흥과 영감의 순간이 지나면 그것을 되살리기가 어렵다. 아니 불가능해진다. 화자가 처음 백성수를 교회에서 만나던 밤에 그를 집으로 데려간다. 〈비록 작곡상 온갖 법칙에는 어그러진다 하나, 그만치 힘과

164

정열과 열성으로 찬 소나타를 버리기가 아까와서〉 교회에서 베끼지 못한 부분을 베끼기 위해서였다. 즉 채보를 위해서였다. 그러나 백성수는 아까의 그것을 재현하지 못한다. 화자가 채보했던 부분을 피아노로 치기 시작하자 비로소 잊어버린 것을 회상하기나 하듯이 피아노를 점령하고 후반을 재현하는 것이다. 그의 대표적인 두 작품이 모두 끔찍스러운 범죄현장에서의 감흥을 바탕으로 제작되었다는 것은 앞서 언급한 바와 같다.

예술창작의 계기를 영감 또는 현장감흥의 소산으로 보는 것의 연장으로 예술가는 천재라는 생각이 작품의 근저에 깔려 있다. 예술가는 또한 범죄성향마저 다분히 있는 병적인 존재로 파악된다. 야성, 힘, 귀기가 백성수의 속성이며 이는 다분히 유전적인 것이다. 백성수를 처음 만났던 날 화자는 〈역시 그 애비의 아들이다〉라고 하면서 천분 많은 음악인 부자를 연결시키는 것이다. 아버지는 술로 폐인이 되었고 아들은 정신병원에 수용되어 있다.

화자가 주인공으로 되어 있는 「광화사」는 「광염소나타」와 대조적인 국면을 많이 가지고 있다. 그러나 해당 예술가들이 모두 범죄인으로 설정되어 있다든가 작품에 보이는 강력한 허구성의 시사라는 면에서는 유사하다. 「광화사」가 시사하는 의미는 여러 차원에서 접근할 수 있다. 현실을 넘어선 초월적인 미의 구현이 불가능하다는 것을 뜻한다고 볼 수 있다. 또 미에 대한 동경의 근저에 있는 것이 현실의 누추함에 대한 반명제임을 뜻한다고 볼 수도 있다. 백성수를 통해 본 예술은 근본적으로 감흥과 영감의 산물이지만 광화사의 경우엔 훈련과 정진이라는 예술관습 습득이 첨가되어 있다. 그럼에도 미인의 아름다움은 미인과의 만남이라는 현장경험에 의해서 매개되어야 그릴 수 있다는 생각을 담고 있다는 점에서 「광염소나타」의 영감론이 계승되어 있음을 확인하게 된다.

이효석 만년의 작품인 「라오코윈의 후예」의 주인공 마란은 생활을 위해서 신문소설의 삽화를 그리고 있는 화가이다. 천재를 자처하는 마란은 고호를 사숙하는 처지로서 〈고호가 그린 농민의 얼굴같이 개성적이요 성격적인 훌륭한 예술을 남겨 보겠다는 것이 꼭 하나의 원이었다.〉그러나 천재가 있을 환경이 못된다고 생각하고 편집실에서 그는 〈괴로워하는 현대 남녀의 작태〉를 그리려 하나 구상이 안되어 고민하고 있다. 편집실 밖으로 나가 거리를 거닐던 마란은 자기 독사에게 물리어 괴로워하는 땅꾼의 모습에서 영감을 얻어 그것을 그리려고 한다는 것이 단편의 개요이다.

〈괴롬의 얼굴이란 이런 것인가. 아픔의 표정이란 이런 것인가. 눈이 까지고 볼이 틀어지고 눈썹이 휘이고 이가 갈리고 ── 이것이 고통의 극치인가(반날 동안 반생 동안 찾던 것을 이제 얻었구나. 이것을 그리자. 이 얼굴을 그리자). 영감의 샘이 금시 하늘에서 그의 몸으로 옮아 온 듯 두 눈이 형형히 머리카락이 곤추섰다. 흥분으로 말미암아 와들와들 떨리고 어깨가 실룩거려 육신의 중심을 잡을 수가 없다. 내리기 시작한 신장대 모양이다. 거울을 놓고 얼굴을 찡그려 보아도 얻지 못했던 괴롬의 영감을 땅꾼의 얼굴에서 찾았다. 이제야말로 운필의 동기를 확실히 잡았다.〉

「라오코윈의 후예」에서 예술은 어려우며 술술 되는 것이 아니라고 강조되면서 영감이 있어야 제작이 따른다고 생각되고 있다. 〈영감의 근원은 메마르고 무딘 감동 위에는 먼지가 보오얗게 앉게 되었다〉는 것이 구상과 운필이 안되는 화가 마란의 난경의 서술이다. 〈독사에게 물린 땅꾼의 모습에서 영감을 찾고 라오코윈의 조각 이상의 예술을 만들리라〉는 마란의 결의에서 엿볼수 있듯이 현장경험과 목격이 영감을 매개할 수 있다는 믿음을 토로하고 있다는 점에서 이효석은 김동인과 비슷한 예술관을 가지고 있는 것으로 파악된다. 다름이 있다면 이효석의 예술가가 백성수나 솔거처럼 병적인 것, 범죄적인 것과 깊이 연관되어 있지 않다는 정도이다. 〈개성적이고 성격적인 예술을 추구한다〉는 점에서 마란은 광화사 솔거의 후예인 것이다.

김동인과 이효석에게서 보게 되는 영감론과 병적인 천재론은 낭만주의 예술관의 일환이다. 낭만주의 예술관은 영감과 천재론에 의거하는 시인

작가에게 예술장르에 고유한 예술관습을 익히고 기술적 연마를 통해서 예술적 완성을 도모한다는 직업윤리에의 충실을 등한하게 했다고 볼 수 있다. 예술도 기술인 이상 직분충실을 도모하는 기술적 훈련이 필요한 것임은 말할 것도 없다. 그런 의미에서 동인이나 효석의 경우 작품의 높낮이가 심하고 단편 몇개에서 높은 성취도를 보여주고 있을 뿐이라는 것은 매우 시사적이다. 그 점 낭만주의적 예술관 및 영감론의 극복이야말로 예술가적 성숙의 전제라 해도 과언은 아니다. 천재론이나 영감론에 대한 문학청년적 경도는 자기도취의 한 형식일 수 있으며 때로 그것은 기술적 정진에 대한 반명제로 구실할 공산이 크다. 청년들이 가장 경계해야 할 낭만적 세계 태도의 하나이다. 고도의 객관성은 자기도취적 경향의 청산을 통해서만 가능하다. 직업의식은 필요한 것이며 영감은 설령 찾아온다 해도 그것은 적극적인 기다림과 무의식적 추구의 소산인 것이다. 우연 또한 강자 편을 드는 것이다.

주요 참조문헌

Valéry, "Concerning 'Le Cimetiere Marin'" in *The Art of Poetry*.
Ruthven, *Critical Assumptions*, ch. 4.

제작·창조·생산

시대가 영웅을 만드는 것인가 아니면 영웅이 시대를 만드는 것인가.
문학은 즐거움을 주는 것이어야 하는가 아니면 가르쳐야 하는 것인가.
징벌 없는 교육은 없는 것인가 아니면 징벌이야말로 교육의 적인 것인
가. 사람들은 이렇게 대립적 항목의 설정을 통해서 어떤 문제에 접근하
고 해답하려 한다. 문학작품의 발생을 영감이나 천재에서 찾으려는 경향
에 대해서 제작이나 기술에서 찾으려는 태도도 면면히 이어지고 있다.
낭만주의와 고전주의의 대립에 있어 하나의 중요한 쟁점이 되고 있기도
하지만 그러한 일반론을 넘어서 큰 개인적 편차가 드러나는 문제이기도
하다. 우리의 근대문학에서는 김동인이나 이효석 같은 작가들이 영감론
으로 기울어져 있었던 반면 시인들은 그 대립항목으로 기울어져 있는 것
을 볼 수 있다.

뿌리가 가지를 갖는 것이 심도가 표현을 추구함과 다를 게 없다. 표현
에서부터 비로소 소수의 시인이 선민적 공인을 얻게 되는 것은 불가피
의 사실이니 다만 〈근신〉만으로서 성자가 될 수 있을는지는 모르나 〈표
현〉이 없이는 시인이랄 수가 없게 된다. 시는 실제적으로 표현에 제한

168

되고 마는 것이니 표현 없이는 시는 발화 이전의 수목의 생리로 그치고 말음과 같다. 그러므로 〈근신〉은 일종의 action으로서 도덕과 윤리에 통로되는 것이요 표현은 making에 붙어 예술과 구성에 미치는 것이니 poem의 어원이 making과 동의였다는 것은 자연한 일이 아닐 수 없다.

—— 정지용, 「시와 언어」(1939년)

좋은 시는 옛적부터 두 함정을 피하면서 실로 단애(斷崖)의 절정을 따라 제 길을 쌓아 올렸다.

하나는 시를 생에 있어서의 모든 가치의 계열의 최고 위에 올려놓는 일 —— 그래서 때때로 생 그것보다도 더 높은 곳에조차 시를 모시는 일. 다른 하나는 생 그것에서 시는 샘처럼 솟을 것이고 그것만으로 시가 된다고 생각하는 일. 고래로 수없는 군소 시인들이 이 두 함정 중의 어느 것에 빠져서는 시들었고 오늘에 와서조차 그 속에서 헤매는 수없는 일족들을 본다.

일찌기는 예술지상주의자가 제1의 함정에 빠졌고 그보다도 더 많은 〈로맨티시스트〉들이 제2의 함정에 빠져서 시를 잃어버렸다.

—— 김기림, 「속 오전의 시론」(1935년)

50여 년 전에 씌어진 글에서 우리는 명쾌한 논리를 찾기보다는 대체적인 요지 찾기에 만족해야 할 것이다. 그때 우리는 위의 두 글이 영감론에 대한 반론이라고 규정할 수 있을 것이다. 정지용은 〈표현〉이라는 낱말을 통해서 일정 수준의 작품 완결을 뜻하면서 그것이 시인의 공들인 제작과정의 산물임을 시사한다. 김기림의 〈샘처럼 솟아난다〉는 말은 〈강력한 감정이 저절로 넘쳐흐르는 것〉이라는 워즈워드의 말을 연상케 하지만 그것이 낭만주의 흐름의 영감론이나 자연발생론에 가깝다는 것은 앞뒤 문맥으로 보아 분명하다. 이들은 모두 모더니스트라고 분류되고 있고 또 〈기교파 시인〉이라는 오명을 받고 있기도 하지만 명시적으로 영감론

제작·창조·생산　169

에 반대하고 있다.

시인 작가들의 문학적 발언이 늘 일관성있게 전개되는 것은 아니다. 상충되거나 모순되는 발언이 거리낌없이 공존하고 있는 경우도 많다. 그러나 위의 시인들은 작품에 있어서도 비교적 일관성있게 시가 공들여 만들고 세심하게 다듬는 제작과정의 산물임을 토로하고 있다. 이것은 이들이 20세기 우리 문학 가운데서도 근대적 세련이 의식적으로 수행되던 시기에 활동했다는 사실과 연관될 것이다. 그리고 짤막하고 집중적인 서정시의 경우 느슨한 소설에서보다도 매체에 대한 고려가 한결 짙을 수밖에 없다는 사실과 연관될 것이다.

기술로서의 문학

문학작품을 영감이나 천재나 자연발생의 소산으로 보지 않고 의도적이며 정성들이는 기술적 제작과정의 산물로 보는 관점은 옛날 수사학에서부터 면면히 이어지고 있다. 그러나 그것이 정교하고 일관성있게 전개되는 것은 현대의 주지적인 시인들에게서이다. 이 가운데 서는 시인들은 대체로 초속적이고 고답적인 엘리트주의자로 알려진 사람들이 많은데 그들의 엘리트주의는 실상 고급 기술자 특유의 직업적 오만의 평행현상이라 해도 과언이 아니다. 발레리나 엘리어트와 같은 이름을 우리는 쉽게 떠올리게 된다.

문학의 영향에 관해서 아주 흥미있는 사례를 제공하고 있는 경우의 하나로서 프랑스 상징파 시인들의 에드가 알란 포우 수용이 흔히 거론된다. 영어 사용 국민들 사이에서 시인으로서의 포우의 위치는 그렇게 높은 편은 아니다. 예이츠 같은 시인도 그의 〈비속함〉을 흠으로 지적하고 있다. 그런데 보들레르, 말라르메, 발레리에게 있어서 포우는 경탄할만한 영향력으로 작용하였다. 보들레르는 번역된 「까마귀」에 매료당했고 말라르메는 〈멀리 가면 갈수록 나의 위대한 스승 에드가 알란 포우가 내게 물려준 저 준엄한 이념에 충실할 것)이라면서 그를 위대한 스승이라고 부르고 있다. 저 까다롭고 오만한 발레리조차도 포우에 대한 경의에 있어서는 예외적으로 지극하다.

> 수학자이자 철학자이면서 위대한 문인인 에드가 알란 포우는 「시작(詩作)의 철학」이라는 기묘한 글에서 그가 이해하고 실천하는 시창작의 기법을 분명하게 설명하고 있다. 관찰에 의해서 발견된 원리를 이보다 더 날카롭게 분석하고 보다더 엄격히 논리적으로 발전시킨 그의 글은 달리 없다. 그것은 듣는 이의 심리와 타자의 영혼 속에서 울리게 마련인 서로 다른 가락에 대한 지식에 기초한 전혀 귀납적인 기법이다. 포우의 예리한 귀납적 결론은 독자의 깊은 사색을 유도하고 그것을 예측하며, 구사하게 한다.
>
> —— 발레리, 「문학의 기법」(1889년)

프랑스 상징파 시인들이 토로하고 있는 에드가 알란 포우에 대한 경의는 부분적으로는 그에게서 발견되는 예술지상 성향과 관련된다. 그러나 주된 이유는 발레리의 인용문에서 볼 수 있듯이 시 제작과정을 의식적인 기술적 과정으로 파악하고 있는 포우의 시 이해 때문이다. 시의 형태는 우연이나 직관의 소관사항이 아니라 수학문제와 같은 정확성과 엄격한 결론을 드러내야 한다는 포우의 주장에 가장 매혹되었던 것이다. 뿐만 아니라 포우는 시는 짧아야 한다고 하면서 장시를 부정하였다.

장시란 말 자체가 영락없는 모순이라는 것이다. 시라는 말의 사용을 가능케 하는 〈흥분의 정도〉를 긴 작품에서는 시종 유지할 수 없다는 것이다. 이러한 흥분상태는 신체적 이유 때문에 짤막하게 마련이기 때문이다. 이러한 서정적 강렬성의 강조는 특정한 종류의 소재나 형태를 은연중 암시하고 있다. 소재는 각별히 강렬한 경험이어야 하고 형태는 산문적인 요소가 모두 배제된 순수히 기능적인 것이어야 한다. 요컨대 시는 백일몽의 강렬함을 지녀야 하고 그 구성요소는 음악의 음처럼 순도높아

야 한다는 것이다. 꿈과 음악은 시의 이상을 얘기할 때 포우가 즐겨 의
존하던 비유였으며 그것은 프랑스 상징파 시인에게도 그대로 이어지고
있다.

어쨌거나 발레리의 〈이러한 생각이 전혀 새로운 근대적 시인관을 갖게
하는 것은 자연스러운 일이다. 이제 시인은 열띤 하룻밤 사이에 시 한편
을 써내는 봉두난발의 미치광이가 아니다. 시인은 섬세한 꿈쟁이에 봉사
하는 냉정한 과학자, 아니 거의 대수학자(代數學者)이다. 많아야 100행
정도가 그의 가장 긴 시편을 이루게 된다…… 그는 행복한 순간에 자유
연상이라는 뮤즈가 속삭여 준 모든 것을 종이 위에 내동댕이치지 않도록
조심한다. 그리하여 그가 상상하고 느끼고 꿈꾸고 계획했던 모든 것이
걸러지고 계량되고 여과되고 형태에 맡겨진다. 그리고 길이에서 잃은 것
을 힘으로 벌충하도록 가능한 한 농축시킨다.〉 이러한 형식주의적 관점
의 극치가 에드가 알란 포우에서 비롯됨은 쉬이 추적할 수 있다. 근대
서정시가 거둔 경제적 강렬성은 이러한 의식적인 비평적 노동의 소산이
고 어느덧 시작과정은 비평적 노동의 과정으로 파악하는 관점이 통념으
로 굳어지게 되었다. 그리고 제작 기술의 세련을 위한 노력이 시인의 직
업윤리로까지 비치게 되었다.

물론 시의 발생을 자연발생적인 관점에서 바라보고 그런 사례를 실제
로 보여주는 듯한 시인들이 아주 없는 것은 아니다. 그러나 그것은 대체
로 소박한 독자들을 위한 작품의 경우이며 그런 경우에조차 정도의 차이
이지 자동 기술적 영감론을 신봉하는 사람은 찾아보기 힘들다.

삶의 완성이냐
일의 완성이냐
사람의 지성은 택일해야 하느니.

적어도 시를 쓰는 당사자의 입장에서 시 쓰기는 예이츠가 시사하듯이
삶의 포기를 강요할 정도로 심각하고 진지한 〈일〉이 된다. 그러니까 시

172

를 제작과 만듦의 과정으로 파악함으로써 시인의 기술적 전인적 노력은 그만큼 더 강조되는 것이다. 그것은 적어도 당사자들 입장에서는 〈기교〉란 말로 과소평가될 성질의 것이 아닌 것이다.

말이 먼저

영감론자들은 흔히 은혜로운 영감의 순간에 떠오른 생각이야말로 신령스럽고 소중한 것이며 그 뒤의 개칠은 불순한 것인 양 말한다. 영감의 우위성을 얘기하면서 한편 그 뒤의 개칠 즉 수정의 과정을 부정하는 것은 아니다. 다만 은혜로운 순간이 자발적 의지의 소산이 아니라고 강조하는 것이다. 낭만주의 영감론자와 초현실주의의 자동기술론자들의 차이점이 여기 있다. 이를테면 무의식으로부터 직접 시를 샘물처럼 길어오려는 것이 자동기술론자들의 희망사항이다. 이에 대해서 영감론자들은 특히 현대의 수정주의 영감론자들은 수정과 퇴고의 과정을 결코 배제하지 않는다. 가령 로버트 그레이브즈 같은 현대시인이 영감의 선물을 소망성취 지향의 꿈과 동일시하고 시작과정을 꿈의 과정 즉 이차적 수정과정으로 파악하는 것도 그러한 사례이다.

그런데 포우 이후의 형식주의 시인들이 특히 강조하는 것은 말 이전의 사고가 있을 수 없다는 국면이다. 말을 하고 나서야 비로소 무슨 말을 하려 했는지를 분명히 알게 된다는 것이다. 따라서 이른바 〈생각〉이라는 것도 〈만들기〉의 결과일 뿐이지 〈만들기〉의 계기가 되는 것은 아니라는 것이다. 말과 생각의 관계에서 말이 먼저임을 강조하는 것이다. 통찰의 말로서 흔히 거론되는가 하면 한편에서는 전도의 사례로서 악명을 얻고 있는 말라르메의 이제는 진부하게 된 말이 있다. 생각은 많은데 시 쓰기가 어렵다는 화가 드가의 말에 말라르메가 응수했다는 말이다. 〈시는 생각으로 만들어지는 것이 아니라 말로 만들어진다.〉 시작과정에 있어 어디까지나 말이 먼저이고 더 중요하다는 것이다. 굉장한 과작가이면서 프

랑스어 사전에 나오는 어휘 음미에 많은 시간을 바쳤다는 일화가 하나의
말라르메 전설을 이루고 있는 것은 이와 같은 맥락에서이다. 젊은 시절
의 엘리어트는 글 쓰는 이가 쌩뜨 뵈브보다 예스페르센의 〈영문법〉에서
더 많은 것을 배울 수 있다고 적은 일이 있는데 같은 〈동아리 패거리〉의
발언이다. 그리고 시의 기법을 익히려는 사람들이 홀대할 수 없는 국면
을 가지고 있는 말이다.

　주지적 태도와 고전주의 성향을 가진 현대시인들이 대부분 영감론에
반대하고 있다. 뿐만 아니라 낭만주의적 영감론을 수정없이 수용하고 있
는 현대 시인은 없다시피 하다. 그러나 〈만들기〉와 〈제작〉의 시론은 낭만
주의 이전에는 아주 널리 퍼져 있던 통념이었다. 신고전주의 시대의 시
이해가 인공적인 기술이라는 생각에 기초해 있었다는 사정만을 가리키는
것이 아니다. 가령 영국 고유의 전통에서도 우리는 그것을 엿볼 수 있
다. 북유럽, 영국 및 애란에 살고 있던 고대 켈트족 사이에서는 기독교
가 들어오기 이전 드루이디즘 Druidism이란 종교가 있었다. 그 성직자
계급의 구성원을 드루이드라고 한다. 그들은 영혼불멸과 윤회를 믿었으
며 참나무 숲속에서 의식을 치렀다. 그리고 참나무와 겨우살이를 숭상했
다. 드루이드는 물론 교육받은 계층이었다. 줄리어스 시저의 기록을 따
르면 서사시를 짓고 전수하는 책임이 있는 드루이드는 오랜 수업기간이
필요했다 한다. 드루이드의 교육에는 20년이 걸렸으며 그동안 시를 배웠
는데 시를 기록해 두는 것은 금지되었다 한다. 그러니까 서사시 암송이
그의 소임 중의 하나였다. 또 음유시인들이 역시 전승되는 운율법이나
서사시를 배우는데 7년에서 12년의 훈련을 받았다는 사실을 적어놓고 있
는 8세기의 기록도 있다. 이러한 사례들은 시인이 하나의 전문적 기술자
로 이해되었으며 시작과정이 만들기로서의 제작과정으로 파악되고 있었
음을 시사한다. 그리고 그러한 선례는 또 얼마든지 발견할 수 있는 것이
다.

　기술로서의 시, 제작으로서의 시를 강조하는 시인들이 거의 예외없이
반복적인 수정과 퇴고의 시인들이라는 것은 곧 눈에 띄게 된다. 젊은 시

절 〈사전을 구해서 말뜻을 익히는 것이 글쓰는 이의 첫번째 일〉이란 충고를 한 작가에게서 받았다는 에즈라 파운드의 충고를 받아들여 「황무지」의 초고가 대폭적으로 삭제되고 수정되었다는 것은 널리 알려진 사실이다. 또 시의 기술적 측면을 강조하는 상징파 시인들이나 현대주의자들이 거의 예외없이 과작이라는 것도 주목할 만하다. 절제와 통제를 통한 기술적 완벽성에 대한 추구는 불가피하게 그들을 불모의 생산가로 만들고 마는 것이다. 동양문화권에서 〈퇴고〉라는 성어의 성립 과정 자체가 시의 제작 국면을 크게 부각시키고 있기도 하다.

창작·창조·생산

시 짓기를 나타내는 말에 창작이라는 말이 있다. 아마 창조를 뜻하는 creation의 역어로 쓰인 것이 아닌가 한다. 그런데 저쪽에서는 creation을 써서 사실상 천지창조의 〈창조〉라는 말이 예술창작의 맥락에서 흔히 쓰인다. 물론 모든 말이 그렇듯이 비유적으로 쓰이는 것이다. 그런데 이 창조란 말에는 여러 학자들이 지적하듯이 두 가지의 상이한 함축이 있다.

예술창조라 할 때에 창조는 신학적인 비유이다. 그런데 고전고대 그리스에서 세상의 만물은 무엇인가를 재료로 해서 만들어진 것이고 따라서 예술창조도 이미 존재하는 것의 재구성이라고 이해되었다. 플라톤의 천지창조만하더라도 무(無) 로부터는 아무것도 창조될 수 없으며 혼돈을 질서로 재구성함으로써 질서로서의 우주가 마련된다. 플라톤의 창조신 또는 조물주는 어디까지나 공작인(工作人)이고 우주는 그의 공예품인 셈이다. 플라톤은 창조신을 기술인에 비유하기는 하지만 기술인이 창조신과 같은 창조능력을 가지고 있다고는 생각지 않는다. 예술가를 기술인보다는 꿈쟁이로 생각하려 하기 때문이다. 아리스토텔레스에 와서야 〈만들기〉로서의 시에 가까운 개념이 대두하게 되는 것이다. 따라서 「오이디푸스왕」 같은 것도 무에서 창조된 것이 아니라 옛이야기를 소재로 해서 만들어낸 새 연극으로 파악되는 것이다. 희랍비극은 그래서 제작품으로 이해된다.

그러나 기독교 전통에서는 사정이 달라진다. 신의 천지창조는 글자 그대로 무에서의 창조이다. 구약 자체에서 그것이 명백히 진술된 바는 없지만 〈무로부터의 창조〉이론이 기원 2세기 경부터 보급되기 시작하여 13세기에 하나의 교의로서 공식화되었고 1870년의 바티칸 평의회에서 다시 확인되었다. 그러니까 예술창조란 개념은 〈무로부터의 창조〉란 개념을 기독신학에서 미학으로 옮겨 본 것이 된다. 그리고 창조자로서의 시인은 자기가 마련해 놓은 별세계에서 신으로 군림하는 셈이다. 〈예술가는 작품 속에서 보이지 않으면서도 전능한 신과 같아야 한다. 도처에서 감득되면서도 눈에 뜨이지 말아야 한다〉는 플로베르의 유명한 편지 대목은 바로 기독교 신의 미학적 변용인 것이다. 그리고 〈신으로서의 시인〉이란 생각은 〈시인으로서의 신〉이란 생각의 역전이기도 하다. 이미 아우그스티누스는 세계를 정교한 시라고 말함으로써 뒷날의 발전을 예고한 것이다.

그러나 시인을 신에 비유한다는 것이 너무 외람된 것이기 때문에 종교인들 사이에서는 유보의 대상이었다. 그리하여 시인에 대해서는 〈창조한다〉는 말을 피하고 〈재료로 만들어낸다〉는 뜻을 가진 말을 사용하였다. 그런데 오늘날 시인을 신에 비유하는 창조이론에 가장 비판적인 것은 종교에 관해서도 똑같이 비판적인 마르크스주의 문학이론이다. 낭만주의의 〈시인 곧 창조신〉이란 생각은 특정한 자료를 처리할 수 있는 특정한 역사 속에 뿌리박은 예술가란 생각을 떠올리지 못하게 한다. 그리고 제작과정과 시 자체를 신비화할 위험성이 있다. 작품을 작가가 처한 역사적 상황에서 분리시킨다는 것은 작품을 신비화하는 것이기 때문이다. 따라서 예술가를 다른 사회적 생산자와 같이 취급하여 예술가가 일차적으로는 생산자임을 강조하는 벤야민의 관점이 형성되는 것이다. 그리하여 마침내는 예술창작을 여러 재료를 조립하여 만드는 자동차 생산과 같은 생산의 과정으로 파악하는 관점으로 발전한다. 시인과 예술가가 하늘에서 내려와서 이웃들 사이에 서 있게 되는 것이다.

상상력의 출혈

시작과정과 예술 창작과정이 제작과 생산의 과정으로 이해되면서 제작 행위가 적어도 정신적으로 격심한 중노동임을 시사하는 문헌이 많이 나오게 된다. 물론 중노동 당사자들의 고충 토로가 그 원천이다. 무한한 인내와 노동을 요구하는 〈형식의 윤리〉를 설파한 것이 유명한 일사일어설(一事一語說)이다. 그리고 하루내내 책상에 앉아서 석줄밖에 못썼다는 투의 플로베르의 비명이 연이어 터져나오게 된다. 작품 하나에 10여 년의 세월을 바쳤다는 고백도 흘러나오게 된다. 재주라는 것이 고통 인내 능력이라는 생각을 금할 수 없다.

작품의 완벽성과 작가의 고통이 모두 중노동의 소산이고 보면 고통이 곧 문학적 탁월함의 징후라고 생각하게 되는 것도 무리는 아니다. 그리하여 고통의 강조는 문학의 존재이유의 정당화 또는 작가시인의 자기정당화 과정에서 널리 퍼지게 된다. 이에 따라서 천재라는 가치가 노동이라는 가치에 의해서 대체된다. 영감이 부정되는 이상 이것은 당연한 일이다. 그리하여 재주보다도 노력이 중시된다. 물론 옛날에도 노력은 재주와 함께 온갖 기술부문에서 강조되었다. 그러나 이때의 노력은 감탄을 자아내는 계기로 작용하였고 노력에 바친 심신 소모에 대한 동정의 계기가 된 것은 아니었다. 작품에 바친 중노동이 작품 평가의 큰 요소가 된다는 것은 도리에 맞지 않는다.

토마스 만에서 조이스에 이르는 〈예술가 소설〉들이 보여주는 것은 쓰기에의 전념이 삶의 상실로 끝나고 만다는 매우 고통스러운 인식이다. 그것은 아주 매정스러운 창작의 구도인 듯 보인다. 제작행위라는 중노동에 따르는 고통을 어떤 현대시인은 〈상상력의 출혈〉이란 말로 표현하였다. 그는 시인이었다. 그러나 대 장편의 경우 작가의 출혈은 단순한 상상력의 출혈로 멈추지 않는다. 그것은 육체의 위기를 동반하는 온몸의 출혈이었다. 삶의 표현을 위해서는 삶은 억압되고 방기되고 대상화되지 않으면 안되었다.

그러나 한편으로 이러한 출혈 군상들이 거의 예외없이 삶의 방관자요 당대의 역사적 상황에서 얼마쯤 비켜선 소외의 군상들이라는 것도 간과할 수는 없다. 이러한 소외가 미적 거리의 유지를 위해서 불가피한 것인지, 혹은 개인적 편차의 산물인지는 간단히 단언할 수 없는 일이다. 우리가 확언할 수 있는 것은 제작의 중노동이 곧 문학적 우월성을 보증하는 것은 아니지만 제작의 중노동을 거치지 않고 문학적 우월성으로 가는 길은 분명히 막혀 있다는 것이다. 그만큼 현대문학은 과거 문학의 무거운 짐에서 자유로울 수가 없는 것이다.

옛시인의 자유분방하고 자재로운 심상은 이제 오늘의 것은 아니다. 분명히 부품을 조립하여 자동차를 생산하는 생산자의 심상은 영감의 지령 밑에 붓을 옮기는 천재의 심상보다 설득력이 있고 현실감이 있다. 그러나 자동차 생산자와 달리 시인은 기계적이고 정적인 부품을 다루지 않고 오묘한 말을 조립하여 작품을 생산한다. 그리고 말은 저 스스로의 활력을 가지고 있다. 그것은 기계적 부품이 아니다. 자동차 생산자는 훈련에 의해서 대량 생산할 수 있지만 말의 기술인은 훈련에 의해서 평균적 대량 생산을 도모할 수는 없다. 바로 이 점에 영감론이 고개를 들 수 있는 여지가 있는 것이라고 말할 수 있다. 〈시인은 만들어지는 것이 아니라 태어나는 것이다〉란 말은 그 자체로선 충분치 못하다. 시인은 태어나지만 동시에 만들어지는 것이라고 수정할 때 우리는 사태의 진실에 더 가까이 접근할 수 있을 것이다. 양 극단의 이론은 사태를 밝히고 설명하는 데는 유효하지만 사태의 실상과는 멀어질 가능성도 그만큼 큰 것이다.

주요 참조문헌

김기림, 「속 오전의 시론」, 『김기림전집·시론』, 심설당, 1988.
발터 벤야민, 「생산자로서의 작가」, 『발터 벤야민의 문예이론』, 민음사, 1983.
정지용, 「시와 언어」, 『정지용전집·산문』, 민음사, 1988.
Terry Eagleton, *Marxism and Literary Criticism* (University of California Press, Berkeley, 1976), ch. 4.
Ruthven, *Critical Assumptions,* ch. 5.
Valéry, "On Literary Technique", in *The Art of Poetry.*

작품과 개인사

작품과 개인사의 상호조명

근대 서양화가 중 가장 많은 자화상을 남겨 놓은 사람의 하나가 렘브란트이다. 반 고호와 함께 그는 자화상을 예술표현의 중요 수단으로 삼았으며 그것을 자서전으로 돌려놓았다고 평가되기도 한다. 그가 그린 자기 얼굴을 검토해 보는 것은 러시아의 대작가의 소설을 읽는 것과 같다고 미술사가 케네스 클라크는 적고 있다. 노여움과 반항, 자기만족과 자기회의, 겸허와 오만, 체념과 달관, 병색에서 지혜의 왕자에 이르는 갖가지 표정을 담고 있는 그의 자화상은 인간감정에 가시적 형태를 부여하려는 그의 예술적 야심을 극적으로 보여주고 있다. 그의 자화상을 그의 생애의 특정 사실과 연관시켜 대응관계를 상상하는 것은 위험한 일이지만 그럼에도 불구하고 그 자화상은 렘브란트라는 한 천재적 영혼의 생생한 자서전이 되어 주고 있다는 것이 클라크의 생각이다.

1606년 라이덴에서 꽤 유복한 방앗간 집 아들로 태어난 렘브란트는 20대 중반에 화가로서의 지위를 확보한다. 암스테르담의 유수한 화상(畫

商) 집에서 기거하게 된 그는 그곳 미술시장을 거쳐 가는 대화가들의 작품을 구경할 수 있었다. 그는 이어서 큰 재산가의 딸이며 집주인 화상의 사촌이 되는 사스키아와 결혼하게 된다.

〈아내의 이 그림은 그녀의 나이 스물 한 살 적 약혼 후 사흘째 되는 날 그린 것이다〉라는 글씨가 적혀 있는 그림은 젊고 아름다운 사스키아의 모습을 보여주고 있다. 두 사람은 1634년에 결혼하게 되는데 신부 쪽에서 상당한 지참금을 가지고 오지만 남편이 원금을 사용할 수 없게 되어 있었다. 병약해서 죽기 전 몇 해를 병상에 누워 있었던 사스키아는 42년에 사망한다. 소생은 넷이었으나 셋이 모두 젖먹이 때 죽었다. 렘브란트 편에서의 신분 상승 결혼이었던 사스키아와의 결혼은 적어도 그림 속에서는 행복했던 것으로 보인다. 성장(盛裝)한 사스키아의 그림이나 무릎 위에 사스키아를 올려 놓고 있는 유명한 초상화에 결혼의 불만이나 가정생활의 불행을 시사하는 대목은 없어 보인다.

케네스 클라크는 그러나 렘브란트가 삼손과 데릴라의 모티브를 자주 다루고 있다는 점을 주목한다. 결혼 후 4년째 되던 해에 그는 삼손을 그린 최대 작품인 「삼손의 혼인잔치」를 그리고 있다. 그 밖에 「삼손을 장님으로」와 같은 대작에서 볼 수 있듯이 삼손과 데릴라의 모티브를 자주 다루고 있는데, 이것은 야심 많은 여성이 남성을 파멸시킨다는 얘기가 남의 일 같지 않았기 때문일 것이라는 추측을 가능케 한다. 점잔빼는 부르조아 사교계로의 신분 상승이 오산이었다고 느꼈을 것이라는 게 클라크의 설명이다. 사스키아가 죽었던 해에 그려진 자화상에는 상처(喪妻)의 그림자도 비쳐 있지 않고 자기만족의 기운조차 보여주고 있다는 것이다. 그러니까 삼손과 데릴라의 모티브는 렘브란트의 무의식적인 자기계시이며 사스키아와의 결혼생활에 대한 암묵적 시사로 처리되고 있는 셈이다. 클라크가 보여주고 있는 렘브란트 그림과 인간 렘브란트의 상호조명은 삶과 예술의 연속성을 설정하는 비평가나 연구자들에게서 흔히 볼 수 있는 접근 방법이다. 〈삼손과 데릴라〉 모티브가 렘브란트의 무의식이라는 것은 매우 설득력 있는 견해라 할 만하다. 그것은 그림을 그림으로서 대하는 것이 아니라 그림을 렘브란트 전기의 자료로 삼고 있을 뿐이라는 비판적 견해를 유발할 수 있다. 그러나 클라크의 지적이 「삼손의 혼인잔치」의 디테일이나 「삼손을 장님으로」의 섬찟한 화면의 의미를 극적으로 부각시켜 주고 있다는 것은 부정할 수 없다. 특히 후자에서 보이는 데릴라의 독특한 표정은 클라크의 지적을 통해서 독특한 명징성을 획득한다고 할 수도 있다. 그리하여 〈그림을 그림으로 본다〉는 것의 의미가 과연 무엇이냐고 반문하고 싶어진다.

클라크의 렘브란트 이해가 그림을 전기의 반영으로 포착하고 있음에 반해서 가령 한스 마이어의 안데르센 이해는 전기의 관점에서 안데르센 동화가 지니는 의미에 새 차원을 도입한다. 정신 장애인 신기료 장수와 배우지 못한 세탁부 사이에서 태어난 한스 안데르센은 처음 소설을 시도했지만 성공을 거두지 못하고 동화작가로서 성공하게 된다. 사회의 최하층에서 출발한 그는 19세기 부르조아 사회에서 완전한 적응을 성취한다. 만년의 그는 자기 삶의 단단한 양식화를 대중 소비용으로 완결한다. 동화작가로서 어린이의 절친한 친구라는 이미지를 심어 놓는 데 성공한 것이다. 그러나 그는 어린이의 친구는 아니었다. 만년의 병석에서 그를 위한 기념비 건립 계획이 문제되었을 때 그는 자기 동상 주변에 어린이들의 동상을 추가하지 못하도록 금하였다. 그는 몇몇 여성들에게 열렬한 구애 편지를 써 보냈었는데 그것은 상대방이 다른 남성에게 깊이 쏠려 있다는 것을 확인한 뒤의 일이었다. 안데르센의 절친한 친구들도 이러한 연애 편지를 곧이곧대로 받아들였다. 그러나 이러한 편지는 자신이 동성애자임을 은폐하기 위한 계획적인 책략의 일환이었다. 그는 여체에 대한 혐오와 젊은 남성에 대한 선호를 평생토록 지속하였다. 만년에 그는 한 의사 친구에게 자신이 총각이라고 고백했는데 여성과의 관계에 관한 한 진실이었다.

이렇게 동성애를 숨기고 있던 그는 평생 이중생활을 계속하였다. 국내에서는 표가 나지 않는 품행방정한 생활을 영위하는 한편 끊임없이 탐색(探色)을 위한 해외여행 길에 올랐다. 특히 이탈리아가 그가 즐겨 찾은

182

행복의 나라였다. 동성애의 행복을 은폐하기 위해서 그는 객지생활을 불평하는 편지를 꾸준히 써 보내기를 잊지 않았다. 자기 본색이 탄로날까 두려워 보내곤 했던 그의 편지에는 희비극의 가락이 엿보인다.

특히 만년에 이르러 그는 자기 정체가 드러나지 않을까 하는 도에 넘치는 두려움에 시달렸다. 그의 유명한 대표적 동화인 「벌거숭이 임금님」 「미운 오리새끼」 「주석 병정」 「꼬마 인어」 등은 모두 남다름을 수반한 사회적응의 공포를 다루고 있다. 비평가들은 처음 안데르센의 〈여성적〉 특성과 정치적 보수주의를 연관시켜 생각했는데 이 〈여성적〉 성향은 사실 동성애 성향임이 드러나게 된 것이다. 안데르센은 소설을 시도했으나, 뜻을 펴지 못하고 결국 가난이나 불행을 묘사하는 것이 아닌 치유할 수 없는 완전한 국외자의 조건을 그려 보이는 동화작가로서 아이덴티티에 도달할 수 있었다. 그의 동화 속에 나오는 꼬마 인어, 외다리 주석 병정, 보다 높은 부류임이 인정되지 못하고 연못 속에서 살아가야 하는 오리떼 사이의 백조는 모두 동성애라는 국외자의 설움을 앓고 있던 안데르센 자신의 굴절된 자기표현이기도 하다는 것이 한스 마이어의 지적이다. 초기 소설에서 그는 무엇인가를 드러내는 척하면서 본질적인 것의 은폐를 시도하였다. 그렇게 함으로써 그는 자신을 되풀이 시적인 인물로 만들었으나 성공을 거두지 못하였다. 그의 문학적 성취는 동화를 통해서 이루어진 것이다. 안데르센 동화의 이해를 위해 어린이들이 이러한 사실을 알아둘 필요도 없고 알아둘 수도 없다. 그러나 삶과 문학의 연속성에 관심을 갖는 모든 문학 독자에게 인간 안데르센과 안데르센 동화의 상호 조명은 매우 흥미 있고 또 유익하다. 삶의 양식화를 통해서 결혼 혐오자가 여성 숭배자로, 자기 중심적인 우울증 환자가 어린이들의 벗으로, 탐욕스러운 노인이 보기 좋은 은인으로 나타나는 현상의 설명을 단순히 문학 외적인 호사벽으로 치부할 수는 없다. 문학의 주요 관심이 인간이라고 할 때 전기와 작품의 상호 조명은 항시 탕진될 수 없는 지적 모험의 대상으로 남아 있게 될 것이다.

크나큰 고백의 단편

이러한 의미에서 나는 먼저 단시를 가요의 형식이나 자유 운율로 써 보았다. 이렇게 해서 내가 평생 떨쳐 버릴 수 없었던 저 경향이 시작되었던 것이다. 즉 나를 즐겁게 하고 괴롭히고 또 마음을 움직이게 했던 것을 하나의 형상, 하나의 작품으로 변형시키고, 이 사건에 대한 나의 태도를 결정짓고, 이에 따라 사물에 대한 나의 생각을 교정함과 동시에 나의 마음을 가라앉힌다는 경향이 시작된 것이다. 이러한 천분은 천성이 늘 극단으로 흐르는 내게 있어 누구에게서보다 필요하였다. 따라서 내가 적은 모든 것은 크나큰 고백의 단편에 지나지 않는다. 이 책은 이 고백을 완결시키려는 대담한 시도이다.

　　　　　　　　　　　　　　　　　　──「시와 진실」, 제7장

괴에테의 이 말은 문학을 작품과 그 작가의 관련 속에서 포착하여 작품을 개성의 한 표현이라고 파악하는 표현이론의 신봉자들이 즐겨 원용하는 대목이다. 낭만주의 시대에 와서 유포된 이러한 표현이론의 추종자들은 똑같은 괴에테가 고전주의가 건강한 반면 낭만주의는 병이라고 하면서 단순한 주관성이 〈현대의 일반적인 질병〉이라고 적어놓고 있다는 사실을 접하고 동요의 빛을 보이지 않는다. 괴에테같이 원숙한 고전주의 정신조차도 문학의 자기 고백적 성격을 실토하지 않았느냐고 오히려 거기 의존하여 이론적 보강을 시도하는 것이다. 작품과 인간, 작품과 경험의 동일성을 전제로 한 전기적 접근법은 렘브란트나 안데르센의 경우처럼 작품과 전기의 상호조명을 통한 숨어 있는 의미의 계시라는 차원에서만 뜻 깊은 것은 아니다. 구체적인 작품에 대한 전기적 참조가 일차적 표면적인 작품 해명에 유익하다는 것은 그 사례를 얼마든지 지적할 수 있다.

184

유리에 차고 슬픈 것이 어른거린다.
열 없이 붙어 서서 입김을 흐리우니
길들은 양 언 날개를 파닥거린다.
지우고 보고 지우고 보아도
새까만 밤이 밀려나가고 밀려와 부딪히고,
물먹은 별이, 반짝 보석처럼 박힌다.
밤에 홀로 유리를 닦는 것은
외로운 황홀한 심사이어니,
고운 폐혈관이 찢어진 채로
아아, 늬는 산새처럼 날라갔구나!

──「유리창 ɪ」

1930년대에 발표된 정지용의 이 시는 애이불상(哀而不傷)의 한 범례로서, 드러내지 않은 억제된 슬픔의 품위의 사례로서 흔히 거론된다. 밤에 홀로 유리를 닦는 화자의 행위가 외로움과 슬픔의 소산이라는 것은 분명하고 그 슬픔이 어떤 상실과 관련된다는 것도 문맥상 명백하다. 그러나 폐렴으로 잃게 된 어린 아들로 말미암은 작품이라는 전기적 사실의 보충설명을 통해서 〈아아, 늬는 산새처럼 날라갔구나!〉라는 마지막 시행의 의미가 극명하게 밝혀지는 것이다.

다섯 해가 지나갔다. 다섯 번의 여름과
기나긴 겨울이! 그리고 나는 다시
듣는다. 이 강물소리를.
산골 샘에서, 흘러나와
조용히 흐르는 이 벽지의 물소리.
다시 한번 나는 바라본다.
거칠고 으슥한 정경에 보다 깊은
으슥한 생각을 더해 주며

작품과 개인사　185

땅의 경치와 하늘의 고요를 이어주는
이 높고 가파른 벼랑들을……

　위의 구절은 『서정담시집(抒情譚詩集)』속에 마지막으로 수록된 작품인 「틴턴 사원 위쪽에서」의 첫머리다. 여기서 〈다섯 해가 지나갔다〉는 것은 무엇을 뜻하는가? 워즈워드는 1793년 자기를 따르는 청년 윌리엄 칼버트와 함께 영국 서부지방을 여행하다가 와이 강에 들른 적이 있다. 그로부터 5년 후인 1798년에 다시 와이 강 지방을 방문한 시인은 틴턴 사원의 몇 마일 상류지점에서 이 시를 쓴 것으로 되어 있다. 따라서 〈이 강물소리〉는 와이 강을 뜻하며 5년 전은 1793년의 첫번째 여행을 뜻한다. 이러한 전기적 사실을 모른다고 해서 이 시의 이해가 가망 없는 것은 결단코 아니지만 전기적 사실의 고려가 이해상의 명징성을 제공해 준다는 것은 분명하다. 그리고 이러한 사례는 문학작품의 도처에 수다하게 놓여 있다.

　전기적 참조의 유효성은 이렇게 특정 작품의 특정 부분에 대한 명석한 해명에 국한되지 않는다. 적정하게 사용될 때 그것은 한 작가의 이해에 있어 의지할 만한 준거틀을 제공하는 것이다. 고전적인 전기비평과는 거리를 유지하고 있으면서 전기적 참조를 통해서 작가 이해에 도달하려는 비평적 노력의 한 성과를 가령 우리는 에드먼드 윌슨에게서 찾아볼 수 있다. 윌슨 특유의 거침없고 속도감 있는 필치로 비코에서 마르크스주의 비평에 이르는 사회역사적 비평을 개관하고 있는 「문학의 역사적 해석」이란 글에서 그는 문학작품의 기원에 관한 연구의 하나로 프로이트의 정신분석을 들고 있다. 그리고 작품의 배후에 있는 작가의 개성에 비추어서 작품을 해석하는 가령 생뜨 뵈브 흐름의 비평의 연장선상에서 그것을 파악하고 있다. 다른 점이 있다면 정신분석 계통의 비평이 이러한 해석을 보다 정밀하고 체계적으로 만들었다는 것이다. 이어서 그는 프로이트 흐름의 정신분석을 문학에 적용한 탁월한 사례의 하나로서 반 윅 브룩스의 『마크 트웨인의 시련』을 들고 있다. 부친의 임종에 즈음하여 마크 트웨인의 어머니가 그녀의 속을 썩이지 않겠다는 약속을 아들에게 시켰다는 어린 시절의 사건을 주목했을 때 저자가 중요한 것을 포착했으며, 그것이 마크 트웨인의 전체 심리에 중요한 관련을 가지고 있다고 하면서 윌슨은 이렇게 부연한다. 〈사람들이 자기의 어린 시절에 관해서 하는 얘기는 설사 그것이 뒷날의 경험에 비추어서 부분적으로 혹은 전적으로 꾸며낸 것이라 하더라도 극히 상징적이기가 쉽다. 그리고 한 작가의 작품 속에 되풀이해서 나타나는 태도, 강박심리, 정서의 패턴은 역사적 방법의 비평가에게는 극히 흥미 있는 것이다.〉

윌슨이 여기서 말하고 있는 비평이 한 작가의 작품에 대한 주요한 단서를 그의 생애, 성격, 인물됨에서 찾을 수 있다는 기본적인 가정을 딛고 선 전기적 방법임은 분명하다. 인간과 작품의 동일성을 가정하고 작가의 외모나 신체적 특징에서부터 일상생활의 세목에 이르기까지 작가의 개인사를 조사하여 작품 이해에 도움이 되는 어떤 계기와 단서를 찾아내는 것이 전기적 비평의 실제였고 그것은 사무엘 존슨 이후 20세기 초엽까지 많은 개인적 편차를 보여주면서 널리 실천되었던 터이다. 이러한 전기적 비평은 20세기에 들어와서 당대의 지배적 지적 조류인 마르크스주의나 프로이트 주의의 몇몇 전제나 공리를 채택함으로써 그 발생이나 기원의 해명에 기여하기 때문에 윌슨은 전기적 비평이란 한정적인 말을 피하고 역사적 해석이란 범주에 집어넣었다고 생각된다. 이렇게 윌슨은 협의의 전기적 방법을 심리적 방법으로 대체·보강하면서 보다 넓은 역사적 방법 속에 편입시키고 있는데 이것은 단순한 전기자료집으로 떨어진 혹종의 연구에 대한 형식주의 쪽의 비판이나 대응을 수용하는 한편 전기적 방법의 현대적 수정과 보완을 꾀한 결과라고 생각할 수 있다.

윌슨의 방법이 실제비평 속에서 범례적인 성취를 보인 사례로서 우리는 그의 「디킨즈론 : 두 사람의 스크루지」를 지적할 수 있다. 윌슨은 우선 디킨즈의 어린 시절을 주목한다. 디킨즈가 열두 살 나던 해 그의 부친이 채무 불이행으로 감옥에 갇힌다. 집에서는 양식이 딸리고 모든 가재도구는 전당포로 넘어갔다. 그는 사촌이 경영하는 검정 도료(塗料) 창고에서 6개월동안 일하였다. 이 무렵 어린 시절에 있었던 신경증 발작이 도졌다. 부친의 출옥 후에도 작업조건이 형편없는 공장에서 일하였는데 이 경험의 중요성을 윌슨은 강조한다. 이러한 경험이 디킨즈에게 평생 고질이 된 정신적 외상을 안겨 주었다는 것이다. 어린 시절의 이러한 고생과 관련해서 디킨즈가 과도한 자기연민에 빠졌다는 비판도 있다. 도료상에서 일한 것은 6개월밖에 안 된다는 것이 비판자의 지적이다. 윌슨은 그 정신 외상의 특수성을 이렇게 설명한다. 〈그러나 이 기간 중 그가 완전한 절망상태에 빠져 있었다는 것을 깨닫지 않으면 안된다. 절망적인 난경에 처한 어른에게 있어서는 어떤 출구를 마련하는 것은 몰라도 그 출구를 상상하는 것은 거의 언제나 가능하다. 그러나 사랑과 자유를 까닭모르게 빼앗긴 어린이에게 있어서는 어떠한 구원도 해방도 기획될 수 없다. 도료상 근무 시절의 디킨즈의 발작이 신경증적인 증상임은 분명하다. 그리고 어린 시절의 자연스러운 발달의 갑작스러운 중단에 의해서 영속적인 억울상태와 공포가 야기될 수 있다는 것을 심리학자들은 근자에 말하고 있다.〉 그의 부친이 도료상에서 디킨즈를 빼내 오기로 결정한 후에도 모친 편에서 계속 일하기를 바랐기 때문에 아들이 어머니를 그 일로 용서하지 않았다는 것을 윌슨은 지적한다. 〈나는 그 뒤 잊지 못했으며, 잊지도 않을 것이며, 또 잊을 수도 없다〉는 디킨즈 자신의 자서전적 술회를 인용하고 나서 다시 윌슨은 부연한다.

디킨즈가 평생에 걸쳐서 한 일은 이들 어린 날의 충격과 고생을 정리하고 스스로에게 설명하고, 그들과의 연관 속에서 자신을 정당화하고, 이러한 일이 일어날 수 있는 세계의 알기쉽고 견딜 만한 그림을 그려 보여주려는 기도였다.

디킨즈의 첫 장편인 『피크윅클럽 문서』의 삽화에 나오는 채무 불이행의 죄수나 피크윅 자신의 투옥 등이 모두 작가의 정신적 외상 경험과 연관되어 있으며 자타가 공인하는 그의 유모어에 히스테리의 흔적이 엿보이는 것도 그 때문이라고 윌슨은 지적한다. 첫장편이 끝나기도 전에 집필한 것이 『올리버 트위스트』라는 것도 이러한 맥락에서 이해될 수 있다. 조직사회의 잔학성에 의해서 상처받은 어린 시절을 가진 사람에게는 범법자와 반항자의 태도가 자연스러운 것인데 디킨즈는 상상 속에서 이두 가지 역할을 수행하였다. 감옥과 죄수에 대한 그의 유별난 관심, 사형집행에 관한 많은 글과 공개처형에 대한 반대, 살인자와 반항자의 빈번한 취급이 모두 이에 연관된다고 윌슨은 지적한다. 디킨즈가 도둑은 물론이고 살인자와도 쉽게 자기동일시를 할 수 있었다는 것이다. 혁명의 주제를 다루고 있는 『험한 세상』이나 『두 도시 이야기』에는 근로계층에 대한 작가의 공감과 사회에 대한 항의, 그리고 중산계급인이라는 자의식에서 오는 대중에 대한 공포와 조합운동에 대한 유보감이 섞여 있는데 그 기원은 모두 어린 날의 외상 경험에서 유래한다.

윌슨은 나아가 작중인물의 심리도 작가의 심리와의 연관 속에서 분석을 시도한다. 디킨즈의 초기 작품세계는 멜로드라마의 가치관에 기초한 이원론으로 구성되어 있다. 세상에는 선인과 악인, 희극적 인물과 진지한 인물이 있다는 것이다. 디킨즈가 보여주는 복합성은 고약한 인물이 쓸만한 인물로, 또 희극적인 인물이 진지한 인물로 바뀌는 것이 고작이고 그 극단적인 사례가 『성탄절 노래』의 스크루지이다. 스크루지는 디킨즈 세계 동력학의 근본원리를 보여주는데 디킨즈의 감정구조에서 똑바로 나온 인물이다. 작가의 극장 애호가 멜로드라마의 이분법에 대한 취향을 제공해 주었다기보다는 작가의 기질상의 상반된 충동 사이의 조화의 결여가 그것을 낳았다는 것이다. 윌슨의 분석에서 디킨즈는 도스토예프스키처럼 극히 불안정하고 상반되는 충동에 휘말리며 극도의 잔인성이나 냉혹함을 발휘할 수 있는 인물로 드러난다. 이러한 기질의 반영으로 인물 이원론이 디킨즈의 작품세계에 흐르고 있으며 착한 제조업자와 악덕 제조업자, 늙은 유태인 악한과 선량한 유태인 노인 등 상반되는 인물과 가치가 그의 상이한 작품 속에 공존하고 있다는 것이다.

앞에서도 시사했지만 윌슨의 접근법은 고전적 전기비평과는 크게 동떨어져 있다. 그 방법적 핵심은 관련성 있는 전기적 사실을 배열하고 그로부터 작가의 심리에 관한 결론을 추출해낸 뒤 이 결론을 작품에 적용하는 것이라고 할 수 있다. 즉 작가의 개인사에서 그의 상상력의 조건이 되어 주는 요소를 검토하여 이를 작품에 적용한다는 의미를 갖고 있으며 이때 어린 시절의 정신적 외상 경험에 주목하는 것이다. 당대 심리학의 성과를 현학의 흔적없이 흡수하여 유연한 문체로 심리와 상상력의 불가분의 관계를 밝혀 주는 윌슨의 비평에서 우리는 적절한 개인사적 참조가 작품의 해명에 기여하는 방식을 확인할 수 있다.

그 나무에 그 열매

이른바 전기적 접근법이 보여주는 문제점의 하나는 작품 평가를 작가에 대한 도덕적 평가로 대체하려는 경향이다. 형식주의 비평가들이 전기적 접근법을 작품으로부터 작가로 관심을 옮겨 놓는 비본질적 접근법이라고 비판할 때 그들이 염두에 둔 것의 하나가 작가에 대한 도덕적 평가이다. 그리하여 전기적 접근법은 자칫하면 작품과 작가에 대한 통찰보다는 사랑방의 얘깃거리를 제공하기가 십상이며 사실 그러한 수준에 머물러 있는 사례도 허다하다.

썩은 나무가 좋은 열매를 맺지 못한다는 것은 마태복음에도 보이는 대목이지만 전기적 방법에 의존하는 사람들은 부지중에 작가와 작품의 관계를 나무와 열매로 파악하려는 유혹에서 벗어나지 못한다. 바이런이나 셸리와 같은 영국 시인들은 말썽 많은 사생활 때문에 작품 자체가 폄훼되었다. 따라서 매슈 아놀드 같은 비평가는 셸리의 전기가 나온 것을 개탄하기까지 하였다. 작자의 사생활의 문제 아닌 공적 생활이나 정치적 입장 때문에 작품 평가가 영향을 받는 것은 너무나 흔히 목도하게 된다. 가령 밀턴 같은 시인이 청교도 혁명 때의 역할이나 종교적 입장 때문에 신교도들의 숭상을 받는 대신 영국 국교도들에게는 경원시되고 엘리어트

190

와 같은 형식주의적 성향의 비평가에게조차 상대적 냉대를 받았다는 것은 그 비근한 사례이다. 식민지 체제 아래서 문학 운동이 각별한 정치적 사회적 의미를 가지고 있었던 우리의 근대문학에서 작품 평가는 작가의 도덕적 평가와 밀접히 관련되는 경향을 보인다. 이광수의 문학에 대한 평가의 부침은 대체로 그의 정치적 사회적 행동에 의해서 크게 영향받은 탓이라고 할 수 있다. 저항시인으로 분류되는 시인들에 대한 상대적인 비평적 예우는 자연스러운 일로 받아들여지고 있다. 윤동주는 순도 높은 시를 남긴 탁월한 시인임에 틀림없지만 윤동주 시에 대한 선호는 그가 식민주의자들에게 오염되지 않은 청순한 삶을 살았다는 개인사에 의해서 폭넓은 심리적 지지를 얻고 있다. 이른바 순수시를 쓴 정지용 같은 시인이 짤막한 기간의 정치적 행적이 문제되어 〈순수문학〉의 옹호자들에게 배척받고 있었다는 역설적 사실은 작품보다도 작가를 상위개념으로 설정한다는 경향을 첨예하게 보여주고 있다.

여기서 우리는 불가피하게 문학과 인간의 문제에 마주치게 된다. 훌륭한 문학이 반드시 훌륭한 사람의 손으로 이룩되지 않는다는 것은 예술이 본래 기술이요 솜씨라는 사실을 염두에 둘 때 조금도 놀라운 일은 아니다. 도덕적 염결성의 인품은 예술가보다는 종교가나 도덕가에게 요구되는 자질이다. 작가의 도덕적 인간적 순결을 기준으로 작품을 판단한다면 세계문학의 대다수가 추방당한다는 상황이 벌어질 것이다. 프랑소아 비용에서 랭보에 이르는 저주받은 시인들, 도스토예프스키를 필두로 한 병적인 천재들의 작품을 추방한다면 문학의 세계 지도는 극심한 빈곤화를 면치 못할 것이다. 예술을 도(道)로 파악한 동양의 전통에서도 사정은 크게 달라지지 않는다. 아름다운 감정이 열악한 문학을 낳을 수 있다는 사례로 형식주의자들은 흔히 사춘기 소년들의 사랑 편지를 거론한다. 연모의 감정이 지순하고 강렬할수록 편지는 우스꽝스러워지게 마련일 것이다. 마음 가난한 주부와 같은 선의의 사람들이 써 보이는 생활 시편이나 수필에서도 우리는 비슷한 현상을 발견할 수 있다.

〈시인의 기능은 시적 상태를 경험하는 것이 아니라 타인 속에 그것을 만들어 주는 것이다〉라고 발레리는 적고 있다. 그는 또 〈시가 언어를 통해서 시적인 마음의 상태를 생산해내는 일종의 기계〉라고도 정의해 놓고 있다. 이렇게 작가의 경험과 작품 속에 구현된 경험을 굳이 분리시키지 않더라도 문학예술이 갖는 기술적 측면을 고려할 때 진실한 감정이나 태도가 그대로 문학적 진정성의 생산으로 이어지지 않는다는 것은 쉬 간파할 수 있다. 또 작가가 슬픔과 고통의 시기에 비극적인 작품을 제작하고 만족과 행복의 시기에 낙관적, 긍정적인 작품을 산출하는 것도 아니다. 깊은 슬픔에 잠겨 있을 때 가장 익살맞은 시행을 적었다고 우울성향으로 소문난 한 영국 시인은 적고 있다. 표현 이론이 낭만주의의 소산이기 때문에 표현이론의 비평적 반영인 전기적 접근은 특히 낭만주의 이전의 문학에는 가당치 않은 것이라는 비판은 설득력이 있다. 게다가 근대 이전의 문학가의 개인사는 대체로 불명확한 상태로 남아 있다. 뿐만 아니라 창작행위가 사회적 일상적 자아와는 거리를 유지하고 있는 심층부위의 참여 속에서 이루어진다는 것을 고려할 때 표면적 개인사에 대한 과도한 의존이 믿음직스럽지 못하다는 것도 분명하다. 또 문학 속에 되풀이 나타난 공통적인 주제에 착안하여 작품에 접근해 갈 때 우리는 작가보다 한결 중요하고 지속적인 주제에 주목하게 되는 것이다. 〈이름 없는 미술사〉에 대한 요구도 아주 무리한 것만은 아니다.

보바리 부인은 나요

연극 속의 등장인물의 말을 그대로 작가의 습관적 의견이라고 생각한다는 것은 명백히 잘못이다. 등장인물의 성격묘사를 위해 그때그때 적절한 말과 동작을 부여하는 것이 극작가의 소임이다. 〈태어나지 않는 것이 최고다〉라는 비관론적 발언과 〈땅 위에 경이는 많다. 그러나 가장 경이로운 것은 인간이다〉라는 인간찬가가 소포클레스에 보인다. 그 어느 하나를 소포클레스의 고정된 사상으로 귀착시킨다는 것은 해당작품을 위해서나 소포클레스의 이해를 위해서나 용렬한 일이다. 전체와의 연관 없는 부분의 제시도 불충분한 것이고 또 변함 없이 고정되어 있는 한 가닥의 정태적 사상을 상정하는 것도 온당한 일은 아니다. 그러나 이렇게 자명한 일도 주관적인 서정시나 근대 작가의 작품의 경우에는 달라지게 마련이다. 〈최상의 사람들에게는 확신이 없고／최악의 무리들은 강렬한 격정으로 차 있다〉는 예이츠의 귀절을 읽을 때 우리는 그것이 시인 자신의 사상이라는 것을 당연시한다. 소설의 경우에도 굳이 작가가 공명과 공감을 가지고 그린 작중인물을 찾아내어 거기서 작가의 분신을 발견하려고 노력하게 된다.

　서정시 속의 일인칭을 시인 자신과 분리시켜 서정시를 극적 독백의 일환으로 파악하는 현대 형식주의자들의 시도가 있기 전에 벌써 시인들은 자신의 역할을 극작가의 그것으로 근접시켜 생각하였다. 셰익스피어를 탐독한 끝에 자기가 표현해야 하는 것이 하나의 개성이 아니라 다양한 개성들이라고 믿게 된 청년 시인 키이츠의 통찰이 그 선구적 사례이다. 그리하여 위대한 작가는 자기가 반드시 믿고 있는 것이 아닌 많은 사상을 품게 된다고 그는 생각하게 되었다. 일인칭 서정시의 작자도 자기 생각을 적는 것이 아니라 있을 수 있는 느낌이나 생각을 조작(操作)한다는 점에서 극작가와 크게 다른 것은 아니랄 수도 있다. 이러한 몰개성지향은 〈작가의 그림자 하나도 들여놓지 않겠다〉는 『보바리 부인』에서 한 범례를 보여주었다고 평가되고 있다. 작품 속에 작자의 모습이 드러나 있지 않다는 국면에 역점을 두어 모파상은 〈작품 속에 등장하는 것은 삶 자체이다〉라는 명언을 남기고 있다. 그리하여 플로베르 흐름의 몰개성의 이상은 몇몇 현대 작가에게 계승되어 있다고 할 수 있다. 그러나 작가가 작품 속에서 완전히 모습을 감춘다는 것은 사실상 불가능한 일이다. 몰개성의 이론과 실천은 낭만주의의 주관적 탐닉에 대한 대조 항목으로 존재하는 것이지 그 완벽한 실현을 기대할 수는 없다. 그러한 뜻에서는 몰개성도 하나의 개성이 존재하는 특수한 양식이랄 수도 있다. 〈보바리 부인은 나요〉란 플로베르의 대답이 그것을 의미심장하게 시사하고 있다.

　작가의 개성은 오직 작품 속에만 존재하며 그 바깥에는 존재하지 않는다는 근자의 이론은 원본에 충실하라는 충고로서는 정당하나 그것이 궁극적으로 시사하는 저자의 부정은 근본적으로 몰주체적인 반인간주의로 떨어질 위험을 안고 있다. 개인사적 고려가 이육사를 실제 이상의 큰 시인으로 바꿔 놓고 있다는 사정은 부정할 수 없다. 그러나 그의 개인사적 고려를 배제하고 가령 한두 편밖에 안되는 그의 수작을 이해하기는 어려운 일이다.

　지금 눈 나리고
　매화향기 홀로 아득하니
　내 여기 가난한 노래의 씨를 뿌려라

　다시 천고의 뒤에
　백마타고 오는 초인이 있어
　이 광야에서 목놓아 부르게 하리라.

　이육사의 생애를 도외시하고 그의 소작 스무 편만 가지고 이 시를 대할 때 우리는 이 작품의 의미에 당황하게 될 것이다. 〈글은 사람이다〉란 말은 한정된 범위에서는 옳은 소리다. 〈시가 위대하기 위해서는 사람 냄새가 나야 한다〉는 말도 옳은 소리이다.

　표현이론에 기초한 전기적 접근이나 형식주의에 의존한 시와 시인의 분리는 상호배제적인 대립 항목으로 포착할 것이 아니라 상호보완적인 중층구조로 파악할 때 문학 이해에 기여할 것이다. 그런 뜻에서 〈보바리 부인은 나요〉라는 짤막한 대답은 잊혀져서는 안될 문학 격언의 하나라고 해야 할 것이다.

주요 참조문헌

김홍규, 「육사의 시와 세계인식」, 『문학과 역사적 인간』, 창작과 비평사, 1980.

Kenneth Clark, *An Introduction to Rembrandt* (Harper & Row, New York, 1978).

Hans Mayer, *Outsiders : A Study in Life and Letters,* tr. Denis M. Sweet (The MIT Press, Cambridge, 1982), ch 13.

Ruthven, *Critical Assumptions,* ch.6.

Edmund Wilson, *The Triple Thinkers : Ten Essays on Literature* (Harcourt & Brace, New York, 1938).

——————, *The Wound and The Bow : Seven Studies in Literature* (Houghton Mifflin, Boston, 1941).

프로이트와 문학

　20세기에 들어와서 큰 영향력을 발휘하고 사람들의 인간이해와 세계이해를 크게 변화시킨 사상으로 마르크스주의와 프로이트 심리학을 드는 데 반대할 사람은 별로 없을 것이다. 마르크스의 급진적 사상과 프로이트 심리학은 현대세계의 이해를 위해서 우리가 간과할 수 없는 서구 현대의 견고한 지적 전통을 구성하고 있다. 마르크스주의의 기초는 19세기에 형성되었지만 그 문화이론이 나름대로의 정교한 정식화(定式化)를 성취한 것은 20세기에 들어와서의 일이라고 인정된다. 이에 반해서 프로이트 심리학은 『꿈의 해석』이 1900년에 출간되었다는 사실이 시사해 주듯이 20세기의 산물이라고 보아도 크게 잘못되지는 않는다. 프로이트의 주요 저작이 20세기에 들어와서 나왔기 때문에 그 이전의 사상적 전개는 그 준비기간으로 보아 틀림이 없을 것이다.

　지성사의 연구자들은 흔히 마르크스와 프로이트가 인문주의 전통의 흐름 속에서 엄격한 지적 훈련을 받았다는 사실에 주목한다. 이들의 지성은 따라서 서구인문주의의 이상에 의해서 형성되고 연마되었던 것이다. 연구자들은 또한 두 사람이 모두 제도화된 현실개념을 정면에서 거부했다는 점에 주목한다. 그리하여 두 사람이 탁월한 폭로원리의 주창자라는 점에서 공통된다고 지적한다. 사람들의 현실인식에 있어서의 가면을 두들겨 부수는 일이야말로 지성의 과업이라고 설파했다는 점에서 두 사람은 일치한다. 〈허위의식〉에서 유래한 이데올로기의 개념이 프로이트의 정신 분석학에서 말하는 〈합리화〉의 개념과 놀라운 유사성을 보여주고 있다는 것은 누구나 수긍하는 일이다.

마르크스로 대표되는 급진적 사상 전통과 프로이트의 정신분석 사이에는 그러나 커다란 차이점이 보인다. 마르크스가 헤겔 흐름의 변증법적 사고, 생시몽 흐름의 공상적 사회주의, 아담 스미스로 대표되는 고전경제학이라는 지적유산을 기초로 해서 그것을 비판하는 자리에서 도전적인 체계를 형성하였음에 반해서 정신분석은 그 창시자이자 사상적 시조로서 프로이트라는 특정 개인을 가지고 있을 뿐이다. 따라서 정신분석의 이론이 구상되고 수정되고 발전되는 과정이 비교적 뚜렷하게 인지될 수 있으며 우리는 문화적 성취의 개인적인 성격을 확인하게 된다. 정신분석이 이렇게 살아 있는 현대인의 창의적 구상에서 비롯하여 발전해 왔다는 사정은 프로이트의 개인사에 각별한 관심을 불러일으켰다. 동조하든 혹평하든 이 한 사람의 지적 거인의 삶에서 현저한 것은 그것을 꿰뚫고 있는 견인주의(堅忍主義)이다. 그를 유명하게 해준 업적에 그가 착수한 것은 30대 후반의 일이었다. 그의 사상가로서의 발전이 비교적 늦게 이루어졌다는 사실은 프로이트의 지적 성취가 동시에 도덕적 성취였음을 상기시켜 준다. 가족부양의 책임을 떠맡고 있던 중년 인사가 자기 직업의 지도자에게 비각인 이론을 위해서 전문직업인으로서의 이력을 걸었다는 것은 소홀치 않은 용기를 필요로 하는 일이었다. 뿐만 아니라 프로이트 심리학이 신경증환자의 관찰뿐 아니라 지칠 줄 모르는 자기검토와 자기검증의 산물이라고 할 때 수치스럽고 도덕적으로 혐오스러운 사실과 대결한 그의 도덕적 용기는 다시 한번 탄복에 값하는 일이었다고 할 수밖에 없다.

프로이트의 전기 독자들은 그의 만년의 삽화에서 감동을 받게 마련이다. 67세가 되던 1923년에 그는 턱에 암이 생겼음을 알게 되었다. 그후 그는 33번의 수술을 받았고 83세의 나이로 세상을 뜨기까지 16년간 고통스러운 투병생활을 하였다. 그러나 그 사이 그는 진통제의 사용을 끈질기게 거절하였다. 투병중의 자신의 세계를 〈무관심의 바다 위에 떠 있는 조그만 고통의 섬〉이라고 묘사했지만 그의 주요 저작인 『문명과 그 불만』은 투병중인 73세 때 씌어진 것이었다. 분명하게 사고하지 못하면서 덜 아픈 것보다는 고통 속에서 명석하게 생각하는 것이 낫다고 한 그의 말 속에서 우리는 어떤 비극적 위엄을 감득하게 된다. 정신분석이 프로이트 개인에게서 유래하였다는 사실은 그의 삶을 꿰뚫고 있는 견인주의와 부딪히게 하고 그것이 정신분석 자체에도 어떤 호소력을 부여하고 있다 해도 과언이 아니다.

정신분석은 인류학에서 사회학에 이르는 모든 분야에 막강한 영향을 끼쳤다. 그러나 정신분석과 문학의 상호영향 또는 상호충격은 가장 현란한 상호작용의 보기라고 할 수 있다. 아래에서 우리는 프로이트와 문학의 상호영향, 문학예술 이해에 대한 프로이트의 기여를 검토해 볼 것이다. 그 과정에서 우리는 미국의 비평가 라이오넬 트릴링에게 크게 의존할 것이다. 트릴링은 마르크스와 프로이트에게 영향을 받았으며 특히 체계적 사상가로서의 프로이트에게 경도하였다고 술회하고 있는 현대 미국의 대표적인 비평가이다. 그러나 그는 좁은 의미의 심리학적 비평이나 정신분석적 비평의 실천자가 아니다. 정신분석의 개념을 도입해서 작품 해석에 응용한 경우도 한두 편의 에세이를 제외하고서는 거의 없다시피 하다. 그럼에도 불구하고 그는 프로이트의 문화적 의미를 밝히는 글들을 통해서 프로이트 심리학에 대한 유례없이 단단한 이해를 보여주었고 그 이해를 난삽하지 않은 비전문적 어휘를 통해서 전달해 주고 있다. 그는 또 개인의 사회적 적응의 문제에 초점을 맞추어 감정의 건강이나 복지를 중요시한 수정주의자들의 동향에 동요됨이 없이 프로이트 자신의 고전적 정신분석에 대한 경도를 시종여일하게 보여주고 있어 믿음직스러운 참조인이 되어 주고 있다.

정신분석과 낭만주의

프로이트가 정신분석의 기본개념이나 가설을 구상하고 정교화하는 과정에서 문학작품에 빚진 바가 많다는 것은 널리 알려진 사실이다. 자신의 70회 탄생일을 축하하는 자리에서 〈무의식의 발견자〉라는 칭송을 물리치고 그는 이렇게 말했다고 한다. 〈나 이전의 시인과 철학자들이 무의식을 발견했습니다. 내가 발견한 것은 무의식을 연구하는 과학적 방법이었습니다.〉 프로이트의 과학적 관심이 인문학의 견고한 바탕 위에 기초해 있다는 것은 널리 수긍되고 있다. 그리하여 괴테의 자연에 관한 논문이 프로이트에게 끼친 충격을 얘기하는 것이 보통이다. 그러나 19세기 중엽에 이르면 과학과 문학의 분리가 거의 완벽하게 이루어지기 때문에 인문학의 견고한 바탕 위에 과학적 관심을 기초해 둔다는 것은 매우 이례적인 일이었다. 그러나 한편 그 때문에 프로이트가 실증주의적이고 합리주의적인 과학자로 시종했다는 사실을 소홀히 해서는 안된다.

문학에 대한 프로이트의 빚짐과 관련하여 트릴링은 정신분석이 19세기 낭만주의 문학운동의 정점(頂點)의 하나라고 이해한다. 자아에 대한 정열적이고 헌신적인 탐구가 낭만주의 문학의 특색인데 정신분석은 낭만주의의 그러한 특색을 공유하고 있다는 것이다. 한편 자아탐구에 대한 정열적인 몰두라는 면에서는 낭만주의 또한 과학적이라는 것이 트릴링의 생각이다. 프로이트에 대한 특정 문학의 영향은 꼬집어서 지적할 수 없지만 18세기에 나온 디드로의 「라모의 조카」는 19세기의 문인 철학자들이 탄복해 마지 않았던 책인데 벌써 프로이트 흐름의 〈자아〉와 〈이드〉의 개념을 앞당겨 보여주고 있다고 트릴링은 생각한다. 인간본성의 감추어진 요소를 드러내고 숨겨진 것과 가시적인 것 사이의 대립을 인지하고 있다는 점에서 낭만주의 문학과 정신분석은 일치한다는 것이다. 뿐만 아니라 낭만주의 문학에서 발견할 수 있는 어린이, 여성, 농부, 미개인에 대한 열의 있는 관심, 또 성에 대한 혁명적 태도, 죽음에 대한 동경, 꿈에 대한 몰두 등이 모두 정신분석과의 유사성을 보여주고 있다는 것이다.

한걸음 더 나아가 아놀트 하우저 같은 예술사회학자는 정신분석 자체가 일종의 낭만주의라고 더욱 단호하게 주장한다. 예술가가 신경증환자와 동일한 현실의 등한시를 보여주고 있다는 프로이트의 생각이나 예술이 무의식적 소망의 대리적 충족으로서 하나의 보상이라는 생각이 모두 낭만주의 예술의 경험에 기초해 있다는 것이다. 예술창조에 있어서 비합리적이고 직관적인 능력에 부여한 각별한 역할 자체에도 낭만주의적 성격이 드러나 있다. 그러나 무엇보다도 중요한 것은 정신분석의 치료의 기초이자 자연스러운 정신 기능의 판단기준이 되는 〈자유연상〉이 낭만주의의 〈내면의 소리〉의 변종이라고 하우저는 주장한다. 낭만적 위기의 결과 개인의 삶과 일이 두 개의 별도 영역으로 되면서 개인의 사사로운 자아와 공적인 작업 사이에 괴리가 발생한 문명의 문제에 대한 하나의 해답으로 정신분석이 생겨나게 되었다는 것이다.

추상적인 설명을 젖혀 놓더라도 낭만주의 문학이 강조했던 에로스와 타나토스, 꿈과 상상력, 먼 곳에의 동경과 현실의 기피, 삶의 밤경치의 제시가 정신분석이 보여주는 자아, 초자아, 이드의 위상과 유사성을 보여주고 있는 것은 분명하다. 굳이 난점을 찾는다면 정신분석이 과연 낭만주의 운동의 부산물일 것인가 하는 점에 관해서다. 그리고 자아에 대한 열의 있는 몰두 그 자체가 어떻게 과학적이랄 수 있을 것인가 하는 점에 대한 우리의 유보감일 것이다.

상처와 활

프로이트는 예술에 대한 섬세한 감수성을 가지고 있으며 예술가 특히 작가에 대해서 각별한 호의와 경의를 가지고 있음이 분명하다. 그럼에도 불구하고 이론적으로 예술과 예술가에 관해서 거론할 때 그는 경멸조가 된다고 트릴링은 생각한다. 예술은 필경 대리적 충족이며 그러한 한에 있어서는 현실과 대조되는 환상이다. 대부분의 환상과는 달리 예술은 그러나 거의 언제나 무해하고 상냥하다. 그것이 환상 이상이 되려 하지 않기 때문이며 예술에 들려(憑) 있는 사람의 경우가 아니라면 현실의 영역에 공격을 가하는 법이 없기 때문이다. 예술의 기능의 하나는 마약(麻藥) 구실을 하는 것이며 예술은 꿈의 특징을 꿈과 공유하고 있다. 예술가로 말하면 그는 신경증 환자와 실질적으로 동일한 범주에 속하는 위인이라는 것이 단순화해서 말해 본다면 프로이트의 예술관 및 예술가관이라는 것이다.

프로이트의 예술가관은 그후 단순화된 채 병든 천재라는 낭만주의의 예술가관과 접목되어 통속적인 예술가관을 낳았다. 인문주의의 전통을 계승한 미국 비평가 에드먼드 윌슨이 「상처와 활」이라는 에세이에서 공명적으로 다루고 있는 것이 바로 이러한 프로이트의 예술가관이다. 윌슨은 소포클레스의 비극인 「필록티티즈」에 주목하면서 본래의 그리스신화, 앙드레 지드와 같은 현대작가의 창조적 변형, 그리고 소포클레스의 작품이 지니고 있는 잠재적 의미의 심층분석에 착수한다. 본래의 신화에서 필록티티즈는 적수 없는 활과 치명적인 화살을 상속받았으며 그리스 진영에 속하여 트로이전쟁에 참가하는 것으로 되어 있다. 그러나 트로이로 가는 도중에 독사에게 물려 상처가 고약한 냄새를 피우고 또 계속 고통의 소리를 질러 그리스인들은 그를 섬 위에 팽개쳐 버린다. 그러나 필록티티즈가 가지고 있는 활과 화살이 아니면 전쟁에서 이길 수 없다는 말을 듣고 그리스 진영에서는 필록티티즈가 버려진 채 있는 섬으로 사람을 보내어 진노하는 그를 설득하여 전쟁에 참가하도록 한다. 상처가 회복된 필록티티즈가 결국은 승리를 가져온다는 것이 신화의 줄거리이다. 앙드레 지드는 필록티티즈를 문인으로 해석한다. 그는 섬에 버려진다는 불행을 통해서 자기 자신을 더 잘 표현할 수 있게 된다. 사람과의 접촉을 잃고 사냥과 수면 사이에는 오로지 생각에 잠기기 때문에 그의 생각과 상념은 극히 정교해지고 삶의 비밀을 더욱 잘 알게 된다. 그는 자기가 고

생한 얘기를 즐겨 하게 되는데 말의 표현이 아름다우면 스스로 위안이
된다. 고생한 얘기를 함으로써 슬픔을 잊어버리는 경우도 있다. 말이란
것이 타인의 요청에 대한 응답이 아닐 때 더욱 아름다와지게 마련이라는
것을 그는 깨닫게 된다. 요컨대 지드가 그린 필록티티즈는 고립에 비례
해서 그 재능이 더욱 순수해지고 심오해지는 문인이요 예술가요 모랄리
스트이다. 이러한 필록티티즈에게서 윌슨은 천재와 병이 마치 기운과 신
체 결손처럼 뗄 수 없게 얽혀 있는 것인지도 모른다는 생각의 함축을 읽
어낸다.

　병적심리에 대한 소포클레스의 깊은 통찰에 주목하고 나서 윌슨은「필
록티티즈」속에서 더욱 뜻 깊은 함축을 읽어낸다. 고약한 냄새가 나는
질병의 당사자는 그 때문에 사회에 있어서 혐오스러운 존재이고 의지가
지가 없게 되지만 그와 동시에 누구나 존경해야 하고 또 정상인이 필요
하다고 느끼는 초인적 기예(技藝)의 명수이기도 하다. 혐오스러운 주인
이 아니고서는 매혹적인 무기를 소유할 수 없다는 것이 이 세상의 섭리
이다. 더구나 그 혐오스러운 주인은 자기를 동포로부터 추방해 버린 사
람들을 위해서 봉사하기를 거절하는 것이다. 그가 불만의 원인을 잊어버
리고 자기 동포를 위해서 빼어난 재능을 구사할 때 그의 질병이 낫도록
되어 있다. 그리고 필록티티즈가 자기의 고집을 꺾고 동포를 위해 자기
재능을 구사하기로 결심하게 된 것은 그를 설득하러 온 니오프톨레머스
의 진실한 공감에 의해서 양자 사이에 인간적인 유대가 수립된 이후의
일인 것이다.

　필록티티즈를 소재로 해서 지드가 만들어낸 것은 문인 특히 〈순수〉문
인의 초상이다. 이에 대해서 윌슨은 예술가와 사회의 관계라는 관점에서
필록티티즈를 해석한다. 예술가는 창조적 비전을 획득한 대가로 혐오스
러운 질병을 갖게 되었으며 비록 사회가 그를 버리긴 하지만 그의 예술
의 치유력 때문에 그를 필요로 한다는 생각에는 프로이트 심리학과의 연
관이 보인다. 인간활동의 한 영역에 있어서의 특출한 능력은 다른 영역
에 있어서의 취약성이나 무능력의 대상(代償)으로 얻어진 것이라면서 눈

먼 시인 호메로스, 절름발이인 명의(名醫) 히퍼스터스, 고약한 냄새나는 상처를 가진 필록티티즈가 흔히 거론된다. 그들의 능력은 대체로 그들의 불구성이나 무능에 대한 보상이라는 것이다. 시인이나 예술가가 병적이거나 타락한 존재라는 것이 우연이 아니라는 생각은 실상 프로이트 심리학의 일부를 이루고 있는 정신경제mental economy란 관념의 일부이다. 사람의 마음은 오직 한정된 정신력의 축적만을 마음대로 쓸 수 있으며 어느 한 영역에서 소비되는 심적 에너지의 양은 다른 영역에서 쓸 수 있는 에너지의 양을 감소시킨다는 것도 프로이트의 기본관념의 하나이다. 실상 신경증에 관한 정신분석학의 이론은 〈경제적 심리관〉에 기초를 두고 있으며 용인될 수 있는 요구의 직접적인 충족이 없을 경우 이를 보상할 만한 충분한 대리 충족이 이루어지지 않으면 정신장애가 생긴다는 것이다. 상처와 활을 지닌 필록티티즈는 윌슨에게 있어 창조적 예술가의 상징 내지는 전형이 되지만 여기에는 프로이트의 경제적 심리관의 영향이 엿보인다.

신경증의 객관화

윌슨의 〈상처와 활〉 이론이 천재의 기원은 불행이라고 확언하고 있는 것은 아니다. 그저 천재와 병이 기운과 신체손상처럼 뗄 수 없이 연관되어 있을지 모른다는 것을 확언하고 있을 뿐이다. 그러나 예술의 효과가 병에 의존하고 있다는 시사를 읽어내기는 쉬운 일이다. 이러한 생각은 널리 퍼져 있는데 그 기원이 되어 주고 있는 것은 고통에 의해서 힘을 얻는다는 생각이다. 고통과 희생이 강력한 힘과 연결되어 있다는 원시적인 믿음은 문명의 현단계에 있어서조차 사라지지 않고 있는 것이다. 무엇인가를 얻기 위해서는 희생을 해야 한다는 원시적인 믿음이 고통을 통해서 강력한 힘을 얻을 수 있으며 한 분야에서의 좌절이 다른 분야에서 충족되게 마련이라는 통속적인 믿음을 낳게 했다고 할 수 있다. 예술가는 영혼의 병 때문에 고통받고 있으며 그 고통에 대한 보상으로 예술가의 재능을 얻는다는 것이라는 것이 〈상처와 활〉 이론의 시사이다.

트릴링은 이러한 시사에 반대하면서 신경증과 창조성 사이의 인과관계를 단연코 부정한다. 예술가들은 자신에 관해서 분명하게 토로한 바가 많아서 다른 사람들보다 정신분석적인 설명에 대한 예증을 풍부하게 제공해 주고 있음이 사실이다. 그러나 예술가가 제공해 주고 있는 풍부한 재료를 근거삼아 그들이 병적이라고 시사하려 한다면 다른 모든 지적 활동에 관해서도 비슷한 주장을 할 수 있다는 것이다. 〈시인은 깨어 있는 채 꿈꾸는 사람이며 주제에 들려(憑)있는 사람이 아니라 그것을 지배하는 사람〉이라는 찰스 램의 의견은 따라서 정당한 것이다.

정신분석은 모든 인간이 부분적으로 신경증과 연관되어 있다고 본다. 모든 인간들이 병들었다는 뜻이 아니라 우리의 충동의 넉넉하고도 즉각적인 충족을 누리지 못하기 때문에 결과적으로 심리적 타협에 의거해서 살지 않으면 안 된다는 뜻이다. 따라서 정상과 신경증 사이의 경계는 정신분석도 정의하기가 어렵다. 트릴링은 이 점을 잘 이해하여 신경증의 이러한 의미를 예술가의 평가와 관련시키면서 이렇게 말한다.

〈신경증을 상처로 생각하는 통념은 오도적이다. 상처는 어떤 수동성을 시사하게 마련인데 프로이트를 따른다면 우리는 신경증을 하나의 활동으로 이해해야 마땅하다. 즉 목적이 있는 활동, 특수한 종류의 활동, 하나의 갈등으로 이해해야 마땅하다.〉 이 갈등은 자아의 사회적 인간적 측면이 동물적 성질과 겨루는 싸움으로 정신분석에서 말하는 자아와 이드의 갈등이다. 그러한 의미에서 우리가 모두 병들어 있는 것은 사실이나 건강에 봉사하여 혹은 삶에 봉사하면서 병들어 있는 것이다. 따라서 〈상처와 활〉 이론은 어디까지나 합리화라는 것이다. 그리하여 트릴링은 예술가는 자기 신경증의 성공적인 객관화 때문에 예술가인 것이며 그의 천재성은 그의 지각·표현·이해 능력을 통해서 정리된다고 하면서 프로이트의 예술가관, 그리고 이를 정교화한 윌슨의 〈상처와 활〉 이론을 비판한다.

트릴링의 프로이트 비판에 대해서 프로이트의 예술관이 임상적인 필요에 의해서 정의된 것이며 예술의 기능의 하나가 마약 구실과 같다는 것도 신경증환자의 경우에 그렇다는 것임을 들어 지나친 단순화라고 비판하는 관점도 있다. 그러나 트릴링이 예술가와 신경증환자를 동일시하는 통속적인 믿음에 설득력 있게 반대하고 있는 것은 중요한 기여라고 할 수 있다.

정신분석의 기여

프로이트가 꿈에 명시적 내용과 잠재적 내용이 있다고 구분한 것은 획기적인 일이었다. 프로이트 심리학은 문학작품의 경우에도 잠재적 의미를 해명하는 데 많은 기여를 하였다. 프로이트의 「햄릿」해석에는 독자들의 의표를 찌르는 구석이 있다. 아버지의 망령이 부과한 복수의 과업 성취를 방해하고 지연시키는 것은 무엇인가? 프로이트는 「햄릿」을 「오이디푸스」와 동일선상에 놓고 설명한다. 그 과업의 특이한 성질 자체 속에 설명이 들어 있다고 프로이트는 생각한다. 젊은 왕자는 아버지를 제거하고 어머니를 차지한 사람에게 선뜻 복수를 가하지 못한다. 그 사람이야말로 자기 자신의 어릴 적 억압된 욕망을 실현한 사람이기 때문이라는 것이다. 그로 하여금 복수의 길로 치닫게 했을 터인 혐오감은 자기 자신이야말로 아버지의 살해자보다 나을 것이 없다는 양심의 가책과 자책감으로 대치되어 버린다. 물론 이러한 심리과정은 잠재의식의 차원에서 진행되는 것이고 의식의 수준으로 올라오는 것은 아니나 햄릿의 비결단의 심층적 기반은 이러한 잠재의식의 동력학 속에서 찾을 수 있다는 것이다. 따라서 프로이트는 과도한 지적활동 때문에 생기와 활력이 마비된 경우라는 괴테 이래의 「햄릿」해석을 정신분석의 개념으로 부정하는 것이다. 그후 프로이트의 「햄릿」해석은 변화를 겪게 되는데 잠재적 의미의 새차원을 보여준다는 점은 수긍되지만 심리학적 해석만이 유일하게 참다운 것이라는 단원론에 트릴링은 반대한다.

예술이해에 대한 프로이트의 기여는 예술과 작품에 대한 특정 진술이 아니라 그의 마음 또는 정신관이라고 트릴링은 생각한다. 모든 정신에 관한 이론체계 가운데서 프로이트 심리학은 시가 마음의 구조에 고유한 것으로 파악하는 이론 체계이다. 그 경향에 있어 마음은 시를 만들어내는 기관이자 능력이다. 이것은 과장된 진술일지도 모른다. 왜냐하면 무의식적인 마음과 완성된 시 사이에는 의식적인 마음의 형식적 통제와 사회적 의도가 개입되어 있다는 사실을 간과하고 무의식적인 마음의 작동이 그대로 시와 같다고 생각하게 할지도 모르기 때문이다. 그럼에도 시를 마음의 정도(正道)에서 벗어난 은혜로운 탈선이라는 통념을 바로잡는 데 있어 이러한 과장된 진술은 도움이 될 수 있다고 트릴링은 생각한다. 프로이트에게 있어 마음은 논리 없이 작동한다. 우리는 비유의 형태로 느끼고 생각한다. 그런 의미에서 정신분석은 직유와 은유, 대유(代喩)와 환유(換喩)의 과학이라고 할 수도 있다. 무의식은 의식과 겨루면서 항시 일반적인 것에서 구체적인 것으로 향하며 조그마한 실체가 커다란 추상보다 더 잘 어울림을 알게 된다. 요컨대 프로이트는 마음의 구조 속에서 의미의 요약이나 강조의 전위(轉位)를 마련해내는 기제(機制)들을 발견한 것이다.

두번째 기여로 〈미트리다테스적 기능〉의 개념 도입을 들 수 있다. 「쾌락원리를 넘어서」라는 1920년의 논문에서 프로이트는 〈반복강박관념〉이라는 현상에 주목한다. 그것은 프로이트의 초기 꿈의 이론과는 잘 맞지 않는 현상이었다. 초기의 꿈의 이론은 꿈이 쾌락원리에 봉사한다는 것이었다. 모든 꿈은 분석을 해보면 꿈꾸는 이의 소망을 충족시키려는 의도를 가지고 있는 것이며 가장 불쾌한 꿈조차 그러하다는 것이었다. 그런데 이러한 꿈의 이론을 재고해야 할 필요성과 부딪히게 되었다. 전쟁신경증환자의 경우 그의 신경증을 촉진시켰던 괴로운 상황이 되풀이 꿈속에 나타나는데 이러한 꿈을 초기의 이론으로 해석하기는 불가능한 일로 보였다. 쾌락원리를 충족시키는 요소가 없기 때문이다. 비슷한 형태의 행위는 어린이들의 유희에서도 발견할 수 있었다. 소망을 충족시키기는 커녕 어린이들의 행복에 있어 가장 위협적이고 또 가장 불쾌한 삶의 국면을 검증적으로 보여주는 놀이가 있다는 것이다. 이러한 현상의 설명으로 제기된 것이 쾌락원리를 넘어서 있는 반복강박관념이라는 것이다. 이러한 강박관념은 의도를 가지고 있는데 그것은 공포의 개발이라는 것이다. 즉 반복강박관념의 꿈은 공포를 개발시킴으로써 자극의 통제를 회복시키려는 기도라는 설명이다. 이러한 꿈에서는 상황을 피하려는 기도는 없으며 상황과 마주쳐 그것을 제어하려는 노력이 보인다는 것이다. 트릴링은 이러한 반복강박관념의 꿈을 비극의 기능과 연결한다. 일반적으로 이해되고 있는 카타르시스 이론에서는 비극의 기능이 지나치게 소극적으로 파악되어 있어 비극이 주는 능동적인 제어감이 충분히 드러나 있지 않은데 이 전쟁 신경증환자의 꿈은 카타르시스 이론을 보강해 준다는 것이다. 고통에 대한 순응력을 길러냄으로써 삶의 현장에서 현명하게 대처할 수 있게 한다는 점에서 비극의 기능을 찾고 있는 관점이다. 비극이 스토이시즘의 훈련이라는 이러한 설명은 르네상스 때부터 있어 온 것이지만 프로이트의 권위로 새로운 보강을 얻은 셈이다.

「쾌락원리를 넘어서」에서 프로이트는 또 죽음을 마지막 목표로 소망하는 인간충동에 대한 동의를 표시하고 있다. 이른바 죽음본능이라는 개념이다. 비판자들의 혹독한 비판에 노출되었던 죽음본능의 개념은 프로이트 자신에 의해서도 그후 수정을 받게 된다. 그러나 설혹 우리가 그것을 거부한다 할지라도 우리는 그 비극적 위엄을 물리칠 수는 없다. 운명에 순종함에 있어서의 그 비극적 용기는 무한히 소중한 것이라고 트릴링은 생각한다. 프로이트의 체계 속에서 현실원리와 죽음본능의 개념은 그 정상적 부위를 차지하고 있다는 것이다. 그러면서 프로이트의 인간관에 냉소주의가 없다는 것을 트릴링은 높이 평가한다. 프로이트의 사상은 지동설이나 진화론 못지않게 인간의 자존심에 찬물을 끼얹었으나 현대의 다른 어떤 이론체계보다 인간 존엄성을 긍정하고 있다는 것이다. 그리고 궁극적으로 죽음본능의 주장이 현실과의 대결 속에서 자아를 확인하려는 섬세한 정신들의 노력이라고 평가한다.

문학과 정신분석을 비교할 때 우리는 현저한 공통점을 발견할 수 있는데 그것은 쾌락원리와 현실원리 사이의 대립을 보여주는 것이라고 트릴링은 생각한다. 플라톤의 시 비판에서 우리가 마주치는 것도 이러한 두 원리의 대립이지만 많은 문학에서 우리는 그것을 접하게 된다. 〈미가 진실이요 진실은 미〉라는 키이츠의 유명한 귀절에서 발견하게 되는 것도 쾌락과 현실의 연속성에 대한 시인의 인식이다. 미가 진이라고 할 때 그것은 단적으로 말해서 쾌락원리가 존재와 지식과 정신생활의 근저에 자리잡고 있다는 것을 뜻한다. 또 진이 미라고 말할 때 강렬한 예술과 사고 속에서 자아가 매우 고통스러운 사실을 일종의 쾌감을 가지고 지각할 수 있다는 복잡한 믿음을 표현하고 있다. 왜냐하면 키이츠가 즐거움을 애기할 때 때로는 자아를, 때로는 초자아를, 그리고 때로는 이드를 의미할 수 있기 때문이다. 이렇게 트릴링은 매우 논쟁적인 키이츠의 귀절을 프로이트의 통찰을 빌어서 새롭게 해석한다. 그리하여 비극의 핵심은 추악하거나 고통스러운 진실을 아름다움으로 간주하는 데 있다고 이해한다.

인간을 문화와 생물의 복합체로 파악하고 있는 프로이트의 문화관과 인간관에서 트릴링은 어떤 희망의 징조를 발견한다. 문화가 자아를 길들이고 순치하여 기골 없는 무골충으로 만들려는 경향이 농후할 때 문화에 맞서 자아를 보존하고 지탱하는 힘은 〈생물〉에서 온다고 트릴링은 생각한다. 사회와 문화의 순치력에 대항하여 자아의 개성을 강조하는 트릴링의 태도에는 낭만주의의 사고양식이 엿보이기도 한다. 그러나 문화와 동떨어져 있는 자아의 존재에 대한 확신을 불어넣어 주는 점에 문학의 창조적 기능이 있다고 할 수도 있다.

1940년대나 50년대의 미국에서 정신분석이 새로운 충격으로 수용된 것은 정치에 대한 환멸과 연관되어 있다. 1930년대 급진주의의 청순한 꿈을 버리고 현실원리를 수용하자는 정치적 호소라는 국면이 있었던 것도 사실이다. 그 점 그것은 성숙이라는 이름을 빈 사회적 관심의 후퇴이기도 하였다. 에드먼드 윌슨이 「상처와 활」을 쓴 것이 미국사회를 변형시키는 이상적인 수단으로 생각했던 급진주의에 대한 환멸을 느끼고 사회에서 소외를 느꼈던 시기라는 사실에 우리의 주의를 환기시키는 지적도 있다. 사회에서 동떨어져 있는 필록티티즈에게서 자신의 일면을 발견했기 때문이라는 것이다. 한편 트릴링에게 있어 정신분석이 급진주의에 대한 해독제구실을 했다는 것도 분명하다. 그러나 이러한 개인적인 사정을 넘어서 정신분석이 문학이해에 기여하는 바는 소홀치 않다. 우리가 지향할 것은 이론체계에 대한 과도한 탐닉이 아니라 거기서 얻을 수 있는 시사의 현명한 이해와 수용이라고 해야 할 것이다. 그점 전문용어의 남용 없이 기본개념에 대한 심도 있는 이해를 보여주고 있는 트릴링과 같은 향도를 가지고 있다는 것은 적지 않은 편의가 되어 주고 있다.

주요 참조문헌

테리 이글턴, 『문학이론입문』, 김명환 외 옮김, 창작과 비평사, 1986년, 5장.

Arnold Hauser, *The Philosophy of Art History* (The World Publishing Co., New York, 1969), ch. 3.

Jack J. Spector, *The Aesthetics of Freud : A Study in Psychoanalysis and Art* (Mcgraw-Hill Book Company, New York, 1972).

Lionel Trilling, *The Liberal Imagination* (The Viking Press, New York, 1951).

__________, *Beyond Culture* (The Viking Press, New York, 1963).

Wilson, *The Wound and The Bow,* (Boston, 1941).

낯설게 하기 혹은 생소화

20세기를 비평의 시대라고 부르는 것은 우리에게 아주 친숙한 관행이다. 그러나 근자 구미 지역에서의 문학이론에 대한 왕성하고도 치밀한 천착은 비평의 시대라기보다도 이론의 시대라는 정의가 더 어울리는 것이 아닌가 하는 느낌을 갖게 한다. 다양한 이론 전개는 우선 대요를 파악하는 것만도 벅차고 어렵게 만들고 있다. 저쪽의 현대비평은 문학에 대한 통찰을 얻기 위해서 문학 외적인 지식 체계나 기술을 유기적으로 활용한다는 점에서 그 특징을 찾을 수 있다. 그런 가운데서도 영미 쪽에서는 이른바 신비평이 현대비평의 주요 유파를 형성하면서 문학작품의 정독에 독자적인 기여를 했다는 것은 널리 인정되고 있다. 신비평이 한 가닥으로 정연하게 전개되어 온 것도 아니고 또 신비평가들 사이에서 항시 비평적 동의가 이루어지는 것도 아니다. 그렇지만 신비평가나 신비평의 옹호자들 사이에서는 리차즈의 『문예비평의 원리』가 간행된 1924년을 현대비평의 기점으로 잡는 것이 통념이었다.

신비평의 주요 관심은 체계적인 문학이론의 구축 쪽으로 놓여 있지 않았다. 문학이론에 기초하지 않은 비평행위를 상상할 수는 없지만 몇몇 원리를 기초로 해서 신비평가들의 대부분은 실제비평 또는 작품의 분석

210

에 비평적 정열을 쏟았던 것이다. 특히 시의 분석에 비평적 노력을 바쳤던 초기 신비평은 사실상 17세기 영국의 형이상학파 시인들이나 19세기 프랑스 상징주의 시인들의 작품에서 시의 원리를 발견하고 또 그 분석에서 비평방법을 세련시켰다고 해도 과언은 아니다. 형이상학파 시인들이 그들에게 쾌적한 시학(詩學)의 모형이 되어 주었던 것이다. 그러나 신비평의 정수 부분이 실제비평 쪽에 놓여 있기 때문에 문학에 대한 비슷한 접근법에도 불구하고 금세기에 있어서 문학이론의 전환을 얘기함에 있어서는 러시아 형식주의에게 앞자리를 내어주어야 할 처지이다. 사실 현대 문학이론에 관한 한 개관서는 〈만일 금세기의 문학이론에 일어났던 변화가 시작된 해를 굳이 정하고자 한다면 러시아 형식주의자 빅토르 쉬클로프스키가 그의 선구적인 글 「장치로서의 예술」을 발표했던 1917년으로 잡아도 무방할 것이다〉라고 책머리에 적고 있다. 러시아 형식주의나 미국의 신비평이나 문학을 경제학, 심리학 혹은 전기의 부대현상으로 보는 실증주의 문학관을 거부하고 그것을 제나름의 법칙, 관습, 전통을 가진 자족적인 구조라고 이해한다는 점에서는 동일하다. 그러나 러시아 형식주의는 처음부터 이론 천착에 대한 지향을 강하게 보여주었다. 다만 슬라브어로 개진되었다는 부수적인 이유 때문에 구미 쪽에서 별로 알려져 있지 않다가 뒤늦게 1950년대부터 새로운 각광을 받게 되었던 것이다. 1955년에 에르리흐의 『러시아 형식주의 —— 역사와 이론』이 간행되고, 1965년에 토도로프 역편의 『러시아 형식주의』가 나옴으로 해서 주목을 받기 시작했고 구조주의의 유행과 함께 그 선구적 이론으로서 재평가를 받게 되었다.

1915년 모스크바 대학의 학생들이 〈모스크바 언어학 서클〉을 결성하였고 이듬해에는 페트로그라드의 학생들이 〈시어연구회〉를 결성하여 러시아 형식주의의 출발점이 되어 준다. 이 두 집단의 청년학도들이 지향한 것은 문학연구를 과학적 기반 위에 설정하여 그것을 자신의 방법과 절차를 사용하는 자족적인 학문으로 확립하는 일이었다. 이것은 〈문학성〉의 문제를 그들의 일차적 관심사로 부각시켰다. 즉 일상 언어나 산문적인 언어와 문학 언어를 구별시켜 주는 형식적이고 언어학적인 특징들의 적출이 주요 관심사로 드러난 것이다. 그들은 문학의 특수성의 문제는 문학작품의 형식적 특징의 검토에서 해결될 수 있다고 생각하고 문학작품에 가해지는 역사의 힘은 고려할 필요가 없다고 주장하였다. 형식주의란 이름은 실상 형식적 특징에 대한 배타적 관심을 비판하는 비판자들에 의해서 붙여진 이름이다.

그들은 또 문학이 현실의 반영이 아니고 또 반영일 수도 없다고 주장함으로써 미메시스 이론에 도전하려고 하였다. 현실을 반영하기는커녕 현실세계를 새로운 주목의 대상으로 만들기 위하여 현실세계에 대한 우리의 습관적 인식을 혼란시키는 경향을 문학작품은 가지고 있다는 것이다. 즉 널리 알려진 〈낯설게 하기〉의 경향을 가지고 있다는 것이다. 형식주의자들은 그리하여 이런 〈낯설게 하기〉 혹은 생소화(生疎化)의 효과를 생산하는 형식적 장치들을 밝히는 데 지적 노력을 경주하였다.

형식주의자들의 이러한 경향은 〈예술을 삶에서 분리시켜서 그것을 자기충족적인 기술이라고 선포하는 것은 예술의 활력을 빼앗고 그것을 죽이는 셈이다. 이러한 조작의 필요성이야말로 지적인 쇠약의 갈 데 없는 징조이다〉라는 트로츠키의 비판을 받게 된다. 문학작품의 판단에 있어 문학 내적 법칙의 고려도 필요하다는 생각을 가지고 있던 트로츠키에게조차 혹독한 비판을 받았던 형식주의자들은 마야코프스키가 자살한 1930년에 이르러서는 거의 침묵하거나 변신하고 만다. 그들은 당초의 관심을 버리고 고전연구나 민속연구 쪽으로 돌아서 버렸다. 나라를 떠난 사람도 있었다. 그러나 형식주의자들의 이러한 변모를 단순히 정치적 강제나 외부 압력 탓으로 돌리는 것은 지나친 단순화라는 비판도 있다. 형식적 장치에 대한 관심만으로는 문학의 여러 문제, 특히 문학의 진화의 문제를 해명할 수 없다는 자각이 그들의 변모에 일조했다고 볼 수 있다.

새로운 문학이론이나 비평이론이 새로운 문학운동과 제휴해서 그 옹호론으로 전개된다는 것은 흔히 목도되는 현상이다. 그 점 러시아 형식주의는 러시아 미래파 시인들의 시운동과 밀접히 연관되어 있었다. 동시에 그것은 19세기 러시아 비평계를 풍미했던 사회변혁을 위한 문학의 기여와 작가의 소명의식이라는 명제, 그리고 러시아 상징주의의 선행 이론에 대한 비판이라는 국면을 가지고 있었다. 어쨌든 그것은 러시아 혁명의 청동시대의 매우 활기찬 이론활동이었다고 볼 수 있으며 그 이론의 핵심적 부분은 오늘날 재평가를 받고 있기조차 하다.

〈낯설게 하기〉 혹은 생소화

지금처럼 소일거리가 많지 않던 시절, 아이들이 모여서 즐기는 놀이의 하나에 수수께끼 놀음이 있었다. 〈먼 산 보고 절하는 것은?〉의 해답은 디딜방아가 된다. 〈서 있을 때보다 앉았을 때 더 키가 큰 것은?〉의 정답은 개이다. 그런가 하면 〈앉으면 높아지고 서면 얕아지는 것〉은 천정이 된다. 〈십 리는 가도 오 리는 못 가는 것〉처럼 꽤 어려운 수수께끼도 있다. 팔을 굽혀서 손으로 어깨는 닿지만 팔굽 안쪽에 닿지 않는다는 육체적 사실을 가리키는 수수께끼이다. 조금만 궁리하면 알 수 있는 것이 대부분이지만 생활환경의 변화로 말미암아 요즘 어린이들에겐 생소하고 어렵게 느껴질 것이다. 〈강도 강도 못 건너는 강〉처럼 말놀이의 요소가 우세한 것도 있고 〈동에 번쩍 서에 번쩍 하는 것〉처럼 수수께끼 자체의 관습에 의존하고 있는 것도 있다.

농촌인구가 압도적 다수를 점하였던 시대에 생활에 밀착해 있던 대표적 수수께끼의 하나는 〈푸른 주머니에 은전이 들어 있다가 늙어서는 붉은 주머니에 금전 들은 것〉이다. 정답을 모르는 사람은 없다. 그런데 이러한 수수께끼의 기본 성격을 어떻게 정의할 수 있을까. 우리의 식생활에서 빼놓을 수 없는 고추는 우리에게 극히 친숙한 것이다. 웬만한 텃밭에서 발견할 수 있고 생남을 나타내는 금줄에도 걸려 있어 생활의 일부를 이루고 있었다. 또 〈작은 고추가 더 맵다〉류의 속담에도 자주 오르내린다. 그런데 이 익숙한 고추가 수수께끼에서는 아주 생소한 것으로 분해되어 있다. 그런데 이렇게 생소하게 된 것이 고추의 특징을 선명하게 드러내고 있다. 여기서는 고추의 식물적 변화가 극적으로 제시되어 고추의 특징적 일면을 돋보여 주고 있다.

서양 쪽의 고전적인 수수께끼의 경우에도 사정은 마찬가지다. 유명한 스핑크스의 수수께끼를 모르는 사람은 없을 것이다. 답을 알고 있는 사람에게 있어 이 수수께끼는 낯선 요소가 없어 보이고 아주 쉬운 것으로 보일 것이다. 그러나 이 수수께끼가 처음 등장했을 때 많은 사람들은 그 해답을 찾지 못하여 목숨을 잃지 않으면 안 되었다. 오이디푸스는 이 수수께끼를 풀 수 있었던 예외적인 인물이었기 때문에 생명을 부지하고 영웅으로 추앙받고 마침내는 비극과 파국의 길을 가게 된 것이다. 지금에 있어서도 스핑크스의 수수께끼를 변형시켜서 새 수수께끼를 만들어 물어 보면 그 해답이 반드시 쉽게 나오지 않음을 볼 수 있다. 〈본래 스핑크스의 수수께끼는 네 국면을 나타내고 있었다. 그랬더니 사람들이 쉽게 대답을 해서 세 국면으로 줄여 버렸다. 생략된 부분이 무엇인가?〉 물론 정답은 〈밤에는 눕는 것〉이다. 스핑크스의 수수께끼에 있어서도 우리 자신을 가리키는 사람이란 낯익은 것이 〈아침엔 네 발, 점심때엔 두 발, 저녁에는 세 발로 걷는〉 괴물로 생소화되어 있다. 그러면서도 사람의 생물학적 변모 국면이 극적으로 묘사되어 죽음이라는 궁극적인 생물학적 사실이 시사되어 있기도 하다. 인간 본질의 한 국면이 선명하게 드러나 있는 것이다. 이들 수수께끼는 모두 비근하고 익숙한 것들을 낯설게 만들면서 그 특징을 선명하게 부각시킨다는 공통점을 가지고 있다. 그런데 쉬클로프스키는 이러한 〈낯설게 하기〉 혹은 생소화야말로 문학성의 요체라고 지적하는 것이다.

러시아 형식주의는 본질적으로 언어학을 문학연구에 응용한 것이었다. 그리하여 문학은 언어를 특별한 방식으로 사용하는 데서 그 특징을 찾을 수 있다고 보고 문학의 형식적 요소인 소리, 이미지, 리듬, 구문, 음보(音步), 운, 서술기법과 같은 장치들이 모두 〈낯설게 하기〉의 효과를 가지고 있다고 주장한다. 문학언어는 〈일상언어에 가해진 조직적인 폭력〉

이며 문학언어를 다른 담론(談論)형식들과 구별해 주는 것은 그것이 일
상언어를 다양한 방식으로 변형시키고 뒤틀어 놓는다는 것이다. 문학장
치들의 압력을 받고 변형된 일상언어는 낯설게 되고 생소화된 언어이다.
일상언어의 규격화된 상투성에 빠져있는 사람들은 현실인식이나 현실지
각이 습관화되고 자동화되어 버린다. 생활 속에서 어떤 대상을 지각 하
거나 인식할 때 그 대상들이 의식에 나타나지 않은 채 마치 어떤 공식을
따른 것처럼 재생되는 것이다. 이러한 상태의 예증으로 쉬클로프스키는
톨스토이의 일기를 인용하고 있다.

나는 방을 청소하고 있었다. 그리고 왔다갔다 하다가 소파로 다가갔
다. 그런데 소파의 먼지를 털었는지 안 털었는지 생각이 나지 않았다.
이러한 동작은 습관적이고 무의식적인 것이어서 기억해낼 수가 없었
다. 그리고 기억해내기가 불가능하다고 느꼈다. 따라서 내가 소파의
먼지를 털고 그 사실을 잊어버렸다면, 다시 말해서 무의식적으로 행동
했다면, 그것은 행동하지 않은 것과 같은 셈이었다. 만약 의식 있는
어떤 사람이 내 먼지털기를 지켜보았다면 그것은 기정 사실로 될 터였
다. 그러나 아무도 본 사람이 없거나 있다 하더라도 무의식적으로 보
았다면, 또 많은 사람들의 복합적인 삶 전부가 무의식적으로 진행된다
면 이러한 삶은 없었던 것이나 진배없다.

그런데 문학이나 예술은 습관적인 지각이나 인식이 당연시하고 간과하
는 낯익은 것을 낯설게 함으로써 사물들을 더욱 인식 가능하도록 한다.
또 그 과정에서 언어를 극적으로 인식하게 함으로써 습관적이고 무의식
적인 우리의 지각이나 반응을 새롭게 갱신시켜 준다. 따라서 문학이나
예술은 우리의 삶의 지각을 회복시켜 주고 우리가 사물에 대한 생생한
감각을 갖도록 하기 위해서 존재하는 것이다. 예술의 목적은 수용되는
대로의 사물의 감각 및 지각을 전달하는 것이다. 예술의 장치나 기술은
대상을 낯설게 하고 형식을 어렵게 하고 지각의 어려움과 지속을 증가시

키는 것이다. 지각 과정 그 자체가 예술의 목적이고 또 그것이 될수록 오래 가도록 해야 한다고 쉬클로프스키는 말한다. 〈낯설게 하기〉를 문학성의 핵심으로 파악하고 있는 것은 하나의 탁견으로서 우리는 시언어를 그러한 관점에서 접근할 수 있다. 흔히 교과서에 실려 있는 작품을 통해서 그것을 검토해 보기로 하자.

　　이것은 소리없는 아우성
　　저 푸른 해원(海原)을 향하여 흔드는
　　영원한 노스탤지어의 손수건
　　순정은 물결같이 바람에 나부끼고
　　오로지 맑고 곧은 이념의 푯대끝에
　　애수는 백로처럼 날개를 펴다.
　　아아 누구던가
　　이렇게 슬프고도 애달픈 마음을
　　맨 처음 공중에 달 줄을 안 그는.

　바닷가에서 휘날리고 있는 깃발을 〈소리없는 아우성〉이라고 공감각(共感覺)의 은유로 나타내고 있는 것은 〈낯설게 하기〉의 절묘한 사례가 되어 주고 있다. 직유건 은유건 비유란 것은 이질적인 것의 당돌한 병치(並置)를 통해서 생소화의 효과를 보여주게 마련이다. 〈반달 같은 눈썹〉이나 〈외씨버선〉같은 진부한 비유도 하도 많이 써서 규격화되어 버려 그렇지 처음 쓰기 시작했을 때는 지각의 갱신에 기여했을 것이다. 〈소리없는 아우성〉은 다시 〈영원한 노스탤지어의 손수건〉이 되어 낯설게 나타난다. 하도 많이 접해서 이제는 낯익게 되었지만 처음 읽었을 때의 신선한 충격은 생소화의 효과이다. 깃대를 〈맑고 곧은 이념의 푯대〉라고 하는 등 작품 전체가 〈낯설게 하기〉의 지속적 전개라 해도 과언은 아니다. 〈슬프고 애달픈 마음〉의 객관적 상관물로서의 깃발이 잊혀지지 않는 이미지로 우리의 기억 속에 남아 있는 것은 〈낯설게 하기〉의 상승효과인 것이다.

216

한송이의 국화꽃을 피우기 위하여
봄부터 소쩍새는
그렇게 울었나 보다

한송이의 국화꽃을 피우기 위하여
천둥은 먹구름 속에서
또 그렇게 울었나 보다

그립고 아쉬움에 가슴 조이든
머언 먼 젊음의 뒤안길에서
인제는 돌아와 거울앞에 선
내 누님같이 생긴 꽃이여

노오란 네 꽃잎이 필라고
간밤엔 무서리가 저리 내리고
내게는 잠도 오지 않았나 보다

널리 알려진 이 시를 설명하기는 그리 쉬운 일이 아니다. 이 시의 핵심을 이루고 있는 것은 상식적이고 과학적인 인과관계로부터의 거의 의도적인 탈선이다. 흔히 과학 교사들이 희롱조로 문학의 비과학성을 얘기하면서 이 작품을 예로 들기도 한다. 소쩍새의 울음이 원인이 되어 그 결과 국화꽃이 피는 것이라면 아마도 이 시의 첫절은 시가 되지 못할 것이다. 그것은 진부한 사실의 묘사로써 일상적인 산문언어라는 울 안에 갇혀 있고 말 것이다. 과학적이고 상식적인 인과관계의 뼈대를 벗어난 생소화된 가정이 이 작품을 시로 옮겨 놓고 있다. 국화와 〈거울 앞에 선 누님〉은 그리 당돌한 비유는 아니다. 그러나 흔히 서리 속에 피어 절개의 표상처럼 되어 있는 꽃을 세상살이의 신산(辛酸)을 겪은 중년 이후의 여인에 비유하고 있는 것도 조금은 생소화된 것이다. 근대 자연과학의 세계이해가 널리 퍼지기 이전의 서양 중세에서는 자연의 운행을 신이 마련한 기적이라고 생각하였다. 아침마다 해가 뜨고 알맞게 눈비가 내리는 것이 모두 인간을 위한 신의 배려와 섭리의 결과라고 생각되었다. 따라서 밤이 끝나면 어김없이 아침이 되고 볕이 드는 것도 항상적(恒常的)인 기적이었다. 「국화 옆에서」의 세계이해는 근대 자연과학의 교시를 따른 것도 또 서양 중세적인 기적관을 따른 것도 아니다. 그것은 소쩍새 울음과 천둥소리와 무서리와 같은 자연현상이나 자연의 운행이 보이지 않는 연계와 조화 속에 어우러져 있다는 천지지상(天地之常)에 대한 외경과 수용의 소산이다. 따라서 근대 자연과학의 세계 설명이 널리 보급되고 깊이 침투되면 될수록 그 생소화의 효과는 커질지도 모른다. 그렇다면 이 시는 과학교사들이 비과학적인 것의 사례로서 희롱조로 거론하는, 바로 그 이유 때문에 매력을 더해 갈지도 모른다. 그러한 뜻에서 모든 시는 그 자체가 역설이라 할 수 있다.

사회현상의 생소화

위에서 시험적으로 분석해 본 〈낯설게 하기〉의 사례는 그것을 단순한 말초적 기교처럼 보이게 할는지도 모른다. 〈식민지의 등대처럼/나는 내 어둠을 비친다〉는 조병화의 구절이나 〈이것이 얼마나 죄가 많은 다리인 줄 모르고/식민지의 곤충들이 24시간을/자기의 다리처럼 걸어다닌다〉는 김수영의 구절은 〈낯설게 하기〉의 좋은 사례가 되지만 신선한 충격을 순간 속에서 처리해 버리고 만다고 지적하는 의견도 있을지 모른다. 그러나 〈식민지의 등대〉나 〈식민지의 곤충들〉이 실로 많은 것을 내포하고 있다는 것은 분명하다. 〈낯설게 하기〉가 사회현상을 두고 이루어질 때 그것은 충격적인 효과를 빚게 된다. 프레드릭 제임슨은 프랑스의 라브뤼에르의 농민 묘사를 예로 들어 사회현상에 대한 생소화 기법의 활용이 역사의식의 대두와 시기를 같이하고 있음을 뜻깊게 상기시켜 준다.

　들녘 여기저기에 사나운 암수 짐승들이 퍼져 있음을 본다. 꺼멓고 검푸르고 햇볕에 탄 이들은 땅에 달라붙어 끈질기게 땅을 파고 파뒤집고 한다. 이들은 또렷하게 알아들을 수 있을 성싶은 목소리를 가지고 있으며, 일어설 때 보면 사람의 얼굴을 가지고 있다. 사실 이들은 사람이다. 이들은 밤이면 제 굴을 찾아들어가고 거기서 검은 빵과 물과 뿌리로 목숨을 부지한다. 이들은 다른 사람들로 하여금 씨뿌리고 일하고 거둬들이는 일을 하지 않아도 살 수 있게 해준다. 따라서 이들은 자신이 심은 빵에 굶주리지 않을 권리가 있는 것이다.

　프랑스 근대문학에 있어서의 최초의 농민 묘사의 하나라는 위의 대목에서 그때까지 당연지사로 간주되었던 것이 끔찍한 낯설음으로 드러나 있다. 그 낯설음은 역사의식으로 무장한 비전에 의해서 비로소 간파되고 포착된 것이다. 짐승처럼 처참한 농민의 몰골을 낯설게 보이게 하는 것은 결단코 정당화될 수 없는 불평등의 사회구조에 대한 올바른 인식이다. 평등주의 인간관에 의해 충격 받은 갱신된 지각이 그때껏 예사롭게 받아들여진 것을 용인될 수 없는 낯선 것으로 만들어 놓고 있는 것이다. 따라서 사회현상의 이상함을 단순한 기법의 차원에서 처리하는 것은 전체의 훼손을 불가피하게 하는 중요한 것의 생략을 수반한다.
　쉬클로프스키는 러시아인답게 톨스토이에서 예를 끌어 오고 있다. 대상을 자동화된 지각으로부터 벗어나게 함에 있어 톨스토이는 친숙한 대상의 이름을 대지 않음으로써 그것을 실천한다. 톨스토이는 마치 처음 보는 것처럼, 또 처음 생기는 일인 것처럼 대상을 묘사한다. 어떤 대상을 묘사함에 있어 톨스토이는 대상의 부분들에게 주어진 이름을 피하고 다른 대상의 상응하는 부분의 이름을 사용한다는 것이다. 그리하여 「창피」라는 작품에서 그는 태형(笞刑)을 이렇게 낯설게 만들고 있다. 〈법을 어긴 사람들을 벌거벗겨 바닥에 내동댕이쳐서 채찍으로 두들기는 것〉 그리고 〈맨살 궁둥이를 채찍으로 갈겨대는 것〉이라 적어놓고 나서 이렇게 부연하고 있다. 〈왜 어깨 또는 신체의 다른 부분을 바늘로 찌르거나 집 게로 손이나 발을 조이거나 하는 등속의 일 대신에 고통을 주는 이렇듯 미련하고 야만적인 수단을 사용한단 말인가?〉 이러한 생소화는 톨스토 이가 양심의 가책을 일깨우기 위해 사용한 전형적인 수법이라고 쉬클로 프스키는 지적한다. 태형이라는 익숙한 행위가 그 묘사에 의해서 또 그 성질은 내버려 둔 채 그 형태를 바꾸자는 제의에 의해서 낯설게 되어 있 다는 것이다.

톨스토이의 생소화가 사회현상을 놓고 이루어질 때 그것은 통렬한 사 회비판이 된다. 사회적 부정이나 부도덕성을 매도하거나 비판할 때 그가 의지하는 것이 생소화의 방법인 것이다. 「콜스토메르」라는 작품에서는 말(馬)이 화자가 되어 말의 관점을 통해서 사유재산제도가 생소화되어 있다.

나는 사람들이 태형이나 기독교에 관해서 말하는 것을 제대로 이해 할 수 있었다. 그러나 전혀 이해 못할 것이 있었다. 〈그 자신의 것〉 〈그의 망아지〉란 대관절 무슨 뜻인가?…… 어떤 토지를 자기들 것이 라고 하는 사람들이 있다. 그러나 그들은 그 토지를 본 적도 없고 거 닐어 본적도 없다. 자기네 사람들이라고 하면서 막상 그들을 만나보지 않는 이들도 있다. 그들 사이의 관계라고 해보았자 고작 소위 〈주인 들〉이 자기네 사람들을 학대하는 것이 전부다. 여인들을 자기네 여자 라거나 자기네 〈아내〉라고 부르는 사람들이 있다. 그들의 여인들은 다 른 사람들과 살고 있다. 그리고 사람들은 삶속에서의 복리를 위해서 노력하는 것이 아니라 자기네 것이라고 부르는 재산을 위해서 애를 쓴 다. 이것이야말로 사람들과 우리들 사이의 본질적인 차이라고 나는 확 신한다. 그러므로 우리의 우월성이 분명한 딴 것 말고 이 한 가지 미 덕만 가지고 생각하더라도 우리는 피조물의 사닥다리에서 사람들보다 높은 자리에 서야 한다고 거침없이 주장할 수 있다. 사람들, 적어도 내가 접촉하는 사람들의 활동은 말(언어)에 의해 지배되고 있다. 우리의 활동은 실행에 의해서 지배되고 있지만.

여기서는 사유재산제도, 특히 구경한 적도 거닐어 본 적도 없는 토지를 자기 것이라고 주장하는 부재지주 제도의 우스꽝스러운 국면이 비판적으로 폭로되어 있다. 또 외양과 실제 사이의 거리도 생소화되어 있다. 이렇게 낯익고 당연시되는 사항을 어린이나 동물이나 외국인의 관점을 통해서 낯설게 하고 우스꽝스럽게 생소화하는 것은 현실 풍자 문학이나 항의문학이 흔히 활용한 방법이다. 계몽이라는 이름으로 절대주의에 저항하여 상대성의 감각을 일깨워 준 계몽주의 시대에도 이러한 방법은 널리 활용되고 있었다. 본래 인간이 만든 인위의 소산을 마치 자연스러운 것처럼 보이게 하는 것이 이데올로기의 은폐 작용이며 흔히 말하는 신화라고 할 때, 낯설게 하기는 이러한 신화를 폭로하여 그 사회적 기반을 흔들리게 한다. 주어진 자연처럼 보인 것이 실상 인위의 소산이며 문화의 일부라는 것을 지각한다는 것은 그대로 신화의 해체를 위한 첫걸음이 되는 셈이기 때문이다.

물론 〈낯설게 하기〉는 톨스토이의 경우처럼 사회비판의 형태를 취하지 않고 형이상학적 비전의 형태를 취하는 수도 있다. 기계적 행동관습을 극복하여 의식적 경험을 회복시킬 때 사람들은 이 세계를 새롭게 발견하고 그 현상학에 신선하게 반응할 수 있다. 사물을 새롭게 발견할 때 사람들은 사물에 붙인 이름이 얼마나 얼토당토 않은 것인가를 알게 된다. 로깡땡이 전차 속에서 의자에 관해 생각하는 장면은 그러한 새로운 지각의 순간을 다루고 있다. 〈마귀 몰아내기의 짓거리인 양 저것은 의자라고 나는 중얼거린다. 그러나 말은 내 입술에 달라붙어 내려가서 사물에 눌러앉기를 거부한다. 사물들은 제 이름으로부터 구출되었다. 사물들은 완강하고 거대하고 그로테스크하게 저기 있다. 그것들을 의자라고 부른다든가 그에 대해 무슨 말을 한다든가 하는 것은 전혀 정신나간 것이다.〉

그러니까 〈낯설게 하기〉는 문학적 사실의 고립과 문학성의 정의를 위한 시도 속에서 형식주의가 정식화(定式化)한 것일 뿐 규격화되고 상투화된 시각과 통념에서 벗어나 벌거숭이 임금을 알아본 어린이의 눈을 지향하는 모든 시인들이 지향했던 바라고 할 수 있다. 쉬클로프스키가 그것을 정식화하기 이전에 특히 낭만주의 시인들은 그것을 의식적으로 실천하였다. 연구자 누구나가 지적하듯이 위즈워드는 〈이들 사건과 상황에 어떤 상상력의 채색을 가해서 평범한 보통 사물이 마음속에 생소한 것인 양 떠오르도록 하는 것〉이 자기 시의 의도였다고 적어 놓고 있는 것이다.

생소화의 이모저모

〈낯설게 하기〉의 사회비판성에 착안하여 그것을 일찌감치 연극 시학 속에 적용하고 실천한 것은 브레히트이다. 널리 알려진 바대로 그는 아리스토텔레스 흐름의 고전적 연극 시학에 반대하여 서사연극의 이론을 폈다. 그리하여 그가 반대한 것은 감정이입(感情移入)의 완성이었다. 연극 관객은 그들 자신의 세계로부터 예술 세계로 유괴되거나 납치되어서는 안되고 말짱한 정신을 가지고 현실세계로 복귀되어야 한다고 주장한다. 그리하여 관객이 극장에 와 있다는 사실을 의식해야 한다고 주장한다. 비(非)아리스토텔레스적인 서사연극에 적절한 무대 기술이 생소화 또는 소격효과의 채용이다. 그의 소격효과에 대한 정의는 맹쾌하다.

한 사건이나 등장인물을 소격시킨다는 것은 그저 당연시되는 것, 잘 알려지고 일반적으로 수용되고 있는 것을 그저 해당 사건이나 인물로부터 제거함을 뜻한다. 그리하여 그들에 대한 놀라움과 호기심을 불러 일으킴을 뜻한다.

즉 관객에 대한 최면적 효과가 일어나지 않도록 하는 것을 뜻한다는 말이 된다. 특정 공간의 분위기를 무대 위에 창출하려 해서도 안 되고 관객이 연극 구경이 아니라 실제로 일어나는 일을 구경하고 있다는 환상을 주어서도 안 된다는 것이다. 환상의 극장을 버리고 관습의 극장으로 남아 있어야 한다는 것이다. 이러한 소격효과의 연극에서는 암시나 함축이나 모호함이 숭상되지 않는다. 사실이 존중되어야 하며 감정이 넘쳐서도 안 된다. 그리고 궁극적으로 재미있게 가르쳐야 하고 또 가르치면서 재미를 주어야 한다. 그리하여 관객으로 하여금 거짓 의식의 신비화를 무너뜨리고 실천에 필요한 의식을 준비하도록 유도해야 한다는 것이다. 연극은 자기교육과 사회교육의 중요한 매체가 되며 의식화의 교과과정이 된다. 브레히트의 연극시학이 사람은 배우는 데서 즐거움을 얻게 마련이라는 인간이해에 기초하고 있지만 소격효과의 연극이 지루하고 답답한 교훈극으로 떨어진다는 일부의 비판을 받고 있는 것도 사실이다. 그러나 이러한 비판자들을 브레히트가 이상적 관객으로 설정하고 있지 않다는 사실도 우리는 간과할 수 없다. 그의 관객은 의식화를 기다리고 있는 배움과 즐거움에 주린 사람들이기 때문이다. 명시적인 이념 전파나 메시지 전달을 표방하는 소격효과의 연극시학이 명시적 가르침에 대한 사고주체 쪽의 저항을 어떻게 감당하고 처리할 것인가 하는 것은 여전히 숙제로 남아 있는 것으로 보인다.

위에서 우리는 러시아 형식주의의 신분증명처럼 되어 있는 〈낯설게 하기〉의 성질을 검토하였다. 그러나 문학성의 요체로서 검출된 〈낯설게 하기〉의 효과는 다른 부문에서도 발견된다. 모든 학문상의 새로운 개념은 통념의 〈낯설게 하기〉라고 말할 수 있다. 근대 자연과학의 큰 발견인 지동설은 그때까지 진리로 통용되었던 토레미 체계의 극단적인 생소화였다. 다윈의 진화론은 성서적 세계이해와 인간파악의 파괴적인 생소화였다. 현세기에 와서 큰 화제의 하나가 되어온 오이디푸스 복합심리는 가족이라는 생물학적, 경제적, 교육적 단위의 생소화라고 정의할 수도 있을 것이다. 가족의 성적(性的)인 파악을 통해서 그것은 부모와 아들 사이의 가족관계를 어머니를 중심으로 한 부자간의 삼각관계로 만들어 놓고 있다. 그렇다면 모든 새로운 패러다임은 기성 체계의 생소화를 구현하고 있다고 볼 수 있다.

〈낯설게 하기〉가 형이상학적 비전이나 사회비판의 형태를 취하기도 하지만 수수께끼의 경우에 확인했듯이 놀이나 말놀이로 나타나는 수도 많다. 그리고 문학의 언어는 본시 말놀이로부터 완전히 자유로운 것은 아니다. 그리고 놀이는 일과 권태로부터의 해방일 수 있기 때문에 비록 순간적이라 하더라도 해방적 기능을 수행한다.

별들은 연기를 뿜고
달은 폭음을 내며 날아요
그야 내가 미쳤죠
아주 우주적인 공포예요

어둠이 촛불에 몸 씻듯이
깊은 밤 속에 잠겨 있으면
귀 밝아오노니
지하수 같은 울음소리……

—— 정현종, 「심야통화 · 3」

위에서 볼 수 있는 한밤의 생소화는 평면적인 차원에서도 우리에게 풋풋한 해방감을 준다. 그것은 지속적인 것이 아닐지도 모른다. 그러나 삶의 은혜로운 부분이 짤막한 순간을 포용하면서 이루어진다는 것도 어김없는 사실일 것이다.

주요 참조문헌

토니 베네트, 『형식주의와 마르크스주의』, 임철규 옮김, 현상과 인식사, 1983.

이글튼, 김명환 외 옮김, 『문학이론 입문』, 서론.

이상섭, 「러시아 형식주의 문학이론」, 『언어와 상상』, 문학과 지성사, 1980.

Victor Erlich, *Russian Formalism : History & Doctrine* (Mouton, The Hague, 1969).

Frederic Jameson, *The Prison-House of Language* (Princeton University Press, Princeton, 1972), ch. 11.

Lee T. Lemon and Marion J. Reis, trans., *Russian Formalist Criticism : Four Essays* (University of Nebraska Press, Lincoln, 1965).

René Wellek, "Russian Formalism" in *The Attack on Literature and Other Essays* (The University of North Carolina Press, Chapel Hill, 1982).

문학과 이념

　문학과 이념의 상관관계를 거론하는 사람들은 부지중에 격정적 어조로 흐르게 되는 것이 보통이다. 그것은 이 문제의 거론이 넓은 의미의 정치적 입장과 관련되기 때문인 것으로 보인다. 정치는 종교와 함께 쉽게 사람의 격정을 불러일으키는 성향이 있다. 그러기에 신사는 정치와 종교를 얘기하지 않는 법이라는 외국의 격언도 있다. 우리의 경우에도 문학과 이념의 쟁점은 가장 민감한 부위의 하나로 인정되고 있다. 문학이 특정 이데올로기에 봉사하는 것은 문학의 자기파괴 행위라는 주장이 흔히 높은 어조로 전개된다. 이에 맞서서 이데올로기로부터 완전히 자유로운 문학은 있어 본 적도 없고 있을 수도 없다는 주장이 역시 낮지 않은 목청으로 전개된다. 정치적 무관심이 일종의 정치적 입장인 것과 마찬가지로 탈이데올로기의 표방이나 자임(自任)도 사실은 특정 이데올로기의 표현이라는 것이다. 격정으로 이어지기 쉬운 민감한 쟁점일수록 우리는 냉정을 유지하면서 차근차근하게 검토할 필요가 있다. 이때 우리가 지향해야 할 것은 자기 입장의 재확인이나 강화가 아니라 쟁점의 객관적인 파악이다. 그리고 단순한 당위론이 아니라 구체적인 해부이다.

이데올로기

　사람의 생각이나 보다 넓게는 사상체계가 그 사람의 사회적 위치 및 경제적 이해관계에 의해서 좌우되게 마련이라는 것은 대체로 인정되고 있다. 이른바 사고의 이데올로기성이라는 것이다. 사람들의 사고가 이렇게 각자의 이해관계나 소망에 따라 달라지는 것이라면 모든 사람에게 구속력을 갖는 보편적 진리가 어떻게 가능할 수 있느냐 하는 것이 지식사회학이 제기하고 해답을 시도하는 난문제의 하나가 되어 있다. 이른바 사고의 존재 피구속성이라고 하는 것이 이데올로기 이론의 핵심을 이루고 있다. 이데올로기는 때로 경제적 이해관계와 이에 따른 진실의 왜곡에 의해서 야기되는 왜곡된 견해를 가리켜서 극히 부정적인 함축을 갖는 경우가 많다. 그러나 사고 범주의 주관적 성격을 인정할 때 넓고 느슨한 의미에서 모든 사고의 이데올로기적 성격은 부정할 수 없다.

　사고의 이데올로기성의 발견과 지적에 있어서는 마르크스와 같은 사상가, 또 니이체와 같이 현대 심층심리학을 앞당겨 보여준 폭로심리학적 통찰의 사상가가 크게 기여했다고 인정되고 있다. 그러나 그것을 가장 앞당겨 보여준 근대 사상가로 마키아벨리를 드는 관점도 있다. 마키아벨리는 〈궁정(宮廷)의 사고와 광장(廣場)의 사고는 다르게 마련〉이라는 당대 피렌체에서 널리 퍼져 있던 속담을 인용함으로써 사고에 있어서의 계급적 성격에 대해서도 전혀 무관심하지 않았음을 보여주고 있다. 궁정으로 모여드는 귀족들과 광장으로 모여드는 민중들의 사고는 저마다의 이해관계를 반영한다는 세속지혜에 공명하고 있기 때문이다. 그러나 마키아벨리가 근대의 이데올로기 이론에 근접해 있는 것은 그가 선악의 이념을 자기중심적이고 이기적인 편의주의로 설명하는 대목에서이다. 인간 역사의 초기 단계에 있어서 사람들은 정의라는 이름 아래 행악자(行惡者)에게 벌을 과함으로써 타인으로부터의 위협이나 가해(加害)로부터 자신을 보호하려고 하였다. 선과 덕행이라는 생각 그리고 악과 비행이라는 생각은 이에서 비롯되었다. 그러나 사람들은 순전히 자신들의 안전을 위해서 본래 설정하였던 선악 기준의 기원과 실제 목적을 잊어버리고 초시간적이고 절대적인 선악의 이념을 형성하게 되었다는 것이 마키아벨리의 주장이다. 이러한 초시간적인 선악의 이념은 물론 허구에 지나지 않는다. 선이란 필경 편의이며 사람이 자기 동포로부터 기대하기는 하되 자기 자신은 법률과 징벌의 압력 아래서나 가까스로 이행하는 것이라는 게 마키아벨리의 생각이다. 여기에 인식이란 것은 우리에게 현실을 그냥 보여주는 것이 아니라 실제 있는 것의 변형되거나 왜곡된 그림을 보여주는 것이라는 근대적 사고가 추가되어 이데올로기의 이론이 더욱 정교해지는 것이다.

　사고의 이데올로기적 성격에 대한 고려는 사람들이 겉으로 드러내거나 표방하는 것과 실상과는 다르다는 현실인식에 이르도록 한다. 그리하여 그것은 방법적인 불신의 기술을 익히도록 유도한다. 우리는 조선조 세종의 한글 창제의 정신을 익히 알고 있다. 고유의 문자를 가지고 있지 못한 수다한 언어공동체의 존재를 알고 있는 우리는 세종의 업적에 대해서 외경에 가까운 긍지를 느끼기조차 한다. 더구나 〈어리석은 백성〉에 대한 그의 공명적 배려는 그의 업적에 각별한 인문주의적 위엄을 부여하기조차 하고 있다. 그런데 근자에 한글창제의 동기에 대해서 새로운 설명을 시도하는 연구가 개진되어 사람들의 관심을 끌고 있다. 조선 왕조가 들어선 후 그 정통성을 일반 백성들에게 널리 홍보하기 위한 필요에서 한글 창제가 착안되었고 창제 이후 한글이 그러한 방책으로 사실상 활용되었다는 것이다. 조선조 창업의 필연성을 시사하면서 이조 왕실의 찬가로 기획된 용비어천가(龍飛御天歌)의 간행이 한글 창제 후의 첫 사업이라는 사실이 유력한 논거로 제시된다. 아울러 임진왜란 이후의 국토 피폐와 민심 이반 속에서 왕실의 첫 사업이 역시 용비어천가의 발췌 간행(재정 사정등으로 전부를 간행하지 못했다 한다)이었다는 사실도 하나의 방증으로 제시되고 있다.

　이러한 새 설명이 거부감을 촉발하는 경우도 있을 것이다. 한글 창제에 대한 정통적 긍정적 동기설명에 익숙해 있는 사람들에게 우상파괴적이고 미담파괴적인 해석이 선인의 위엄에 대한 호사적 냉소주의로 비칠 공산이 크기 때문이다. 한글 창제 동기에 관한 이러한 새 해석의 타당성 여부를 떠나서 우리의 관심을 끄는 것은 창제 동기에 대한 공적인 기록 천명을 액면 그대로 받아들이지 않고 그 배경을 폭로하려는 방법적 불신이다. 한글 창제 동기에 대한 이러한 이데올로기 폭로가 근대의 사회학적 통찰의 한 특징을 이루고 있다는 것은 널리 시인되고 있다. 방법적 불신을 구사할 때 우리는 겉으로 표방하거나 자임하는 것이 실상과는 거리가 멀다는 사실을 알고 놀라게 된다. 대개 이념의 표방이나 자임은 거짓인 경우가 많다. 그러나 이때의 거짓은 의도적이고 계획된 거짓이 아닐 때가 많다. 거짓된 표방을 하는 당사자가 거짓임을 자각하고 있는 경우가 없다고는 할 수 없겠지만 대개의 경우 자기기만에 빠져 자신은 그 거짓됨을 알고 있지 못하다. 그렇기 때문에 거짓의식 혹은 허위 의식이란 말도 생겨난 것이다.

이데올로기는 그리하여 특정 제도나 관습에 대한 이해관계에 얽힌 변호론인 경우가 많다. 가령 낭만적 사랑은 핵가정의 이데올로기라는 말이 있다. 이 세상에서 가장 숭고한 가치를 지닌 것이 남녀 사이의 사랑이며 이때의 사랑의 대상은 다른 누구에 의해서도 대치될 수 없는 오직 한 사람이란 것이, 트루바두르의 연애시 이후 서양에서 전파된 낭만적 사랑의 핵심 개념이다. 이러한 사랑관은 서양에서도 트루바두르의 연애시 이전에는 없었던 사항이어서 버트란드 러셀 같은 이는 그것을 12세기의 발명이라고 부르고 있다. 낭만적 사랑의 이념은 그 후 많은 추종자를 낳고 동조자를 얻어서 서양 근대시는 온통 낭만적 사랑의 송가라는 경개마저 띠우고 있는 형편이다. 그런데 이러한 낭만적 사랑의 이념이 근대의 서양에서 폭발적으로 전파되고 자연스럽게 받아들여진 것은 어떤 까닭에서인가? 그것이 핵가정을 떠받치는 정신적 지주의 구실을 했기 때문이라는 것이 사회학자 쪽의 설명이다. 생판 남남인 남녀가 만나서 짝을 이루고 가정을 이룰 때 두 사람을 이어 주는 연계는 매우 허약하다. 전통적인 동양의 대가족제도 아래서는 일부종사(一夫從事)나 조강지처불하당(糟糠之妻不下堂)과 같은 생각 또는 대가족 내 연상자(年上者)의 압력이나 개입이 두 사람의 가족관계를 보강해 주었다. 그러나 이러한 부수적인 연계가 희박한 핵가정 제도 안에서는 당사자 두 사람의 사랑만이 의지할 수 있는 굴레가 될 수 있다. 나의 사랑의 대상은 오직 한 사람 뿐이며 그와의 행복의 공유야말로 지상 최대의 가치라는 생각은 따라서 핵가정을 이어 주고 떠받쳐 주는 유력한 이념이 된다. 따라서 낭만적 사랑의 이념을 칭송하고 전파하고 소유한 사람이 의식하건 안 하건, 또 대개의 경우 의식되지 않은 채, 낭만적 사랑의 이념은 핵가정 제도를 유지하고 꾸려가는 데 기여하는 셈이 된다. 낭만적 사랑이 핵가정의 이데올로기라는 것은 대체로 이런 뜻이다. 그렇다면 대개의 종교가 세속권력의 정당화에 기여했다는 의미에서 지배층의 이데올로기라면서 종교를 거론하는 사례가 전혀 근거 없는 것이 아니라는 것을 알 수 있다. 낭만적 사랑의 이념이 핵가정의 이데올로기라고 할 때 그것이 사회의 특권계층의 기득권에 봉사한다고 하기는 어렵다. 그러나 우리가 흔히 이데올로기라고 할 때 그것은 어떤 이념이 사회의 특정 수혜계층의 기득권 유지를 위해 기여한다는 것을 강력하게 시사한다고 할 수 있다.

기능·목적·역할

문학이 불가피하게 이데올로기와 얽혀 있으면서 특정 계층의 이해관계에 봉사한다고 주장하는 것은 언뜻 보아 매우 거칠고 투박한 생각을 반영하는 것으로 보일지도 모른다. 또 문학이 문학자의 자임과 무관하게 실제적이고 실용적인 기능과 역할을 담당하고 있다고 주장하는 것 또한 지나치게 공리적이고 비속한 사고의 일환이라고 생각하는 관점도 있을 것이다. 그것은 우리가 서양근대에 와서 대두한 문학 또는 예술일반의 세계가 자족적인 별세계이며 그 자체의 논리를 가지고 있다는 견해에 크

게 영향받고 있기 때문일 것이다. 또 〈예술을 위한 예술〉이라는 문학인
들에게 매력 있게 비칠 수도 있는 이념이 은연중 사람들의 예술관에 어
떤 흔적을 남긴 탓이기도 할 것이다. 그러나 문학 또는 예술 일반의 역
사를 상고해 볼 때 문학이 사회 속에서 실용적, 실제적 기능과 역할을
가지고 있었고 특정 계층의 이해관계에 봉사하였다는 것은 엄연한 역사
적 사실로 드러난다.

이때 흔히 거론되는 것이 구석기시대의 동굴 벽화이다. 프랑스의 라스
코나 스페인의 알타미라에서 발견된 동굴 벽화는 1만년 전에서 2만년전
에 이르는 구석기 시대에 그려진 것이라고 추정되고 있다. 아직 농사짓
기와 가축 기르기를 알지 못하였던 자연경제상태의 원시인들이 그려 놓
은 동굴벽화에는 주로 말, 소, 사슴, 염소와 같은 동물들이 보인다. 중
층적으로 겹겹이 그려 놓았기 때문에 제작 시기상의 차이가 있고 단색화
에서 다색화에 이르는 차이가 있다. 그러나 놀랄만큼 정교한 사실성과
입체감을 가지고 있어 전문가의 존재를 상상케 할 정도이다. 이들 그림
이 장식적 목적을 위해 그려진 것이 아님은 거의 확실하다. 구석기 시대
의 사람들이 동굴에서 살 경우 입구에서 가깝고 햇볕이 비치는 부분을
사용했으며 안쪽을 사용하는 법은 없었다. 동굴 안이 캄캄하고 습기가
많으며 낙반의 위험이 많았기 때문이었다. 그런데 동굴벽화는 예외 없이
동굴 속 으슥한 곳에 그려져 있으며 사다리가 필요한 높은 곳에 그려져
있다. 따라서 특정 목적을 위해 그려 놓은 것임이 분명하다. 구석기 시
대인들에게 있어선 짐승 사냥이 가장 긴박한 관심사였기 때문에 사냥과
관계되는 주술적 목적을 위해 그려 놓은 것이라는 게 통설로 되어 있다.
이미 그려진 그림 위에 다시 겹으로 그려 놓았다든가 다른 자연현상의
그림은 보이지 않고 유독 사냥감인 동물만을 그려 놓았다든가 창이나 화
살을 맞은 동물 그림이 많다든가 하는 점이 이러한 통설의 뒷받침이 되
어 있다. 드물게 사람이 그려진 경우 반드시 반인반수(半人半獸)를 가장
한 주술사의 모습을 보여주고 있다는 것도 유력한 방증이 되어 주고 있
다.

　가장 오래된 그림의 하나라고 생각되는 구석기 시대의 동물벽화가 주요 식료공급원인 동물 사냥을 위한 주술적인 목적을 위해서 그려졌다고 해서 모든 그림이 그와 같은 실제적이고 실용적인 목적을 위해 제작되었다고 할 수는 없다. 또 동굴벽화가 결코 미의식의 구현이 아니었다고 해서 그림과 미의식을 단절시켜 생각할 수도 없다. 사실 그림이 주술적, 종교적인 연관을 떨어 버리고 세속화되면서부터는 특정 인물이나 시대의 기록으로 활용된 경우가 많다. 초상화의 경우가 그것을 증거하고 있지만 가령 국왕의 일대기를 그림으로 그려서 기록의 영속화를 시도한 경우도 허다하다. 그후 사진의 등장으로 말미암아 그림이 기록적 가치와 효용의 상당한 부분을 사진에게 빼앗기게 되면서 그림의 기능과 역할에 커다란 변화가 생겨난 것은 사실이다. 사실적 충실에 있어 사진과 경쟁할 수 없다는 것을 자각한 그림은 그림이 아니면 드러낼 수 없는 것이 무엇인가를 추구하면서 그림에 고유한 몫을 새롭게 정의하지 않을 수 없게 되었다. 이러한 사정을 고려할 때 그림을 위시한 모든 예술의 성격이 단초(端初)나 기원에 의해서 움직일 수 없게 고정되는 것이 아니라는 것은 분명하다.

　그럼에도 불구하고 예술이 제신(諸神)이나 신령이나 권력자의 환심을 사기 위한 마술이나 주문, 제물이나 선전 구실을 했었으며 예술 고유의 성질이 이러한 요소와 뗄 수 없이 얽혀 있다는 것은 부정할 길이 없다. 가령 그리스의 고전비극이 제식에 그 기원을 두고 있다든가 고대 영웅시가 무사귀족들의 칭송으로 일관되어 있다는 것은 그러한 연관을 잘 드러내고 있다. 예술작품을 낳는 상이한 동기로서 벤야민은 의식(儀式)가치와 전시(展示)가치를 지적하고 있다. 예술적 생산이 종교의식에 사용되는 형상물(形象物)로부터 시작되었다고 설명하는 벤야민은 이런 형상물들의 경우 보여진다는 사실보다도 존재하고 있다는 사실이 더욱 중요하였다고 지적한다. 밀실에서 승려들에게만 접근이 허용되는 신상(神像)이 있는가 하면 일년 내내 베일에 가려져 있는 마돈나상도 있다. 그런데 여러 예술활동이 제각기 종교의식의 모태에서 해방됨에 따라 예술품이 전시되는 기회가 많아져 가고 있다. 이곳저곳으로 옮겨질 수도 있는 조상(彫像)의 전시가능성은 사원 내부의 일정한 장소에 고정되어 있는 신상의 전시가능성보다 훨씬 크다. 그런데 현대에 와서 예술작품의 기술적 복제의 방법이 생겨남에 따라 예술작품의 전시가능성이 엄청나게 커졌기 때문에 예술작품의 극단적인 양면 즉 의식적 가치와 전시적 가치 사이의 양적인 변화는 하나의 본질적인 질적 변화로 바뀌었다. 마치 원시시대에 절대적 역점이 의식적 가치에 주어짐으로써 예술작품이 마법의 도구가 되었던 것처럼 오늘날에 와서는 절대적 역점이 전시가치에 주어짐으로써 예술작품은 전혀 새로운 기능을 가진 형상체가 되었다고 벤야민은 말한다. 그러면서 오늘날의 예술작품이 갖는 새로운 기능들 가운데서도 우리가 잘 알고 있는 두드러진 기능은 예술적 기능이지만 어느 날엔가는 이 예술적 기능 또한 부수적 기능으로 인식될지 모른다고 부연하고 있다.

벤야민의 통찰이 시사하듯 예술의 기능과 가치는 가변적인 것이며 시대에 따라서 역점이 달라지기도 한다. 따라서 언젠가 실제적 목적이나 기능으로부터 완전히 자유로운 예술작품이 존재하지 말라는 법은 없다. 그러나 인간의 노동과 작업이 완전한 놀이로 변질이라도 되지 않는 한 그러한 사태는 상상하기 어려운 것이라고 할 수 있다. 그리고 예술작품이 실용적, 실제적 기능을 갖고 또 사회과정에서 특정계층이나 집단의 이익에 기여하는 한 이데올로기로부터 완전히 자유로운 예술 또한 상상하기 어렵다고 할 수 있다.

〈예술을 위한 예술〉

이러한 맥락에서 우리의 주의를 끄는 것은 〈예술을 위한 예술〉이라는 이념이다. 이 말을 처음으로 사용한 것은 프랑스의 꽁스탕으로 1804년에 쓴 일기 속에서였다고 알려져 있다. 유용성(有用性)이란 것이 미의 이념에는 가장 적대적인 것이라며 도덕적 제약으로부터 자유로운 순수예술을 옹호한 보들레르 같은 시인도 이러한 〈예술을 위한 예술〉파의 주요한 시인이라고 알려져 있다. 그의 시집 표제인 〈악의 꽃〉은 다른 인간사에 대한 미의 우월성과 독립성을 상징하는 비유로서 몰도덕적인 미를 시사한다고 할 수 있다. 〈부도덕한 책이라고 하는 것은 없다. 잘 씌어진 책과 서투르게 씌어진 책이 있을 뿐이다〉는 경구를 남긴 오스카 와일드에게서 우리는 똑같이 오만스러운 미에 대한 경도를 엿볼 수 있다. 이러한 관점의 배경으로 우리는 독일 관념론 철학이 설파한 미의 자율성의 개념을 지적할 수 있다. 미적 대상은 공리적 대상과 전혀 다른 것으로서 목적없음이 그 목적이며 아름다움과 숭고함을 즐기는 것이야말로 다른 어떤 것도 제공할 수 없는 가치라는 이념이 일부 문인들 사이에서 보다 극적인 표현을 얻게 된 것이다.

〈예술을 위한 예술〉은 하나의 치밀한 이론이라기보다 한 무리의 이념의 얽힘이라고 할 수 있는데 그 특징은 다음과 같이 요약할 수 있다. 그것은 부르조아사회에 대한 예술가의 적대적 태도에서 나온 것으로 그 자체가 시민사회에 있어서의 예술가의 소외의 반영이다. 미적 경험의 본질적 가치의 천명이자 미적 경험을 마련해내는 예술가에게 있어서의 미의 독립선언이랄 수가 있다. 예술가에 대한 이해심이 없는 사회에서 예술가는 자신의 이상과 기호에 따라 자유롭게 예술적인 실험을 도모하겠다며 예술가의 주권을 새롭고 강력하게 선포한 것이다. 한편 예술적 자유에 대한 요구는 경제적인 것이라고 해석될 수도 있다. 자유기업과 자유방임의 시장에서 예술가도 상품 생산자로서의 자신을 발견하였으나 기업인의 위세는 가질 수가 없었다. 예술가는 자기들끼리 결속할 필요성을 느꼈고 자기들의 제품이 싸구려 제품보다 한결 믿음직스러운 것임을 홍보하지 않을 수 없었다. 〈예술을 위한 예술〉은 자기작품의 진정성을 강조하는 자가선전적인 측면을 가지고 있었다. 한편 예술가는 이를 통해 새로운 인권을 주장하였다. 즉 재능 있는 개인의 자기표현의 자유를 주장한 것이다. 검열과 투옥의 위협에 노출되어 있던 당시의 예술가는 미의 독립성과 도덕으로부터의 자유를 강조함으로써 예술가의 자유를 고창한 것이다. 그러나 가장 중요한 것은 〈예술을 위한 예술〉이 일종의 직업윤리의 규약이었다는 점이다. 그것을 표방한 몇몇 시인 작가들에게 있어서 외부 압력으로부터의 자유는 예술가 자신의 가장 높은 의무에 걸맞게 사는 것을 의미하였다. 그리하여 19세기에 사회적 의무의 방기와 사회로부터의 칩거를 뜻했던 상아탑은 시인작가가 정치가와 경찰과 일반 속중으로부터 동떨어진 채 예술의 완성을 위해 정진할 수 있는 성역이었다. 예술지상의 이념적 타당성이 어떻든 간에 그것이 예술지망자의 자기 훈련에는 극히 유익할 수 있다고 어느 시인은 지적한 바 있는데 이것은 〈예술을 위한 예술〉이 가지고 있는 직업윤리의 측면을 잘 드러내 주고 있다. 그런 뜻에서 예술지상주의자가 칩거한 상아탑은 그 자체가 하나의 사회제도가 되어 거기서가 아니면 준비될 수 없는 가치 있는 것을 사회를 향해 공급해 주었다고 할 수도 있다.

예술지상의 이념을 두고 어느 비판자는 〈예술가가 자기의 목적과 자신이 소속해 있는 사회의 목적 사이에 절망적인 모순〉을 느낄 때 발전한다고 지적하고 있다. 소속해 있는 사회에 적대감을 가지고 있으면서 한편으로 그것을 변혁할 희망을 갖지 못할 때 그러한 이념으로 기울어진다는 것이다. 사회에서 소외된 예술가의 자기방어적 국면을 지적한 것이다.

예술지상을 표방한 시인작가들은 정치적 목적이나 도덕적 제약으로부터 자유로운 미의 세계를 지향했다는 점에서 일단 이데올로기로부터의 초월을 지향했다고 볼 수도 있다. 적어도 의식의 차원에서는 그랬다고 할 수 있다. 그러나 사고 주체가 자기 사고의 편향성을 늘 의식하고 있는 것은 아니다. 이데올로기는 오히려 무의식의 수준에서 사고 주체를 구속하며 제약하고 있다. 현실사회로부터의 둔주와 상아탑으로의 칩거는 원하든 않든 기성체제의 현상유지에 한몫을 기여하는 경우가 허다하다. 그러한 의미에서 예술지상의 이념 또한 기성 질서의 변호론적 성격을 띠우고 있다는 비판에 대해 허약한 경우가 많다고 할 수 있다. 예술지상을 표방했던 시인작가들이 당대 부르조아 사회에 대해 적대적이고 비판적인 태도를 고수했다 하더라도 그들의 허무적 유미주의가 사회의 전향적 변혁지향보다 기성질서를 전제로한 현상추수로 기울었다는 것은 널리 인정되는 바다. 유용성과 공리성의 배격 성향에서도 이미 그 싹은 준비되어 있었던 것이다.

이념의 명시성과 암시성

예술지상의 이념이 근대사회에 있어서의 예술가의 소외에서 비롯되었다는 국면을 강조하는 사람 가운데는 이른바 순수예술에 대한 지향이 자본주의 사회에 특유한 병리적 현상이라고 지적하는 이들도 있다. 즉 공리적, 도덕적, 실용적 성격을 넘어서는 순수예술이나 순수학문은 근대자본주의에 와서 비로소 그 이념이 형성되고 이에 부합되는 지적 노력이 경주되기 시작했다는 것이다. 그러나 예술사가인 아놀트 하우저는 이에 근접하는 과정이 기원전 7세기의 이오니아에서 보이며 그것은 그리스인들이 이곳에 이주해 온 것과 동시에 생긴 부수현상이라고 지적한다. 인간은 생활을 위한 직접적인 걱정에서 해방되어 비교적 안전해졌다고 느끼는 순간, 필요에 따라 무기나 도구로써 발명한 정신적 수단을 유희의 수단으로 삼기 시작한다는 것이다. 실용적인 지식이 특수한 목적을 지니지 않은 순수한 연구가 되고, 자연을 극복하기 위한 수단이 추상적 진리 탐구를 위한 방법으로 바뀐다. 그리하여 예술도 본래는 마술이나 종교의 부속품, 선전과 자기 찬미를 위한 도구, 또는 신과 악령과 인간들을 자기 뜻대로 움직여 보려는 수단에 불과하던 것이 순수하고 자율적이며 이해관계를 초월한 형식, 예술 그 자체와 아름다움만을 위한 예술로 변한다는 것이다. 실용형식에서 이념형식으로, 구체적 형식에서 추상적인 형식으로의 전환은 학문의 세계에 있어서나 예술 및 도덕의 영역에 있어서나 그리스에 와서 이루어졌다는 것이 하우저의 관점이다. 하우저가 형식의 자율화라고 부르고 있는 이러한 현상이 오랜 역사를 가지고 있다 하더라도 예술이 곧 이데올로기로부터 초월해 있다고 단정할 근거는 되지 못한다. 어떠한 시대에 있어서도 당대의 경제적 사회적 조건에서 완전히 독립한 예술의 발달은 목도할 수 없는 현상이기 때문이다.

일제의 혹심한 사상탄압과 국민획일화 정책의 희생자였다는 전기적 사실을 괄호에 넣는다면 시인 윤동주는 각별히 항일정신에 투철했다거나 특정 정치이념에 몰두한 시인은 아니었다. 그의 「서시(序詩)」가 시사해 주고 있는 것은 삶을 긍정하면서 바른 길을 가려는 진실한 구도자의 모색이요 다짐이다. 그러나 그런 모색과 다짐이 〈슬픈 족속〉의 발견으로 이어지는 것은 너무나 당연한 필연인 듯이 보인다. 그의 구도적 내면적 인 인생태도는 생존을 위한 일상적 노력의 사실과 구별되는 정신세계를 상정하고 거기에 우위를 부여하면서 실은 억압적인 기성 질서의 긍정으로 끝나는 〈긍정의 문화〉의 일환이라고 말할 수도 있다. 비판자들이 흔히 지적하듯이 아름다운 영혼의 자유가 가난과 육신의 굴레를 합리화하는 방편으로 사용되는 사례는 흔히 있기 때문이다. 그러나 상황에 따라서는 내면적 구도적 자세가 현실에 대한 첨예한 저항으로 드러날 때도 있다. 기성현실에 대한 추수가 아니라 비동조(非同調)를 통해서 현실을 거부하고 있기 때문이다. 내면적 지향을 넓은 의미의 기성 질서 추수로 볼 것인가, 아니면 기성 질서의 거부와 이에 따른 저항으로 볼 것인가하는 것은 관찰자의 입장에 따라 달라질 것이다. 관찰자의 이데올로기가 그것을 결정하겠지만 분명한 것은 〈아름다운 영혼〉의 숭상도 그 자체가 하나의 이데올로기라는 점이다. 문학의 이념성을 거부하는 입장에 서는 사람들은 문학이 특정 이데올로기를 포용하고 표현할 때 기껏 선전문학으로 전락한다고 공격한다. 그러나 소망스러운 이념이나 사상을 포용할 때 그것을 전파하고 옹호하고 싶은 충동도 인간의 기본적인 충동이다. 그러한 충동에서 나온 언동을 선전이란 말로 일괄처리한다면 종교도 교육도 넓은 의미의 선전이라고 말할 수 있다.

사실 선전문학이라고 공격받는 문학이 있다면 그것은 특정 이데올로기를 포용하여 표현했다는 것보다도 문학이 요구하는 여러 조건을 충족시키지 못한 까닭에 폄하되는 것일 터이다. 이데올로기에서 초월한 그릇 큰 문학은 사실상 없다고 해도 과언이 아니다. 문학이 이데올로기를 포용한다고 할 때, 또 그것이 당연하고도 자연스러운 일이라고 인정할 때 우리가 제기해야 할 것은 문학과 이념의 소망스러운 관계에 대한 질문일 것이다. 즉 문학에 있어서의 이념 표현은 어떠한 형태를 취해야 문학작품의 예술적 욕구를 충족시키면서 조화로움을 성취할 수 있느냐 하는 것이다. 이에 대해서 동서의 고전들은 비교적 분명한 해답을 시사한다고 할 수 있다. 문학 속에서 이데올로기가 명시적으로 드러나면 드러날수록 작품으로서의 호소력은 약해지게 마련이라는 것이다. 그 역도 참이어서 이념 표현이 암시적이면 암시적일수록 작품의 문학적 설득력도 증폭되게 마련이다. 가령 이념 표현에 있어서 정력적이며 갖가지 사회문제를 소재로 하여 다변적인 작품을 생산해낸 버너드 쇼의 작품과 이념 표현에 있어서 묵시적이었던 체홉의 극작을 비교해 보더라도 이러한 차이는 분명히 드러난다. 명시적인 이념 표현에 대해서 독자들이 느끼는 유보감은 어떻게 보면 인간 본연의 주체성과 연관된다고 할 수 있다. 사람은 지시나 조작(操作)의 대상이 되는 것에 대해 본능적인 거부감을 갖는다. 또 타인에게 교시되기보다도 스스로 터득하고 이해하는 데서 각별한 즐거움을 느낀다. 명시적인 이념 표현이나 제시는 독자에게 교시와 조작과 유도의 대상이 되어 있다는 유쾌하지 못한 반응을 일으킨다. 적어도 무의식의 차원에서 그러하다. 특정 메시지가 명시적으로 드러날 때 독자가 작품과 함께 기획하는 의미의 창출과정에서 독자의 몫은 사라지고 만다. 주체적 참여의 자리가 거부되는 작품을 접하고 독자는 주체성의 침해를 느낄 것이다. 뿐만 아니라 묵시적인 의미심장함은 표면적인 메시지의 노출보다 새로운 의미의 잠재성을 비장하고 있는 셈이 된다.

문학에서의 이념 표현은 따라서 이러한 작품의 요구와의 조화라는 관점에서 파악되고 검토되어야 할 것이다. 일률적인 이념 기피는 도리어 주제의 빈곤으로 떨어질 위험성을 안고 있다. 그러나 모든 것은 〈문학 이후〉의 작품을 두고 논의되어야 한다. 〈문학 이전〉의 작품을 놓고 이념을 운운하는 것은 문제의 잘못된 접근에 지나지 않을 것이다.

주요 참조문헌

강만길, 「한글창제의 역사적 의미」, 『분단시대의 역사인식』, 창작과비평사, 1978.

피터 버거, 『사회학에의 초대』, 한완상 옮김, 현대사상사, 1977, 11 장.

백낙청, 「문학적인 것과 인간적인 것」, 『민족문학과 세계문학』, 창작과비평사, 1978.

벤야민, 「기술복제시대의 예술작품」, 『발터 벤야민의 문예이론』, 민음사, 1983.

아놀드 하우저, 『문학과 예술의 사회사 고대·중세편』, 백낙청 역, 창작과비평사, 1976.

Monroe C. Beardsley, *Aesthetics from Classical Greece to The Present* (The University of Alabama Press, Alabama, 1975), ch. XI.

Arnold Hauser, *Mannerism : The Crisis of the Renaissance and the Origin of Modern Art* 1 (Routledge & Kegan Paul, London, 1966), Part One, ch. VI.

——————, *The Philosophy of Art History*, 1969, ch 11.

문학 공격과 문학 옹호

초서는 계급반역자였다.
셰익스피어는 대중을 증오했고
단은 뒷날 몸을 팔았고
시드니는 부자 귀공자였다.

말로우는 엘리트주의자
벤 존슨도 매한가지였다.
바년은 패배주의자
드라이든은 눈치놀음을 했다.

알렉산더 포우프에게서는
반동의 냄새가 났고
샘 존슨은 보수당원
그리고 월터 스코트는 멍청이였다.

코울리지는 우익이었고

240

키이츠는 중류하층계급
워즈워드는 보비위꾼
그러나 윌리엄 블레이크는 재미있었다.

디킨즈는 개량주의자
테니슨은 보수당원이었다.
디즈렐리는 대개 취해 있었고
트롤로프가 진실을 말한 것은 없었다.

윌리 예이츠는 파시스트
엘리어트와 파운드도 그러했다.
로렌스는 성차별주의자였고
버지니아 울프는 병적이었다.

이 음산한 무리 가운데서
딸 수 있는 이름은 세 사람뿐
밀튼 블레이크 그리고 셸리는
언젠가는 지배계급을 까부수리라.

사십대이면서 정력적인 비평 활동을 전개하고 있는 테리 이글튼의 「영
문학 담시」의 전문이다. 옥스포드 대학에서 문학을 가르치고 있는 이 급
진파 비평가는 이 담시를 『결에 거슬려서』라는 평론집의 마지막에 독립
된 장으로 싣고 있다. 〈야만의 기록이 없는 문명이란 있을 수 없다. 그
렇지 않은 경우는 한 번도 없다. 문명의 기록 자체가 야만성에서 벗어나
지 못하는 것처럼 이 사람 손에서 저 사람 손으로 넘어가는 전승의 과정
또한 이와 조금도 다를 바가 없다. 그렇기 때문에 역사적 유물론자는 가
능한 한도 내에서 이러한 전승으로부터 비켜난다. 그는 결에 거슬려서
역사를 솔질하는 것을 그의 과제로 삼는다〉는 발터 벤야민의 유명한 대

목에서 표제를 따온 평론집 속에서 이 담시는 그 자체가 문명과 야만의
서슬을 아울러 가지고 있는 것으로 비친다. 이 장난기 섞인 담시에는 영
문학에서 주요한 시인 작가로 평가되고 있는 26명이 거명되고 있다. 그
러나 그 가운데서 취할 수 있는 사람은 불과 세 사람뿐이라고 단언한다.
제가끔 자기 나름의 혁명적 비전을 가지고 있었던 밀튼, 블레이크, 셸리
가 그들이다. 인도와도 바꾸지 않겠다던 셰익스피어도 대중 혐오자라고
단칼에 단죄되고 있다.

　곡조에 붙여서 노래 부르도록 되어 있는 이 담시는 그만큼 단순화된
인물처리를 안고 있다. 또 반농담 반진담의 놀이기와 장난기의 소산이기
도 하다. 그러나 작가의 이념적 성향에 따라서 단죄와 구제를 판가름하
고 있다는 점에서 문학에 대한 하나의 태도를 보여주고 있다. 이글튼은
〈리얼리즘의 승리〉를 믿지 않는다. 그것을 거부하고 있다. 병든 나무에
서 신선한 과일을 기대할 수 없듯이 멍청이나 보비위꾼에게서 건강하고
올곧은 문학을 기대할 수 없다고 시사한다. 문학과 인간, 표방이념과 작
품성 사이의 거리를 인정치 않으려는 것이다. 문학에 대한 서슴없는 정
면 공격의 한 사례가 되어 줄 것이다.

새로운 공격

　세계변혁을 위한 이념적, 실천적 기여라고 하는 관점에서 이루어진 이
와 같은 문학 공격이 어제 오늘에 처음 비롯되는 것은 아니다. 서구 전
통에서 으레껏 거론되는 플라톤의 시와 시인의 경원은 수많은 변형적 후
속 이론을 가지고 있다. 영국 르네상스가 낳은 가장 설득력 있는 문학옹
호론이라고 알려져 있는 시드니의 「시의 변호」도 청교도적 입장에서 씌
어진 시의 공격에 대한 반론으로 구상된 것이었다. 경건한 신앙생활을
중시하는 입장에서 보면 왕왕 시와 문학은 관능의 탐닉, 감정의 자극,
상상세계로의 도피를 촉발하는 위험물로 치부되기가 십상이었다. 따라서

문학을 포함한 예술과 종교 사이의 긴장이 형태를 달리하여 되풀이되는 것은 불가피한 것인지도 모른다.

문학 내부에서 문학과 예술에 가해진 공격 가운데서 가장 자극적이고 논쟁적인 것의 하나는 말할 것도 없이 톨스토이의 근대예술 공격이다. 미에 관한 전통적 이론의 개괄로 시작되고 있는 「예술이란 무엇인가」의 예술 공격은 간결직절하다. 르네상스에서 근대에 이르는 사이 예술은 사해동포의 이상을 보급한다는 의무를 소홀히 하게 되었다. 그 사이 모방에 값하는 전범이라고 숭상된 예술작품은 한갖 〈예술을 위한 예술〉의 교묘한 장치에 지나지 않게 되었다. 그리하여 이러한 모형을 따른 사이비 예술이 지배하게 되었다. 무가치한 선정적 소설, 프랑스 상징주의 시와 같이 자기 중심적이고 불가해한 시, 세련된 자의식적인 음악과 회화가 인간생활에서 하잘것 없는 부자 계층에 의해서 계발된 세 가지 욕망 내지 감정에 봉사해 왔다. 그 세 가지는 오만과 독점, 낭만적 사랑, 삶에 대한 불만과 권태라는 것이다. 톨스토이에게서 예술의 형성적, 교육적 기능은 재삼 강조된다. 새로움, 성실성, 명료성을 예술 판단기준의 척도로 삼았던 톨스토이의 근대예술 및 근대문학 공격은 모든 문학 공격이 그렇듯이 문학 전반에 대한 공격은 아니라고 할 수 있다. 그러나 공격대상의 실상을 검토할 때 그것은 문학 전반에 대한 공격으로 쉽게 이어질 수 있는 성질의 것이다.

오늘에 있어서도 문학에 대한 공격이 더욱 거세어지고 있음은 첫머리의 이글튼의 담시가 분명하게 드러내 주고 있다. 정치적 계기에서 나온 문학 공격은 사실상 보수주의적 이념에 대한 공격이라고 요약할 수 있다. 문학이 지배계급의 이해관계에 봉사하는 보수적 힘이 되어 있다는 것이다. 한걸음 더 나가 문화의 개념 자체가 사회적 엘리트주의에 뿌리박고 있으며 계급 억압의 도구가 되어 있다는 주장도 있다. 고급문화는 사회 내부의 기성 권력의 제휴를 강화해 주는 경향이 있기 때문이라는 것이다.

문학의 이데올로기적 성격을 폭로하는 정치적 계기 말고도 언어에 대한 불신이나 절망감에서 비롯되는 문학 공격도 있다. 언어의 사실 능력에 대한 불신, 혹은 우주의 수수께끼나 은밀한 내면 경험을 드러냄에 있어서의 언어의 부적성은 침묵의 숭상을 통한 우회적 문학 공격을 낳기도 한다. 그리고 이러한 문학 공격의 성행은 미, 질서, 조화, 의미의 명료성을 요구하는 고전주의 예술에 대한 공격과 평행현상을 이루고 있기도 하다. 최근의 문학 공격은 〈문학〉이라는 개념 자체가 근대사회, 좀더 정확하게 말하면 19세기의 소산이라면서 〈문학〉개념에 반대하고 나서기도 한다. 그리하여 이른바 질의 개념을 해소시켜 대중가요의 노랫말, 과학소설, 춘화소설 등을 〈문학〉 속에 통합하려고 시도한다. 구조주의적 문학이해가 이러한 경향을 낳았다고 말할 수는 없지만 한 옆에서 조장하고 있는 것도 사실이다. 〈문학〉개념의 해체를 통한 문학 공격은 따라서 다각적으로 이루어지고 있다.

문학의 옹호

문학에 대한 철학적, 이념적, 정치적 공격에 대해서 문학을 옹호하는 사람들은 〈문학〉 개념이 근대사회의 나어린 산물이 아니라 유서 깊은 전통적 개념임을 강조한다. 적어도 서구전통에 있어서 문학은 영속성을 자임하는 양질의 글을 의미했고 이러한 궤적은 고전 고대에서부터 있어 왔다는 것이다. 정보 전달이나 교훈적 논의의 글을 제외한 허구작품으로서의 산문과 시를 통틀어 언어예술이라고 간주하는 관점이 대두한 것은 물론 근대에 와서의 일이기는 하다. 그러나 〈문학〉 개념을 19세기의 산물이라고 간주하는 것은 사실에 맞지 않는다고 전통론자들은 주장하는 것이다.

문학에 대한 공격으로부터 문학을 옹호하는 관점이 빈번히 의지하는 것은 고전교육의 유용성 논의이다. 대학에서 자국의 근대문학을 가르치게 됨에 따라 근대문학 교육의 필요성과 유효성에 관한 의문이 제기되기도 하였다. 이때 근대문학 교육의 옹호자들은 고전교육의 유효성 논의를 그대로 적용시켜 방패로 삼은 셈인데 문학의 전통적, 인문적 가치의 옹호는 그대로 문학옹호론이 되어 있다. 근대문학의 연구가 민족주체성을 확인하는 데 극히 유효하다는 민족주의를 근대문학 연구나 교육의 현장에서 우리는 어렵지 않게 발견할 수 있다. 그러나 근대문학 연구가 고전문학 연구로부터 물려받은 문학의 인문적 가치관은 보다 폭넓고 보편적인 것이다. 그것은 인간의 보다 근원적인 국면에 관련된 것이다.

위대한 문학을 읽고 가르치는 것은 인간의 취향이나 품격뿐만이 아니라 도덕적 감정마저 풍요롭게하고 세련시킨다는 것이 당연한 전제로 여겨져 왔다. 즉 문학은 인간의 판단력을 계발시키고 야만주의에 저항하게 한다는 것이다. 〈고상하고 섬세하고 심오한 사상과 고매하고 세련된 감정을 이해〉함으로써 우리의 생각과 감정을 확대하고 공감력을 넓힌다는 것은 문학 옹호론의 한 핵심을 이루고 있다. 즉 문학은 〈인간화 문화〉의 본질이요 원천이라는 것이다. 우리는 이러한 생각이 문학을 세속화 시대의 종교 대용품으로 간주했던 문학관과 친근관계에 있다는 것을 어렵지 않게 발견하게 된다. 상상력의 교육은 그대로 상상적 이해와 공감의 확대로 파악되어 있는 것이다. 그리고 우리는 작품을 통해서 그러한 상상력 교육의 순간을 갖게 된다. 가령 우리는 「율리시즈」의 제8장을 지적할 수도 있다.

〈저런 딱한 사람이 있나! 아주 어린애인데. 끔찍해. 정말 끔찍하군. 앞을 보지 못하니 그는 무슨 꿈을 꿀 것인가? 삶이 그에겐 꿈이리라. 저렇게 태어났으니 정의는 어디에 있단 말인가?〉

지팡이를 짚고 더듬으며 걸어가는 나어린 장님을 뒤따르면서 주인공 블룸이 생각하는 장면이다. 블룸의 많은 상념 중의 하나이다. 감기에 걸렸거나 눈을 감고 마시면 포도주 맛이 없다는 생각도 한다. 캄캄한 속에서 피우면 담배 맛이 없다는 말도 생각한다. 모두 앞 못보는 사람의 어려운 처지에 대한 안스러움에서 나온 생각이다. 그러면서 앞을 보지 못하니 무슨 꿈을 꿀 것인가라고 덧붙이는 것이다. 또 정의나 공정이란 개념을 어떻게 이해할 수 있을 것인가 하고 묻는 것이다.

많은 사람들이 앞 못 보는 불우한 사람들을 보아 왔을 것이다. 그러나 그들이 무슨 꿈을 꿀 것인가, 아니 꿈을 꾸는 것이 애시당초 가능하기나 할 것인가, 하는 생각을 해본 사람은 많지 않을 것이다. 선천성 맹인들의 꿈은 소리로 되어 있다는 것을 아는 사람들은 따라서 많지 않다. 어려운 처지에 대한 깊은 상상적 공감에서 비로소 위와 같은 지문은 가능하다. 그리하여 그러한 공감에 이르지 못한 사람의 무심함을 부끄럽게 만들어 준다. 그 점 문학 읽기는 상상력의 교육을 통한 인간화의 과정이라고 파악해서 큰 잘못은 없다.

우리가 잠겨 버린 밀물로부터
떠올라오게 될 너희들은
우리의 허약함을 이야기할 때
너희들이 겪지 않은
이 암울한 시대를
생각해다오.
신발보다도 더 자주 나라를 바꾸면서
불의만 있고 분노가 없을 때는 절망하면서
계급의 전쟁을 뚫고 우리는 살아오지 않았느냐.

그러면서 우리는 알게 되었단다.
비천함에 대한 증오도
표정을 일그러뜨린다는 것을.
불의에 대한 분노도
목소리를 쉬게 한다는 것을. 아, 우리는
친절한 우애를 위한 터전을 마련하고자 했었지만

우리 스스로가 친절하지 못했단다.
그러나 너희들은, 인간이 인간을 도와 주는
그런 정도까지 되거든
관용하는 마음으로
우리를 생각해다오.

—— 브레히트, 「후손들에게」

일그러진 표정과 쉰 목소리가 사실은 비천함에 대한 증오와 불의에 대한 분노였음을 미안해 하면서 스스로 친절하지 못했음을 관용해 달라는 이 진정성의 시는 자칫 변명의 수사로 비칠지도 모른다. 그러나 이 작품은 〈친절한 우애〉를 주장하면서 〈친절〉을 실천하지 못하는 것에 대해 깊은 자성을 낳게 한다. 그리하여 정당한 분노에도 불구하고 〈일그러진 표정과 쉰 목소리〉의 정당성에 대해서 자성케 한다. 일그러진 표정과 쉰 목소리가 암울한 시대의 소산이면서 동시에 많은 〈암울〉을 재생산할 수 있다는 사실에 우리를 상도시킨다. 문학 읽기가 상상적 공감의 폭을 넓히고 감정의 세련에 기여하면서 인간의 인간화에 공헌한다는 것은 헛말은 아니다. 그러나 그것은 어디까지나 이론적 차원에서의 얘기다. 문학 읽기나 교육의 효과가 실현되는 것은 별개의 얘기다. 그리고 우리는 문학옹호론의 반증적 실례를 적잖이 가지고 있다. 아우슈비츠 이후 시 쓰는 일이 불가능해졌다는 유명한 말이 있지만 아우슈비츠를 방지함에 있어 상상력의 교육이 실제적 효과를 내지 못했다는 것이 너무나 명백하기 때문이다. 20세기 최대의 조직화된 야만주의가 바로 문명의 한복판, 인문적 전통의 숭상을 특징으로 하는 나라에서 나왔다는 사실은 누구도 부정하지 못한다.

그렇다고 우리가 문학의 인간화 능력을 송두리째 부정하는 것은 옳지 않다. 상상력의 교육이 거대하고 선풍적인 야만주의 앞에서 무력한 것은 사실이지만 한편으로 이 세상을 살 만하게 하는 것은 조그마한 선의와

인간다운 특징들이다. 이때의 선의는 결코 무해무덕한 사람 좋음을 뜻하
지 않는다. 이른바 호인됨이라고 하는 것은 우리가 말하는 선의의 사람,
혹은 착한 사람과는 다른 것이다. 19세기 영국의 해즐리트는 〈호인됨〉에
대한 악담을 잔뜩 늘어놓고 있다. 호인들은 충실한 신하나 보비위꾼은
될지 모르나 정치에서나 종교에서나 순교자가 되지 못한다고 그는 말한
다. 정의감이 없고 타인에게 무관심한 것이 대체로 호인됨의 특성이라는
것이다. 이에 반해서 자유, 정의, 진실, 명예와 같이 멍청이들이 오해하
고 악당들이 오용하는 추상어귀에 불행한 집착을 보여주는 사람들은 결
코 호인이 아니라고 말하는 것이다. 브레히트가 애정을 가지고 노래하고
있는 〈민주적인 판사〉는 해즐리트의 호인이 아니라 우리가 얘기하는 선
의의 사람이다.

미합중국의 시민이 되려고 노력하는
사람들을 심사하는 로스앤젤레스의 판사 앞에
이탈리아인 식당 주인도 왔다. 진지하게 준비해 왔지만
유감스럽게도 새 언어를 모르는 장애 때문에 시험에서
보칙(補則) 제8조의 의미를 묻는 질문을 받고
머뭇거리다가 1492년이라고 대답했다.
시민권 신청자에게는 국어에 대한 지식이 법으로 규정되어 있으므로
그의 신청은 각하되었다. 3개월 뒤에
더 공부를 해 가지고 다시 왔으나
물론 새 언어를 모르는 장애는 여전했다.
이번에는 남북전쟁에서 승리한 장군이 누구였는가 하는 질문이 주어졌
는데
(큰소리로 상냥하게 나온)그의 대답은
1492년이었다. 다시 각하되어
세 번째로 다시 왔을 때, 대통령은 몇 년마다 뽑느냐는 세 번째 질문
에 대하여 그는

또 1492년이라고 대답했다. 이번에는

판사도 그가 마음에 들었고 그가 새 언어를 배울 수 없음을 알아차렸
다.

그가 어떻게 살아가는지 조회해 본 결과

노동을 하면서 어렵게 살고 있음을

알게 되었다.

그가 네 번째로 나타났을 때 판사는 그에게

언제

아메리카가 발견되었느냐고 물었다.

그리하여 1492년이라는 그의 정확한 대답을 근거로 하여

그는 마침내 시민권을 획득하였다.

이러한 선의가 이 세상을 구제해 줄 수는 없다. 부정의와 억압을 얘기하지 않고 분노에 따른 일그러진 표정과 쉰 목소리만을 탓하는 것도 공정한 처사는 아니다. 그러나 단칼로 낙원이 성취되거나 일거에 사해동포가 실현되지 않는 한 조그마한 선의와 그 축적은 소중한 것이다. 인류의 역사가 결함 많은 대로 보다 사람다운 삶을 향해 걸어온 곡절 많은 더딘 걸음이었다면 그것은 인간 선의의 축적된 노력의 결과일 것이다. 그것을 부정하지 못하는 한 우리는 조그만 선의를 타박할 수 없다. 그리고 예외적으로 행복한 경우가 아닌 한 우리로 하여금 일회적인 땅 위의 삶을 그래도 살 만한 것으로 만드는 것은 조그만 선의와 거기서 유래한 그 어떤 것이다.

문학옹호의 일환으로서의 인간화 기능의 지적은 극히 허약한 변론이라고 말할 수 있다. 그럼에도 불구하고 그 이상의 설득력 있는 변호론이 쉽사리 나올 것 같지도 않다. 나온다 하더라도 문학의 인간 형성력을 중심으로 한 변주에 지나지 못할 것이다.

우리 사회에서도 언뜻 보아 문학 교육은 보편화되어 있다고 말할 수 있다. 고등교육기관에서의 문학연구와 교육은 관여 인원의 수효로 보아

엄청난 규모라 할 수 있다. 문학연구와 문학교육의 목표나 유용성은 자명한 당연지사로 간주되고 있다. 그러나 실제 우리 사회에서의 문학 생산과 문학소비의 현상은 우리로 하여금 문학교육의 실패를 자성하지 않을 수 없게 하고 있다. 문화적 실패가 대체로 교육의 실패와 관련되어 있지만 그 원인은 복합적인 것으로 비친다. 여러가지 형태의 문학공격이 우리 사회에서도 생소한 사항은 아니다. 문학의 기능과 성질에 대한 모든 관련자의 성찰은 건강하고 소망스러운 문학생산과 문학소비를 위한 하나의 전제가 되어 줄 것이다.

주요 참조문헌

Terry Eagleton, *Against The Grain* (Verso, London, 1986).

Sir Philip Sidney, "An Apology for Poetry" in *Criticism : The Major Texts,* ed. W. J. Bate (Harcourt Brace Jovanovich, New York, 1972).

Leo N. Tolstoy, *What is Art?,* tr. Almyer Maude (The Dobbs-Merrill, New York, 1966).

Wellek, *The Attack on Literature and Other Essays* (University of North Carolina Press, Chapel Hill, 1982).

플라톤의 시인 추방

구석기시대의 동굴 벽화를 그 가장 오래된 선례로 가지고 있는 예술은 인간의 생활 속에서 중요한 자리를 지켜왔다. 또 그것은 중요한 인간활동의 하나로 손꼽혀 왔다. 그러나 한편으로 예술에 대한 회의적 발언과 부정적 견해도 심심치 않게 표명되어 왔다. 종교의 이름으로, 혹은 도덕의 이름으로 예술을 격하시키려는 움직임은 때와 곳을 달리해서 간헐적으로 일어났다. 이상적인 사회로 구상된 공동체에서 예술은 있을 자리를 찾지 못하기도 했고, 실용성과 유용성을 강조하는 공리적 관점의 비판을 받기도 했다. 흔히 〈시인 추방론〉이라고 알려져 있는 플라톤의 견해는 문학 또는 예술 일반에 대한 유럽 세계 최초의 체계적인 발언으로서 예술부정론의 뚜렷한 효시를 이루고 있다(플라톤은 동시에 음악의 교육적 가치를 설득력 있게 강조하고 있기도 하다). 고전고대의 그리스에서는 오늘날 우리가 쓰고 있는 순문학으로서의 문학이라는 말이 없었던 만큼 플라톤의 시 비판은 그대로 문학 비판이 된다. 속화되고 단순화되어 하나의 풍문으로 알려져 있는 플라톤의 시인추방은 어떠한 맥락에서 이루어진 것일까? 이러한 의문은 플라톤의 대화편인 『국가』의 검토를 요청한다.

플라톤의 『국가』

　플라톤에게 있어 소크라테스의 죽음은 아테네 도시국가의 타락을 확인
시켜 주는 계기가 되었다. 혼돈과 무질서가 조화와 질서를 대체한 것으
로 비쳤다. 도시국가의 코스모스(이 말은 〈질서〉의 뜻과 〈우주〉의 뜻을
아울러 가지고 있다. 우주가 질서와 조화의 구현이라는 옛 그리스 사람
들의 생각이 드러나 있는 말이다)를 회복하고 국가와 개인 사이의 조화
를 재정립하기 위해서는 근본적인 변혁이 필요하다고 그는 생각하였다.
이러한 주제에 관한 플라톤의 사고를 대화체로 기술한 것이 때로『공화
국』이라 번역되기도 하는 『국가』이다. 플라톤이 골똘히 구상한 것은 좋
은 나라였다. 좋은 나라는 좋은 사람들만이 마련할 수 있는 것이지만 한
편으로 좋은 사람들은 좋은 나라만이 길러낼 수 있다는 생각이 플라톤
구상의 핵심이다. 덕성스러움의 전제조건인 참다운 지식 즉 지혜를 시민
들이 소유하도록 유도하기 위해서는 나라의 지도자들 스스로가 참다운
지식을 소유하지 않으면 안 된다. 나라의 지도자들이 참다운 선을 파악
할 때에야 비로소 나라는 그 목적을 달성하여 권력이 아니라 정의와 인
간에 봉사하는 코스모스를 이룩할 수 있다는 것이 플라톤의 생각이다.
그리하여 정의라는 이념의 규정과 구현이 이 책의 주제이며 교육과 지도
자의 훈련이 이 책의 가장 중요한 관심사가 된다. 사실『국가』에서 근대
정치학에서 생각하는 국가정치기술을 다룬 부분은 3분의 1밖에 되지 않
으며 철학 및 교육학이라 할 만한 부분이 더 많은 것이다.
　플라톤이 구상한 나라에서 국민들은 3등급으로 나누어진다. 일반 평
민, 군인 그리고 나라의 내적 외적 안전을 지키는 소임을 가진 수호자가
그것이다. 플라톤은 일반 평민에 대해선 별 관심을 보이지 않는다. 평민
들에게는 절제를 익히게 하고 권위에 복종하는 것이 의무라는 것을 깨닫
게 하는 것으로 족하다. 그 다음엔 의식주의 문제나 일상생활상의 볼일

에 전념하도록 하면 된다고 생각했던 것이다. 플라톤은 〈수호자〉들이 불필요한 걱정이나 노동에 구애받지 않고 사심 없이 직책에 충실할 수 있어야 한다고 생각하였다. 그들은 격리된 공동생활을 해야 하고 재산을 소유해서도 안되며 결혼을 해서도 안된다. 자녀를 낳을 수는 있으나 나라가 배우자를 지정해 주며 아기와 아버지는 서로의 관계를 모르게 한다. 수호자들의 아이들은 나라의 관장 아래 나라의 비용으로 양육되며 그들의 교육은 엄격한 윤리적 원칙에 기초해야 한다. 아름다운 육체 속에 깃들인 아름다운 영혼, 용기와 지력, 강건하면서도 유연한 신체, 엄격한 지적 훈련이 교육의 목표가 된다. 2년간의 현역 복무 후에 5년간 철학 공부를 해야 한다. 그때야 비로소 나라를 수호하는 의무를 이행하기에 충분한 성숙에 도달할 수 있다. 국가 수호의 의무는 과도한 부나 빈곤의 방지, 나라 크기의 제한, 법 운영의 감독, 개개 시민의 기능 수행의 보증, 엘리트를 위한 교육 체제의 유지 등으로 요약할 수 있다. 플라톤은 원칙적으로 남녀평등을 구상하고 있으나 여성이 지력과 체력면에서 딸린다는 유보를 달고 있다.

나라의 실질적 지도자들은 나이 쉰 살에 이른 수호자들 가운데서 뽑게 되는데, 이들은 최고의 선이자 나라의 목적인 정의와 공정을 이해하는 철학자들이어야 한다. 그들만이 개개 인간 영혼의 진정한 필요를 이해할 수 있으며 코스모스를 창조하는 정치 기술에 통달할 수 있다. 플라톤이 이들 최고 지도자들에게 요구하는 자질은 한 두 가지가 아니다. 민첩하고도 심오한 지각, 지식에 대한 갈구, 소박하면서도 우아한 품성, 물질적 쾌락 아닌 정신적 향수(享受)에 대한 선호, 전체와 보편의 감각을 플라톤은 요구한다. 그리고 남자다움, 냉철한 분별력, 정의에 대한 사랑, 금전에 대한 무관심, 째째함과 죽음의 공포로부터의 초월을 요구하고 있다.

플라톤은 이 대화편에서 신의 질서를 본딴 이상적인 나라를 그리고 있으며, 수호자들의 자질에 대한 엄격한 요구는 이상국가에 대한 플라톤 자신의 준열한 간구를 반영하는 것이다. 플라톤이 구상한 이상국가는 터무니없이 허황한 공상의 산물이 아니며, 실제로 제 구실을 할 수 있는 나라 모양을 보여주고 있다. 그는 소규모의 도시국가를 염두에 두고 있었고 실제 당대의 스파르타로부터 몇몇 세목을 빌어 오고 있다. 철학자를 최고 지도자로 하려는 기도가 피타고라스에서 시험된 바 있었고 도시국가가 지혜로운 현자에게 법률 제정을 위탁하는 일은 흔히 있는 일이었다.

요컨대 플라톤은 지혜와 정의와 덕성에 의해서 관장되는 나라를 당대 도시국가들을 참조하여 구상해 본 것이다. 특수한 교육과 훈련을 통해서 평민들 위로 부상한 선택된 지배 엘리트를 위한 플라톤의 구상은 후세에 큰 영향을 끼쳤다고 평가되고 있다. 11세기에 뒷날의 법왕 그레고리7세에 의해서 구상되고 형성된 로마가톨릭 교회의 성직제도에서도 비슷한 이념을 발견할 수 있다. 지도자와 친위돌격대를 설정하고 있는 나찌 독일의 지배체제 속에서도 우리는 『국가』의 일면이 왜곡되고 희화화(戱畫化)되어 나타나 있음을 알 수 있다.

화이트헤드는 서양철학이 플라톤 철학에 부친 주석에 지나지 않는다는 유명한 말을 남겨 놓고 있다. 또 쉽게 풀어 쓴 『국가』 영역본을 남기고 있는 리차즈는 이 책이 역사상 가장 많은 영향을 끼친 여섯 권의 책 중의 하나라고 말하고 있다. 그리고 서구문화 형성에 있어서 중요한 도구의 하나였던 이 책이 학문연구 방법의 기초문서의 하나로서 정치학의 기초가 되어 있고, 교육의 목적과 방법에 대한 이론을 제공해 주고 있음을 지적하고 있다. 그러면서 이 책이 서양 고전을 이해함에 있어서도 필수적인 책임을 존 단의 시를 들어 예증하고 있다. 사실 인간의 영혼을 세 부분으로 나누어서 생각하는 플라톤의 영혼관의 흔적을 우리는 서양 고전 도처에서 발견할 수 있다. 플라톤의 『국가』가 〈열린 사회의 적〉의 요소를 가지고 있는 것은 사실이나 내란의 위기 및 아테네의 붕괴 시기에 씌어진 이 책에 강력한 정부론이 나오는 것은 불가피한 일이라는 변호론도 설득력을 가지고 있음을 부정할 수 없다.

시와 교육

　시인추방론이라고 단순화되어서 알려져 있는 시와 시인에 대한 플라톤의 부정적 발언은 대충 이상과 같은 성질을 가진 『국가』 속에서 일관성 있게, 분명치는 않으나 대체로 〈수호자〉들의 교육과 관련하여 이루어진 것이다. 매우 섬세한 대화체로 전개되어 있는 발언의 취지만을 가려낸다는 것은 어렵고도 위험한 일이다. 이 어려움은 옛 그리스말이 가지고 있는 각별한 다의성(多義性) 내지는 모호성 때문에 가중된다. 가령 모방을 뜻하는 미메시스란 그리스말은 이른바 예술모방설의 핵심이 되는 말이다.

　시가 자연의 모방이라는 것은 아리스토텔레스의 『시학』의 가장 중요한 명제의 하나이지만 그것은 그 이전에도 그리스에서 널리 인정되던 통념이었다. 따라서 시인의 시작 행위를 모방이라고 하는 것은 너무나 당연해 보인다. 그런데 플라톤은 『국가』의 제3권에서 서사시 중 등장인물들이 나누는 대화에 대해서 특히 미메시스란 말을 쓰고 있으며, 대화가 아닌 서술적 부분에 대해서는 이 말을 쓰고 있지 않다. 한편 배우들의 연기에 대해서 미메시스라고 하고 있는데, 이것은 극히 당연한 것으로 보인다. 그러나 젊은 〈수호자〉가 수호자 교육을 받는 경우에도 이 말을 쓰고 있으며 제10권에 가서는 관객이 배우에게 공명하여 일체감을 갖는 것에 대해서도 이 말을 쓰고 있다. 요즘 많이 쓰는 동일시의 뜻으로도 쓰고 있는 셈이다. 이러한 미메시스의 다의성에서도 우리는 플라톤 발언이 매우 복잡한 성질의 것임을 엿볼 수 있다.

　플라톤은 〈수호자〉들의 기본 교육을 거론하고 있는 『국가』의 제2권 및 제3권에서 단초의 중요성을 설파한다. 〈시초라는 것은 항시 가장 중요한 것이다. 특히 어리고 여린 것을 다룰 때 그러하다. 성격이 형성되고 사람들이 찍어 두려는 흔적을 쉽게 받아들이는 것도 이때다〉라고 하면서 어린이에게 들려주는 얘기나 신화에 대해서 엄격한 통제를 가할 것을 주

장한다. 어머니와 보모들은 나라에서 허용하는 얘기만을 들려주어야 한
다는 것이다. 호메로스나 헤시오도스와 같은 시인들도 허용해서는 안된
다고 말한다. 첫째, 제신(諸神)(고대 그리스의 신은 기독교에서와 같은
유일신이 아니다. 따라서 『국가』에서 신은 때로는 단수로 때로는 복수로
기술되어 있다)들이 사실과 달리 때로 고약하게 그려져 있다. 어린이에
게는 신에게서 고약함이나 불행이 유래한다고 가르쳐서는 안된다. 왜냐
하면 신은 모든 것을 만들어 내는 게 아니라 좋은 것만을 마련해내기 때
문이다. 가령 크로노스가 부모에게 한 소행이나 제우스가 아비인 크로노
스에게 한 소행은 설사 사실이라 가정하더라도 생각이 깊지 못한 젊은이
에게 함부로 얘기해서는 안된다는 것이다. 둘째로 호메로스와 헤시오도
스에게는 젊은이로 하여금 죽음을 두려워하게 하는 것이 있다. 젊은이들
은 싸움터에서 용감하게 죽을 수 있도록 가르쳐야 하는데 그러기 위해서
는 친구의 죽음을 조상하며 통곡하고 슬퍼하는 장면을 보여주는 것은 해
롭다는 것이다. 〈모든 사자(死者)를 지배하는 왕이 되기보다는 먹을 것
없고 땅뙈기 없는 사람의 집에서 남의 종살이를 하더라도 땅위에서 살고
싶다〉고 토로하는 아킬레스 망령의 대목을 『오뒷세이아』에서 인용해 보이
고, 이러한 대목은 지워 버려야 할 것이라고 말한다. 대부분의 사람들이
이러한 구절을 좋은 시로 즐긴다 하더라도 그럴수록 더욱 죽음보다는 노
예신세를 더 두려워해야 할 어린이나 어른들에게 이러한 구절을 접하지
못하도록 해야 한다는 것이다. 여기서 소크라테스의 입을 빌어 의견을
개진하고 있는 플라톤 자신의 목소리를 들어 보기로 하자.

우리가 추방해야 할 또 한 가지는 유명한 영웅들의 통곡과 애도이
다. 만약 두 친구가 모두 고결한 인품이라면 자기 동지가 죽음을 두려
워한다고 생각해서는 안 된다. 따라서 무슨 끔찍한 일이라도 생긴 것
처럼 친구의 죽음을 애도해서는 안된다……그러므로 영웅들이 사자(死
者)를 애통해 하는 묘사는 지워 버리는 것이 좋다. 그리고 이러한 통
곡은 여자(높은 신분의 여자들에게는 안 된다)들이나 비천한 사내들에

256

게 넘겨 주는 게 좋다. 나라를 위해 우리가 훈련시키고 있는 수호자들이 이들을 흉내내지 못하도록 말이다.

셋째, 절제와 일상 법도에 어긋나는 묘사가 많다. 가령 홍소(哄笑)같은 것은 똑같이 격렬한 반응을 불러일으키게 마련이다. 〈이 방 저 방으로 부산을 떨고다니는〉 헤파에스투스를 보고 신들이 〈그칠 수 없는 홍소〉를 터뜨리는 것을 호메로스가 그리고 있는데 이것은 법도에 어긋나는 것이다. 또 호화로운 잔치나 신의 욕정을 그린 장면이 있는데 이러한 정경은 절제와 참을성을 가르침에 있어 해롭다. 지금까지 거론한 것은 신이나 영웅이나 사자를 다룬 귀절에 관해서였다. 마지막으로 인간생활을 처리한 경우를 보자. 고약한 자들이 행복해지고 공정한 사람들이 비참한 것을 그림으로써 삶에 대한 중대한 거짓 진술을 하고 있다. 들키지만 않는다면 불공정이 득이 되며 공정한 것이 자신에겐 손해요 타인에게 이득이 되는 것으로 그리는 것도 거짓 진술이다. 따라서 이러한 시들은 금해야 한다는 것이다.

이러한 주장은 〈수호자〉가 될 나어린 사람의 양육 및 훈련이라는 맥락 속에서 전개된 것이다. 긍정적 인물을 그려야지 부정적 인물만을 그리는 것은 옳지 않다든가, 삶의 암흑면만을 그리는 것 또한 옳지 않다든가, 소망스러운 인간상을 제시해야 한다든가, 도덕생활에서의 전범을 보여 주어야 한다든가 하는 문학담이 사실은 플라톤의 주장을 되풀이하고 있는 것임을 우리는 확인하게 된다. 오늘날 일부 지역에서 가해지고 있는 문학에 대한 규제나 검열도 플라톤의 이론의 현대적 실천이라 할 수 있다. 자녀들의 문학 독서가 〈공부〉에 방해가 된다고 생각하고 우려를 나타내는 세상의 학부모들은 의식하건 않건 플라톤의 이론적 추종자라 해도 잘못은 아닐 것이다.

시 부정의 세 차원

플라톤의 보다 본격적인 시 비판이 전개되는 것은 그러나 『국가』의 제
10권에서다. 여기서는 철학적 인식론적 측면에서 시에 대한 비판이 가해
지고, 또 한결 엄격한 도덕적 비판이 엿보인다.

플라톤에 있어서 궁극적인 실재는 다양한 현상 뒤에 있는 형상(形相)
혹은 이데아였다. 그것은 이를테면 동굴 안쪽 벽면을 향해 앉은 채 묶여
있는 인간이 그 그림자밖에 보지 못하는 빛과 같은 것이다. 그런데 우리
의 감각이 포착하는 이 세상의 모든 것, 특히 사람이 만든 것은 이 이데
아로부터 한 단계 동떨어져 있는 모작(模作)에 지나지 않는다. 가령 플
라톤이 거론한 대로 침대를 예를 들면 침대에는 세 종류가 있다. 첫째
이데아의 세계에 있는 신이 만든 불변의 침대가 있고, 둘째로는 목수가
만든 낱낱의 침대가 있고, 세째로는 목수가 만든 침대를 본떠서 화가가
그려낸 침대가 있다. 이데아 또는 진리를 첫 단계라 할 때, 동떨어져 3
단계째에 있는 것이 현상의 모방으로서의 그림이다. 그런데 시인도 화가
와 같다.

그렇다면 이 점은 비극작가에게도 해당될 것이다. 그도 모방자인 이상
진리의 왕좌로부터 3단계째 떨어져 있다. 그리고 그 밖에 다른 모방자들
도 모두 마찬가지다. 이러한 생각은 뒷날 단테의 『신곡』에서 한결 명료
한 표현을 얻고 있다. 「지옥편」에서 로마의 시인 베르길리우스는 다음과
같이 말하는데 플라톤의 생각이 고스란히 계승되어 있음을 발견하게 된
다.

인간의 예술은 신의 손자뻘이다.
자연이 신의 아들이고
예술은 자연을 베끼는 것이라니까.

——『신곡』지옥편 XI　105

　　그리하여 플라톤은 모방자 즉 예술가는 자기가 모방하고 있는 것에 관하여 이야기할 만한 가치가 있는 것이라고는 아무것도 알지 못하며 모방(예술)은 일종의 유희여서 진지하게 다룰 것이 못 된다는 결론을 내린다. 그리고 이 말은 모든 비극시인에게 해당한다고 단정적으로 말한다.

　　이어서 플라톤은 시가 이성이 아니라 인간의 감정에 호소한다는 점에 주목한다. 감정은 이성보다 열등한 영혼의 부위이며 우리의 감각처럼 착각에 빠지기가 쉽다. 시각상의 착각이 실제 측정과 심사숙고에 의해서 교정될 수 있듯이 허황하고 지나친 감정도 교정되어야 한다. 그러나 비극시인들은 과도한 감정을 억제하기는커녕 부추기고 있다. 그리하여 무대 위 주인공의 기쁨이나 슬픔에 몰입하는 사이 우리의 이성은 정지상태에 빠지게 된다. 이렇듯 시는 그림과 마찬가지로 참다운 실재로부터도 지혜로부터도 동떨어져 있다는 것이다.

　　플라톤은 나아가 비극의 것이건 희극의 것이건 시 일반에 대한 반론을 제기한다. 우리가 실생활에서 창피하게 여기는 공감적 감정탐닉을 조장함으로써 시가 사람됨의 품성을 손상시킨다는 것이다.

　　그렇다면 이젠 우리는 시인을 붙들어다가 화가의 짝으로 그와 나란히 세워 두어도 좋을 것이다. 왜냐하면 그는 진리에 비해 열등한 것을 만들어낸다는 점에서나, 영혼의 열등한 부분과 교제하고, 가장 훌륭한 부분과 교제하지 않는다는 점에서 화가를 닮았기 때문이다. 따라서 우리가 훌륭한 제도를 가져야 할 국가 안으로 그를 받아들이지 않는다 하더라도 우리의 행동은 정당하다. 그것은 그가 영혼의 열등한 부위를 일깨워서 부추겨 주고 강하게 만들어 줌으로써 이성적인 부위를 손상케 하기 때문이다. 그것은 마치 어떤 국가에서 어떤 사람이 악당들을 권력자로 만들어 그들에게 국가를 맡기는 반면 보다 선량한 사람들을 파멸케 하는 것과도 흡사하다.

　　그리하여 〈시 가운데서 국가 안으로 받아들여도 좋은 것은 신에 대한

찬가와 훌륭한 사람들을 기리는 송가뿐이다〉라고 말한다. 시를 거론하고 있는 『국가』 제10권의 부분은 다음과 같은 말로 끝나고 있다.

인간이 선량하게 되느냐 아니면 고약하게 되느냐 하는 싸움은 중대하며, 흔히들 생각하는 것보다 훨씬 중대하다. 그러므로 우리는 명예나 돈이나 권력이나 특히 시에 자극되어 정의나 그 밖에 다른 덕목을 소홀히 하는 일이 있어서는 안될 것이다.

살아 있는 쟁점

〈수호자〉가 될 청소년들의 교육과 관련하여 언급된 시 비판은 그리스의 어린이들이 주로 호메로스나 헤시오도스를 통해서 신에 대한 생각을 형성하게 되었다는 플라톤 당대의 사정과 연결시켜 이해해야 할 것이다. 인간정신과 감정의 형성적 발달에 있어서 시가 독자적인 기여를 한다는 생각은 당시에 널리 퍼져 있던 것으로 이해되고 있다. 즉 시가 교과서처럼 다루어지고 있는 것에 대한 반대인데, 이러한 반론은 그후에도 때와 곳을 가리지 않고 되풀이되고 있는 것이다. 제10권에서 볼 수 있는 실재 내지는 진리와 관련하여 이루어진 시공격은 문학과 철학 사이의 오랜 싸움의 일환이라고 할 수 있다. 호메로스나 비극시인들이 수레 만들기나 전차 몰기에 이르는 기술상의 지식에 통달해 있으며, 또 삶에 있어서의 의지할 만한 종교적 도덕적 인도자라고 당시의 소피스트나 직업적 호메로스 시 낭송자들이 주장했기 때문에 이에 맞서 플라톤은 철학의 우월성을 주장한 것이었다. 그리하여 궁극적인 실재 또는 이데아와 멀리 동떨어져 있다면서 시의 격하를 도모한 것이다. 이 사실은 당대 사회에 있어서 시가 누린 중요성과 위세를 잘 보여주고 있다. 플라톤은 인간정신에 대한 시의 형성적 영향력을 당연한 것으로 간주했던 것이고, 시가 모든 지식과 문화의 요약이라는 당대의 통념 때문에 시 공격에 나선 것이었다. 제10권에서도 〈마치 누군가를 사랑하던 사람이 그 사랑이 무익하다고 생각될 때에는 아무리 괴롭더라도 단념하고 말듯이 우리도 괴롭더라도 단념하고 말 것이다〉라는 대목이 보이는데, 이것은 플라톤이 시의 저항할 길 없는 매력을 인정하고 있음을 다시 한번 보여준다. 이러한 거역할 길 없는 매력 때문에 더욱 경계해야 한다는 것이 플라톤의 관점이다.

시의 교육적, 지적, 사회적 가치에 관한 플라톤의 의혹 표명은 고전이 흔히 그러하듯이 여러 갈래의 해석을 낳고 있다. 우선 예술의 본질을 미메시스로 보고 있는 플라톤의 견해는 예술을 소박한 사실주의 내지는 모사(模寫)주의로 보는 것이며, 그의 시 비판도 시 쪽에서는 받아들일 수 없는 인식론적 관점의 비판이고, 플라톤은 체계적인 예술론을 가지고 있지 않다는 비판과 해석이 있다. 이러한 비판은 특히 19세기의 낭만주의 이후 호된 형태로 나타난 바 있다. 그런가 하면 제10권에 보이는 견해는 이상적인 공동체에서 몰아내야 할 열악한 시인들에 해당하는 것이며 플라톤의 참다운 시인관 또는 예술관이 아니라는 해석도 있다. 이러한 해석자들은 오히려 『국가』 제5권이나 제6권에 보이는 단편적인 발언 속에서 참다운 플라톤 예술관을 볼 수 있는 것이라고 주장하기도 한다. 예컨대 〈하늘도 동의할 수 있는 인간 전형을 만들어낸다〉(제6권)든가, 〈이상적으로 아름다운 완전한 인물을 그린다〉(제5권)든가 하는 진술 속에서 플라톤의 진정한 예술관을 찾을 수 있다는 것이다. 감각적 현상을 모방하는 것이 아니라 직접 이데아를 모방하는 것을 염두에 두고 있는 이러한 귀절은 플라톤의 이상주의적인 예술관을 강력히 시사한다는 것이다.

근자에는 해블락크처럼 매우 도전적인 해석을 하는 고전학자도 있다. 호메로스의 서사시는 본질적으로 구비시(口碑詩)의 특징을 가지고 있으며 암송에 의존하는 구비시는 공식화된 상투어를 많이 쓰게 마련이다. 구전에 의존하는 구비 또는 구두문화에서는 일단 획득된 지식은 항상 반복해야 하며 그렇지 않으면 잃어버리게 된다. 판에 박힌 공식화된 사고 양식은 지혜와 효과적인 행정을 위해서는 필수적이다. 그러나 기원전 5세기에서 4세기에 이르는 플라톤의 시대에 와서 변화가 일어난다. 기원전 8세기경에서 비롯된 그리스 알파벳의 발전 이후 몇 백년이 지난 후 그리스인들은 기록문화를 내면화하였다. 즉 기원전 4세기 중엽에 이르러 조용한 혁명이 성취되어 교양 있는 그리스의 독자공동체가 형성되었다는 것이다. 지식을 축적하는 새 방식은 기억촉진적인 공식에 있지 않고 문자화된 기록 속에서 찾을 수 있었다. 이러한 사실은 사람들로 하여금 보다 독창적이고 추상적인 사고를 가능케 하였다. 즉 구두문화(口頭文化)에서 벗어날 수 있게 하였다. 플라톤이 『국가』에서 시인을 배제한 것은 그의 시대가 전통적인 시인들이 애용했던 상투어나 공식화된 표현이 이제는 뒤떨어지고 거추장스럽게 된 새 〈이성〉의 시대로 접어들었기 때문이라는 것이다. 해블라크는 시인의 시작(詩作), 배우의 연기, 학생의 학습 행위, 관중의 비극 구경 때의 공감이 모두 미메시스란 말로 표현된다는 사실에 주목하면서 거기에서 그리스 문화의 근본적인 구두문화적 성격을 발견한다. 그리고 가령 호메로스의 시가 구두문화 시대에 있어 백과사전과 교과서의 역할을 했다는 사실을 중시한다. 의지할 만한 집단적 사회적 기억이 문명의 지속을 위해서는 필수적인데 기억촉진적인 시가 그러한 사회적 기억의 역할을 담당했었다. 그러나 구두문화에서 탈피했을 때 구두적 의식은 결함 많은 것으로 비쳤고 플라톤과 같은 철학자에게 있어서 그것은 하나의 공적(公敵)이 되었다. 따라서 플라톤이 말하는 시는 구두문화 시대의 집단적 사회적 기억의 구현으로서의 시를 의미하는 것이며 오늘날 우리가 이해하고 있는 시와는 전혀 다르다고 그는 주장한다. 플라톤의 공격목표는 〈구두적 정신〉과 동일시되어 있는 〈시 정신〉이라는 것이다.

이러한 도전적인 해석이 참신하고 일단 설득력 있게 들리는 것도 사실이다. 그러나 우리에게 있어 중요한 것은 전통적 해석에 의거하더라도 플라톤의 시 비판이 나름대로 무게를 가지고 있으며, 그것이 되풀이 재생산되고 있다는 사실이다. 시가 우리의 감정을 자극하여 정신의 조화와 질서를 손상시키고 사람을 도덕적으로 타락시킨다는 생각은 특히 현세에서의 경건한 신앙생활을 강조하는 종교 쪽에서도 되풀이되고 있다. 칼뱅은 예술을 부정하였으며 청교도 혁명하의 영국에서는 극장이 폐쇄되어 세익스피어도 상연되지 않았다. 17세기 프랑스 가톨릭의 엄격한 일부에서는 라신느나 몰리에르도 해롭다고 주장하였고 파스칼도 예술을 무용지물이라 생각하였다. 예술에서 감정 전염의 원천을 보고 마침내는 자기의 대작조차 부정한 톨스토이의 예술론도 플라톤의 시인추방론의 근대적 보완이라 할 수 있다. 플라톤의 시인추방론은 삶에서 차지하는 문학과 예술의 막중한 비중과 중요성을 반증하고 있지만 그 논리가 완전히 논파(論破)되어 있는 것은 아니다. 그것은 문학과 삶의 연속성, 그리고 문학의 형성적 영향력을 인정할 때 우리가 간과할 수 없는 중요한 쟁점의 하나이며 지금껏 살아 있는 이론인 것이다.

주요 참조문헌

Walter Jackson Bate, *Prefaces to Criticism* (Doubleday & Company, Garden City, 1959).

Havelock, *Preface to Plato*, ch. 1.

Hans-George Gadamer, 'Plato and the Poets' in *Dialogue and Dialectic : Eight Hermeneutical Studies on Plato*, tr. P. Christopher Smith (Yale University Press, New Haven, 1980).

Plato, *The Rebulic*, tr. H. D. Lee (Penguin Books, Harmondsworth, 1955).

미메시스와 카타르시스
——『시학』의 세계

아리스토텔레스의 『시학』은 서구전통에서 최초의 문학이론서라고 알려져 있다. 모든 시초에는 뒷날의 발전 경향이 잠재해 있는 법이지만 『시학』의 경우는 각별히 그러하다. 뒷날 많은 문학이론이 나왔지만 중요 쟁점들이 맹아의 형태로 이미 『시학』 속에서 검토되어 있다. 그러기 때문에 화이트헤드가 서양철학과의 연관 속에서 플라톤에 관해 토로한 말은 문학이론과 관련하여 『시학』에 대해서도 적용할 수 있을 것이다. 〈서구의 문학이론은 아리스토텔레스의 『시학』에 부친 정교한 주석이다.〉 정치학, 형이상학, 윤리학을 비롯하여 생물학에 이르는 거의 모든 인간 지식의 영역에 두루 통달해 있었던 고전고대의 그릇 큰 석학이 『시학』을 따로 남겨 놓고 있다는 사실은 특히 문학의 자율성과 독자성을 강조하는 사람들을 고무시켜 주고 있는 듯이 보인다. 이들은 정치, 윤리, 역사 등의 분야에 각별한 관심을 가지고 있던 석학이 문학작품의 구조 및 심미적 판단의 성질과 한계에 관해서 별도의 사색을 실천하고 있었다는 사실을 특히 강조해서 지적한다. 그런가 하면 한편으로 문학과 삶의 연속성을 강조하는 이론가들이 궁극적으로 그 권위를 원용하는 전거 역시 아리스토텔레스인 것이다.

그 중요성과 영향력에도 불구하고, 아니 그렇기 때문에 더욱, 26장으로 구성되어 있는 작은 책 『시학』은 많은 해석과 논쟁의 원천으로 남아 있다. 고전고대의 그리스말로 직접 대하지 못하는 독자들은 대체로 서구 고전학자들이 현대 서구어로 옮긴 번역본에 의존하게 마련이다. 그러나 여기서의 번역은 사실상 해석이기 때문에 번역본마다 적지않은 차이를 드러내고 있다. 뿐만 아니라 원본 자체가 고전학자의 손으로 취사선택된 것이기 때문에 『시학』은 단일한 원본의 책이 아니랄 수도 있는 것이다.

원본의 문제

『시학』은 기원전 347년에서 322년 사이에 씌어진 것이라고 추정되고 있다. 아리스토텔레스 자신이 쓴 것이라고 되어 있으나 학생이 그의 강의를 받아썼을 가능성도 배제할 수 없다. 많은 고전학자들은 『시학』이 본래 두 권으로 되어 있었으나 희극과 카타르시스를 상세히 다룬 둘째 권이 망실되었다고 믿고 있다. 아리스토텔레스가 죽은 뒤 많은 변경이 가해졌다는 것도 널리 인정되고 있다. 낱말과 관용구의 혼동이나 결락(缺落)에서 온 변경 이외에도 원문에 없었던 주석이 섞여 들어갔으리라고 생각되는 부분도 많은 것이다. 고전학자들이 이러한 부분에 손을 보게 마련이기 때문에 『시학』에는 엄격히 말해서 그리스 말 결정판은 없는 셈이다.

『시학』의 대본이 되는 것은 4종류가 있다. 가장 오래되고 권위 있는 것이 파리의 국립도서관에 소장되어 있는 1741년의 파리본이다. 또 그 뒤엣것인 리카디아누스 46본과 라틴말 번역판과 10세기에 이루어진 아랍어 번역본이 있다. 대부분의 『시학』이 파리본에 의존하고 있으나 최근에 와서 나머지 대본을 참조하는 경향이 늘어나고 있다. 『시학』의 주석자 또는 번역자들은 원본에 대해서 적어도 다음 네 가지 국면에 대한 해석을 내려야 한다.

첫째, 원본의 성격 규정의 문제가 있다. 이 책은 간결해서 완성된 책이라기보다도 충실한 개요라고 생각되기가 십상이다. 그래서 아리스토텔레스의 손으로 되었거나 학생이 받아쓴 일련의 강의 초안이라는 해석이 오랫동안 지배적이었다. 그런가 하면 이 책이 한정된 학생들을 상대로 해서 씌어진 전문서로서 널리 일반 독자를 위해서 쓴 책들과 구별된다는 해석이 있다. 아리스토텔레스의 체계나 술어에 익숙한 한정된 제자들을 위해서 씌어진 책이기 때문에 어떤 대목은 극히 도식적 개괄적으로 처리되어 있고 또 어떤 대목에는 상세한 설명이 보인다는 것이다. 전문 학자들이 거의 받아들이지 않으나 이왕의 많은 번역본이 의존하고 있던 해석은 『시학』을 완성된 논문으로 보는 것이다. 이러한 해석에 의존하는 번역이 어구 및 논리상의 많은 결락을 채우려고 시도하는 것은 자연스러운 일이다.

둘째, 다른 책과의 관계 규정의 문제가 있다. 플라톤이 『국가』에서 보여주고 있는 시와 시인에 대한 비판의 반론으로 읽는 것이 『시학』 이해의 첩경이라는 관점이 르네상스 이후 정설이 되다시피 하였다. 『시학』을 선행 이론의 반론으로 보느냐 독립된 논문으로 보느냐 하는 것은 해석의 세목에 있어 큰 차이를 낳을 수 있다. 『시학』에 있어서의 플라톤의 중요성은 제작 시기에 따라 달라질 수 있다. 아리스토텔레스는 플라톤이 죽은 기원전 347년까지 줄곧 플라톤의 제자였다. 『시학』의 제작 시기가 빠르면 빠를수록 플라톤의 영향이 컸을 가능성도 커진다. 이와 반대로 아리스토텔레스가 자신의 학문체계를 정립하고 류케이언에서 강의하던 시기의 소산이라면 『시학』은 플라톤과의 연관보다는 아리스토텔레스의 원숙기의 저작과의 연관 속에서 이해하는 쪽이 그럴싸해지게 된다. 현대의 주석자들은 대체로 『시학』이 원숙기의 아리스토텔레스의 소산이라고 보는 경향을 드러낸다. 이들은 플라톤의 이름이 거론되어 있지 않다는 점을 상기시키면서 『시학』이 반론이 아니라 자기 나름의 분석이라고 생각한다. 이러한 관점은 어려운 대목을 해석하는데 있어 『정치학』이나 『윤리학』과 같은 원숙기의 저작의 참조를 정당화해 준다. 한편 『시학』은 어디까지나 『시학』의 맥락 속에서만 해석해야 한다는 극단론도 있으나 이러한 순수주의가 곧 난점에 부딪히는 것은 상상하기 어렵지 않다.

셋째로 방법의 문제가 있다. 그것이 귀납적이고 경험론적인 저작인가 그렇지 않으면 연역적인 것인가 하는 것도 작은 문제는 아니다. 『시학』이 그리스의 고전 비극 특히 소포클레스의 『오이디푸스왕』을 면밀히 연구하여 이룩한 경험론적 연구라는 것이 전통적인 해석이었다. 이러한 관점은 아리스토텔레스가 인용한 작품과의 연관 속에서의 『시학』 해석을 정당화해 주는 반면, 중세 이후의 비극을 해석하는 데는 『시학』이 별 쓸모 없는 것으로 비치게 한다. 그러나 근자에는 『시학』이 주제의 성질에 관한 성찰에서 나온 일반론이라며 당대 작품이 거론되는 것은 일반론을 예증하기 위한 증거로서 언급된다는 점을 강조하는 경향이 짙다. 『시학』의 해석은 어디까지나 정독의 문제이며 원문의 치밀한 분석의 문제라는 것을 시사하는 관점이다. 그리하여 이 책의 원론적 성격이 강조되는 것이다.

넷째로 진정성의 문제가 있다. 뒷날 주석자들이 삽입했거나 뒤섞인 대목이 적지않다는 주장이 있다. 그러나 어디까지가 진본이고 어디까지가 삽입인지는 확증할 길이 없다. 따라서 일단 파리본에 의존하여 의문을 표시하는 것이 해석자들의 상례이다.

이와 같은 문제에 대해서 『시학』의 번역자는 일단 자기의 관점을 선택해야 한다. 그러므로 우리가 알고 있는 『시학』은 고전학자들의 해석에 의해서 매개되어 비로소 하나의 원본으로 탄생한 것이다. 이것은 비단 『시학』의 경우만이 아니다. 많은 동서의 고전들이 이러한 수많은 매개와 해석에 의해서 비로소 하나의 원본으로 생겨나는 것이다. 원본 그 자체가 이미 해석의 산물인 것이다. 고전의 경우 공동제작적인 특징은 더욱 두드러지게 된다. 이러한 사실을 확인하면서 우리는 『시학』 속에 들어 있는 중요한 명제와 그 의미를 검토해 볼 것이다.

미메시스

〈예술은 자연을 모방한다〉는 생각은 넓게는 고대 그리스의 통념이었으나 좁게는 아리스토텔레스가 정교하게 완성시킨 명제로 이해되고 있다. 아리스토텔레스는 『자연학』을 비롯한 그의 저작 여러 군데서 이 말을 적어놓고 있는데 문맥에 따라서 조금씩 뜻을 달리한다는 것이 고전학자의 설명이다. 가령 여기서의 예술이 좁은 의미의 예술이 아니라 실용적 기술을 뜻하기도 하고 또 자연도 우주의 창조력이나 생산의 원리를 가리키는 것이라는 설명도 있다. 『시학』에서는 〈예술은 자연을 모방한다〉는 것이 당연지사로 전제되어 첫머리에서부터 각론이 전개된다.

서사시와 비극, 희극과 디튀람보스 그리고 대부분의 피리 취주와 키타라 탄주는 전체적으로 보아 모두 모방의 양식이다. 그러나 그들은 세 가지 점에 있어 상호간에 차이가 있으니, 즉 그들이 사용하는 모방의 수단이 그 종류에 있어 상이하든지, 그 대상이 상이하든지, 그 방법이 상이하여 동일하지 않다. (제1장)

시는 일반적으로 인간본성에 내재하고 있는 두 가지 원인에서 발생하는 것 같다. 모방한다는 것은 어렸을 적부터 인간본성에 내재한 것으로, 인간이 다른 동물과 다른 점도 인간이 가장 모방을 잘하며, 처음에는 모방에 의하여 지식을 습득한다는 점에 있다. 또한 모든 인간은 날 때부터 모방된 것에 대하여 쾌감을 느낀다. (제4장)

우리는 앞서 모방을 뜻하는 그리스 말 미메시스의 다의성(多義性)을 플라톤의 경우를 통해서 살펴본 바 있다. 미메시스를 보다 폭넓게 긍정적 적극적으로 파악한 아리스토텔레스의 경우 그것은 재현 혹은 묘사의 뜻으로 해석해야 한다는 것이 일반적인 통념이다. 그러나 이러한 해석은

268

너무 추상적인 이념을 시사해서 미메시스란 말 근저에 있는 흉내낸다는 인간 본능을 사상(捨象)할 위험성이 있다. 한 미학자의 역사적 설명은 미메시스의 말뜻 변천을 간결하고 요령 있게 개관해 주고 있어 도움이 된다.

미메시스란 말은 호메로스의 시에도 헤시오도스의 시에도 나오지 않는다. 따라서 호메로스 시대 이후의 용어이다. 그 어원은 분명치 않으나 디오니소스 신앙의 의식에서 유래한다고 믿어지고 있다. 처음엔 사제가 수행한 신앙 행위 즉 춤, 음악, 노래를 뜻하였다. 뒷날 조각이나 연극에서의 현실 재현을 뜻하게 된 이말은 처음엔 춤, 음악, 흉내에만 한정적으로 사용되었다. 핀다로스와 딜로스의 「아폴로 찬가」는 이 말을 음악에 적용하였다. 이때 미메시스는 외적 현실의 모사가 아니라 내면의 표현을 뜻하였다. 따라서 시각예술에는 적용되지 않았다.

기원전 5세기가 되어 미메시스는 신앙에서 철학용어로 옮아가 외적 세계의 모사를 가리키게 되었다. 말뜻의 변화가 심하여서 소크라테스는 회화를 미메시스라 하기를 저어하여 유사한 다른 말을 썼다. 그러나 데모크리투스나 플라톤은 이러한 망설임 없이 자연의 모방을 가리키기 위해 이 말을 썼다. 그러나 이들에게 있어 미메시스는 상이한 종류의 모방이었다. 데모크리투스에게 있어 미메시스는 자연이 작동하는 방식의 모방이었다. 옷감을 짬에 있어 우리는 거미를 모방하고 집짓기에 있어서는 제비를 모방하며 노래함에 있어서는 백조와 꾀꼬리를 모방한다고 그는 적어놓고 있다. 이때의 모방은 주로 공리적인 기술에 적용될 수 있는 것이었다.

기원전 5세기의 아테네에서 널리 통용된 또 하나의 미메시스 개념은 플라톤을 통해서 우리에게 익숙해진 현상 및 사물의 외관을 모사 또는 복사한다는 생각이다. 이러한 미메시스 개념은 회화와 조각에 관한 고찰에서 유래한 것이다. 그림과 조각이 다른 예술과 어떻게 다른가하는 의문에서 시작하여 이들은 사물과 흡사한 것을 만들어낸다는 점에서 다르다는 결론에 이르렀다. 즉 우리가 보는 것을 모방하는 것이 그림이요 조각이라는 것이다. 따라서 그림이나 조각과 같은 예술의 기본적인 기능이 곧 모방이라는 개념이 형성된 것이다. 소크라테스의 공적이라는 의견이 있는데 어쨌거나 플라톤과 아리스토텔레스가 수용해서 제각기 변용시킨 것이다.

앞서 거론했듯이 플라톤은 미메시스란 용어를 사용함에 있어 일관성이 없었다. 『법률』에서는 미메시스 본래의 뜻에 따라 음악과 춤에 적용하였고, 『국가』에서는 그림과 조각에 적용했다. 또 처음엔 작중인물이 발언하는 대목에만 미메시스란 말을 썼다가 나중에는 그림, 조각, 시를 통틀어 이 말을 쓰기도 한 것이다. 그리하여 마침내 『국가』 10권에 이르러서는 현실 모방이라는 그의 예술관이 극단으로 흘러 충실하면서도 수동적인 외부세계의 복사를 가리키게 된 것이다. 플라톤의 이러한 예술관은 사물을 눈에 보이는 대로 충실하게 그리려던 당대 회화의 경향에서 귀납된 것이었다. 따라서 그의 예술관이 규범적인 것이 아니고 서술적인 것임을 강조하는 의견도 있다.

아리스토텔레스에 와서 미메시스는 보다 적극적인 의미를 띠게 된다. 그는 예술의 모방이 사물을 실제보다 아름답게 혹은 열악하게 제시할 수 있다고 말한다. 또 사물이 있을 수 있고 마땅히 있어야 하는 방식으로 제시할 수 있다고도 말한다. 즉 사물의 보편적이고 전형적이고 본질적인 특징만을 제시해야 한다는 것이다.

따라서 모방의 대상이 되는 행동하는 인간은 필연적으로 우리들 이상의 선인이든지, 혹은 우리들 이하의 악인이든지, 혹은 우리와 동등한 인간이다. 그것은 화가들의 경우와 같다. (제2장)

시인은 화가나 다른 모사작가와 마찬가지로 모방자이므로, 사물을 언제나 그 세 가지 국면 중 어느 한 국면에서 모방하지 않으면 안된다. 즉 그는 사물이 과거나 또는 현재에 처하여 있는 상태를 모방하거나, 혹은 사물이 과거나 또는 현재에 처하여 있다고 말해지거나 생각

되는 상태를 모방하거나, 혹은 사물이 마땅히 처하여야 할 상태를 모방하지 않을 수 없다. (제25장)

아리스토텔레스는 〈예술은 자연을 모방한다〉는 명제를 유지하면서 독자적인 의미를 부여한 셈이다. 미메시스는 현실의 충실한 모사나 복사가 아니라 현실에 대한 자유로운 접근을 의미한다. 예술가는 자기 나름대로 현실을 제시하는 것이다. 따라서 아리스토텔레스의 미메시스 개념은 당초의 의식적(儀式的)인 의미와 소크라테스가 매듭지은 의미가 혼합된 것이며 이에 따라 음악, 회화, 연극에 두루 이 말을 적용할 수 있었던 것이다.

뒷날의 예술론자들은 개념상의 혼란을 일으켜 아리스토텔레스의 미메시스를 얘기하면서 실은 플라톤의 보다 단순하고 원시적인 미메시스 개념에 의존하는 수가 많았다. 아리스토텔레스의 개인적인 관심 때문에 미메시스 이론은 몇 세기 동안 시각예술보다는 주로 시를 대상으로 전개되었다. 아리스토텔레스에게 있어 미메시스는 무엇보다도 인간 행동의 모방이었다. 그러다가 점차 자연의 모방이 되었다. 모방이 그 완성을 얻는 것은 자연으로부터라고 생각했던 때문이다.

그리하여 고대 그리스의 미메시스는 크게 나누어 네 가지의 상이한 개념으로 요약해서 정리할 수 있다. 1) 내면의 표현을 뜻했던 의식적 의미, 2) 자연과정의 모방을 뜻하는 데모크리투스의 의미, 3) 자연의 모사라는 플라톤의 의미, 4) 자연의 요소에 기초한 예술작품의 창조라는 아리스토텔레스의 의미가 그것이다. 아리스토텔레스의 미메시스 개념이 플라톤의 그것보다 적극적이며 정교하다는 것은 세목에 있어서의 견해차이에도 불구하고 대체로 고전학자 사이에서는 의견의 일치가 보인다. 그리고 위에서 인용해 본 짤막한 『시학』의 대목에서도 우리는 그러한 의견일치의 근거를 확인할 수 있다.

고대 그리스의 미메시스 이론은 인간정신이 수동적이며 따라서 존재하는 것만을 지각할 수 있다는 전제에 의존하고 있었다. 설사 인간정신이 존재하지 않는 것을 발명할 수 있다 할지라도 현존세계가 완전하고 또한 더 완전한 것은 상상할 수 없기 때문에 그럴 필요가 없다고 생각하였다. 예술이 모방이라는 생각은 헬레니즘 시대와 중세를 통해 줄곧 유지되어 오다가 16세기 중엽에 『시학』이 재평가되면서 다시 시와 예술의 핵심적 쟁점으로 부상하였다. 르네상스는 모방의 대상을 자연뿐만 아니라 자연을 능란하게 모방한 고대의 대가들을 포함시켜야 한다는 명제를 낳기도 하였다. 그리하여 17세기 말에는 고전 대가의 모방이 자연모방 이론을 대체한 시절도 있었다. 또 모방은 보편적이고 완전한 현실의 국면을 대상으로 해야한다든가 또는 아름다운 현실만을 대상으로 한다든가 하는 수정적 설명이 나오기도 하였다. 18세기 후반은 예술의 모방적 기능에 별 관심을 기울이지 않았다. 이미 얘기할 만한 모든 것이 두루 논의되었기 때문이다. 이념과 상상력이 강조되었던 한 시절을 지나 미메시스 이론은 19세기에 와서 리얼리즘 이론으로 근대적 변용을 띠고 나타나게 된다. 이렇게 볼 때 추종하건 거부하건 미메시스 이론은 서구세계의 대표적인 문학이론으로 유서 깊은 역사를 가지고 있다. 그리고 고전고대에서의 이론적 구체는 바로 아리스토텔레스의 『시학』에서 간결하나 의미깊게 전개 되어 있는 것이다.

카타르시스

『시학』에서 논의되어 그 후 중요한 쟁점으로 거듭 토론의 대상이 되고 있는 것은 이른바 카타르시스이다. 비극이 큰 관심의 대상이 되어 있는 『시학』의 가장 논쟁적인 개념의 하나일 것이다. 비극의 본질을 얘기하고 있는 제6장에는 다음과 같은 대목이 보인다.

비극은 진지하고 일정한 크기를 가진 완결된 행동을 모방하며 쾌적한 장식을 가진 언어를 사용하되 각종의 장식은 작품의 상이한 여러

부분에 따로따로 삽입된다. 비극은 드라마적 형식을 취하고 서술적 형식을 취하지 않는다.

곧 이어서 카타르시스를 다룬 간결한 귀절이 나온다. 그러나 이 대목은 해석의 차이를 반영하여 조금씩 다르게 번역되어 있다. 이 대목은 전통적으로 두 가지로 해석되어 왔지만 최근에는 제3의 해석을 제기한 학자도 있다. 아래에서 우리는 이들 세 가지 해석을 검토해 볼 것이다.
흔히 정화라고 단순화되어 알려져 있는 카타르시스를 편의상 〈정화이론(淨化理論)〉과 〈조정이론(調整理論)〉으로 나누어 검토하는 것이 좋겠다. 제6장의 문제되는 대목은 두 갈래로 해석되고 번역된다.

i) 연민과 공포를 불러일으키는 사건을 통해서 비극은 이들 감정의 카타르시스를 성취한다.
ii) 연민과 공포를 불러일으키는 사건을 통해서 비극은 이러한 감정의 카타르시스를 성취한다.

위의 번역 i) 속에서 〈이들 감정〉은 보기 딱하고 끔찍한 연민과 공포를 가리킨다. 번역 ii) 속의 〈이러한 감정〉은 연민이나 공포 자체만을 뜻하는 것이 아니라 적절히 순화되고 조정되지 못할 경우 유해할 수도 있는 감정의 영역 전반을 가리킨다. 그리하여 i) 이 정화이론으로 이어짐에 반하여 ii) 는 조정이론으로 이어지는 것이다. 엇비슷해서 변별하기가 어려운 듯이 보이는 두 해석은 『시학』 속의 문맥만 가지고는 충분한 해석이 어렵기 때문에 아리스토텔레스의 다른 저작들을 참조하고 원용해서 설명하는 것이 보통이다.
정화이론을 따르는 사람들은 음악의 카타르시스를 다루고 있는 『정치학』의 대목을 원용한다. 정화이론은 카타르시스를 재귀적 과정으로 파악한다. 비극은 연민과 공포를 불러일으킨 뒤에 이들 감정을 몰아내는 것으로 이해된다. 플라톤은 비극이 연민을 환기하여 구경꾼들을 겁장이로 만든다고 『국가』에서 비판했기 때문에 위의 해석은 그럴싸하게 들린다. 비극이 연민과 공포를 불러일으키는 것은 사실이나 밖으로 몰아내기 위해서 그런다는 아리스토텔레스의 말은 플라톤의 비판에 대한 직접적인 답변처럼 보이기도 한다. 그리하여 이상국가에 있어서의 음악의 위치를 다룬 『정치학』 제8권이 원용된다. 음악의 장점으로 카타르시스가 거론되어 있고 대체로 정화의 뜻으로 쓰이고 있다는 것이다. 즉 몰아내고 정화하기 위해서 격정을 불러일으킨다는 생각이 강조되어 있음을 지적한다.

여기서 문제되는 것은 어떻게 이러한 〈정화〉가 작동하느냐는 것이다. 벌써 르네상스 시대부터 『시학』의 해석자들은 아리스토텔레스가 염두에 두고 있는 것이 고대 의학에서 쓴 동류요법(同類療法)의 개념이었다고 설명한다. 즉 열병은 열기로 다스리고 한기는 한기로 다스린다는 이열치열(以熱治熱)이 그것이다. 동류요법에 의한 카타르시스 해석은 18세기에 이르러 쇠퇴했다가 19세기 중반부터 다시 지지자를 얻게 되었다. 정화이론은 그러나 20세기에 들어와서 프로이트의 영향력의 심화와 함께 널리 받아들여지게 된다. 프로이트는 환자들이 고통스러운 어린시절의 경험을 최면하에 회상함으로써 신경증의 증상을 감소시킬 수 있다는 것을 발견하였다. 그가 이러한 요법을 처음 〈정화요법〉이라 부른 것은 시사적이다. 뒷날 프로이트는 환자치료에서 최면술을 배제했지만 그의 정신분석법은 어린 시절의 고통스러운 경험을 불러모아 몰아내는 정화와 연관되어 있다. 그는 성인 불안심리의 기본 원인은 오이디푸스 복합심리이며 『오이디푸스왕』과 『햄릿』의 호소력은 상징적 형태로 표현된 이 복합 감정에서 나온다고 믿었다. 그는 또한 모든 위대한 비극은 어떤 정화효과를 가지고 있다고 믿었다. 이 점 프로이트는 카타르시스가 설사와 같은 배설적인 정화라는 생각을 보강해 주는 것처럼 보인다.

동류요법에 의거한 정화이론에 대한 반론은 그것이 아리스토텔레스를 지나치게 플라톤에게 의존시키고 있다는 것이다. 플라톤은 감정과 격정이 이성에 대한 위협이라고 생각하였으나 아리스토텔레스는 플라톤의 견해에 전폭적으로 동조하지는 않았다. 아리스토텔레스는 감정이 이성 못지않게 인간의 중요한 일부라고 생각했던 것이다. 감정이 그 자체로서 해로운 것은 아니며 다만 적절히 제어되지 못하였을 때 해로울 수 있다고 보았다. 따라서 감정이나 격정은 적절히 통제되고 조정되어야 한다고 믿었다. 이러한 관점을 밀고 가면 곧 조정이론이 된다.

혼동을 방지하기 위해서 본래의 〈순화〉를 〈조정〉으로 의역해 본 조종이론은 카타르시스가 감정 일반에 적용되는 원리라고 파악한다. 그리하여 문제의 대목을 〈이러한 감정의 카타르시스〉라고 번역한다. 이러한 번역은 연민과 공포를 적절히 〈조정〉되지 않았을 때 해로울 수 있는 감정의 전영역의 대표적인 사례로 변형시킨다. 조정이론의 장점은 감정의 몰아내기라는 개념을 동반하지 않는다는 점이다. 연민은 흔히 〈좋은〉 감정으로 파악되게 마련이며 또 적절한 공포는 건강한 것이 아닌가. 연민이나 공포는 제어되고 조정되어야 할 것이지 몰아내야 할 성질의 것은 아니다. 그리하여 조정이론은 양극단 사이의 중용에 정신의 건강이 있다는 『니코마코스 윤리학』의 논거를 원용하는 것이 보통이다. 『윤리학』의 맥락에서 카타르시스는 일종의 정신적 도덕적인 조건지어 주기 혹은 길들이기가 된다. 비극을 구경하면서 구경꾼들은 연민이나 공포와 같은 감정의 적절한 효용을 배우게 된다는 것이다. 정화이론에서와 같이 조정이론도 플라톤에 대한 대답이라는 점에서는 같다. 그러나 정화이론이 플라톤의 감정관에 의존하고 있음에 반해서 조정이론이 아리스토텔레스의 감정관에 의존하고 있다는 점에서는 다르다.

조정이론에는 여러가지 변종이 있다. 르네상스 시기에 카스텔베트로를 위시한 몇몇은 비극이 감정을 단련시켜 준다고 시사하였다. 싸움터에서 병사들이 죽음의 빈번한 목격을 통해서 죽음의 공포를 극복하게 되듯이 구경꾼들은 비극 속에서 끔찍하고 보기 딱한 사건을 구경함으로써 가파로운 삶의 실상에 익숙해진다는 것이다. 폰투스의 왕 미트리다테스가 소량의 독을 계속적·누진적으로 섭취하여 독에 대한 면역을 길러냄으로써 독살 모의에도 끄떡하지 않았다는 전설을 빌어 미국 비평가 라이오넬 트릴링은 비극의 기능을 지적한 적이 있다. 비극은 삶의 고통에 대한 길들이기 기능을 가지고 있다면서 그것을 〈미트리다테스적 기능〉이라고 부르고 있는데 세목에서는 차이가 있지만 르네상스시기의 조정이론과 설명의 모형을 같이하고 있다. 한편 18세기 독일의 레싱 같은 비평가는 비극이 감수성을 예민하게 함으로써 구경꾼의 심성을 부드럽게 순화시켜 준다고 주장하였다. 조정이론이라는 점에서는 비슷하나 카스텔베트로의 설명과는 정반대되는 관점이다.

조정이론은 도덕적 교훈이나 정신적인 가르침이란 생각에 연결되게 마련이다. 교훈적 문학관은 따라서 〈정화〉란 말을 쓰는 경우라 할지라도 조정이론에 의존하는 수가 많다. 가령 16세기의 한 문인은 악을 수반하는 사물의 끔찍함을 보여줌으로써 정신으로부터 좋지 못한 감정을 정화해서 미덕의 길을 걷게 하는 점에 비극의 본질이 있다고 적고 있다. 요컨대 악인들의 참혹한 운명으로부터 그들이 보여주는 악을 피하는 법을 배우게 된다는 것이다. 이러한 권선징악적 비극관이 아리스토토텔레스의 비극관과 전혀 다른 것임은 말할 것도 없다. 이와 같은 전통적 카타르시스 이론에 반하여 제3의 해석인 명징이론(明澄理論)은 정화 및 조정이론이 모두 관중심리학 내지는 독자심리학으로 떨어져 있다고 비판한다. 아리스텔레스는 『시학』 즉 시라는 예술을 거론하고 있는 것이지 심리학에 관한 사변을 펼치고 있는 것이 아니라는 주장이다. 따라서 문제의 대목을 어디까지나 시 자체의 이론으로 파악하려 한다. 즉 비극의 기술에 대한 언급으로 파악하는 것이다. 명징이론의 주장자는 문제의 대목을 다음과 같이 번역한다.

연민과 공포를 불러일으키는 사건의 묘사를 통해서 이러한 사건의 명징화를 성취한다.

레온 골든 같은 학자가 주장하고 또 엘스 같은 학자의 부분적인 변호를 얻고 있는 이러한 번역은 〈감정의 카타르시스〉가 아니라 〈사건의 카타르시스〉를 주장하고 있어 극히 대담하고 도전적인 해석이다. 명징이론은

276

아리스토텔레스가 비극의 경험을 일종의 통찰 경험이라고 보았다고 주장한다. 비극의 구경꾼이 겪게 되는 비극 경험은 1) 실생활에서 경험했다면 고통스러웠을 터이나 연극이기 때문에 즐거운 것이고, 2) 그 즐거움은 깨달음에서 유래하는 것이고, 3)깨달음은 구체를 일관성 있게 만들어 주는 보편을 통해 플롯과 구체 사이의 관계에 대한 발견과 연관되어 있으며, 4) 비극의 기능을 가리키는 말이 명징화를 뜻하는 카타르시스라는 것이다. 명징이론은 아직껏 소수파의 이론으로 머물러 있으며 그 해석은 현대의 미학이론을 고전 그대로 소급해서 적용했다는 혐의가 짙다. 따라서 과도한 읽어 넣기라는 비판을 면할 길이 없다. 아리스토텔레스가 〈청중심리학〉으로 탈선했다 할지라도 크게 놀라운 일은 아니다. 그를 20세기의 협소한 문학비평가로 규격화시키는 일은 그를 축소 조정하는 일이 될 것이다.

카타르시스의 설득력

〈카타르시스〉에서 정화되는 것이 무엇이며 조정되는 것이 무엇이냐 하는 점을 두고 많은 의견이 제시되었다. 또 문제된 대목에 나오는 〈연민과 공포〉가 과연 적절한 번역인가에 대해서도 상이한 견해가 제시되고 있다. 그러나 문제의 구절이 비극 경험의 한 국면을 생생하게 시사하는 것만은 분명하다. 연민이란 말이 비극의 주인공이나 사건을 대상으로 하기엔 조금 허약해서 적절한 말이 아닐지도 모르고 공포란 말도 반드시 적절한 것이 아닐런지도 모른다. 그러나 비극의 압도적인 호소력이 강렬한 감정적 환기를 경험시킨 뒤 어떤 안도감과 평온감을 안겨주는 것은 부정할 수 없다. 인간이 부딪히게 되는 재앙과 불행의 극한적인 상황을 간접 경험한 독자나 관객은 적어도 이러한 극한적 경험을 면제받고 있다는 사실에서 순간적인 안도감을 느끼게도 된다. 평범한 나날의 삶에서 도망치고 싶었던 마음은 최악의 가상적 재앙 경험을 통해 〈지금 이곳의

상태)에 자족하고 싶은 심사에 빠지면서 평온한 안도감을 경험하게 된
다. 비극의 즐거움도 부분적으로는 여기서 유래하는 것이리라. 비극의
독서경험이나 관극경험은 작품에 따라서 달라지게 마련이지만 거기에는
분명히 재앙을 가까스로 비켜섰을 때의 평온과 안도감이 있다.

 폭력이나 잔학성 지향의 만화나 영화에 대한 플라톤적인 비판에 맞서
는 사람들은 과도함의 일변도가 아니라면 이런 것은 향수자의 공격성향
을 적절히 충족하고 혹은 배출하고 혹은 조정하여 긍정적 효과를 야기할
수 있다고 주장한다. 이렇게 말하는 사람들은 의식하건 않건 아리스토텔
레스의 계보에 서 있는 것이라고 말할 수도 있다. 플라톤의 문학비판에
대한 답변으로서 또 비극 이해의 한 관점으로서 카타르시스는 논쟁적이
면서도 설득력 있는 쟁점으로 남아 있다. 십 년 묵은 체증 해소라는 투
의 통속적인 사용도 이 말의 위력을 증거해 주고 있는 것이다.

주요 참조문헌

아리스토텔레스, 『시학』, 천병희 옮김, 문예출판사, 1986.

Aristotle, *Poetics,* tr. Gerald F. Else (The University of Michigan Press, Ann
    Arbor, 1970).

______, *Poetics : A Translation and Commentary for Students of Literature,*
    tr. Leon Golden & com. O. B. Hardison, Jr. (Prentice-Hall, Englewood Cliffs,
    1968).

Wladyslaw Tatarkiewicz, *History of Six Ideas : An Essay in Aesthetics,* tr.
    Christopher Kasparek (Martinus Nijhoff, The Hague, 1980), chs. 9-10.

비극의 세계

아리스토텔레스 『시학』의 핵심적인 주제가 되어 있다는 점에 시사되어 있듯이 비극은 적어도 서구 문학전통에 있어서는 가장 중요한 장르였다. 또 적어도 17세기 이전까지는 그 성가(聲價)에 상부하는 수많은 걸작을 배출하였던 것이 사실이다. 조지 슈타이너는 서구문학사에 있어서의 삼대승리(三大勝利)의 시대로 아테네의 극작가와 플라톤의 시대, 셰익스피어의 시대, 그리고 톨스토이와 도스토예프스키를 배출한 19세기 러시아 소설의 시대를 지적하고 있다. 아테네의 극작가 중에는 희극시인이 포함되어 있고 또 셰익스피어나 그의 동시대 극작가들도 비극만을 보여준 것은 아니다. 그러나 이 두 시대가 무엇보다도 비극을 통해서 그 최고의 순간을 드러내고 있다고 할 때 서구 문학전통에서 비극이 차지하는 위치는 막중하다 하지 않을 수 없다. 서구의 지적 전통에서 성장한 사람들은 또 비극이라는 인간 고통과 영웅적 행동거지의 상연이 서구 전통에 고유한 것임을 지적한다. 그리하여 사나움과 의식적(儀式的)인 죽음으로 가득 차 있는 혹종의 동양 연극과의 사이에 분명한 차이를 설정하는 경향이 있다.

　가장 중요한 장르로 인정받고 있는 비극은 따라서 가장 다채로운 장르

이론을 낳게 하였다. 경쟁 장르인 서사시나 희극이 감히 대적할 수 없으리 만큼 많은 이론적 천착이나 주의 집중의 대상이 되어 왔다는 것은 그만큼 비극의 광범위하고도 압도적인 감동성을 증거해 준다. 그러나 너무나 많은 비극이론이 씌어졌다는 사실은 비극의 일반론이 그만큼 어렵다는 사실을 시사해 준다. 존재를 홀대하고 본질을 우대한다는 이론 일반의 취약성이 여기서도 드러난다. 시인의 경우에 흔히 그렇듯이 장르의 경우에도 시초는 중요하고 계시적이다. 우리는 고전고대의 그리스 비극에서 시작하는 수밖에 없다.

산양(山羊) 노래

　비극을 가리키는 tragedy란 말은 〈산양 노래〉를 뜻하는 그리스 말에서 나왔다고 알려져 있다. 그리스에서 가장 흔한 가축이었던 산양이 어떻게 해서 비극과 관련된 것인지에 관해서는 학문적 합의를 보지 못하고 있다. 비극 상연에 즈음하여 산양을 상품으로 주었다는 사실에서 유래했을 것이라는 추종자가 매우 적은 해석에서부터 초기의 배우들이 산양가죽을 둘렀기 때문이라는 추측에 이르기까지 다양하다. 비극 어원의 내력이 분명치 않듯이 비극의 기원도 분명치는 않다. 『시학』 제4장에는 〈비극은 디튀람보스 노래의 지휘자로부터 시작하였다〉는 귀절이 보인다. 디튀람보스는 본래 디오니소스신의 제전 때 부르는 찬가로서 처음엔 독창으로 불리었으나 기원전 6세기경에 와서는 춤과 피리에 맞추어 부르는 합창가가 되었다고 알려져 있다. 그러나 그리스 비극의 기원은 아리스토텔레스의 시대에도 벌써 분명치 않았다고 추정되고 있다. 다만 비극 상연이 디오니소스 제전의 일부를 이루고 있었다는 것만이 확인되고 있다. 아리스토텔레스의 권위로도 충분한 고증을 얻어내지 못하고 있는 비극의 기원에 관해서는 따라서 여러 갈래의 설명이 제기되고 있다. 많은 비극 속에 장례식 장면이 자주 나온다는 사실에 착안하여 왕의 장례 때 고인의 행적을 보여준 데서 비롯된 것이 아니냐는 의견도 있다. 고대 이집트에서 미이라 상자 위에 왕의 행적을 그림으로 그려 기념해 놓은 것에서 유추한 해석이다. 인류학적 접근법에 의거한 고전학자들이 원시적 종교 의식에서 비롯되었다고 주장함에 반해서 『시학』의 도전적인 해석자인 엘스 같은 고전학자는 기원전 6세기의 아테네 특히 솔론의 생애와 시에서 그 원천을 찾고 있기도 하다.

그러나 비극의 개화기였던 기원전 5세기에 있어 비극 상연이 디오니소스신의 제전 때 그 일부로 진행되었다는 것에 대해서는 고전학자들의 의견일치가 보인다. 봄철에 열리는 이 제전에서는 비극 상연이 사흘에 걸쳐 진행되었는데 하루에 비극 3편과 가볍고 해학적인 사튜로스극 등 도합 4편이 상연되었다. 이것은 한 사람의 비극작가가 제공하는 상연품목으로서 사흘에 거쳐 세 사람이 작품을 선보여 심판원들이 1위에서 3위까지 결정하는 경연(競演) 형식을 취하였다. 관람료는 무료와 유료의 우여곡절을 거쳐서 관객에게 상여금을 지불하였는데 이 사실은 야외극장에서의 비극 상연이 국가적인 행사였음을 시사해 주고 있다. 소포클레스는 24회의 우승기록을 가지고 있음에 반하여 에우리피데스는 5회에 지나지 않았다고 한다. 세사람의 위대한 비극시인이 각각 100편 안팎의 작품을 써냈던 것으로 알려지고 있으나 완전한 형태로 남아 있는 현존 비극은 31편이다.

〈비극의 시대〉였던 기원전 5세기의 아테네에 관한 정보를 가장 많이 제공해 주는 것에는 헤르도투스와 투키디데스의 역사책이 있지만 보다 직접적인 지식의 원천이 되어 주는 것은 당대 극작가의 작품이다. 기원전 6·7세기의 서정시, 5세기의 극시를 거쳐서야 비로소 4세기의 철학이 가능했다는 설명도 있다.

산양노래란 어원이 시사하듯이 비극이 반드시 그 역어(譯語)의 일부가 되어 있는 슬픔과 직결되어 있는 것은 아니다. 비극의 비장미에 슬픔이 포함되어 있음은 사실이나 그것이 주조음(主調音)이 되어 있는 것만은 아니다. 또 비극이 크나큰 재앙을 다루면서 고통이나 죽음으로 끝나는

경우가 많지만은 화해적 결말을 보여주는 경우도 있다. 영어 사용권에서
는 〈크게 번영하다가 높은 신분에서 떨어져 비참하게 끝나는 사람에 관
한 얘기〉라는 초서의 귀절이 최초의 정의라고 흔히 거론된다. 그러나 비
극을 얘기함에 있어 빼놓을 수 없는 것은 진지함과 심각함일 것이다.

비극은 진지하고 일정한 크기를 가진 완결된 행동을 모방하며, 쾌적
한 장식을 가진 언어를 사용하되 각종의 장식은 작품의 상이한 여러
부분에 따로따로 삽입된다. (第6장)

아리스토텔레스가 『시학』에서 언급한 진지성에 심각성을 첨가하고 거
기에 다시 파국과 죽음과 고통을 채워놓는다면 우리는 얼추 비극의 세계
로 근접해 가는 셈이 될 것이다.

이성과 정의를 넘어서

하나의 대상을 이해함에 있어서 음화적(陰畫的)인 접근은 때때로 유효
하다. 비극을 이해함에 있어서도 사정은 마찬가지일 것이다. 비극의 역
상(逆像)을 검토해 보면 비극의 참모습을 떠올릴 수 있다. 비극에 반대
되는 세계는 어떠한 세계일까? 그것은 정확한 보답과 인과응보의 세계
일 것이다. 건강하고 정의로운 주인공이 악의 무리를 무찌르고 마침내
그 보답으로 황금마차와 야성의 미녀를 얻게 되는 서부영화의 상황이 바
로 그러하다. 보다 이전의 문학에서 거론되던 〈시적 정의〉의 세계가 또
한 그러하다. 비극의 세계는 선이 반드시 보답받는 것도 아니고 악이 반
드시 처벌받는 것도 아닌 세계이다. 아니 처음부터 선과 악이 분명한 이
분법으로 구획되어 있지 않은 세계이기도 하다. 그러한 점에서 왜 서양
중세에 비극이 없었던가 하는 것도 쉬 이해가 간다. 기독교의 세계 이해
에 있어 현세는 우리가 잠시 머물다 가는 눈물의 골짜기일 뿐이다. 우리

282

는 현세에서의 행적과 죄업에 따라 영생을 얻거나 혹은 저주를 받거나 한다. 전지전능한 신은 처벌과 보답의 배분에 있어 엄정하고 적확하고 합리적이다. 혹 현세에서의 고난이 크다 하더라도 그것은 어디까지나 시련으로서의 의미를 가지고 있을 뿐이다. 비록 부서지고 흠 있는 죄인이라 하더라도 기독교인은 내세의 삶을 확신하고 죽음을 맞았다. 부활을 확신하는 기독교인으로 살고 또 죽는 한에 있어 그들의 삶에는 비극의 여지가 있을 수 없었다. 전지전능한 신에게 버림받고 자기 혼자뿐이라고 생각할 때에나 그들의 삶 속에 비극적 순간이 끼어들었다. 그러나 그것은 예외적인 순간이라고 해야 옳다. 신의 심판이 공정하게 이루어질 때 그것은 곧 정의가 실현되는 것을 의미한다. 정의가 있는 곳에 비극은 있을 수 없다. 서양 중세에 〈비극〉이 있었다면 그것은 예수의 수난을 통해서였다. 그러나 중세에 있어 예수의 수난은 부활로서 이해되었다. 서양 중세가 기적극은 몰라도 비극을 갖지 않은 것은 따라서 당연하다.

고전 비극을 얘기할 때 누구나 떠올리게 되는 것은 소포클레스의 「오이디푸스왕」이다. 아리스토텔레스가 『시학』 속에서 되풀이 상찬하며 거론하고 있는 이 작품은 플롯이라는 측면에서도 더할 나위 없이 정교하다. 자신의 덕성을 믿어 의심치 않고 자기 의무의 이행에 있어 양보함이 없는 주인공은 공동체 전체의 운명과 연관되는 중대한 범죄를 저지른 장본인의 신분을 캐내려고 노력한다. 자기가 캐낸 증거는 마침내 자기 자신이 장본인임을 드러낼 뿐 아니라 애초에 생각했던 것보다 훨씬더 큰 죄과를 저질렀음을 알게 된다는 플롯은 추리소설과 같은 긴박감과 낭비 없는 선택으로 가히 하나의 범례가 되어 주고 있다. 이와 동시에 비극의 비전과 본질을 이해함에 있어서도 극히 호적한 모형이 되어 준다.

아버지를 살해하고 어머니와 결혼한다는 상상할 수 없을 만큼 끔찍한 행동이 촉발하는 충격성은 그것이 전혀 고의성이 없고 의도된 바 없는 죄과였다는 사실 때문에 감소되지는 않는다. 끔찍한 신탁의 예언을 접한 부모들은 그것을 피하기 위해 갖가지 조처를 취한다. 끔찍한 신탁을 접한 주인공 역시 그것을 피하기 위해 친부모라고 알고 있던 양부모의 곁을 떠났다가 예의 가공할 죄과를 저지르는 것이다. 그는 또 괴물 스핑크스를 퇴치한 영웅으로서 왕으로 추대되고 관습에 따라 결혼한 것에 지나지 않는다. 그러나 부모를 포함하여 주인공이 신탁의 예언을 피하기 위해서 내디디는 걸음이 사실은 전율과 파국을 향한 돌이킬 길 없는 발걸음이 되는 것이다. 「오이디푸스왕」이 씌어진 후 30년 만에 씌어진 「콜로너스의 오이디푸스」에서 죽음을 가까이 둔 오이디푸스는 비행의 의도를 가지고 있지 않은 자기가 유죄인 것은 부당하다고 하면서 애매하다고 항변하고 있다. 좋든 궂든 하나의 행위가 윤리적 의미를 갖기 위해서는 행위자가 의지와 의식을 갖고 행동했어야 한다는 합리적 윤리관으로 자기변호를 꾀하고 있는 셈이다. 그러나 널리 알려져 있다시피 「오이디푸스왕」에서 주인공은 이러한 자기변호를 꾀하지 않는다. 그는 온통 전율과 자기혐오에 압도되고 마는 것이다. 의도적인 행동만이 윤리적 의미를 갖게 된다는 합리주의는 오이디푸스의 처지가 촉발하는 감정에는 적용될 수 없는 것으로 보인다. 이성을 대체하는 어떤 어둠의 판단양식과 마주치게 되는 것 같다는 해석에 우리는 공감하게 된다.

「오이디푸스왕」이 촉발하는 것의 하나는 세상에는 인간 이성으로써는 불가해한 힘이 존재한다는 사실의 상기이다. 그것은 우리가 쉽게 운명이라는 말로 대체할 수 있는 종류의 것은 아니다. 용감하고 왕자답고 늠름하고 당당한 오이디푸스는 단순한 운명의 꼭두각시가 아니다. 그럼에도 불구하고 그를 압도하고 마는 불가사의한 힘은 인간 이성의 영향권을 넘어서 그 그림자를 드리우고 있는 것이다. 우리의 삶을 혹은 형성하고 혹은 파괴하는 힘이 이성이나 정의의 관장 밖에 있다는 불안한 사실을 작품은 되풀이 상기시킨다. 이 작품의 영속적인 호소력은 이러한 상기에서 유래하는 것이다. 그렇기 때문에 작품은 관심의 성질에 따라서 다양한 표상으로 손짓하는 것이기도 하다.

정치인의 역할에서 영광의 가능성을 수락할 때, 정치인은 또한 오명의 위험성도 수락하는 것이며 이때 영광도 오명도 본래의 자기 몫은 아니라고 메를로 퐁티는 말하였다. 정치적 행동은 집단적인 행동이며 또 어느

한 사람의 타인에 대한 행동이기 때문에 성질상 그것은 순수할 수 없다. 정치인은 그가 활용하고자 풀어 놓은 세력의 떠받침을 받고 있기 때문에 역사 앞에서는 그러한 세력의 인간으로 서게 되며 이때 어떠한 정치인도 자신의 결백을 주장할 수는 없다. 통치하는 것은 예측하는 것이며 정치인은 어떠한 경우에도 예측 못한 것을 변명할 수는 없다. 그러나 항시 예측 못할 것이 있는 법이다. 따라서 비극이 생긴다. 이렇게 역사의 근본적인 모호성과 인간행위의 불가측성(不可測性) 그리고 이에 따른 정치의 비극을 얘기하면서 메를로 퐁티가 상기시키는 것은 오이디푸스이다. 이성과 질서와 정의의 영역이 극히 한정되어 있음을 시사하는 비극의 비전은 정치의 영역에서도 극히 계시적이랄 수 있다. 비극의 비전의 계속적인 호소력은 이성과 정의에의 간구가 번번이 좌절당하는 지적 풍토에 서일수록 더욱 간절한 것이 되는지도 모른다.

비극의 이원성

이성과 정의를 넘어선 세계에 대한 상기와 함께 비극이 되풀이 보여 주는 것은 인간존재의 근원적인 취약성이다. 바로 어제까지 테베의 왕자(王者)요 숭상받는 영웅이던 오이디푸스는 어이없는 죄값으로 순식간에 모든 것을 잃는다. 적대적인 제신(諸神)들의 분노를 사서 몰락하는가 하면 가문에 내린 저주로 말미암아 파멸의 길을 가기도 한다. 때로는 강력한 적수의 손에서 고통을 당하기도 하고 때로는 자기 자신의 터무니없는 취약성으로 말미암아 부서지기도 한다. 주체할 수 없는 야심으로 말미암아 자기파멸의 길을 간 〈맥베드〉는 가장 비근한 사례이기도 하다. 고전비극에서도 근대 비극에서도 우리는 언제나 파국과 재앙에 노출되어 있는 인간존재의 취약성과 마주치게 된다. 그러나 이러한 취약성의 국면만이 강조되어 있다면 비극의 본령인 숭고한 비장미는 그 설 자리가 위태로와질 것이다.

우연이나 자기 자신의 타고난 사나움 때문에 인간과 사회가 늘 위협받고 있다는 의식을 극화하는 한편 비극은 또한 인간의 위대함을 에누리없이 보여준다. 오이디푸스는 파괴적인 행위에 대한 책임을 떠맡으면서 영웅적인 고통과 깨달음을 동시에 성취한다. 그 어느 순간에 있어서도 그가 비열해지고 왜소해지는 법은 없다. 그런 면에서도 『오이디푸스왕』은 다시 범례가 되어 준다. 프로메테우스나 오이디푸스나 햄릿이나 고통과 재앙을 견디어 내는 데 보여주는 고귀한 의연함은 아마도 비극 장르의 압도적인 우월성과 호소력의 또 하나의 원천이 되어 준다. 햄릿과 리어왕은 점진적인 성숙을 통해서 적어도 죽음에 임하기 직전에 어떤 통찰에 이르게 된다. 비극의 주인공들이 보여주는 이러한 인간의 가능성과 위대함은 비극의 비전을 단순한 비관론적 세계파악이나 인간이해로부터 구별시켜 주는 커다란 특징이다. 운명극이라는 칭호를 즐겨 붙이는 사람들이 있지만 그리스 고전 비극에서도 인간은 단순한 희생자로서 수동적으로 당하기만 하는 것은 아니다. 앞 못 보는 장님이 멀쩡한 사람들보다 더 잘 내다보는 예언자로 나타난다는 역설적인 사실에 시사되어 있듯이 비극의 인간파악은 이원적이요 복합적이다.

비극과 희극의 차이도 바로 여기에 있다. 희극은 보통 이하의 악인을 모방하려 하고 비극은 보통 이상의 선인을 모방하려 한다. (제2장)

또 〈비극은 보통 이상의 인간의 모방이므로 우리는 훌륭한 초상화가들을 본보기로 삼지 않으면 안된다〉는 대목이 『시학』 제16장에 보인다. 보통 이상의 착한 사람 혹은 고결한 사람이 지적 도덕적 의미에서 평균 이상을 가리키는 것은 분명하지만 동시에 비극의 인물이 지체 높은 신분의 인물임은 당연한 것으로 받아들여진 전제였다. 비극 일반이 갖고 있는 인간의 위대성의 제시나 인간 위엄의 긍정은 비극 인물의 이러한 성격에서 오는 것이다. 그리고 이러한 인물에 어울리는 숭고문체(崇高文體)의 채용이 비극 고유의 비장미에 기여하였음은 말할 것도 없다. 공중 앞에서 상연된다는 외면적 형식에서 본다면 민주적이지만 영웅전설(英雄傳說)이나 영웅적 비극적 생활감정이라는 점에서는 귀족적이고 따라서 비극은 아테네 민주제의 사회구조가 대표하고 있는 모순을 잘 드러내고 있다고 한 예술사가는 지적하고 있다. 이것은 정곡을 찌른 설득력 있는 견해라고 생각된다. 그러나 비극이 발휘하는 호소력의 일단이 귀족적인 칼로카가디아(善美)의 화신인 개인, 평균 이상의 고귀한 인간을 기준으로 하고 있다는 점에서 발견된다는 것도 어김없는 사실이다. 칼로카가디아의 이상이 특수 신분에게나 가능했던 이념이라는 사실이 그 이념의 가치를 손상시키는 것은 아니다. 문제는 이상의 실질적인 개방에 있는 것이지 그 평가절하에 있는 것은 아니기 때문이다. 희극에 대한 비극의 상대적 우월성과 그 영속적인 호소력은 그 자체가 인간의 가능성에 대한 믿음직스러운 긍정의 증거라고 해야 할 것이다. 오이디푸스의 특성으로 그의 굽힐 줄 모르는 정직성을 들고 있는 해석자는 결코 사소한 세목에 집착하고 있는 것이 아니라 할 수 있는 것이다.

비극의 갈등

「오이디푸스왕」과 나란히 독자들의 선호대상이 되어 있는 고전 비극은 「안티고네」이다. 아리스토텔레스의 상대적 냉대에도 불구하고 근대 유럽에서 가장 선호되고 또 많은 논평을 자아낸 것은 「오이디푸스왕」이 아니라 「안티고네」였다. 「오이디푸스왕」의 근자의 명성은 이른바 시대정신의 산물이다. 『꿈의 해석』을 읽어 보지 않은 사람도 프로이트의 상징이론의 윤곽을 알고 있는 것과 같은 현상이 곧 시대정신이나 지적 풍토의 요체라고 한다면 「오이디푸스왕」도 현대의 지적 풍토를 반영하고 있다. 프로이트의 〈오이디푸스 복합심리〉란 개념이 「오이디푸스왕」의 전파에 크게 기여했기 때문이다. 어쨌거나 1790년에서 1905년에 이르는 사이 유럽의 대표적 시인, 철학자, 학자들은 「안티고네」가 그리스 비극 중 최고의 작품일 뿐만 아니라 인간정신이 마련해낸 어떤 작품보다도 완벽에 가까운 예술품이라고 생각하였다. 이들의 생각의 정당성보다는 어째서 대표적인 인문지식인들 사이에서 이러한 비평적 일치를 발견할 수 있느냐는 것이 더 흥미 있는 문제이다. 상투적인 지적 풍토란 개념을 도입하는 셈이 되겠지만 몇몇 영향력 있는 저서와 함께 핵심적인 것은 프랑스 대혁명이라고 조지 슈타이너는 말한다. 프랑스 대혁명의 주된 유산과 진실은 개인과 역사의 만남이다. 따라서 사사로운 삶과 공적인 삶, 그리고 역사적인 삶의 뒤엉킴을 극화하고 있는 「안티고네」가 선호와 경도의 대상이 되었다는 것이다.

19세기 유럽의 「안티고네」 선호를 극적으로 나타내고 있는 것은 헤겔이다. 그는 「안티고네」가 〈인간 노력이 지금껏 마련해 놓은 것 가운데서 가장 숭고하고 또 모든 면에서 가장 완벽한 예술작품의 하나〉라고 격찬하고 있다. 그런가 하면 또 그 여주인공을 가리켜 〈천상의 안티고네, 지상에 나타난 인물 중 가장 고결한 인물〉이라고도 적어놓고 있다. 이처럼 헤겔의 경도는 작품과 여주인공 양편으로 한꺼번에 쏠려 있다. 그리고 비슷한 경도를 셸리에서 지드에 이르는 많은 인물들 속에서 찾을 수 있다. 헤겔이 이렇게 「안티고네」에 끌리는 현상을 어떻게 설명할 수 있을까? 그는 위대한 그리스 비극의 한 복판에서 비극의 주인공이 아니라 비극의 갈등 혹은 비극적 충돌을 본 것이다. 그리고 그 갈등은 선과 악 사이의 갈등이 아니라 제가끔 부분적인 선을 구현하고 있는 일방적인 선 사이의 갈등인 것이다. 상이한 부분적인 선이 다른 하나를 배제하고 유지될 때 생기는 갈등이 곧 비극의 갈등이라는 패러다임으로 모든 비극이 설명될 수 있는 것은 아니다. 아이스킬로스의 「페르시아 사람들」이나 에우리피테스의 「트로이의 여인」등에 보이는 것은 이러한 갈등이나 충돌이 아니다. 그러나 헤겔의 〈비극 갈등〉은 많은 비극에서 볼 수 있는 유형임에 틀림없다.

두 개의 상호배제적인 부분적인 선 사이의 갈등이 「안티고네」에는 보이지 않는다는 의견도 있다. 안티고네는 번연히 죽을 줄 알면서 크레온

288

의 금지령을 어기고 오빠의 시체를 들개와 독수리와 영원한 저주로부터 보호하려 한다. 그러나 작품이 시작되었을 때 크레온의 명령 즉 국가권력의 명령에 따를 것인가 아니면 혈족 이념을 따를 것인가 하는 안티고네의 갈등은 벌써 끝나 있었다. 가망 없는 일에 나서는 것은 부질없는 일이라는 이스메네의 말에도 불구하고 그녀는 사자(死者)에의 의무와 동기에의 의리를 선택한 것이다. 즉 작품은 고통스러운 선택이 아니라 이미 선택된 결정의 이행과 그 여파를 다루고 있는 것이다. 따라서 그것은 정신적 도덕적 갈등의 극이 아니라 정신적 고통의 극이며 능동적인 행동의 극이라기보다 수동적인 당함의 극이라고 할 수도 있다. 엄격히 말해서 안티고네는 그녀의 가족사(家族史)의 대표이지 근대적인 의미의 개인이 아니랄 수도 있다. 오빠의 시체의 매장이 한 개인의 고립된 행위로 제시되어 있다면 그것은 근대극이지 그리스 비극이 아니라는 지적이 그리 빗나간 것도 아니다. 그러나 「안티고네」를 근대극으로 읽었다는 것은 단순한 주관적 투영이라 물리칠 성질의 것은 아니다. 모든 해석에는 해석자의 주관적 투영이 있게 마련이며 그것은 오독이 아니라 주체적 독서 방식이기도 하다. 국가 권력과 개인의 윤리, 사회와 개인 사이의 갈등을 첨예하게 경험한 근대인이 아리스토텔레스가 간과한 비극의 갈등을 「안티고네」에서 발견하고 정식화한다는 것은 너무나 당연한 것인지도 모른다. 약혼자의 관용을 호소하는 아들에게 〈집안의 반역자를 눈감아 준다면 집 밖의 반역자를 어떻게 다스린단 말이냐?〉고 크레온은 국가의 논리를 개진한다. 이러한 부자간의 응수를 뒤이어 코러스는 〈양편이 모두 일리가 있다〉고 말함으로써 다시 아들 해몬의 비극을 예고해 준다.

헤겔에게 있어 여주인공 안티고네가 그 고결성 때문에 각별한 상찬을 받았다는 것은 뜻 깊은 일로 보인다. 그녀의 딜레마에서 근대인의 딜레마를 발견했던 그는 그녀의 양심의 선택과 그 수호를 통해서 근대인이 쉽게 보여주는 양심의 파기를 개탄한 것인지도 모른다. 그의 안티고네 해석은 그의 사고 발전단계를 따라 조금씩 변화해 간다. 페리클레스 시대의 아테네에서 정치적 자유와 종교적 믿음이 조화를 이루고 있었다는 그의 생각도 변화를 겪게 된다. 모든 갈등은 분리와 자기분리를 야기하게 마련이며 또 갈등과 충돌은 개인과 공공성(分共性)의 발전에 있어 필요한 속성이라는 생각을 거쳐 그가 당도한 〈윤리적 실체〉란 개념이 결코 평이한 개념은 아닌 것 같다. 「안티고네」에 관한 언급은 그의 개인과 가족과 국가에 관한 체계적 사색 속에서 이루어진 것이라 할 때 그것만을 떼어내어 〈비극의 이론〉으로 이해하는 것에도 무리가 따르게 마련이다. 그러나 상호배제적인 부분적인 선 사이의 갈등으로 파악한 비극의 갈등이 강도와 유형을 달리하면서 증대해 간다는 것은 근대사회의 한 특징이랄 수 있다. 어쨌거나 근대인의 비극 이해에서 근대인의 비극체험의 투영을 본다는 것은 자연스러운 일이다.

주요 참조문헌

Albert Camus, "Lecture Given in Athens on the Future of Tragedy", in *Selected Essays & Notebooks,* tr. Philip Thody (Penguin Books, Harmondsworth, 1970).

Walter Kaufmann, *Tragedy and Philosophy* (Doubleday & Company, Garden City, 1968), ch. VII.

Georg Lukács, "The Metaphysics of Tragedy" in *Soul and Form,* tr. Anna Bostock (The MIT Press, Cambridge, 1974).

George Steiner, *The Death of Tragedy* (Faber & Faber, London, 1961), ch. I-II.

———————, *Antigone* (Oxford University Press, Oxford, 1984), ch. I.

소설의 대두

문학과 사회의 조응관계

우리의 옛시의 하나로 자주 거론되는 것에 고구려의 둘째 임금인 유리왕이 노래했다는 「황조가(黃鳥歌)」가 있다. 동명왕이 즉위한 것이 B.C. 37년으로 되어 있으니까 크게 잡아 예수와 거의 동시대인의 소작으로 보면 될 것이다.

翩翩黃鳥　雌雄相依
念我之獨　誰其與歸

가벼이 나르는 꾀꼬리여
암수가 어우러져 정답구나
내 몸의 외로움 생각노니
그 뉘와 더불어 돌아가리

짝 잃은 외로움을 노래한 이 시는 짝지어 나르는 꾀꼬리를 부러워하고
있다. 또 화자의 외로움은 꾀꼬리의 어울림에 의해서 촉발되고 대조되어
있다. 이 외로움은 친구나 동기간의 등장보다는 걸맞는 이성의 짝이 등
장함으로써 비로소 해소될 수 있는 종류의 것이다(역사책은 유리왕에게
잃어버린 여성이 있었다고 전해 주고 있다). 비슷한 모티브는 조선조 16
세기 선비 시인의 소작에서도 발견된다.

　　화작작(花灼灼) 범나비 쌍쌍 유청청(柳青青) 꾀꼬리 쌍쌍
　　날짐승 기는 짐승 다 쌍쌍하다마는
　　어찌타 이내 인생은 혼자 쌍이 없느니

이성에 대한 그리움을 노래한 위의 시편에서 느끼게 되는 것은 그 감
정이 매우 투박하고 거칠다는 것이다. 양식화되기 이전의 매우 투박한
감정을 그대로 나타내고 있다는 점에서 우리는 그 진정성을 부정할 수는
없다. 그러나 그러한 사실이 세상의 투박한 모든 것이 촉발하게 되는 어
떤 거부감을 배제해 주지는 못한다. 따라서 위의 두 작품을 읽다가 유명
한 황진이의 시조를 대할 때 우리의 놀라움과 기쁨은 커지는 것이다.

　　어저 내일이어 그릴 줄을 모르던가
　　있으라 했으면 가랴만은 제 구태어
　　보내고 그리는 정은 나도 몰라 하노라.

　　동지ㅅ달 기나 긴 밤을 한 허리를 베어 내어
　　춘풍 이불 아래 서리서리 넣었다가
　　어른 님 오신 날 밤이어든 구비구비 펴리라.

정송강(鄭松江)보다 몇 세대 앞서 산 황진이에게서 우리는 임에 대한
그리움이 한결 양식화되어서 간절하게 드러나 있음을 보게 된다. 뿐만

아니라 여기서의 그리움은 분명한 대상을 가지고 있고 그렇기 때문에 그 부재가 더욱 안타까운 현실의 일부를 이루고 있기조차 하다. 단순히 짝이 없다는 데서 오는 〈화작작 범나비 쌍쌍〉의 사춘기적 춘정과는 근본적으로 성격을 달리 한다. 우리는 외로움과 그리움의 차원이 바뀌어 있음을 본다. 그리고 「나의 시」라는 다음 시에서 그리움의 차원은 다시 크게 변하는 것이다.

어느 해 봄이던가, 머언 옛날입니다.
나는 어느 친척의 부인을 모시고 성안 동백꽃나무 그늘에 와 있었읍니다.
부인은 그 호화로운 꽃들을 피운 하늘의 부분이 어딘가를
아시기나 하는듯이 앉어계시고, 나는 풀밭위에 흥근한 낙화가 안씨러워 줏어모아서는 부인의 펼쳐든 치마폭에 갖다놓았읍니다.
쉬임없이 그 짓을 되풀이하였읍니다.

그뒤 나는 연연(年年)히 서정시를 썼읍니다만 그것은 모두가 그때 그 꽃들을 주서다가 디리던 ― 그 마음과 별로 다름이 없었읍니다.

그러나 인제 웬일인지 나는 이것을 받어줄이가 땅위엔 아무도 없음을 봅니다.
내가 줏어모은 꽃들은 제절로 내손에서 땅우에 떨어져 구을르고 또 그런 마음으로밖에는 나는 내시를 쓸수가 없읍니다.

서구문학 속에서 특히 근대 낭만주의문학에서 중요한 모티브가 된 이른바 낭만적 사랑은 사랑을 지상의 최고가치로 파악하면서 그 승화적 기능을 찬미한다. 삶의 중요한 가치로 치부된 이성간의 사랑이 문학의 본격적인 주제로 처음으로 등장한 것은 서양 중세의 트루바두르 문학에서라고 알려져 있다. 따라서 낭만적 사랑은 발견된 것이 아니라 발명된 것이라고 말하는 이도 있다. 일단 문학의 주제로 등장한 낭만적 사랑은 현

실 속에서 연쇄적인 영향을 미치게 마련이다. 그리하여 문학 속의 낭만적 사랑을 삶 속에서 모방하여 비극을 실현시키는 사람들도 생겨나게 되는 것이다. 예술이 자연을 모방하는 것이 아니라 자연이 예술을 모방한다는 오스카 와일드의 유명한 역설은 이렇게 해서 성립된다. 그런데 이 낭만적 사랑은 마리아 숭배라는 종교적 찬미의 태도를 세속대상으로 옮긴 데서 비롯되었다는 의견도 있다.

「나의 시」는 시로 쓴 미당시학(未堂詩學)이라 할 수 있다. 우리는 시의 심층부에 자리잡은 아름다움에의 충동이 그대로 에로스의 충동과 얽혀 있음을 보게 된다. 가까우면서도 먼 아름다운 사람을 위해서 줏어모은 꽃잎이야말로 시라고 말하고 있는 이 시에서 〈친척의 부인〉은 마치 세속화된 마리아 숭배를 상기시켜 준다. 그것은 단순한 그리움의 대상임을 넘어서 외경의 대상이 되어 있다는 느낌을 준다. 초월적인 것과의 이음매에 있는 듯한 〈어느 친척의 부인〉에 대한 공경에 가까운 사모는 「황조가」의 투박한 외로움이나 그리움으로부터는 참으로 멀리 떨어져 있다고 할 수밖에 없다.

정송강의 시조와 황진이의 시조 사이에서 우리는 그리움의 서로 다른 차원을 느끼게 마련이지만 황진이와 미당 사이에서 우리는 다시 그것을 확인한다. 그러나 그 차이는 정송강, 황진이, 미당이라는 세 사람의 개인차에서만 말미암은 것은 아니다. 양반관료로서의 송강, 기생이라는 특수 신분의 여성, 그리고 20세기의 현존시인이 각각 서로 다른 문화 속의 사랑과 그리움을 다루고 있는 것이다. 유학의 윤리덕목을 숭상하는 조선조의 사대부에게 있어 이성에 대한 그리움을 양식화된 언어로 다듬는 것은 걸맞지 않는 것으로 비쳤을 것이다. 그러나 여성의 지위가 낮았던 당대 사회에서 기생 황진이가 남성에의 간절한 그리움을 노래하는 것은 걸맞는 일로 비쳤을 것이다. 서양의 낭만적 사랑의 개념이 전면적이든 부분적이든 일단 수용된 후에야 비로소 미당 시의 에로스는 심리적 현실적 정당성을 갖게 된다. 「나의 시」는 아무리 옛 가사(歌辭)투로 위장시켜 적어놓더라도 서양근대문학 수용 이후의 작품이라는 사실을 감추지는 못할 것이다. 이 작품에서 사랑과 그리움은 송강에게서와는 전혀 다른 경험구조의 일부로서 드러나 있는 것이다. 따라서 「황조가」에서 「나의 시」에 이르는 그리움의 변화는 사회 속의 변화의 문학적 조응이라 해서 잘못은 아니다.

작가시인이 하는 일은 새로운 경험을 그려내고 이름짓는 일이다. 새로운 경험이란 그때껏 이름지어지지 않은 경험을 가리키는 것이고 이러한 경험을 드러내어 이름지어 주는 일이야말로 모든 독창적인 시인작가들이 꾀하는 일이다. 그런데 사회는 흔히 작가시인들이 보여주는 창조적 과업을 통해서 그 속에서 자신의 모습을 발견하게 되기가 첩경이다. 작품 속에서 자기 자신의 모습을 발견하고 자기정의를 꾀하는 일은 독자들이 흔히 하는 일이다. 이때 작가의 상상력이 빚어낸 인물이나 상황의 경험을 그것들이 실제로 유래한 역사적 풍토와 관련짓는 것이 이른바 문학사회학의 소임이다. 한 문학사회학자의 말을 빌면 〈문학사회학자는 주제와 문체라는 개인적인 방정식을 사회적인 방정식으로 바꾸어 놓는 그것이다.〉 이러한 문학사회학이 문학을 현실과의 관련 속에서 파악하는 미메시스 이론에 의존하고 있음을 말할 것도 없다.

소설사회학의 융성

문학사회학 가운데서 가장 활발한 전개를 보여준 분야는 소설사회학의 분야일 것이다. 바흐찐처럼 소설을 공식문학 외곽에 자리한 변두리 형식으로 취급하고 그 역사를 고전고대까지 소급해서 생각하는 관점이 있기는 하다. 그러나 우리가 알고 있는 근대 소설은 18세기에 와서 발생했다는 것이 일반적 통설이다. 이렇게 가까운 과거에 한 장르로서 뼈대를 갖추고 널리 퍼지기 시작했다는 사실, 또 일정한 관습에 얽매임이 없이 자유롭게 쓸 수 있어서 다양한 세계를 보여주었다는 사실, 또 사회 속의 인간을 구체적으로 보여줌으로써 사회와의 대응관계가 가령 서정시에서

보다 명료하게 드러난다는 사실 등이 소설사회학의 융성을 가지고 왔다고 할 수 있다. 그러나 분명하게 소설사회학이라는 자의식을 가지지 않은 채 소설의 사회적 생성과 사회적 성격을 고찰한 논의도 허다하다.

소설의 발전을 부르조와지와 근대 자본주의의 성장에서 찾고 있는 것은 가장 비근한 이론이다. 그 정신적 심리적 초점, 그 생산과 보급의 기술, 소설이 독자에게 요구하는 집안에서의 프라이버시, 여가와 책 읽기 습관, 이 모든 점에 있어서 소설은 중상적(重商的) 산업 부르조아지의 위대한 시대에 정확히 대응한다는 것이다. 요컨대 소설의 역사와 사회학은 산업화와 밀접히 연관되어 있다는 것이다. 우선 산업화는 활발한 신분이동과 밀접한 연관을 가지고 있다. 산업화와 도시화가 농촌 인구를 대도시나 공업단지로 몰리게 했다는 것은 우리에게도 낯익은 것이다. 그러나 이러한 지리적 이동보다 더 중요한 것은 그때껏 매여 있던 신분관계의 고정성에서 해방되어 사람이 이론상으로는 누구나 되고 싶은 것이 될 수 있었다는 사실이다. 이제 사람은 출생과 가문에 의해서가 아니라 능력과 후천적 획득에 의해서 판단되게 되었다. 중산계급의 개인주의 이데올로기는 주인공을 옛 전통사회의 억압적인 굴레에서 해방된 개인, 자기의 운명과 미리 지정된 사회적 지위를 받아들이기보다는 사회질서 속에서 그 기초에 도전하는 주인공을 묘사하도록 하였다. 개인과 사회 사이의 갈등이 소설 형식의 기본적 구조의 하나를 이루고 있는 것은 바로 이 때문이다.

그런가 하면 중산계급의 자유주의 이데올로기와 소설 형식 사이에서 복합적인 연관을 설정하는 관점도 있다. 관용과 이해심의 감정이 제격으로 어울리는 문학형식이 곧 소설이라는 것이다. 그리하여 지난 2백년 동안 소설은 도덕적 상상력의 가장 효과적인 주체였다는 것이다. 소설은 현실이 인습적인 교육이 가르치는 바와 같지 않다는 것을 시사하면서 독자로 하여금 자기 자신의 숨은 동기를 검토하고 반성케 함으로써 독자를 정신적 도덕적 생활 속에 휩쓸리게 하는 데서 그 위대함과 실제적 유용성을 획득했다는 것이다. 그리하여 소설은 다른 어떤 장르도 하지 못한

일을 했는데 그것은 인간의 다양성의 폭과 다양성의 가치를 보여주는 일
이었다.

소설 장르를 이렇게 개인주의의 이데올로기 및 자유주의의 이데올로기
와 연결시켜 설명하는 것은 큰 설득력을 가지고 있다. 소설을 중산계급
의 문학이라고 하는 것은 단순히 그 독자나 작자가 중산계급에서 충원되
었다는 것 이상의 뜻이 있다. 중산계급의 세계이해나 인생태도를 반영하
면서 그 이데올로기에 충실하였던 것이다. 따라서 20세기에 들어와서 흔
히 거론되는 소설의 위기는 단순히 한 문학 장르의 위기임을 넘어서 소
설형식의 토대를 이루고 있는 개인주의와 자유주의의 위기라고 할 수도
있다.

소설의 발전과 역사에 대한 사회적 설명에 공감하면서도 그것을 곧이
곧대로 수긍하는 데는 많은 난점이 있다. 대부분의 독자들에게 있어 근
대 소설은 바로 문학이나 진배없다. 소설을 통해서 문학의 세계로 들어
가는 것이 보통이기 때문이다. 따라서 비극이나 서사시나 로만스와의 대
조 및 비교를 통해서 추출된 소설의 특징을 비교항목의 구체적 검토없이
파악하는 것은 쉬운 일이 아니다. 우리는 아래에서 산문으로 씌어진 상
당히 긴 분량의 꾸며진 이야기인 소설 즉 장편소설의 장르적 특징을 검
토해 볼 것이다.

소설의 특징

영국 소설의 발생과 융성에 관한 널리 알려진 연구서의 저자 이언 왓
트는 중산계급의 성장과 경제적 개인주의, 17세기에 있어서의 철학상의
새경향, 산업화와 공장생산에 따른 여가의 증대와 새 독자층의 대두, 특
히 여성의 사회적 지위에 있어서의 복합적인 변화에서 소설 장르 융성의
사회적 기반을 찾고 있다. 이 점 그는 부르조아의 서사시란 소설 '정의를
대체로 따르면서 그 영국적 세목을 소상히 기술하고 있다. 그는 정의니

선이니 하는 보편개념이 그러한 것이 발견되는 구체적 대상에서 독립한 채 실재하고 있다고 믿었던 중세의 개념실재론realism을 대치하면서 감각과 지각을 통해서 개인적으로 현실을 이해할 수 있다고 주장하는 근대의 실재론과의 아날로지를 통해서 소설이란 장르를 리얼리즘 형식으로 파악한다. 그리하여 그는 그 특징으로 여섯 가지를 열거하고 있다.

첫째, 소설은 신화·역사·전설에서 따온 것이 아닌 비전통적인 플롯을 채용한다. 소설 이전의 장르인 서사시나 극시는 그 플롯을 전설, 성서, 혹은 전시대의 문학에 의존하고 있었다. 그리스의 비극은 거의 모두 그리스 신화의 각색이거나 변주라 해도 과언이 아니다. 셰익스피어만 하더라도 모두 역사나 전대의 문학에서 플롯을 따오고 있는 터이다. 근대 이전의 문학은 대체로 당시의 문학의 일반적 경향을 반영해서 전통적 관습에의 순응을 그 진실의 중요한 척도로 삼았던 것이다. 고전고대나 그 후대에 있어서 그리스·로마시대의 플롯을 습관적으로 답습한 사람들은 자연은 본질적으로 완전하고 변하지 않는 것이기 때문에 그 기록은 성서에 있는 것이든 역사나 전설에 나오는 것이든 인간경험의 결정적 레파토리를 구성하고 있다고 생각했다. 따라서 그들은 새로운 인간경험을 제시함으로써 문학전통에 기여하려는 근대 문학자의 소망과는 동떨어진 채 전통적인 것에의 순응을 반복했던 것이다. 이러한 문학상의 전통주의에 대한 최초의 철저한 도전이 근대 소설이다. 다니엘 데포는 자서전적 회고록이란 플롯에 의거하여 「로빈슨 크루소」와 「몰 플랜더즈」를 썼고 리차드슨은 구애와 그 회피라는 플롯에 의지하여 「파멜라」를 썼다. 가난한 집의 딸이 부잣집 마나님의 하녀로 들어갔다가 마나님의 사후 그 아들의 끈질긴 유혹을 받으나 이를 끝내 물리쳐 마침내 감동받고 회개한 아들과 정식 결혼한다는 「파멜라」의 플롯은 그 후 대중 소설에서 되풀이 재생된다. 그러나 리차드슨에게 있어 그것은 민담적 성격이 있는 대로 새로운 발명이었다. 이에 덧붙여 우리는 「파멜라」가 여가증대의 결과 새 독자층의 유력한 구성원으로 등장하게 된 하녀임을 유의해야 할 것이다. 또 「크루소」가 바야흐로 상승일로에 있던 신흥계급의 열망을 구현하고 있는 상인이며 「몰 플랜더스」가 근대 도시문명에 특유한 소매치기 같은 범법자라는 사실도 간과할 수 없다. 이들은 근대소설에 와서야 당당히 작중인물로서의 자격을 획득하게 된 인물들인 것이다. 적어도 진지하고 심각한 문학 속에서는 그때껏 그들은 주인공의 자격을 얻지 못했던 것이다.

둘째, 소설은 재래의 문학 관습에 의해서 제약된 환경과 유형적인 인물의 제시가 아니라 구체적인 환경 속에서 개별화된 작중인물을 제시하고 있다. 개별화된 구체적인 인물이란 사회현실에 뿌리박은 인물이란 뜻이며 환상적이거나 우의적인 인물이 아니란 뜻이다.

셋째, 역사에 나오는 이름이나 배드먼(惡人)처럼 어떤 성격적 특징을 드러내는 이름이 아니라 흔하디 흔한 당대 이름을 소설은 작중인물에 부여하고 있다. 이 점 소설의 인물은 알레고리의 인물과 크게 다르다고 할 수 있다.

넷째, 시간을 자연계의 중요한 차원일 뿐 아니라 개인의 역사나 집단역사를 막론하고 그 형성력으로 보는 근대의 시간관에 따라서 작중인물을 시간의 흐름 속에서 발전시키고 또 과거의 경험이 현재의 행위의 원인이 되는 등 시간을 통한 인과관계를 중시하고 있다. 시간에 중요성을 부여했다는 것은 아마도 근대소설의 가장 중요한 특징이며 동시에 소설의 뒷날의 발전을 예고해 주는 국면이기도 하다. 고전극이나 서사시에 있어서 자연계의 한 차원으로서나 혹은 역사발전 및 개인 성장의 차원으로서의 시간은 그 역할을 정당하게 인정받지 못하였다.

호메로스의 주인공들은 성장하고 있는 모습이나 혹은 성장해 온 모습이 거의 그려져 있지 않기 때문에 그들 대부분——네스토르, 아가멤논, 아킬레스——은 등장할 당시의 나이로 고정되어 있는 것 같다. 오랜 시간의 흐름과 그사이 일어난 수많은 사건 때문에 성장의 기회가 많았을 터인 오뒷세우스조차도 떠났던 당시의 오뒷세우스와 전혀 똑같다.

—— (미메시스)

서사시도 서사시지만 고전 비극에 있어서 3일치의 법칙에 따라 시간이 대충 24시간으로 제한된 것은 인간생활에 있어서의 시간차원의 중요성을 인정하지 않았기 때문이었다. 이데아가 시간의 세계의 구체적인 대상 뒤에 있는 궁극적 현실이라는 플라톤의 생각에 깊이 감염된 고전세계의 세계관에서는 현실 또는 실제란 무시간적(無時間的) 보편 속에 있는 것이기 때문에 존재에 대한 진실은 일생 동안에서와 마찬가지로 하루 동안에도 드러날 수 있다고 생각했던 것이다. 근대 소설에 와서야 비로소 작중인물이 시간 속에 뿌리박고 있으며 그렇게 됨으로써 오뒷세우스처럼 20년 전에나 후에나 변화 없는 인물이 아니라 시간의 흐름 속에서 동일성을 유지하면서도 경험에 의해서 타락하고 변모하는 인간이 등장하게 된다. 이것은 작중인물이 비역사적 존재에서 역사적 존재로 되었음을 뜻하며 아울러 역사적 존재가 뿌리박고 있는 공간이 역사적 차원을 얻게 되었음을 뜻한다. 모든 역사적 사실은 동시에 사회적 사실이기 때문에 소설의 역사성 획득은 사회현실 묘사가 보다 튼튼한 기반과 구체성을 얻었음을 뜻한다.

뒷날 뛰어난 리얼리스트들이 제가끔 역사가를 자처하게 된 것은 우연이 아니다. 또 시간차원을 중요시한 소설 장르가 마침내 〈그것은 하나의 역사적 소설, 즉 이중의 뜻에서 시간이 그 주인공인 소설이다. 우선 시간은 이 작품에서 작중인물들을 규제하고 그들에게 생명을 부여하는 요소로 등장하고 이어서 그들을 닳아 없애고 부숴 버리고 집어삼키고 마는 원칙으로 등장하는〉 환멸소설의 극치를 낳고 하나의 파괴적인 힘이라는 시간관을 강요했던 시대의 어두움을 반영했다는 것은 우연이 아니다. 서사시나 고전 비극의 공간 속에서 얼어붙은 정태적 시간과는 달리 소설이 발견한 역동적 시간이 사회현실, 다시 말해서 역사현실 묘사에 크게 기여했음은 명백하다.

시간차원 및 역사의 도입과 관련하여 검토할 것은 근대소설에서의 기적과 초월의 배제이다. 이 세계를 인과관계의 연쇄로 파악한다는 것은

그대로 기적과 초월적인 것의 배제를 의미하기 때문이다. 〈항시 새롭고
또 새롭게 갱신되는 기적에 의해서 자연이 유지되고 있다〉는 전근대적
자연관을 지탱하고 있는 것은 초월적인 것의 믿음이다. 그런데 자연과
일월성신의 순조로운 운행은 언제라도 깨어질 가능성이 있는 기적의 연
속이고 또 그 기적을 보증하고 있는 것이 신의 섭리이자 인간에의 은총
이라는 생각은 이제 파기되어 간 것이다. 인간 중심적인 우주상은 깨어
지고 과학적 세계관이 인간적인 것으로부터의 해방을 지향하는 것과 때
를 맞추어 떨친 것이 세속화 과정이고 그것은 근대사회의 기고만장한 물
질적 진보에 의해서 더욱 촉진되었다. 기적과 신의 섭리라는 생각이 배
제되면서 개인의 지각이나 감각이 보증하지 않는 어떠한 것도 경원받게
되고 이를 반영하여 소설은 인간상호간의 관계에 관심을 집중하게 되었
다. 시간과 공간상으로 조건지어진 개인들이 이 지상에서 중요한 역할을
하고 있다는 세속적인 관점이 널리 퍼졌기 때문이다. 이것은 근대소설이
종교문제를 다루지 않았다거나 종교에 무관심했다는 뜻이 아니다. 종교
적 관점을 버리고 세속화된 사고가 스스로 자기를 형성하고 자기 의사에
따라 제 길을 걸어가는 작중인물을 가능케 했고 그것이 작중인물과 그들
의 이력을 흥미있는 것으로 만들 수 있었다는 뜻이다. 〈소설은 신에게
버림받은 세계의 서사시다〉라는 명제도 이러한 맥락에서 음미될 수 있
다.
　다섯째, 소설은 공간묘사, 환경묘사, 또는 주택이나 직장과 같은 장소
묘사를 중요시한다. 이러한 국면은 환경묘사나 장소묘사가 거의 없다시
피한 고전극과 비교해 보면 명백하게 드러난다. 사람이 결국은 환경의
산물이라는 자연주의의 공리와 불가분하게 맺어져 있는 국면이다. 환경
과 그 속의 인간의 상관관계는 가령 발자크의 『고리오영감』 속의 보오께
관(館)묘사에 드러나 있다. 파리의 뒷골목에 자리잡은 이 하숙집은 그
우중충한 외양과 함께 앞으로 일어나게 될 사건의 밝지 못한 지표가 되
어 주고 있다.
　여섯째, 소설은 비유적 장식적 요소를 경원하고 언어의 지시적 성격에

충실하면서 산문을 채용하였다. 가령 운문을 채택한 로만스가 운문이라
는 관습에 따르게 마련인 많은 제약을 받았으리라는 것은 상상하기 어렵
지 않다. 언어 자체에 주의 집중이 요구되는 운문에서와 달리 산문은 자
유분방하게 소임을 수행한다. 그때 잃어버리는 심미적 요소는 사물과 인
물의 묘사에 있어서 직접성과 구체성에 의해서 보상된다고 말할 수 있
다. 소설이 평이한 산문을 채용한 것은 일반독자에 대한 고려도 작용한
것이지만 근대극이 시극을 버리고 산문극으로 나간 것은 소설의 선례를
본뜬 것이었다. 이후 시극은 예외적인 소수에 의해서 겨우 명맥이 유지
되었다고 할 수 있다.

리얼리즘

위에서 검토해 본 여섯 가지 소설의 특징을 일괄해서 정리하면 〈리얼
리즘〉이라는 말이 된다. 물론 리얼리즘을 소설형식과 연결시켜 소설 고
유의 성격으로 규정할 수는 없다. 리얼리즘은 결코 특정한 양식을 가리
키는 것만은 아니다. 전형적인 상황 속의 전형적인 인물을 그리는 것이
리얼리즘이라 규정할 때 이 말은 고전비극에도 르네상스 비극에도 또 근
대소설에도 두루 적용할 수 있다. 그러나 너무 까다로움을 피지 말고
〈당대 현실의 객관적인 묘사〉라고 이 말을 이해할 때 리얼리즘이 소설형
식의 특징이라고 말하는 것은 틀리지 않는다. 가령 19세기 미국 작가 나
다니엘 호손은 자기 작품을 가리켜 소설이 아니라 로만스라고 말하였다.
소설과 비교한다면 로만스에서는 작가가 다루는 소재나 처리 방식에 있
어 소설적 충실보다 한결 신축성 있는 자유를 누린다는 것이다. 로만스
의 밀도 없는 환경묘사, 그림자 같은 인물 설정, 인과관계의 제약에서
벗어난 당돌함 등을 생각할 때 로만스적인 특성의 반개념으로 리얼리즘
을 제시하고 이를 그대로 소설의 특징으로 보아 크게 잘못되지는 않을
것이다. 그러나 이러한 의미의 리얼리즘은 20세기에 들어와서 크게 위축

되는 측면도 없지 않다. 리얼리즘의 반개념으로 흔히 거론되는 모더니즘의 등장이 그것을 말해 주고 있다. 일단 그것을 리얼리즘의 쇠퇴라고 할 때 그것은 어떠한 의미를 갖는 것일까?

리얼리즘의 쇠퇴는 19세기 후반기에 대두한 여러가지 형태의 반계몽주의에 관련된다. 계몽주의가 믿어 의심치 않았던 인간 이성, 과학과 사회의 진보에 대한 믿음을 포기한 반계몽주의는 허무적 비관론적 세계관을 퍼뜨렸고 문학에 있어서 현실의 객관적 묘사는 쇠퇴하기 시작하였다. 이것을 한마디로 퇴폐적이라고 처리해 버리는 견해에 설복당하기는 어려운 일이다. 이 점 대충 세 가지 요인으로 리얼리즘의 쇠퇴를 설명하는 견해는 수긍할 만하다.

첫째, 그것은 중산계급 사이의 자신의 상실에 연관된다. 민족국가의 정치·경제·산업·문화의 기구가 중산 계급의 통제하에 들어가게 된 시기에 리얼리즘은 새로운 역할을 떠맡게 되었다. 중산계급의 단순한 변호론자로 떨어지지 않으려면 그들의 위선과 탐욕을 폭로하고 그들의 특권 향유를 정당화하는 신화를 폭로해야 한다. 이러한 객관적 비판적 현실 묘사는 중산계급의 기성체제가 안정감을 가지고 있을 때나 허용된다. 그러나 미래에 대한 불안이 팽배해 있던 상황 속에서 작가들은 〈면허받은 풍자가〉의 구실을 맡기 싫어했고 중산층 독자들도 사회현실의 객관적 묘사가 불러들이는 빈민굴·공장·촌락 등 사회의 암흑면 그리기를 싫어하게 된다. 그 결과 현실로부터의 상상적 도피를 작가들에게 기대하게 된다. 상징주의에서 퇴폐적인 에로티시즘에 이르는 도피주의는 이러한 작가와 독자 사이의 묵계를 바탕으로 해서 떨치게 된 것이다.

둘째, 수법상의 차원에서의 리얼리즘의 목적과 관련되는 것으로서 리얼리스트들이 수행하고 있는 기능이 보다 냉철한 사회학자의 손으로 이루어진다는 생각이 떠오름으로써 리얼리즘의 중요한 자부사항이 근거를 잃게 된다. 리얼리즘이 프랑스에서 쇠퇴하기 시작한 시기는 사회학의 성장기와 일치한다. 거꾸로 디킨즈나 발자크가 만약 오늘 살아 있다면 사회학자가 되었을 것이라고 어느 비평가는 말하고 있다.

셋째, 소설 속에서 진정한 객관성을 이룩할 수 있다는 믿음이 무너졌다. 객관성과 몰개성이야말로 리얼리즘의 판단기준이라고 생각되었으나 실천은 이에 대한 회의감을 낳게 했고 예술작품이 현실복사의 완벽성에 준해서 평가되어야 한다면 가장 귀중한 심미적 경험은 가만히 앉아서 현실 자체를 관조하는 것으로 족하지 않겠느냐는 자의식을 안겨 주었다. 이와 같은 문화적 배경, 학문의 분화, 리얼리스트들 자신이 상도하게 된 예술적 딜레마의 의식화의 지적은 리얼리즘 쇠퇴에 대한 중요한 시사가 되는 것은 사실이다.

가장 중요한 것은 그러나 현실을 어떻게 파악하느냐 하는 현실관의 변화이다. 주관성을 배제하고 객관성을 지향함으로써 객관적 현실을 포착하고 묘사할 수 있다는 생각은 진리의 탐구는 개인의 문제이며 과거의 전통으로부터 벗어남으로써 도달할 수 있다는 근대 합리주의의 연장선상에 서 있다. 한편 그것은 지각하는 주체의 의식과 관계없이 존재하는 현실에 대한 소박한 실재론적 믿음이 암암리에 전제되어 있는 것도 사실이다. 그러나 현실의 인식 자체가 지각하는 주체에 의해서 규정된다는 것, 인간의 의식이 전혀 수동적으로만 기능하는 것이 아니며 객관적 현실의 중립적인 그림을 제시할 수 있는 것도 아니라는 것, 의식에서 독립한 현실을 알 수가 없고 또 현실에서 독립한 의식도 알 수 없으며 현실은 오직 우리가 의식하는 현실로서만 만날 수 있다는 것, 아니 현실 자체가 지각하는 주체가 만들어내는 것이라는 것, 지각 자체가 벌써 양식화한다는 것을 주장하고 나선 근대 주관주의는 객관적으로 파악할 수 있다고 믿어지는 만인 공유의 현실 자체를 의심스러운 것으로 만들어 버렸다.

이렇게 리얼리즘의 인식론적 기반이 휘청거리게 되는 것과 발맞추어 진행된 사회적 분업의 세분화, 경제적 불평등의 심화와 이에 따른 고르지 못한 희생의 분담, 자기완성의 기회와 문화·교육·사회적 특권 향유에 있어서의 불균형은 공유현실에 대한 동의로 이어질 수 있는 절실한 공유 경험의 영역을 몹시 협소하게 만들었다. 1920년대와 30년대에 성행한 소설에 있어서의 실험은 대체로 중요하고 의미 있는 것에 대한 공감의 붕괴라는 문제를 해결할 수 있는 방책을 제각기 찾으려는 데서 나온 것이라는 한 비평가의 설명은 정곡을 찌른 말이다. 어떠한 경험이 의미 있고 중요한 것인가에 대한 의견의 일치를 볼 수 없는 세계에서 사람들은 자기에게 생소한 타인의 경험세계를 불가해하고 착잡하고 무시무시한 것으로 받아들이게 마련이다. 또 누구나가 타인이 넘겨다볼 수 없는 불가해한 경험세계를 거느린 채 독불장군으로 버티고 있는 갈갈이 찢긴 세계의 사진적 객관적 묘사는 의미도 없고 또 불가능한 것으로 비치게 마련이다. 그리하여 리얼리즘은 현실의 초라한 변조라고 방언하는 작가도 나타나게 된다.

많은 사람들이 20세기 소설의 상대적 빈곤을 얘기한다. 소설은 19세기에 그 정상적 수확을 거두었고 이제 소설은 몰락기에 접어들었다는 것이다. 이러한 비관론은 시청각 매체의 발전이 큰 획을 그을 때마다 되풀이 강조되었다. 그러나 독일의 경우 1969년 서적 총생산고의 19.5퍼센트가 소설이었다고 한다. 구텐베르그시대의 종언을 알리는 불길한 예언에도 불구하고 소설의 위력은 아직도 건재하고 있다. 독일에서의 19.5퍼센트라는 비율은 1910년대나 20년대의 비율보다 훨씬 웃도는 비율이다. 이러한 소설의 존속능력은 어디서 오는 것일까? 물론 앞의 숫자에는 우리가 홀대하는 대중소설이 많은 비중을 차지하고 있다. 그러나 소설이 끊임없이 읽혀지고 있다는 사실은 개인주의와 자유주의의 이데올로기의 지속적인 생명력과 함께 많은 독자들이 상상력의 훈련을 경험구조의 중요한 일부로 간주하고 있음을 증명해 주고 있는 것이다.

주요 참조문헌
김현, 『문학사회학』, 민음사, 1984.
리오 로웬달, 『문학과 인간상』, 유종호 옮김, 이대출판부, 1984.

게오르그 루카치, 『소설의 이론』, 반성완 옮김, 심설당, 1985.

미셸 제라파, 『소설과 사회』, 이동렬 옮김, 문학과지성사, 1977.

David Daiches, *The Novel and the Modern World* (The University of Chicago Press, Chicago, 1960), ch. 1.

Alan Swingewood, *The Novel and the Revolution* (The Macmillan Company, London, 1975), chs. 1-2.

Lionel Trilling, "Manners, Morals, and the Novel", in *The Liberal Imagination* (1951).

Ian Watt, *The Rise of the Novel* (Penguin Books, Harmondsworth, 1963), chs. 1-2.

비평의 이모저모

　오늘날 글쓰기 일반의 추세 가운데서 두드러진 것의 하나는 비허구적 (非虛構的)인 글의 번창이다. 소설과 대조되는 비허구적인 글이랄 수 있는 에세이, 수기, 르뽀르타쥬, 전기, 역사 분야의 책이 많이 나오고 있다. 상상력이 사실 앞에서 무력해지고 있다는 느낌이 든다. 영화나 텔리비전과 같은 새로운 매체가 등장할 때마다 소설종말론이 심심치 않게 거론되어 왔음을 우리는 기억한다. 오늘날 소설에 대한 위협은 기술공학의 발달에 기초한 시청각 매체 쪽에서보다는 도리어 언어를 모태로 한 비허구적인 글 쪽에서 오는 것 같기도 하다.

　물론 소설은 아직도 건재하고 있다. 적어도 시장경제 체제를 유지하고 있는 여러 나라에서 그러하다. 그럼에도 불구하고 그 한 옆에서 비허구적인 책들이 양산되고 있다는 사실 또한 부정할 길이 없다. 그리고 소설이 지적 정열이나 호기심을 불러일으키는 문제작을 생산함에 있어 상대적으로 열세라는 판단도 가능하다. 실제로 시몬 드 보봐르나 조지 오웰 같은 작가의 명성은 그들의 소설보다도 자서전이나 에세이, 혹은 르뽀에 의존하고 있다는 느낌마저 들고 그러한 사례는 허다하다.

　비평도 20세기에 들어와서 번창해 가고 있는 비허구적인 글이다. 대학에서의 문학교육의 광범위한 실천과 함께 연구에 기초한 비평서의 간행은 지극히 활발해지고 있다. 시인 작가의 여기(餘技)라고 생각되었던 실제비평도 문학 외적인 분야의 지식 체계에 의존하여 유례 없었던 폭과 깊이를 더해 가고 있는 것이 범세계적인 현상이 되었다. 문학 연구와 비평은 대학과 제휴하여 〈문학산업〉의 일부를 이루고 있다. 이러한 상황 속에서 〈비평의 시대〉란 말은 이제 예스럽고 촌스럽게 들리기조차 한다.

실제 비평과 문학 연구는 활발해져 가고 있지만 그 기능과 의미가 적절하게 이해되고 있는 것은 아니다. 아래에서 우리는 비평이 하는 일이 무엇인가를 구체적으로 검토해 볼 것이다.

판단과 평가

문학이라는 범주 속에 분류되어 있는 작품 수효는 엄청나게 많다. 동서고금의 우람한 고전들이 있지만 한편 새로운 작품들이 꾸준히 누진적으로 생산되고 있다. 또 인류의 보관 기술은 옛날처럼 문학작품이 유실되는 것을 허용하지 않는다. 독자는 불가불 문학 독서에 있어서 선별적으로 될 수밖에 없다. 평범한 독자가 책을 읽다가 중간에 팽개치는 것이나 읽기를 계속하는 것도 모두 비평 행위라고 할 수 있다. 어쨌든 읽을 만한 가치가 있으며 나아가 재독할 가치가 있는 것을 선별하는 것이 비평의 과업이고 또 기능이다. 또 과거의 방대하고 복잡한 유산으로부터 각별히 직접적으로 현재에 호소해 오는 것을 밝히고 드러내는 것이 곧 비평이다. 흔히 비평과 문학사가 전혀 별개의 영역이라 생각되고 있다. 문학사가에게 있어 원전의 가치는 본질적인 것이며 비평가는 작품의 진본성이나 일차적 의미에 관해서 문학사가에 의존하면서 선택하는 것으로 이해되고 있다. 일단 비평과 문학사가 별개의 영역으로 구별되고 있지만 실제에 있어 양자의 상호의존적 성격은 아주 진한 것이다. 선별이라는 비평행위 없이 문학사를 기술하기는 불가능하다. 한편 문학사에 대한 지식이 없는 비평가는 취향의 주관적인 토로 이상의 일을 할 수 없다. 독창적인 작품과 단순히 파생적인 작품을 구별하지 못하는 그저 〈걸작 사이의 모험〉 이상의 일을 할 수가 없다.

비평을 뜻하는 서구어는 본래 판단을 뜻하는 그리스 말에서 나온 것이다. 비평가는 문학 작품에 대해서 판단 이상의 일을 하지만 그의 판단 및 평가기능은 그가 하는 모든 일에 연관되어 있다. 그리고 문학이 판단과 선별의 대상이 된다는 것은 문학이 본래 경쟁적인 기획임을 시사한다. 이것은 숭고한 문학행위에 걸맞지 않는 특징이라고 생각되기 쉽다. 그러나 알고 보면 그렇지가 않다. 가령 고대 그리스에서는 시인과 극작가들이 공개적인 경연을 위해서 작품을 썼다. 당시의 걸출한 비극시인들의 수상회수를 역사는 기록하고 있다.

한편 어떤 의미에서 예술작품은 상품이다. 영어에서 존대말의 함축이 있는 〈예술가〉란 말은 한때 솜씨 있는 기술자를 뜻하는 〈장인〉이란 말과 완전한 동의어를 이루고 있었다. 〈장인〉은 솜씨 있게 물건을 만들어서 내다 파는 사람이다. 또 영어의 〈시인 poet〉이란 말은 〈만드는 사람〉을 뜻하는 그리스 말에서 유래했지만 만드는 사람을 뜻하는 영어의 maker는 16세기까지는 시인을 뜻하는 낯익은 말이었다. 문학작품도 솜씨 있게 만들어 낸 옛날 백자나 청자처럼 그 재료나 솜씨로 판단되는 어떤 것이라 할 수 있다. 미국의 대표적인 신비평가의 한 사람인 클리언스 브룩스가 영국의 명시를 분석한 책의 표제를 『잘 빚은 항아리』라고 붙이고 있는 것은 시사하는 바가 많다. 시도 사람의 손으로 빚어지고 만들어지는 것이며 창조나 창작이라는 얼마쯤 거창한 말이 반드시 걸맞기만 한 것도 아니라는 것을 시사하고 있는 것이다. 이러한 맥락에서 어떤 서양 비평가가 시사했듯이 일본도(日本刀)의 경우를 생각해 보는 것은 유익하다. 13세기나 14세기 일본에서는 일본도가 하나의 예술품으로 간주되었다. 그리하여 위대한 시나 훌륭한 그림에 부여하는 것과 같은 초월적 가치가 부여되었고, 그 장인은 위대한 예술가나 시인과 같은 존경을 받기까지 하였다. 이렇게 생각할 때 예술작품을 고려자기나 일본도같이 사고 파는 물건으로 생각하는 것은 결코 예술에 대한 신성 모독이 아닌 것이다.

상품의 선별이라는 점에서 비평가는 이른바 감식가와 같은 판단자이다. 즉 비평가는 예술가나 기술자가 사용하는 기술적인 수단에 대한 철저한 지식을 가지고 있으며 작품의 특정 장점을 식별하고 지적할 수 있는 감식가인 것이다. 사실 세인츠베리라는 영국의 비평가겸 문학사가는 포도주의 감식가로서도 탁월하고 유명하였다. 그는 포도주를 감식하듯이 문학작품을 감식했던 것이다. 문학작품의 판단이 동일한 장르의 다른 작품과의 비교를 통해서 이루어지는 것임은 물론이다. 그러나 단순한 기술상의 세련이나 솜씨 자랑이라는 측면에서의 감식과 판단은 초보적이고 일차적인 것이라 할 수 있다.

그보다 더 웅장하고 규모가 큰 판단과 선별은 한 시대의 경쟁적인 작가들 사이의 그것이다. 19세기 러시아에 있어서 톨스토이와 도스토예프스키의 비교와 선별 판단은 인간 파악과 현실 이해의 한 척도로서 판단자의 삶의 무게가 달린 판단작용의 결과였다. 우리의 현대문학 속에서도 이광수, 김동인, 염상섭, 채만식 가운데서의 서열적 판단은 현대문학 파악에 있어서의 판단자의 차이를 선명하게 드러내 주는 일이 될 것이다.

판단과 평가에 있어 세대마다 독자적인 선택을 한다는 것은 널리 인정되고 있다. 2차대전이 일어나기 이전 유럽에서는 호메로스와 비교하여 베르길리우스는 단순한 모방자에 지나지 않는다는 투로 평가되었다. 그러나 2차대전중의 참화와 피난과 망명의 경험은 베르길리우스에 대한 새로운 평가를 낳았고 그는 훨씬 성숙한 재앙의 증인으로 인정받게 되었다. 아리스토텔레스가 비극 중의 비극으로 격찬한 「오이디푸스왕」은 18세기말과 19세기초에 걸쳐 「안티고네」에게 영광의 자리를 양보하지 않을 수 없었다. 프랑스혁명의 체험과 이에 따른 도덕적 선택 및 인간 위엄의 문제가 유럽 지식인으로 하여금 「안티고네」를 선호하게 했기 때문이었다. 그러나 프로이트의 『꿈의 해석』에 의해서 지적 충격을 받은 20세기의 서구 지식인들은 다시 「오이디푸스왕」을 복권시켜 주고 있다. 아리스토텔레스와 같이 플롯이야말로 비극의 정수라는 관점에서가 아니라 프로이트가 도입한 지적 풍토의 변화에 영향받은 때문이다.

　세대와 시대의 독자적인 평가와 판단이 현재와 과거 사이의 대화의 산물임은 말할 것도 없다. 모든 예술작품은 시대에 대해서 복합적이고 임시적인 관계를 맺고 있을 뿐이다. 새 세대가 당면한 문제나 고유한 역사적 경험은 새로운 판단과 평가를 낳게 하는 것이다.

평가의 기준

　비평의 평가기능을 역사적으로 개관해 볼 때 그 판단기준이 언제나 동일한 것이 아니었다는 것은 쉽게 드러난다. 판단과 평가를 조정하는 판단기준이 현격한 변화를 보이는 것도 드문 일은 아니다. 비평이 의존했던 문학관과 판단기준의 변화를 극명하게 추적한 것으로 에이브람즈의 『거울과 램프』라는 책이 흔히 거론된다. 이미 정평이 나 있는 그의 명쾌한 서술에 따라서 비평의 평가기준을 검토해 보기로 하자.

　모든 종합적인 예술이론에서는 예술작품의 상황으로 네 가지 요소가 거론되게 마련이다. 첫째가 예술작품이다. 둘째가 작품을 만들어낸 예술가이다. 세번째가 작품의 소재인데 서구에서는 옛날부터 〈자연〉이라는 이름으로 불리워 왔다. 에이브람즈는 그러나, 보다 종합적이고 중립적이라면서 〈우주〉라는 말을 쓰고 있다. 마지막 네번째가 작품을 듣거나 보거나 읽거나 하는 청중이다. 이것을 그림으로 일목요연하게 표시하면 다음과 같이 된다.

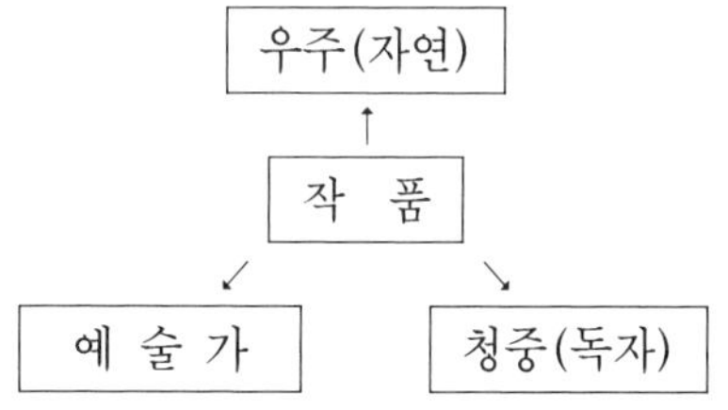

　그런데 다양한 예술이론이나 이러한 예술이론에서 똑바로 나오는 평가
사이의 차이는 네 가지 요소 가운데의 어느 하나나 둘을 강조하는 차이
에서 나오는 것이다.

모방이론과 실용이론

　고전고대의 그리스 사람들은 예술을 작품과 우주 사이의 관계로 파악
해서 이해하였다. 우주의 어떤 부분을 모방하거나 묘사하는 것이야말로
예술의 본질이라고 생각하였던 것이다. 이른바 모방이론이라고 알려져
있는 서구전통에서 아주 오래된 예술관이다. 따라서 문학은 삶의 경험을
말로 재생하거나 재창조하는 하나의 방식이 되는 셈이다. 그리하여 〈모
방〉을 소극적으로 또 부정적으로 파악한 플라톤이 철학자의 관점에서 예
술과 문학을 홀대했다는 것은 너무나 유명하다. 아리스토텔레스도 예술
을 모방이라고 파악하여 모든 예술을 〈모방의 양식〉이라고 말하고 있다.
그러나 그는 이때의 모방을 긍정적으로 또 적극적으로 이해한다. 플라톤
의 이데아 이론을 물리치는 그는 예술을 〈복사의 복사〉라고 이해하는 관
점도 거부한다. 그리하여 아리스토텔레스에게 있어 〈모방〉은 〈묘사〉를 뜻
한 것으로 흔히 이해되고 있다. 예술이 존재하는 사물들을 가리키는 것
은 사실이나 이러한 사물들에 대한 관찰내용에 의해서 전적으로 지배되
는 것은 아니다. 모든 예술이 그 모방양식에 내재하는 법칙을 따르기 때
문이다. 아리스토텔레스는 비극이 〈실제보다 나은 사람들〉을 보여주고,
희극은 〈실제보다 못한 사람들〉을 보여주며 제가끔 그 의도에 걸맞는 언
어를 선택적으로 사용한다고 말하고 있다. 이것은 묘사에 있어 상당한
자유와 재량을 누린다는 것을 뜻한다. 그 어디에서도 아리스토텔레스는
실제대로의 사람들을 묘사하는 문학 장르는 언급하지 않고 있는 것이다.
　어쨌건 아리스토텔레스의 『시학』은 우주에 대한 예술작품의 관계에 역
점을 둔 모방이론을 확립시키는 데 기여하였다. 이 비평 양식에서는 작

품이 성취하는 모방, 즉 묘사의 진실성에 각별한 중점이 부여되는 것이
다. 모방이론은 고전고대에서 시작하여 르네상스를 거쳐 18세기말까지
그 위세를 유지하였으며 오늘날에도 활력을 가지고 있다. 19세기에 와서
모방이론은 주로 소설 및 산문극과 관련된 리얼리즘과 자연주의 이론으
로 발전하게 된다.

아직도 예술작품을 평가하는 데 있어 〈삶의 진실을 보여준다〉거나 〈생
생하다〉든가 하는 논평은 가장 흔한 상찬의 말이 되어 있다. 이것은 모
방이론과 거기에 근거한 판단기준이 많은 사람들의 예술 판단에 있어 한
유력한 근거가 되어 주고 있음을 보여준다. 우리가 흔히 의존하는 리얼
리즘의 판단기준은 그대로 모방이론의 현대적 정교화라 할 수 있다. 많
은 사람들은 작품이 묘사하려고 한 것을 알아보고 거짓 없는 즐거움을
감득하게 되는 것이다. 모방이론에 의존할 때 향수자는 작품 속에서 발
견할 수 있는 묘사의 진실성을 중시하게 되는 것이다.

르네상스 때 다른 예술관이 발생하여 모방이론과 평행한 새 평가기준
을 낳게 된다. 에이브람즈가 실용이론이라고 부르는 것으로서 예술작품
을 주로 목적을 위한 도구로 파악하는 이론이다. 실용이론은 예술작품과
청중(독자)이라는 관점에서 예술을 파악한다. 예술작품이 지향하는 목적
은 청중에게 즐거움을 주는 것이다. 그러나 즐거움을 주는 것도 최종적
인 목표가 아니라 또 다른 목적에 이르는 수단에 지나지 않는다. 그것은
청중을 교화(敎化)하고 가르치는 것이다. 문학의 올바른 목적에 관한 이
러한 개념의 원천은 로마의 시인 호라티우스의 「시법(詩法)」이다. 〈시인
들은 즐거움이나 이득을 주는 것을 목표로 한다. 혹은 즐거움 주는 것과
유용한 삶의 교훈과를 결합시키는 것을 목표로 한다〉고 그는 적고 있다.
르네상스 시대 비평의 주요 관심사는 시의 도덕적 효과였다. 비평적 판
단의 기초로서의 이러한 도덕적 고려는 18세기까지 자못 위세를 떨쳤다.
19세기에 와서도 예술작품이 〈고귀한 도덕적 목적〉을 가지고 있다는 평
언(評言)은 상찬의 말이 되어 있었다. 많은 시인 혹은 비평가들은 문학
이 도덕적 영향력을 발휘한다는 점을 믿어 의심치 않았으나 그렇다고 이

러한 영향력을 의도적으로 또 교훈적으로 행사해야 한다고 생각하지는
않았다. 오늘날 도덕적 효과나 영향력에 의거하여 문학작품이 판단되어
야 한다고 주장하는 이론은 찾기 어렵다. 그러나 실제비평의 영역에서는
그러한 가정이나 함축이 널리 발견되고 있다. 문학이 사람 사이의 관계
를 보여주는 한 그것은 도덕의 문제를 다루게 마련이며 작품은 도덕적
상황의 처리가 도덕의 실상과 관련되는 정도에 따라서 판단될 것이다.
그러나 이것은 작품을 올바른 도덕 원리를 가르칠 수 있는 능력에 따라
평가하는 것과는 전혀 별개의 것이다.

　실용이론은 점차적으로 작품의 도덕적 효용보다는 작품이 주는 즐거움
과 그 즐거움이 주어지는 방식에 대해서 주의하게 되었다. 호라티우스
흐름의 비평가들은 어떻게 하면 설득력 있는 작품을 쓸 수 있는가 하는
문제에 관해서 관심을 경주한다. 이들은 문학작품이 특정 목표를 가지고
있어야 한다는 가정에 있어서나 이러한 목표를 어떻게 달성할 수 있는가
를 시사하겠다는 목적에 있어서나 두루 실용적이다.

　실용적 비평에 있어서는 청중이 발언권을 갖게 된다. 시인에게 가장
유리한 특정 방책의 실용적인 검토는 청중의 반응을 그 판단기준으로 삼
는다. 요컨대 예술적 성공의 척도는 청중의 호의적 반응이다. 물론 이때
의 청중이 세련된 취향을 가진 예술 애호가여야 한다는 조건이 첨가됨은
불가피하다. 여기서 첨가해야 할 것은 아리스토텔레스의 카타르시스 이
론도 작품이 청중에게 끼치는 심리적 효과를 검토하고 있기 때문에 실용
이론의 범주에 속한다는 것이다. 그러나 그것은 비극이라는 특정 장르에
대한 설명이라는 한계를 가지고 있다.

표현이론과 객체이론

　비평의 관심은 그러한 청중에서 시인 작가로 옮겨지게 된다. 한때 〈시
인이란 태어나는 것과 마찬가지로 만들어지는 것이다〉란 말이 그럴싸하

게 유포되었다. 그러나 18세기에 와서는 〈시인이라는 것은 타고나는 것이다〉란 생각이 널리 퍼지게 된다. 그리하여 비평적 관심은 점차로 시인에게로 집중하게 되는 것이다. 18세기말에 이러한 경향이 가속되다가 〈모든 훌륭한 시는 강력한 감정이 저절로 넘쳐흐르는 것〉이라는 워즈워드의 서문이 나오게 된다. 이때부터 영국 비평에서는 표현이론이 모방이론과 실용이론을 대체하게 된다고 에이브람즈는 말한다. 표현이론은 작품과 작자라는 연관 속에서 예술을 파악하고 접근한다. 표현이론에 의존하는 비평은 작품이 작자의 진실한 표현인가 하는 관점에서 그것을 판단하고 평가한다. 실생활에 있어서 사람들은 진실성과 솔직함을 상찬한다. 그리고 위선이나 거짓이나 속임수를 싫어하고 마다한다. 그와 같은 판단기준을 문학작품에 적용할 때 문제는 단순치가 않다. 사랑의 서정시를 판단할 때 시인이 정말로 사랑을 느끼면서 쓴 것인가라는 관점에서 그 진정성이나 성실성을 고려한다는 것은 그 자체가 어려운 일이면서 한편 그 작품을 평가함에 있어 무관한 일이 될 수도 있다. 시인이 자기의 내적 감정을 토로할 때 사실 느낀 대로 표현하고 있느냐 하는 것은 모호하고 분명치 않은 사항이다. 뿐만 아니라 극작가나 서사시의 시인이나 소설가들은 수많은 작중인물의 믿음이나 느낌을 나타내는 것이고 그것은 작자 자신의 믿음이나 느낌과는 거리가 먼 것이다. 독자들이 알아차리고 반응하는 진정성 혹은 성실성은 시인의 의도와 함수관계에 있을 뿐 아니라 작품의 효과이기도 하다. 즉 시인의 작품이 진실한 것은 시인이 의도하기 때문이기도 하지만 진실하고 성실한 발언을 할 수 있는 재능, 즉 진정성을 풍기는 언어 사용을 할 수 있는 재능을 가지고 있기 때문이기도 한 것이다.

진정성의 판단기준은 그것이 적용되는 작품이 흥미 있고 중요하다고 판단되는 경우에나 의미 깊게 활용된다. 우리의 흥미를 끌지 못하는 작품 속에서 진정성을 발견하는 것도 가능하다. 그러나 그때의 진정성은 예술의 품성이 아니라 일종의 도덕적 품성으로 생각되는 것이 보통이다. 우리가 대수롭지 않게 여기는 작품에 관해서 진정성이 있다고 얘기할 때 그것은 최소한 작자가 독자를 속이려 들고 있지 않다고 말하는 것에 지나지 않는다.

　표현이론의 중요 특성의 하나는 시인에게 유례 없는 권위를 부여했다는 사실에 있다. 시인을 청중의 판단에 회부하는 것이 아니라 그 반대 상황이 적절한 것으로 표현이론은 이해한다. 시인이 판단기준을 만드는 것이며 그것에 따라 청중이 판단되어야 한다는 것이다. 비평가조차도 시인에게는 외경심을 가지고 접근해야 하며 시인의 목적에 기여하고 편견을 배제하고 시인을 이해하는 것이야말로 비평의 직능이라고 생각되었다. 시인은 자기 자신에게 율법이 된 것이다. 한편 표현이론이 본질적으로 낭만주의 이론이기 때문에 시인의 개성과 독창성을 강조하여 독창성이 중요 판단기준으로 통용되기도 하였다. 이에 따라 근대사회에서 새 가치관의 하나로 부상한 새로움과 함께 독창성 여부는 시인 평가의 중요 척도가 되었던 것이다.

　가장 뒤늦게 발달한 예술이론이 에이브람즈가 말하는 객체이론이다. 객체이론은 예술작품을 우주, 청중, 예술가라는 외적인 참조 사항으로부터 고립시켜 파악하며 작품을 하나의 자기충족적인 존재 또는 실체로 분석한다. 그리고 그 자체의 존재양식에 내재하는 판단기준에 따라서 평가하려고 한다. 객체비평은 18세기말과 19세기초에 싹을 보이기 시작하여 20세기에 와서 크게 성행하게 되었다. 작품의 부분 사이에서 발견할 수 있는 형태상의 관계라는 관점에서만 작품을 검토해야 한다는 객체이론은 예술가들이 개성이라는 굴레나 혹은 감정상태를 표현하고 있다는 이념으로부터 해방되려는 욕망에 호응하여 발생한 것이라고 할 수 있다. 예술가가 마련해낸 객체는 청중이나 우주는 물론 자신의 감정 상태에 대해서 한정적 관련을 가지고 있지 않은 것으로 이해하게 된 것이다. 즉 그것은 그 자체로서 독립해서 존재한다는 것이다. 플로베르는 〈내가 쓰고 싶은 책은 마치 지구가 아무 받침도 없이 공중에 떠 있는 것과 마찬가지로 그저 문체의 내적인 힘에 의해서 존재하는 책, 거의 주제를 가지고 있지 않거나, 그것을 가지고 있더라도 알아차릴 수가 없는 그러한 책이오〉라고 편지에서 토로한 적이 있다. 현실 혐오에서 빚어진 순수예술에의 지향이다. 여기서 작품은 작자의 개성의 표현도 아니고 또 독자를 위한 구체적 호소도 아니며 또 우주에 관한 것도 아니다. 플로베르의 이상을 본받은 제임스 조이스는 『젊은 예술가의 초상』에서 주인공 스티븐 디덜러스로 하여금 이른바 〈교훈적〉 예술과 〈춘화적〉 예술을 비판케 하고 있다. 도덕적 태도를 주입시키려는 예술이 교훈적 예술이고, 어떤 종류의 것이건 욕정을 자극시키는 예술이 춘화적 예술이다. 이에 반해서 디덜러스가 지향하는 것은 예술가가 마치 신처럼 비정적 초월과 평정을 실천하여 그 모습을 드러내지 않는 종류의 예술이다. 이러한 태도의 비평적 평행이 객체비평에서 발견된다고 할 수 있다. 예술가가 이러한 태도를 완벽하게 실천할 수 있는가에 대해서는 의문의 여지가 있다. 비평가가 문학작품을 엄격하게 객체적으로 파악하는 것에도 한계가 있게 마련이지만 예술 작품을 그 자체의 논리와 규칙으로 판단하는 태도가 작품에 대한 강조를 통해 정독을 권장하고 있는 것은 사실이다.

　비평이 작품을 평가하고 판단할 때 그것은 위에서 소개한 네 가지 예술이론에 의존하는 것이 보통이다. 물론 이러한 이론이 교차된 이원론에 서는 경우도 있다. 그리고 이러한 예술이론으로 무장하고 있지 않은 경우에도 그것을 무의식적 전제로 가지고 있는 경우가 많다고 할 수 있다.

기술(記述)과 해석

　비평이 하는 일의 하나가 작품의 판단과 평가라고 하면서 평가의 척도와 기준이 무엇인가 하는 것을 위에서 검토하였다. 그러나 작품의 평가는 비평의 최종 단계이다. 그렇지 않고 분석과 종합의 과정에서 은연중 평가를 시사하는 경우도 있다. 그러나 판단과 평가에 앞서 작품에 대한 사실 확인을 기술하는 것이 통상적인 절차라 할 수 있다. 비평가에 따라서는 비평이 학문으로서 정착하기 위해서는 평가라는 주관적 취향에 근

거한 실천은 젖혀 놓고 작품의 성질과 문학 체계 속에서의 귀속문제를
거론하고 확정하는 것으로 스스로를 한정해야 한다고 주장하는 이도 있
다. 그러한 극단론은 수용하기 어려운 것이지만 우선 작품의 진본성에서
부터 시작해서 작품에 관한 사실들을 확정하는 일도 중요한 일이다.

　작품 사실에 대한 기술 가운데서 중요한 것은 장르 귀속에 관한 확정
이다. 한 작품이 어느 장르에 속하느냐를 작품 사실의 기술을 통해서 확
정하는 것이다. 사실 낭만주의 이전의 시대에 있어 서구의 문학비평은
넓은 의미의 장르 비평이었다. 르네상스 이후 특히 신고전주의 시대에는
장르를 극히 중요시하였다. 중요한 문학 장르는 명백한 특징을 저마다
가지고 있으며 그것은 고정되어 있다고 생각하였다. 그리하여 장르의 개
별적 특징을 살리면서 작품을 써야 하는 것이지 그것에 혼합되어서는 안
된다고 생각되었다. 그래서 비극과 희극 요소가 혼합된 〈희비극〉은 괴물
이라고 생각했다. 장르의 순수성이라는 것은 신고전주의 비평의 중요한
판단기준이 되었다. 장르 이론은 각 장르에 걸맞는 인물과 소재와 문체
가 있다고 생각했다. 따라서 특정 장르와 특정 인간경험 사이에 연속성
을 설정하였다.

　그러나 낭만주의 이후 장르의 순수성은 크게 훼손되면서 일종의 장르
혼합현상이 두드러지게 된다. 그리하여 장르 비평의 위세는 크게 쇠퇴하
게 되었다. 그러나 지금에 있어서도 장르 구분은 작품 판단과 중요한 연
관을 가지고 있다. 리얼리즘 소설이란 판단 기준으로 재어 볼 때 결함으
로 비치는 개연성의 현저한 부족도 시간과 공간 처리에서 상당한 자유를
허용받고 있는 로만스의 척도로 보면 결함이기는커녕 당당한 관습과 약
속의 활용으로 비칠 수 있는 것이다. 가령 최근의 우리 시에서 두드러지
게 발견할 수 있는 구비적 상상력 의존의 시도 〈썩어진 근대시〉라는 척
도에서 보면 결함으로 비칠지 모르나 우리 고유의 서사적 장르의 판단기
준을 따르면 독자적인 문학적 성취로 판단되는 요소를 두루 갖추고 있는
것이다.

　작품 사실에 관한 기술은 객관적이기를 희구한다. 매슈 아놀드는 〈있

318

는 그대로 대상을 보는 것)을 비평의 핵심이라고 이해하였다. 그러나 가능한 한 있는 그대로 대상을 보려는 한 비평가의 선의의 노력이 다른 비평가의 비슷한 선의의 노력과 상이하다는 것을 우리는 알고 있다. 따라서 어느 지점에서 객관적 기술은 해석으로 변모하게 마련인 것이다. 완벽한 객관성의 지향이 실패하게 되는 것은 어쩔 수 없는 일이다. 있는 그대로의 대상이 두 사람에게 다르게 비친다는 것은 그 자체가 한탄스러운 일은 아니다. 토스카니니가 해석한 베토벤은 브루노 발터가 해석한 베토벤과 동일하지 않다. 두 사람의 해석과 다른 〈있는 그대로의 베토벤〉이 있을지도 모르지만 우리는 그것을 알 길이 없다. 오직 또 다른 해석이 있을 뿐이다. 그렇다고 해서 처음부터 객관성의 지향을 단념하라는 것은 아니다. 또 하나의 해석이 다른 해석과 동등한 의미나 가치를 가지고 있다는 것을 뜻하지도 않는다. 해석의 정당성은 비평가 당자의 문학 해석 방법이나 그와 연결된 비평적 설득력에 의해서 가늠될 수밖에 없다. 이때 우리는 블레이크의 경구를 유의해 두는 것도 유익할 것이다. 〈바보의 완벽함보다도 현자(賢者)의 잘못을 그대의 규칙으로 삼을지어다.〉

인과관계의 탐구

근대 자연과학의 의기양양한 위세획득과 함께 사회과학이나 인문학의 영역에서도 자연과학의 방법에 대한 지향이 두드러지게 된다. 오늘날 정밀과학에 대한 접근도로 학문의 엄격성이 보증되는 것으로 이해되고 있는 것도 그러한 성향의 부산물이라 할 수 있다. 비평도 학문을 자임하는 경향을 띠어 가고 있고 그러는 사이 인과관계의 문제에 대해서 특별한 관심을 갖게 되는 것은 자연스러운 현상이다. 문학의 이해가 작품이 생겨난 조건에 대한 지식을 통해서 증진될 수 있다는 생각은 문학비평의 경우에도 유서깊은 것이다. 문학이나 예술이 환경에 의해서 조건지워진 것이라는 생각은 18세기에 발생했다고 보는 것이 통설로 되어 있다. 당시 대두한 역사적 사고의 일환이라고 생각되는데 나폴리의 철학자 비코가 『새학문』에서 문학의 역사적 설명을 시도한 것이 그 효시라고들 말한다. 비코는 이 책에서 호메로스의 『일리아스』와 『오뒷세이아』 사이에서 발견되는 차이가 호메로스의 청년기와 노년기, 나아가서는 그리스 사회의 청년기와 노년기 사이의 차이라고 설명하면서 우리가 알고 있는 사회역사적 접근법의 실천을 보여주고 있다. 오늘날의 학문적 성과는 비코의 호메로스 해석이 근거 없는 것임을 보여주고 있으나 그의 착안점의 선구적 성격은 널리 칭송되고 있다. 사실 비코에서 시작해서 헤겔을 거쳐 테느에 이르는 길은 지극히 자연스러운 발전 과정이라 할 수 있다. 17세기 화란 화가들의 작품에서 발견할 수 있는 낙천주의와 밝은 색조는, 바다보다 얕은 국토라는 천연의 난경을 의지와 단합으로 극복한 국민들에게 특유한 자신감과 낙천주의의 반영이라는 헤겔의 지적은 곧이어 시대, 인종, 환경을 문학의 결정적 요소라고 주장하는 테느에게서 분명한 정식화를 얻게 된 것이다. 이러한 사회역사적 접근법은 급진적 전통의 비평에서 다시 재현되지만 그 사이 작품의 이해를 위해서 새로운 차원을 도입한 것이 사실이다.

한편 예술을 억압된 충동의 대리적 충족이면서 그러한 목적에 이르는 수단이라고 보는 심리학적 예술관도 작품생성의 조건으로서 여러가지 인과적 설명을 시도하고 있다. 그리하여 문학이해를 위해 비문학적 체계에 의존하는 경향이 현저해지는 것이 20세기 비평의 중요한 추세였다.

그러나 인과관계의 탐구는 어디까지나 작품 해명에 빛을 던져 주는 한에 있어서만 의미 깊은 것이다. 특정한 세계이해나 인간파악을 위한 증거나 문서로서 작품을 활용하는 것은 작품이해의 정당한 길은 아니다. 비평이 지향해야할 것은 작품 이해와 거기 기초한 선별과 평가를 통해서 문학을 친숙하게 만들면서 거기 실현되어 있는 인문적 가치의 실현에 기여하는 것일 터이다. 그러한 의미에서 비평이 단순한 지적인 파괴 놀이나 정교한 지적 소일거리로 떨어지는 것은 정신과 비평의 자기소모라 해

도 과언은 아닐 것이다. 스스로를 인간행위의 중심부에서 변두리로 떨어
져 가게 하는 원심성향(遠心性向)은 문학과 지성의 자학이라고 할 수밖에
없을 것이다.

주요 참조문헌

곽광수, 「현금(現今)의 프랑스 문학비평」, 『문학·사랑·가난』, 민음사, 1978.

김주연, 『문학비평론』, 열화당, 1974.

김화영 편역, 『프랑스 현대비평의 이해』, 민음사, 1984.

M. H. Abrams, *The Mirror and the Lamp : Romantic Theory and the Critical
Tradition* (Oxford University Press, New York, 1953).

T. S. Eliot, "The Frontiers of Criticism" in *On Poetry and Poets* (The Noonday
Press, New York, 1961).

George Steiner, "Humane Literacy" in *Language and Silence* (Penguin Books,
Harmondsworth, 1969).

Lionel Trilling, "What is Criticism?" in *The Last Decade : Essays and Reviews,
1965-75* (Oxford University Press, Oxford, 1981).

Robert Scholes, *Semiotics and Interpretation* (Yale University Press, New
Haven, 1982), chs. 1-2.

영향·모작·수용

  발표되는 필자의 글을 정성스레 읽어 준 고마운 독자가 너무 교과서적
인 원론이어서 딱딱하다는 지적을 해주었다. 딱딱하다는 것은 재미없다
는 말의 완곡어법이라고 생각된다. 본시 문학상의 여러 쟁점을 정리하자
는 교과서지향의 취지에서 출발했던 만큼 교과서와 같은 결과를 낳았다
면 의도의 일단은 성취한 셈인지도 모른다. 그러나 딱딱한 교과서가 되
어 버렸다면 그것은 교과서로서는 소망스럽지 못한 결과라고 할 수밖에
없다. 왜냐하면 재미있어서 읽지 않고는 배기지 못하게 하는 것이야말로
교과서의 이상적인 모습이겠기 때문이다.

  톨스토이가 한동안 교육에 열을 올린 시절이 있었다. 자기 영지에 속
하는 농노들의 자녀들을 모아놓고 열심히 러시아말을 가르치고 글쓰기를
가르쳤다. 아니 글쓰기를 가르친 것이 아니라 어린이들과 함께 글짓기를
실천하여 요즘말로 하면 공동제작을 통해서 자기 자신도 많은 것을 배웠
다. 교육자로서의 톨스토이가 강조한 것은 배움에 고유한 즐거움을 보장
해 주는 것이 교사의 책무이며 교과서는 모름지기 재미있어야 한다는 것
이다. 그래서 세계 여러 나라의 민담을 섭렵해서 재미있는 얘기를 골라
서 스스로 교과서를 편찬하였다. 그것이 지금 그의 민담집으로 남아 있

322

기도 하다.

피터 버거는 우리나라에도 다녀간 일이 있는 미국 거주의 사회학자이다. 그의 『사회학에의 초대』는 우리말로도 번역이 되었지만 필자가 알기에는 가장 재미있는 사회학 입문서다. 이 세상의 모든 교과서가 이렇게 재미있다면 얼마나 좋을까 생각하면서 꼭 그러한 문학입문서를 쓰고 싶었다. 그러나 연래의 소망이 가까운 장래에 달성될 성싶지는 않다. 그 박람강기와 정연한 논리전개와 자재로운 문체는 도저히 따를 수가 없기 때문이다. 그러나 무작정 딱딱하게만 끌고 갈 수도 없는 노릇이어서 우리 주변의 비근한 문학 사실을 통해서 몇몇 문제를 생각해 보기로 한다.

유사성과 모작

최근 정지용과 김기림의 작품이 일반독자에게 접근가능한 것이 된 것은 아주 반가운 일이다. 특히 이들의 독서가 중요한 문학적 자기교육의 일부가 되어 주었던 필자와 같은 연배에게 있어서 그 반가움은 각별한 바 있다. 그러나 우리가 이들 작품의 사실상의 금지해제를 환영하는 것은 그러한 사사로운 경험과의 관련성 때문이 아니다. 실재하는 작품을 인위적으로 금지시킨다는 것은 어느 모로는 문학사의 왜곡이랄 수 있다. 그 왜곡의 일부가 원상회복된다는 것은 틀림없이 전진적인 현상이다. 또 부당하게 잃어버린 지적 소유권을 당사자들의 유족에게 돌려 준다는 것도 인권적 차원에서 환영할 만한 일이다. 너무나 뒤늦은 감이 있으나 이러한 금지해제가 1948년 이전의 모든 모국어 작품에게 적용되기를 바라고 싶어진다.

사실상의 해금조치가 있기 전에도 산발적인 작품연구는 허용되고 있었다. 최근에 나온 김학동의 노작인 『정지용 연구』와 『김기림 연구』는 두 시인을 이해하고자 할 때 꼭 읽어 두어야 할 기본서적이 되리라고 생각한다. 『정지용 연구』는 정지용을 1930년대의 《시문학》의 시인으로 규정하는 것은 오도적이라며 1926년 《학조(學潮)》 창간호에 「슬픈 인상화」
「파충류동물」「카페 프란스」 등을 발표하는 것을 시발로 해서 그가 1920
년대에 많은 작품을 발표하고 있음을 지적하고 있다(정지용 자신은 자기
의 처녀작을 1927년 《조선지광(朝鮮之光)》에 발표한 「향수」라고 적고 있
는데 이 책에서도 그 제작 연도를 1923년이라고 밝혀 놓고 있다. 「향수」
가 그의 초기작품이면서도 가장 애착과 자신을 가졌기 때문에 처녀작으
로 내세웠던 것 같다).

옮겨다 심은 종려나무 밑에
빗두루 슨 장명등
카페 프란스에 가자.

이 놈은 루바쉬카
또 한놈은 보헤미안 넥타이
뼛적 마른 놈이 압장을 섰다.

밤비는 뱀눈 처럼 가는데
페이브멘트에 흐늙이는 불빛
카페 프란스에 가자.

이 놈의 머리는 빗두른 능금
또 한놈의 심장은 벌레 먹은 장미
제비처럼 젖은 놈이 뛰여 간다.

「오오 패롵(鸚鵡)서방! 꾿 이브닝!」

「꾿 이브닝!」(이 친구 어떠하시오?)
울금향(鬱金香) 아가씨는 이밤에도

경사(更紗) 커틴 밑에서 조시는구료!

나는 자작(子爵)의 아들도 아모것도 아니란다
남달리 손이 히여서 슬프구나!

나는 나라도 집도 없단다
대리석 테이블에 닷는 내 뺌이 슬프구나!

오오, 이국종(異國種) 강아지야
내 발을 빨아다오.
내 발을 빨아다오.

　발표 후 60여년이 지난 오늘 이 작품이 발표 당시의 신선한 충격을 잃어버렸을 것임은 당연하다. 이 작품의 충격성이나 새로움은 1921년의 「오뇌의 무도」, 1923년의 「흑방비곡(黑房祕曲)」, 1929년의 「자연송」 등과 함께 읽어야 비로소 실감할 수 있을 것이다. 그때 비로소 우리는 정지용이 양주동이나 이양하에게서 천재시인이니 천성의 시인이니 하는 찬사를 듣게 된 사정을 이해할 수 있다. 물론 최상의 시라고 하는 것은 60년이 아니라 600년의 풍화에도 끄떡없는 것이어야 할지도 모른다. 그러나 어지럽도록 빠르게 변화하는 현대에 그것도 취향과 선호의 변화가 특히나 빠를 수밖에 없는 가속변화의 지역에서 그것은 부자연스러운 주문이다. 〈카페〉라는 것이 새로운 사회현상으로 등장하던 무렵의 외국경험의 전달에는 그러나 지금껏 호소적인 국면도 있다. 〈밤비는 뱀눈처럼 가는데〉나 〈제비처럼 젖은 놈〉 등의 직유는 정지용의 뒷날의 발전을 예고해 주는 국면이다. 특히 〈나는 나라도 집도 없단다. 대리석 테이블에 닷는 내 뺌이 슬프구나〉라는 귀절은 식민지 상황에 대한 이렇다할 고통의 언어를 남겨 놓은 바 없는 정지용에게서 발견되는 상황의식의 언어로서 흔히 인용되던 부분이다. 그런데 이 작품이 엘리어트의 「J. A. 프루프록의 연가」

의 영향을 받았다는 논평이 있어 〈모작의 한계성을 면치 못한다고 할지라도 강박적인 시대상황을 시사하고 있음을 알 수 있다〉고 『정지용연구』는 적고 있다.

정지용의 「향수」가 어떤 미국 현대시의 모작이라는 지적도 들은 바 있지만 「카페 프란스」와 「프루프록의 연가」의 대비 및 영향관계의 설정은 적지않게 의외롭게 들린다. 지나치게 과민한 성격에다가 삶의 한창때가 지나가 버린 중년 남자의 극적 독백인 「프루프록의 연가」와 루바쉬카와 보헤미안 넥타이 차림의 젊은 동행자들이 비오는 밤 튤립 아가씨가 졸고 있는 카페로 가는 「카페 프란스」 사이에서 작품의 유사성이나 근접성을 찾기는 어렵다고 생각된다. 발표가 1926년으로 되어 있지만 제작 연도는 훨씬 앞섰던 것으로 추측된다. 1915년에 시카고 발행의 《포에트리》지에 발표되었고 1917년에 시집으로 선보였던 「프루프록의 연가」를 정지용이 접해서 영향을 받았을 가능성은 극히 희박하다. 엘리어트의 작품에는 비약이 심하고 작품의 연결도 분명치 않다. 유사점이 있다면 누런 안개가 유리창에 등을 부비는 저녁과 비오는 밤 그리고 〈가자〉는 권유로 작품이 시작되는 정도다. 〈프루프록〉은 어느 정도 삶에 지쳐 있고 결단성 없이 우유부단한 중년의 화자이나 「카페 프란스」의 화자는 우수에 잠겨 있고 약간 유랑적인 기분이 있기는 하나 젊은이임이 분명하다. 나라를 잃었고 집을 떠나 있으며, 지체 있는 신분도 아니다. 그렇다고 어머니 대지에 발 붙이고 서 있는 민중도 아니다. 무력한 흰손을 탄식하고 있는 창백한 지식인이다. 두 작품에서 영향관계를 찾는 것은 지나친 읽어넣기라고 생각된다. 더구나 모작의 시사는 적정성없는 당치않은 소리라고 하겠다. 어떤 유사성이 있더라도 그것은 우연의 일치일 뿐이다. 「향수」와 현대 미국시의 영향관계는 더더구나 어불성설이다. 〈그 곳이 참하 꿈엔들 잊힐리야〉의 후렴은 그 리듬에 의미가 있다. 거기 담긴 지시내용은 너무나 비근하고 익숙한 것이기 때문에 처음부터 지적 소유권이란 개념이 성립되지 않는다. 노스탤지어를 노래한 시는 어느 나라에나 있다. 두고두고 되풀이되는 모티브이기 때문에 영향관계의 설정 자체가 불가능할 정도이

다. 그리고 정지용의 「향수」의 고유한 매력은 거기 담긴 우리 고향의 서
경과 탁월한 토착어 구사와 〈전설바다에 춤추는 밤물결 같은 검은 귀밑
머리〉와 같은 선명한 이미지에서 오기 때문에 모작이라는 개념은 처음부
터 성립될 수 없다.

일본 시인 이시카와 타쿠보쿠(石川啄木)에게 〈병든 개 달을 보고 짖는
다 하리라. 내 울음을 처녀애들이 듣는다면〉이란 요지의 단가(短歌)가 있
다. 그보다 후배되는 시인인 하기와라 사쿠타도오(萩原朔太郎)에게 『달을
보고 짖다』라는 시집이 있다. 이 시집 속에 시집표제의 작품은 보이지
않는다. 그렇지만 「슬픈 달밤」이란 작품에는 〈썩은 부두의 달을 보고 개
가 짖는다〉란 귀절이 보인다.

산촌에 밤이 드니 먼데 개 짖어온다.
시비(柴扉)를 열고 보니 하늘이 차고 달이로다.
저 개야 공산(空山) 잠든 달을 짖어 무삼하리오.

조선왕조 중엽의 기생이었던 천금(千錦)의 시조이다. 영어에서 〈달을
보고 짖다〉라고 하면 항변해 보았자 소용없다는 뜻이 된다. 부질없는 소
동이란 뜻으로 셰익스피어에도 나온다. 천금의 〈저 개야 공산 잠든 달을
짖어 무삼하리오〉와 비슷한 논리를 가진 숙어인 것이다. 사실 달이 뜨면
개가 짖기 시작한다. 한 놈이 짖으면 다른 놈이 따라 짖는다. 달보고 짖
는 개는 보편적인 현상이며 따라서 〈달을 보고 짖다〉는 표현에서 모방관
계를 찾기는 어렵다. 하기와라의 〈달을 보고 짖다〉를 이시카와의 모작이
라고 할 수는 없을 것이다. 유사성이 있는 것은 사실이고 하기와라가 이
시카와의 단가를 알고 있었을 가능성이 높은 것도 사실이다. 그러나 두
작품의 전체적인 분위기는 상당히 다르다.

우리의 애국적인 문학도가 있어 이시카와나 하기와라의 구절이 모두
우리 천금의 흉내라고 주장한다면 재미있는 화제는 제공해 줄지 모르지
만 설득력을 갖기는 어렵다. 중요한 것은 동일한 표현상의 모티브가 어

떻게 변주되고 있는가 하는 점이지 기원이나 영향관계의 추적이 아닐 것
이다.

인유(引喻)의 세계

많은 명시를 남겨놓은 시인이 있다. 그런가 하면 단 한 편의 시를 남
겨 놓은 시인도 있다. 함형수는 「해바라기의 비명(碑銘)」 한 편만을 남
겨 놓은 시인이다. 그러나 이 한 편만 가지고도 그는 시인이라는 이름에
값한다고 할 수 있다. 김상용(金尙鎔)은 시집 『망향』을 비롯하여 얼마쯤
의 시편을 남겨 놓았지만 우리가 그를 기억하는 것은 「남으로 창을 내겠
소」를 통해서이다.

남으로 창을 내겠소
밭이 한참갈이
괭이로 파고
호미론 풀을 매지요
구름이 꼬인다
갈리 있소
새노래는 공으로 들으려오
강냉이가 익걸랑
함께 와 자셔도 좋소

왜 사냐건
웃지요.

이 작품의 마지막 두 줄을 놓고 한시의 모작이라는 지적이 많았다. 이
백을 그대로 본뜨고 있다는 것이다. 「산중문답(山中問答)」이라는 칠언절
구는 다음과 같다.

問余何意住碧山
笑而不答心自閑
桃花流水窅然去
別有天地非人間

이백의 경우에는 왜 산 속에 사느냐는 물음에 웃으며 대답하지 않고 마음이 절로 한가롭다고 되어 있다. 김상용의 경우엔 왜 사느냐는 물음에 그냥 웃는다는 것이나 속인들의 속된 물음에 웃음으로 대답을 대신한다는 태도는 전혀 같다. 그렇다고 김상용의 두 줄을 이백의 모작이라고 하는 것은 지나치게 경직된 청교도적 발상이라고 해야 할 것이다. 〈왜 사냐건/웃지요〉란 구절은 그 간결한 시행이 앞엣대목과 자연스레 조화를 이루고 있다는 관점에서 파악해야지 지시내용의 동질성에만 주목하는 것은 옳지 않다고 생각된다. 다만 전체적으로 「남으로 창을 내겠소」가 한시적인 〈심자한(心自閑)〉의 세계와 연결되어 있다고 말할 수는 있다. 한시적인 세계와의 연속성은 정지용의 『백록담』이나 그 연장선상에 있다고 할 수 있는 『청록집』의 어떤 시편에서도 발견된다. 가령 조지훈의 「파초우(芭蕉雨)」를 읽어 보아도 될 것이다.

외로이 흘러간 한송이 구름
이 밤을 어디메서 쉬리라던고.

성긴 빗방울
파초잎에 후두기는 저녁 어스름
창열고 푸른 산과
마조 앉아라.

들어도 싫지 않은 물소리기에

날마다 바라도 그리운 산아

온 아침 나의 꿈을 스쳐간 구름
이 밤을 어디메서 쉬리라던고.

이 작품의 3연과 4연은 이백의 오언절구 「독좌경정산(獨坐敬亭山)」을 연상케 하는 바가 있다.

衆鳥高飛盡
孤雲獨居閑
相看兩不厭
只有敬亭山

〈둘이 서로 바라보아 싫지 않은 것으론 아직 경정산이 있을 뿐이다〉란 대목과 시종일관 대응하고 있지는 않으나 〈푸른 산과 마조 앉아〉〈날마다 바라도 그리운 산아〉하는 것은 거의 같은 심경 토로이다. 또 〈외로이 흘러간 한송이 구름〉이라는 첫줄도 소도구라는 측면에서는 〈홀로 가는 외로운 구름이 한가롭다〉는 대목과 대응된다. 다만 〈성긴 빗방울/파초잎에 후두기는 저녁 어스름〉이란 서경(敍景)이 조지훈 작품의 특성을 주조적으로 드러내고 있는 것이 다르다. 그렇다고 「파초우」를 「독좌경정산(獨坐敬亭山)」의 모작이라고 말하는 것은 당치 않다.

어떻게 보면 조지훈은 고전의 인유를 교묘히 활용한 시인이다. 〈다정하고 한 많음도 병인양하여/달빛아래 고요히 흔들리며 가노니〉란 「완화삼(玩花衫)」의 귀절이 〈다정도 병인양하여 잠못 이뤄 하노라〉에 의존하고 있음은 누구의 눈에나 분명하다. 그러나 적절한 맥락에서 적절하게 변형하여 수용했기 때문에 빌어 꿰맨 자국이 보이지 않는다. 뿐만 아니라 배꽃 핀 달밤에 잠 못 이루는 옛 선비와 나그네가 중첩되어 시의 의미를 불려 놓고 있다. 근대의 나그네와 중세 선비의 풍류가 병존하는 인유의

330

효용을 놓고 모작이나 차용을 얘기하는 것은 어리석어 보인다. 다만 이조년(李兆年)의 시조를 상기하는 시 전통에 대한 지식이 이 작품의 음미에 필요하다는 것만은 확인할 수 있다. 또 〈술익는 강마을의 저녁노을이어〉의 전거를 〈酒熟江村暖夕暉〉에서 볼 수 있다 하더라도 우리가 주목해야 할 것은 그 구절이 맥락 속에 완전히 용해되어 조화를 이루고 있다는 사실일 것이다. 그리고 여기서 강조해야 할 것은 조지훈과 같은 정교한 인유 활용의 시인이 크게 보아 동양적 전통에 충실했다는 국면일 것이다.

현대 영시에서 이러한 인유를 가장 많이 활용하고 있는 이는 말할 것도 없이 엘리어트이다. 그의 시적 위엄이 확립되기 이전 그는 빈번히 표절시인이라는 비판과 오명을 감수해야 했다. 인유를 통해 과거와 현재를 대조함으로써 중층적 효과를 내었고 그러한 의미에서 스스로 말한 〈역사 의식〉이 견고한 전통적 시인으로 성숙해 간 것이다. 그의 시를 두고 〈시로 쓴 유럽 문화사〉란 말이 나오게 된 것도 인유를 통한 현대와 과거의 병치 때문이었다. 새로운 작품은 기존의 문학 질서에 변경을 가하여 새로운 균형을 낳게 마련이란 뜻의 말을 그는 하고 있다. 문학전통을 의식하고 쓰는 시인 작가는 결국 자기 작품을 통해 지난날의 문학을 비판하며 부지중에 지난날의 문학에 대한 패로디가 된다고 할 수 있다. 따라서 지난날의 관련작품과의 유사성이나 부분적 전거 의존은 모방이나 모작이라는 관점에서가 아니라 인유와 문학적 과거의 의도적 병치라는 맥락에서 검토되어야 할 것이다. 다만 여기에는 단서가 필요하다. 인유가 적절하게 이루어져 그 문학적 성취가 인유의 전거를 훼손하지 말아야 한다는 전제조건이 충족되어야 한다는 것이 그것이다.

영향의 이모저모

우리 현대시의 역사가 아직도 일천하던 8·15 직후에 정지용을 읽었던 독자와 그 후 40여 년의 세월이 흐른 오늘에 와서 처음으로 그를 읽는 독자 사이의 반응의 차이는 현격할 것이다. 한글 세대인 『문학기행』의 저자가 「향수」 한 편을 제외하고서는 크게 좋은 줄을 모르겠다고 말하는 것을 들었다. 또 『백록담』에 들어 있는 산문시 중 많은 것이 지루하고 또 「카페 프란스」에 보이는 〈나는 자작의 아들도 아모것도 아니란다〉와 같은 구절은 우스꽝스럽더라고 부연하였다. 50여 년 전 이양하가 몇 번이고 반추했고 잊혀지지 않던 대목이라고 인용했던 귀절, 정지용의 청춘의 절정이라고 8·15 이후 석은(石殷)이라는 사람이 칭송했던 구절이 한글 세대에겐 별다른 공감을 자아내지 못하는 것으로 보인다. 시간의 풍화에 약하다는 것은 그만큼 작품의 됨됨이가 단단치 못하다는 말이 될 것이다. 그러나 어떻게 생각하면 정지용 자신의 영향력이 도리어 오늘날 지용의 시의 매력을 퇴색하게 했다고 볼 수 있다. 미당과 청마의 후기시편, 윤동주와 청록파 시인들, 그 뒤를 이은 기라성 같은 많은 시인들의 수작(秀作)들에 익숙한 독자들에게 있어 지용의 시를 처음 대한다는 것이 신선한 충격으로 비치기는 상대적으로 어려울 것이다. 그런데 필자가 보기엔 이들 모든 시인들이 사실은 지용 시의 충격과 영향 밑에서 성숙한 것이라고 할 수 있을 것이다. 시가 말만으로 되는 것은 아니다. 그러나 시가 말로 이루어진다는 것은 부정할 수 없다. 우리 시는 우리말로 이루어진다. 20세기 들어서 본격적으로 주류로 부상한 한시의 반개념으로서의 한글시의 지위 향상에 있어서 우리말의 의식적인 탐구와 세련된 조직에 가장 크게 기여한 이가 정지용이다. 모국어의 발굴과 구사 그리고 이를 통한 한글시의 근대적 세련에 가장 큰 기여를 한 것이다. 1920년대의 「향수」가 지금도 가지고 있는 시의 위엄을 생각할 때 우리는 그 사정을 엿볼 수 있다. 『청록집』에 수록된 시들은 정지용의 선례가 없었다면 불가능했다고 할 수 있다. 목월이나 지훈 초기의 2행 단위의 시행이나 리듬, 그리고 간결하면서 정확한 언어구사는 지용의 시 없이는 생각할 수 없다. 『청록집』의 시인들을 일부에서 그랬듯이 지용의 아류라고 하는데는 반대지만 그의 영향력은 압도적이라 생각된다. 2행 단위의 시

행과 함께 일정한 시적 관용구의 채용도 지용의 시에 의존하고 있는 것
이다.

　　여기는 경주
　　신라천년……
　　타는 노을

—— 박목월, 「춘일(春日)」

　　목련꽃 향기로운 그늘 아래
　　물로 씻은듯이 조약돌 빛나고

　　흰 옷깃 매무새의 구층탑 위로
　　파르라니 돌아가는 신라천년의 꽃구름이여

—— 조지훈, 「고사(古寺)2」

　이러한 시행에서 〈신라천년〉이라는 어휘는 결정적으로 기능적인 역할
을 하고 있다. 송강이 〈신라팔백년에 높도록 무은 탑을〉하고 노래했지만
〈신라천년〉은 지용의 발명이다. 〈아아 석류알을 알알히 비추어 보며/신라
천년의 푸른 하늘을 꿈꾸노니〉 하는 〈석류〉의 구절이 최초의 용례일 것이
다. 『청록집』이 간행된 직후 〈사〉란 조사가 시에서 크게 유행한 적이 있
었다. 기억하는 이들이 있을 것이다.

　　내ㅅ사 애달픈 꿈꾸는 사람
　　내ㅅ사 어리석은 꿈꾸는 사람

—— 박목월, 「임」

　휘휘휘 비탈길에
　저녁놀 곱게 탄다

영향·모작·수용　333

황토(黃土) 먼 산길이사
피먹은 허리띠
워어어임아 워어어임

——「산그늘」

이밤사 귀또리도 지새는 삼경(三更)인데
얇은 사(紗) 하이얀 고깔은 고이 접어서 나빌레라.

—— 조지훈, 「승무」

〈사〉의 용례는 시에서는 지용이 처음이라 생각된다. 1928년에 발표된 「갈매기」와 1932년에 발표된 「무서운 시계」에 다음과 같은 용례가 보인다.

내사 검은 밤비가 섬돌우에 울때 호롱불앞에 났다더라.
내사 어머니도 있다, 아버지도 있다, 그이들은 머리가 히시다.
나는 허리가 가는 청년이라, 내홀로 사모한 이도 있다. 대추나무 꽃피는 동네다 두고 왔단다.

——「갈매기」

오빠가 가시고 난 방안에
숯불이 박꽃처럼 새워간다.

산모루 돌아가는 차, 목이 쉬여
이밤사 말고 비가 오시랴나?

——「무서운 시계」

또 〈송화(松花)가루 날리는 외딴 봉우리〉라는 「윤사월(閏四月)」의 어휘는 〈송화가루 노랗게 날리네〉라는 「폭포(瀑布)」의 구절에, 또 〈길은 외줄

기 남도삼백리〉라는 구절은 〈춘천삼백리 벼루ㅅ길〉이라는 「유선애상(流
線哀傷)」에 그 선례를 가지고 있다. 이것은 사소한 듯하지만 결코 사소
한 사안이 아니다. 적절하고 정확한 고유어의 발견과 조직 및 그것을 가
능케 하는 고전적 절제와 기율은 후배시인들에게 형성적인 흔적을 남겨
놓았을 터이기 때문이다.

어쩌다 바람이라도 와 흔들면
울타리는
슬픈 소리로 울었다.

맨드라미 나팔꽃 봉숭아 같은 것
철마다 피곤
소리없이 져 버렸다.

차운 한겨울에도
외롭게 햇살은
청석(靑石) 섬돌 위에서
낮잠을 졸다 갔다.

할일없이 세월은 흘러만 가고
꿈결같이 사람들은
살다 죽었다.

—— 김춘수, 「부재」

청록파에 뒤이어 출발한 김춘수의 초기작품 가운데서 빼어난 이 작품
은 향토적인 기본 구도를 가지고 있으면서 관조적 적멸감을 특징으로 하
는 동양전통에의 경사를 보여주고 있다. 그리고 정지용이나 청록파 시인
들의 선례 없이는 생각할 수 없다는 가정을 강력하게 촉발한다. 무리없

이 질박하면서도 세련된 언어조직과 소탈한 세계 수용은 일체의 호들갑스러운 근대주의 성향을 공소하게 느끼도록 만들어 준다. 정지용 이후의 우리 현대시 체험이 새세대의 정지용 경험을 범상한 것으로 만들어 준다면 그것은 정지용 자신이 우리 현대시에 안겨 준 충격 때문이기도 한 것이다. 6·25 직전에 나온 사화집에서 지용은 자기 시편의 제목을 「춘뢰(春雷)」라고 붙인 일이 있다. 설중매 같은 시인도 많이 있었지만 자기 시는 울지 않아도 될 봄 우뢰와 같은 것이기 때문에 그렇게 붙였다는 것이다. 겸손이기도 하지만 단순한 기교파니 뭐니 하는 비판에 대한 반어가 아니었던가 한다.

처음 접하는 한글세대에게 비치는 지용의 범상함은 그의 시의 오염 때문이기도 할 것이다. 〈고향에 고향에 돌아와도/그리던 하늘만이 높푸르구나〉로 끝나는 「고향」은 그가 즐겨 쓰던 2행 단위 모음 형식으로 된 수작의 하나이다. 그런데 〈고향에 고향에 돌아와도/그리던 고향은 아니러뇨〉라는 도입부를 고스란히 유행가사로 표절한 이가 있고 지금도 그것이 노래되고 있다. 그것은 채동선(蔡東鮮) 가곡에 대한 가사 바꿔치기와 함께 명시 「고향」에 가해진 한심스러운 반칙이었다. 유행가사를 통해 도입부를 경험한 독자는 이 작품에 대한 부정적인 선입견에서 자유롭지 못할 것이다.

반응과 수용

지용 시가 안겨 준 충격은 당대 시인들의 반응 속에 잘 나타나 있다. 양주동, 변영로, 이태준, 이양하, 김기림 등이 모두 찬탄의 말을 남기고 있다. 한국시의 유산을 전혀 무시하고 출발한 듯이 보이는 이상(李箱)도 예외는 아니었다. 왜냐하면 그는 자기의 애송시로서 지용의 「유리창」을 들고 〈또 지용의 「말」 중간 '검정콩 푸렁콩을 주마'는 대목이 저에게는 한량없이 매력 있는 발성입니다〉라고 적어놓고 있기 때문이다. 지용이

336

같은 자리에 「모란이 피기까지는」을 애송시로 적어놓고 있고 또 예외적으로 영랑의 시에 대한 해설적인 글을 남기고 있다는 것, 또 처음으로 이상을 떠메고 다닌 이유가 무엇이냐는 물음에 〈진귀했기 때문에 그랬소〉라는 비교적 냉담한 반응을 보이고 있는 것과는 대조적이다. 지용에 대한 이들 동시대인들의 찬탄의 세목을 검토하면 서로 달라 비평 대상보다 비평하는 당사자들을 더 잘 보여주고 있어 흥미롭다.

이광수, 김동인, 염상섭연구에 이어 방대한 『이상 연구』를 내놓은 김윤식은 재미있는 그 책에서 이상이 말한 〈검정콩 푸렁콩을 주마〉란 대목이 『정지용 시집』에 없다면서 이상이 어떤 착각을 일으켰을 것이라고 적고 있다. 그리고 『정지용시집』 속의 「말2」의 대목을 대체해서 분석하고 있다. 이것은 아주 조그마한 착오이다. 이상이 말한 「말」은 동시 흐름의 「말」로서 『정지용시집』 3부에 수록되어 있다.

말아, 다락같은 말아,
너는 즘잔도 하다마는
너는 웨 그리 슬퍼 뵈니?
말아, 사람편인 말아,
검정콩 푸렁콩을 주마.

이 말은 누가 난줄도 모르고
밤이면 먼데 달을 보며 잔다.

이 작품의 모티브는 「말2」에서 반복되고 나아가 「백록담」에서도 다시 보인다.

말아, /누가 났나? 늬를. 늬는 몰라. /말아, /누가 났나? 나를. 내도 몰라. /늬는 시골 듬에서/사람스런 숨소리를 숨기고 살고/내사 대처 한복판에서/말스런 숨 소리를 숨기고 다 잘았다. /시골로나 대처로나 가

나 오나/량친 몬보아 스럽더라. /

——「말2」

첫새끼를 낳노라고 암소가 몹시 혼이 났다. 얼결에 산길 백리를 돌아 서귀포로 달어났다. 물도 마르기 전에 어미를 여힌 송아지는 움매—움매—울었다. 말을 보고도 등산객을 보고도 마구 매어달렸다. 우리 새끼들도 모색(毛色)이 다른 어미한틔 맡길 것을 나는 울었다.

——「백록담」

「말」의 모티브와 〈어머니 없이 자란 나를/웨 저리 놀려대누〉 하는 「종달새」로 미루어 혹 생모와 일찌기 떨어진 경험이 있는 것이 아닌가, 또 이상이 「말」에 끌린 것도 표면상의 이유와는 달리 비슷한 경험과 연관되는 것이 아닌가 추측게 한다. 그러나 모더니스트 이상이 「유리창」을 애송했다는 것 그리고 「황소와 도깨비」 같은 동화를 남긴 그가 「말」을 좋아했다는 사실은 이상의 일면을 잘 드러내 주고 있다 하겠다. 지용이 「말」에서 보여주고 있는 것은 감정이입적인 연민감으로서 크게는 자비, 작게는 정이라고 정의할 수 있는 것이다. 그것이 결여될 때 좋은 문학은 나오지 않는다. 뒷날 송욱은 지용의 시에 사상성이 없다고 탓했다. 그렇게 말한 그가 시인으로서 지용에게 까마득히 미치지 못하는 것은 그에게 〈이 말은 누가 난줄도 모르고/밤이면 먼데 달을 보며 잔다〉하는 동심 또는 시심이 본질적으로 결여되어 있기 때문이라고 생각된다.

지용을 찬탄해 마지 않던 김기림이 주로 매료된 것은 〈아름다운 어휘〉와 〈일상 대화의 어법〉의 차용이었지만 또한 〈문명의 새 아들의 명랑한 감성〉을 우리 시에 끌여들였다는 점이다. 그는 지용에게서 〈태양의 풍속〉을 읽어냈던 것이다. 그런 그가 끝내 지용적인 단아한 세련에 이르지 못한 것은 불행이었다. 이양하나 김환태가 모두 〈백화(白樺)수풀 앙앙한 속에/계절이 쪼그리고 있다〉는 「비로봉 I」 전문을 인용한 데서 알 수 있듯이 동시대인들을 매료시킨 것은 산뜻하게 회화적이고 감각적인 지용의

338

모더니즘 성향이었던 것으로 생각된다. 오늘의 우리들에게 보다 호소적인 「향수」「고향」「홍춘」「압천(鴨川)」 등을 인용하고 있는 경우는 없다. 당시의 사람들이 가지고 있던 서구동경을 여실하게 보여주고 있다. 「인동다(忍冬茶)」「구성동(九城洞)」과 같은 고전적 성취 시편을 포함하고 있는 후기 시편들에 대해서 김기림등이 전혀 입을 다물고 있는 것은 극히 시사적이다. 우리가 다소 가볍다고 보고 있는 국면에 동시대인들이 매료당했다고 하는 사실은 취향의 변화가 얼마나 빠른 것인가를 실감시켜 준다. 참신하다고 생각된 것일수록 일찌감치 퇴색해 버린다는 것도 극히 계고적이다. 모더니스트들이 그렇게 소망하던 근대화 내지는 도시화가 진척된 오늘날의 새세대가 「향수」 같은 작품에 끌린다는 것도 역설적이다. 작품 수용과 평가는 어디까지나 향수 주체의 주요관심에 의해서 결정되며 그것이 향수자를 잘 드러내기 마련이라는 것은 새로운 것은 아니나 깊이 검토해야 할 국면이다. 그 점 지용 수용의 검토는 우리에게 흥미진진한 과제가 될 것이다.

미숙한 시인은 모방하고 성숙한 시인은 훔친다는 뜻의 말을 엘리어트가 하고 있다. 성숙한 시인은 쥐도 새도 모르게 흔적없이 흡수한다는 뜻이다. 그러한 의미에서 지용시의 가장 성공적인 수용은 그의 흔적이 전혀 보이지 않는 후배시인 사이에서 이루어졌다고 말할 수도 있다. 정지용의 활동기는 일제 침략기였고 그것은 정치적 경제적 위기 상황이었다. 동시에 그것은 심각한 민족어의 위기상황이기도 하였다. 민족어의 위기 속에서 민족어의 조직과 세련에 바친 삶은 값있고 보람 있는 일이었다. 그것은 늘 상기해서 유익한 사안일 것이다.

주요 참조문헌

김기림, 「모더니즘의 역사적 위치」, 『김기림전집·시론(詩論)』, 심설당, 1988.

김윤식, 『한국문학의 논리』, 일지사, 1974.

＿＿＿, 『이상연구』, 문학사상사, 1987.

김학동, 『정지용연구』, 민음사, 1987.

최동호, 「장수산과 백록담의 세계」, 『현대시의 정신사』, 열음사, 1985.

Henry Gifford, *Comparative Literature* (Routledge & Kegan Paul, London), 1969, chs. 1-2.

Rutheven, *Critical Assumptions*, ch. 8.

시인·비평가·시인비평가

정지용과 김기림의 작품이 공식적으로 금지해제되었다. 거듭 만시지탄 (晚時之嘆)을 금할 수 없다. 뒷날의 역사가들은 시인들의 〈제명〉 조처를 어떻게 받아들일 것인가? 아마 조선 왕조 때 〈역적〉의 거명을 기록에서 회피했다는 사실과 관련시켜 비관용의 역사적 연속성을 지적하면서 해괴한 삽화로 조롱할 것이다. 8·15이후 모국어를 도로 찾았을 때 민족어의 위기 속에서 민족어의 연구와 정서법(正書法) 보급에 헌신했던 조선어학회의 한글 학자들이 애국자로서 경의와 숭상의 대상이 되었던 것을 우리는 기억한다. 한글 학자들의 옥중 수난과 희생이라는 비근한 사정이 첨가되었지만 그것은 당연하고도 자연스러운 사회적 보답이었다. 그러나같은 시기에 민족어의 운영과 세련에 헌신하였던 시인 작가들이 비슷한경의의 대상이 되지는 못하였다. 뿐만 아니라 그 후 몇 해 동안의 행적이 문제되어 많은 사람들이 문학전통으로부터 인위적으로 배제되는 불운을 겪고 있다. 정지용과 김기림은 민족어의 위기 상황에서 그 운영과 세련에 특출하게 기여했던 문인들이다. 그들의 문학적 공로에 대한 사회적보답이 없었다는 사실만으로도 우리는 역사적 공정에 대한 반칙이라고말하고 싶어진다. 독립운동자나 그 자녀들이 대부분 곤궁한 처지에 있다는 것은 역사적 불공정의 한심스러운 사례로서 흔히 거론되었지만 그 문학적 대응현상을 이들에게서도 보게 되는 것이다.

금지해제와 함께 두 시인에 대한 문학사적 내지는 비평적인 논의가 이곳저곳에서 활발하게 전개되고 있다. 필자도 그러한 토론의 하나에 참여한 일이 있다. 글로 쓴 것이 아니고 말한 것을 제3자가 정리한 것이어서 활자화된 것을 보니 적지않게 불만스러웠다. 시적 성취에 있어서는 정지용이 김기림보다 앞서 있지만 김기림은 비평적 업적을 곁들이고 있으며, 특히 8·15 이후의 정력적인 문학적 생산에 있어서는 정지용과 대조를 이루고 있다는 취지의 발언이었다. 그러나 두 시인의 단순비교를 통한 우열 판단과 같은 오도적인 인상을 주고 말았다. 개성과 관심 세목을 달리하는 두 시인을 단순 비교한다는 것 자체가 과도한 단순화이지만 그러한 인상을 준 것은 문학사적 공정이란 차원에서 잘못된 것이라 하지 않을 수 없다. 그러면서 생각난 것이 『시학평전』에서 보여준 송욱의 김기림론이었다.

세계는
나의 학교.
여행이라는 과정에서
나는 수없는 신기로운 일을 배우는
유쾌한 소학생이다.

『태양의 풍속』에 수록된 「함경선 오백킬로 여행풍경」 중의 서시인 위의 대목을 인용하고 나서 송욱은 그것이 곧 시인 김기림의 정의가 된다는 뜻의 말을 하고 있다. 잡지에 연재될 당시 그것을 본 필자는 빈약한 구절만을 골라서 시인을 비판한다는 것은 공정한 일이 못 되며 시인은 최상의 작품에 의해서 판단되어야 할 것이 아니냐는 의문을 사석에서 제기한 일이 있다. 송욱은 빈약한 대목을 남겨 놓고 있다는 것 자체가 시인됨을 드러내는 것이라고 일축하였다. 시인이 최상의 작품을 통해서만

342

판단될 수는 없다. 그러나 최악의 작품보다는 최상의 작품을 통한 판단과 평가가 공정에 가깝다고 말할 수는 있을 것이다. 이 기회에 앞의 불찰도 보충할 겸 문학자로서의 김기림의 중층성을 검토해 보기로 한다. 그는 시인, 비평가, 또 시인비평가에 대한 검토에 있어 우리에게 더할 나위 없이 호적한 사례가 되어 준다.

시인 비평가

비평 대상이 된 시인 작가들이 비평에 대해서 갖게 되는 불신과 불만은 거의 항상적인 문학현상의 하나다. 그것은 제대로 이해받지 못하고 있다는 생각을 근저에 깔고 있다. 이러한 경우 비평 대상자들이 흔히 표명하는 견해는 비평가가 자기 작품을 오해 내지는 오독하고 있다는 것이다. 그러면서 비평가가 작자의 의도를 파악하는 데 실패하고 있다고 반론한다. 이러한 주장은 상황적 설득력을 갖고 있는 경우도 있고 그렇지 못한 경우도 있어 세상 범백사가 그러하듯 일반화해서 말하기는 어렵다. 그러나 이런 경우 대체로 시인작가 편에서 두 가지 가설을 전제로 하고 있음은 쉽게 확인된다. 비평이 일차적으로 작자를 위해 있다는 생각과 비평이 작자의 의도를 간파하고 그 성취 여부로 작품을 평가해야 한다는 숨은 전제가 그것이다. 이에 대해서 우리는 비평이 기본적으로 독자를 위해 있는 것이며 작자 자신도 비평 독자의 한 사람일 뿐이라는 사실을 지적할 수 있다. 또 작자의 의도를 확인하고 그 의도가 과연 성공적으로 달성되었는가, 또 애시당초 성취할 만한 가치가 있는 것인가를 판단하는 것을 그 주요 기능으로 간주하는 비평관이 탄탄한 기초 위에 서 있는 것도 아니라고 지적할 수 있을 것이다.

그러나 작자의 의도를 중심으로 전개되어 온 비평이 재래 비평의 상당 부분을 차지하고 있다는 것은 사실이다. 그러나 어떻게 보면 현대비평이 걸어온 길은 이러한 작자중심적이고 작자지향적인 비평으로부터의 일탈이었다고 볼 수 있다. 작자지향적 비평은 본시 성서 해석에 기원을 두고 있다. 작가시인을 창조자로 생각하는 경향도 여기서 유래한 것이다. 독자에 대한 작자의 절대적 우위가 전제되어 있는 이러한 비평에서는 저자의 의도의 복원이야말로 작품의 의미 해석이라고 생각한다. 많은 작가시인들이 작가 우위의 작자지향적 비평을 비평의 모형으로 생각하는 것은 어쩌면 자연스러운 일이라 할 수 있다. 현대에 들어와서 독자의 자유와 창조성을 강조하는 독자지향적인 독자반응 비평, 원문을 중시하는 원문비평, 장르와 관습을 중시하는 쪽으로 가는 후기 구조주의 비평, 사회역사적 맥락을 중요시하는 사회역사적 비평 등으로 비평의 자기 정의도 다양하게 이루어지고 있다. 이러한 비평의 추세가 작자지향적 비평의 보수성과 경직된 권위주의에 도전하면서 전개되고 있지만 작자지향적 비평의 여세는 만만치 않다.

앞서 항상적인 문학현상의 하나라고 지적해 본 작자의 특정 비평 불신은 때로 비평 일반에 대한 불신으로 나타난다. 가령 젊은 시절의 엘리어트는 〈시를 창작하기 위해서 시를 비평하는 '시인비평가'의 비평만이 유일하게 진정한 비평〉이라고 말하고 있다. 또 비평적 활동은 예술가의 노동 속에서 창작과 결합할 때 가장 높은 완성에 이른다고 말하고 있기도 하다. 공언하건 않건 이러한 생각을 많은 시인작가들이 가지고 있는 것으로 보인다. 실제로 창작경험을 가진 사람만이 작품에 대해서 의미 있는 발언을 할 수 있다는 취지의 말을 많은 시인작가들이 적어놓고 있으니 말이다. 〈그들 자신이 주목할 만한 작품을 쓴 일이 없는 사람들의 비평에는 귀를 기울이지 말라〉든가 〈만약 당신이 자동차에 관해서 무엇인가 알고 싶다면 자동차를 제조해서 운전해 본 경험이 있는 사람을 찾아가겠는가? 혹은 그저 자동차에 관해서 얘기를 들었을 뿐인 사람을 찾아가겠는가? 그리고 제조 경험이 있는 두 사람의 경우 솜씨 좋은 제조자를 찾아가겠는가? 서투른 제조자를 찾아가겠는가?〉라고 적고 있는 에즈라 파운드의 경우가 그 대표적인 것이다. 이러한 의견은 경청할 만한 것이다. 탁월한 시인작가들의 비평적 담론에는 귀 기울일 만한 가치가 충분히 있다. 그러나 전문적 비평문학이 본격적으로 또 폭발적으로 전개되기 이전의 상황 속에서 토로된 이러한 작자지향적 비평관은 옛날과 같은 설득력을 갖지 못하고 있다. 뿐만 아니라 구체적인 작품을 생산하는 시인작가가 반드시 자신의 생산 행위의 성질을 객관적으로 파악하고 있는 것이라 할 수도 없다. 또 그것을 지적인 언어로 능란하게 정식화할 수 있는 것도 아니다. 그리고 다른 작가의 작품평가에 있어 시인작가가 각별한 통찰을 발휘하는 것도 아니다. 영문학에서 최대 비평가의 한 사람으로 평가되는 시인비평가인 코울리지는 괴테보다도 쉴러를 더 높이 평가하였다. 보통사람들이 흔히 쓰는 쉬운 말을 채택해서 쓰겠다는 포부를 표명했던 워즈워드는 자신의 시어관에 걸맞지 않는 그레이나 키이츠 같은 시인에게 부당하게 냉담하였다. 시인과 비평가의 결합에서 이상적인 비평가 모형을 찾은 〈시인비평가〉도 외양처럼 그렇게 이상적인 것은 아니다. 외국의 어느 대학에서 고명한 시인을 교수로 채용하려 했을 때 〈코끼리를 동물학과 교수로 삼을 수 없다〉는 반론에 부딪쳤다는 삽화가 있다. 자동차 제조 경험자를 찾아가라는 파운드의 비유적 설명만큼의 논리와 설득력은 갖고 있다고 할 수 있다.

엘리어트는 창작과정을 동시에 비평적 노동의 과정으로 파악하였다. 따라서 노련한 작가가 자기 작품에 사용하는 비평이야말로 가장 높은 단계의 활력 있는 비평이라고 말하였다. 창작과정이 한편으로 비평적 노동이라는 것은 진실일 것이다. 그러나 그것은 창작과정의 설명으로 의미있는 것이지 씌어지지 않은 비평적 행위를 비평과 동일시할 수는 없다. 〈자신의 작품에 사용하는 비평〉은 씌어진 바 없는 비평으로 비유적인 의미밖에 가질 수 없다. 〈시인비평가〉란 본질적으로 시인과 비평가가 결합되어 있다기보다 시를 쓰기도 하고 비평행위도 하는 문인으로 파악하는 것이 온당할 것이다. 시를 쓸 때는 시인이며 비평문을 작성할 때는 비평가인 셈이다.

시인이자 비평가이기도 했던 김기림은 우리에게 〈시인비평가〉의 한 호적한 사례가 되어 주고 있다. 그에게 있어 시인과 비평가가 몇몇 서구

시인비평가들이 주장하고 있듯이 이상적인 결합을 이루고 있는 것인지를
검토해 본다는 것은 흥미 있는 일이 될 것이다.

모더니즘의 변호론

　연보를 따르면 김기림은 1950년에 만 42세였다. 우리가 오늘날 접하고
있는 김기림의 문학적 성취는 그러니까 30대를 갓 넘긴 중년의 20년간의
소산인 셈이다. 그러나 짧은 시기임에도 불구하고 예고된 『김기림 전집』
은 400페이지 분량의 책 6권에 이르고 있다. 이것은 결코 적은 분량이
아니다. 뿐만 아니라 8·15 이후 그의 문학적 생산, 특히 비평적 생산은
양과 질에 있어 아주 괄목할 만한 것이었다. 비평적 생산에 있어 한참
궤도에 오르고 있을 때 전쟁으로 중단되었던 것이다. 48세에 1950년의
전쟁을 맞은 정지용이 시인으로서의 활동을 사실상 끝내고 있었다는 사
실과는 큰 대조를 이루고 있다.
　시집 『태양의 풍속』 『바다와 나비』 『새노래』에 수록된 시편에 김학동
이 새로 찾아낸 57편을 합하면 『김기림전집』 첫째권인 시집에는 도합
220여 편의 시가 수록되어 있다. 여기에 장시 「기상도」를 합치면 그의
시적 생산이 동시대의 다른 시인들과 비교할 때 굉장한 다작이었음을 알
수 있다. 또 산재되어 있던 57편의 많은 부분이 시인의 의도적인 사석
(捨石)이었다치더라도 그가 정력적인 다작가였다는 사실을 변경시키지는
않는다.
　산문가로서의 김기림은 한결더 정력적이었고 생산적이었다. 1947년에
출간된 『시론(詩論)』은 김기림 자신의 시 이해뿐 아니라 모더니즘 운동
이해를 위해서 필수적인 문서가 되어 있다. 이번에 발견 수록된 「시사론
(詩史論)」이나 「시평(詩評)」 부분도 어느 모로는 『시론』 못지않은 중요성
을 가지고 있는 글들이다. 그 이외에도 리차즈의 이론을 소개하면서 비
평을 곁들이고 있는 『시의 이해』, 새로운 문체 창출이라는 문화적 상황

에 대응하여 씌어진 『문장론신강』, 스타일리스트로서의 김기림의 모습이 잘 드러나 있는 수필집 『바다와 육체』 등은 비평가와 산문가로서의 김기림을 부각시켜 주는 소중한 책들이다. 거기에 문학론과 문명비평적인 글들을 추가할 때 우리는 그가 폭넓은 교양과 깨어 있는 의식과 열려 있는 지적 정열의 소유자임을 확인하게 되는 것이다. 그가 당대의 뛰어난 비평가요 산문가임은 부정할 길이 없다. 비평가로서의 김기림을 얘기함에 있어 우리가 가지고 있는, 아마도 최초의 체계적 시 이론서인 『시의 이해』와 역시 최초의 문장론일터인 『문장론신강』을 빼놓을 수 없다. 그러나 그러한 원론적인 책은 접어 두고, 우리 문학에 대한 현장적 발언을 중심으로 김기림 비평의 일단을 검토해 보기로 한다. 미리 얘기해 두지만 이것은 정공적(正攻的)인 김기림론으로 시도된 것이 아니고, 〈시인비평가〉로서의 김기림에 대한 윤곽적인 검토이다.

시작(詩作)생활과 비평활동을 동시에 시작하여 병행하였던 그의 비평행위는 20년에 걸친 것이었다. 따라서 그 사이에 그는 소홀치 않은 변모와 성숙을 보여주고 있다. 그럼에도 불구하고 그가 일관되게 주장한 것은 모더니즘의 건설과 그 옹호였다. 언어학의 수용을 통한 시학의 확립을 주장하기도 했고 그러한 주장의 연장선상에서 『시의 이해』와 같은 책이 나오기도 한다. 그러나 8·15 이전에 보여준 그의 비평적 노력은 모더니즘의 주창과 옹호라는 말로 요약될 수 있다. 김기림에 의하면 이른바 〈신시(新詩)〉 초기의 선구자들은 1920년대초에 이르러 〈신문학의 건설이라는 위대한 목표를 바라보면서 돌진하기를 그치고 맞어드린 황혼의 기분 속에 자신의 여린 감상(感傷)을 파묻는 태만에 잠겨 버렸다.〉 이에 대한 최초의 반격이 1920년대 중반부터 카프의 이론가에 의해서 이루어졌고 1930년대초에 와서는 모더니즘에 의해서 이루어졌다는 것이다.

모더니즘은 두 개의 부정(否定)을 준비했다. 하나는 로맨티시즘과 세기말 문학의 말류(末流)인 센티멘탈 로맨티시즘을 위해서고 다른 하나는 당시의 편내용주의(偏內容主義)의 경향을 위해서였다. 모더니즘은

시가 우선 언어의 예술이라는 자각과 시는 문명에 대한 일정한 감수
(感受)를 기초로 한 다음 일정한 가치를 의식하고 씌어져야 된다는 주
장 위에 섰다.

——「모더니즘의 역사적 위치」

　이렇게 시사적(詩史的) 위치를 언급하고 나서 1930년대 중반에 와서
모더니즘이 위기에 다다랐다고 진단한다. 모더니즘의 말의 중시가 그 아
류들에게로 와서 말초적인 놀음으로 타락하는 경향을 보여주었고, 또 당
시의 문명이 심각하게 어두어져 가기 때문에 건강한 밝음을 수용할 계제
가 못 되기 때문이라는 것이다. 그리하여 시를 기교주의적 말초화에서
끌어내고 문명에 대한 비판으로 태도를 바로잡으려 〈사회성과 역사성을
이미 발견된 말의 가치를 통해서 형상화하는 일〉을 모더니즘은 새로이
지향하였다. 그것은 1920년대 경향파와 모더니즘의 종합이었다. 그러나
모더니즘과 사회성의 종합은 단 하나의 바른 방향이었으나 쉬운 길이 아
니어서 시인들은 그 길을 버릴 수밖에 없었다. 이 과정에서 〈모더니즘의
초극이라는 심각한 운명을 한몸에 구현한 비극의 담당자〉로 드러나는 것
이 〈가장 우수한 최후의 모더니스트 이상(李箱)〉이었다는 것이다.
　모더니즘의 주창자, 또 옹호자로서의 김기림이 거부하고 부정한 것은
그가 말하는 센티멘탈 로맨티시즘이었다. 『시론』의 중간 제목의 하나는
「감상에의 반역」이라 되어 있는데 이것은 김기림이 평생토록 견지한 태
도라고 할 수 있다. 그는 〈필요 이상으로 슬픈 표정을 하는 것이 감상〉
이라고 하면서 건강과 명랑성을 대안으로 제시한다. 감상에도 여러가지
가 있는데 감상의 위험으로부터 시를 구해 주는 것은 〈명징한 지성〉이
다. 모더니즘의 공적도 부분적으로는 시를 터무니없는 감상주의로부터
구해 주었다는 사실에서 구해지고 있다. 이밖에 이미지즘 운동에서 촉발
된 시의 회화성의 중시, 난해성의 옹호 등을 우리는 김기림의 시론의 주
요 관심이라고 정리할 수 있다. 모더니즘 지향의 비평가로서 그가 높이
평가한 당대의 시인들은 정지용, 신석정, 이상, 김광균, 장만영 등이었

고, 박재륜, 조영출의 이름이 추가되고 있다. 그 밖에 백석이나 오장환
에 대해서도 호의적인 논평을 남기고 있는 것이 눈에 뜨인다.

자가해설로서의 시론

모더니즘의 옹호, 감상주의에 대한 철저한 부정과 경멸, 회화성의 중
시, 이른바 명징한 지성의 추구를 김기림의 시론의 주요 특징이라고 할
때 우리는 그것이 곧 자기 시의 제작이론이자 변호론이라는 것을 쉽게
알아차리게 된다. 여기서 우리는 매우 시사적인 표제인 『태양의 풍속』
첫머리에 수록된 같은 제목의 작품을 읽어 보는 것이 도움이 될 것이다.

태양아
다만 한번이라도 좋다. 너를 부르기 위하야 나는 두루미의 목통을
비려오마. 나의 마음의 문허진 터를 닦고 나는 그 우에 너를 위한
작은 궁전(宮殿)을 세우련다. 그러면 너는 그 속에 와서 살어라. 나
는 너를 나의 어머니 나의 고향 나의 사랑 나의 희망이라고 부르마.
그리고 너의 사나운 풍속을 쫓아서 이 어둠을 깨물어 죽이련다.

태양아
너는 나의 가슴속 작은 우주의 호수와 산과 푸른 잔디밭과 힌 방천
에서 불결한 간밤의 서리를 핥어버려라. 나의 시내물을 쓰다듬어 주
며 나의 바다의 요람을 흔들어 주어라. 너는 나의 병실을 어족(魚
族)들의 아침을 다리고 유쾌한 손님처럼 찾어오너라.

태양보다도 이쁘지 못한 시. 태양일 수가 없는 설어운 나의 시를 어
두운 병실에 켜놓고 태양아 네가 오기를 나는 이 밤을 새여가며 기
다린다.

〈태양의 사나온 풍속〉을 따라서 어둠을 깨물어 죽이겠다는 것은 어둠과 눈물의 감상주의를 거부하자는 비평적 진술과 완전히 일치한다. 김기림에 있어서 시작행위와 비평활동은 거의 완벽한 평행현상을 이루고 있다. 따라서 그의 비평은 자작시 해설이자 옹호라는 측면이 강하다. 역으로 그의 시는 비평적 구호의 언어적 실천으로 되어 있다. 양자간에 있음직한 괴리를 찾아볼 수 없을 정도다. 김기림뿐 아니라 대체로 시인비평가에 대해서 우리는 비슷한 말을 할 수 있을 것이다. 우리가 주목하는 것은 시와 비평 사이의 일관성 있는 근접성의 철저함이다.

김기림은 20세기 시의 가장 혁명적인 변천은 시가 음악과 작별한 때부터 시작된 것 같다고 말한다. 그리고 이미지스트의 시론을 공명적으로 다루고 있다. 시에 있어서 음악성만을 강조하는 것이나 회화성만을 강조하는 것은 다 같이 병적인 것이라며 그 종합이나 〈전체로서의 시〉가 소망스럽다고 주장한다. 그러나 그의 취향이 회화성 쪽으로 기울어져 있는 것은 분명하다. 그리하여 그것은 다음과 같은 단시에서 명징한 시적 표현을 얻게 된다.

밤마다
서울서 듣던 기적소리는
사자의 울음소리 같드니
아득한 들이 푸른 깃을
한 구름의 품속에 감추는 곳에서는
기차는
기러기와 같이 조고마한
나그네고나

──「함흥평야」

4월은 겨으른 표범처럼
인제사 잠이 깼다

눈이 부시다
가렵웁다
소름친다
등을 사린다
주춤거린다
성큼 겨울을 뛰어 넘는다

——「봄」

　위의 단시가 가지고 있는 간결직절한 회화적 선명성은 발표 당시에는 신선한 충격을 던져 주었을 것이다. 그리고 이러한 회화성이 주조가 되어 있지 않은 경우에도 회화적 선명성은 그의 시가 흔히 지향하고 포용한 바다. 그 밖에 시의 난해성에 관한 비평도 사실 자신이나 이상(李箱)의 시에 대한 비판을 염두에 두고 쓴 것이라 할 수 있다. 이러한 시와 비평의 상호보족적 동시 진행에서 한 걸음 더 나아가 시사적 진술이 그대로 자기 시의 진술이 되어 있는 경우도 있다. 앞에서 우리는 모더니즘이 1930년대 중반에 와서 위기에 다다랐으며 이를 극복하기 위해서 사회성과 역사성을 도입하려 했다는 김기림의 진술을 대한 바 있다. 그러한 노력은 〈1920년대 경향파와 모더니즘의 종합〉이라고 부연하고 있다. 그러면 구체적으로 〈경향파와 모더니즘〉의 종합을 시도했던 모더니스트는 누구인가? 그가 최초의 모더니스트로 칭송했던 정지용도 그 뒤의 신석정이나 장만영까지도 사회성과 역사성의 도입을 시도한 바가 없었다. 이상까지도 그 범주에 들기는 어렵다. 그러면 그는 누구인가? 다름아닌 김기림 자신일 것이다. 그리고 그가 〈경향파와 모더니즘〉의 종합을 지향했다고 했을 때 그것이 구체적으로는 「기상도」와 같은 작품을 염두에 두었을 것이라는 공산이 커진다. 그는 1930년대 중반에 전개되는 세계정세를 〈점점 심각해져 가는 어둠〉이라고 했는데 그것이 유럽에서는 나치즘과 파시즘이 조성한 위기와 연관된 것임은 분명하다.

넥타이를 한 흰 식인종은
니그로의 요리가 칠면조보다도 좋답니다
살갗을 희게 하는 검은 고기의 위력
의사「콜베르」씨의 처방입니다
「헬매트」를 쓴 피서객들은
난잡한 전쟁경기에 열중했읍니다

——「시민행렬」

분명한 것은 아니나 이러한 대목이 유럽 식민지주의나 제국주의에 대한 비판을 함축하고 있다는 것은 추측할 수 있다. 그리고 이러한 사회성이나 역사성의 도입이 1930년대 영국의 스티븐 스펜더, 오든, 맥니스 등 이른바 〈오든 패거리〉등의 시를 모형으로 하고 있다는 개연성도 크다고 해야 할 것이다. 김기림은 사회성과 모더니즘의 종합이라는 길을 시인들이 버리지 않을 수밖에 없었다고 했는데 이것은 자신의 시적 역정과 정확하게 대응한다. 「기상도」이후 8·15에 이르는 기간 동안 그의 작품에서 사회성은 찾아볼 수 없기 때문이다. 따라서 〈모더니즘의 역사적 위치〉와 같은 글의 종결부는 이름은 대지 않았을 뿐 자신의 이력을 첨부해 놓은 것이라 해도 과언은 아니다. 김기림을 시인비평가라고 할 때 그의 비평문은 따라서 자신의 시에 붙인 자가해설이라 해도 과장은 아니다.

모더니즘과 반감상주의

김기림의 비평이 자가해설 아닌 동시대 시인의 비평을 지향할 때 그것은 당연히 그가 규정하는 모더니스트 시인의 기여에 대한 긍정적 평가로 나타난다. 이때 그의 아낌없는 비평적 찬사를 받는 이가 정지용이다. 정지용은 말에 대한 천재적 민감성을 통해 소리의 가치와 청신한 이미지를 발견하였고 명랑한 감성을 처음으로 우리 시에 도입한 최초의 모더니스트로 규정된다. 정지용을 얘기할 때 〈완미에 가까운 주옥 같은 시편〉, 〈현대에서 움직이고 있는 지적정신〉, 〈가장 정순한 상태로 순화된 시〉 등 최상급의 어휘가 동원된다. 몇 해 선배이기도 하지만 동시대의 동료 시인에게 최상급의 찬사를 아끼지 않은 김기림의 비평선(批評選)에서 우리는 어떤 미감마저 느끼게 된다. 그의 정지용관은 〈그저 에어 포켓을 메꾸었을 정도의 시인〉이라는 임화(林和)의 지용관과 좋은 대조를 이루고 있다.

그 밖에 상징적인 이미지의 독창성 때문에 고평을 받고 있는 신석정, 시각적 이미지의 적확한 파악과 구사에 있어서 뛰어나다고 정의되는 김광균, 신석정 흐름의 시풍을 인계하면서 조소적인 깊이를 추가하고 있다고 규정받은 장만영이 높은 평가를 받고 있다. 〈우리의 가장 우수한 근대파 시인〉, 〈우리들이 가졌던 황홀한 천재〉라고 했던 이상에 대한 김기림의 경도는 그가 편집한 『이상선집』에 잘 나타나 있다. 그러나 산문가로서의 이상, 재사(才士)로서의 이상에 대해서 시인 이상을 어떻게 평가하고 있는지 그 구체를 알 도리가 없다. 감상의 배제자로서의 강점을 인정하기는 하였으되 그것을 분명히 분석 해명해 놓고 있는 것 같지는 않다.

모더니스트에 대한 호의적 태도와는 대조적으로 그는 전통적인 서정시인에 대해서는 냉담한 침묵으로 불복을 시사하고 있다. 한용운과 김소월을 시론 속에서 언급한 흔적은 없다. 만해에 대해서는 8·15 이후 「시와 문화에 부치는 노래」에서 도연명, 노신, 타골과 함께 거명함으로써 뒤늦게 경의를 표하고 있기는 하다. 분명히 김억(金億)등을 두고 말한 듯이 보이는 〈한 상징 시인 속에 낭만파와 민요시인과 유행가수가 겹쳐져 있다〉는 대목이 보이지만 김소월도 그 동류쯤으로 생각한 것인지 모른다.

〈요한에게도 파인(巴人)에게도 월탄(月灘)에게도 소월에게도 저 옛날의 그렇게 매혹적이던 「아름다운 새벽」의 신선도, 「국경의 밤」의 패기도, 「흑방비곡(黑房祕曲)」의 심오도, 「금잔디」의 순정도 벌써 찾을 길이 없다〉는 1935년도의 글에서 지용 이전의 시인들이 부정적인 일괄 처리를 얻고 있을 뿐이다. 이 점 백석의 「사슴」이 김기림의 호평을 얻고 있는 것은 얼마쯤 의외롭게 생각된다. 백석이 기억 속의 동화와 전설의 나라를 다루고 있음에도 〈감상주의와 복고주의〉에 물들지 않았다는 점을 취하고 있는 것이 돋보인다. 뒷날의 백석은 「남신의주 유동 박시봉방(南新義州 柳洞 朴時逢方)」이나 「흰 바람 벽이 있어」와 같은 슬픔의 절정을 보여주는 데 김기림이 이에 대해 긍정적인 평가를 했을 것 같지는 않다. 그는 우리의 전통적인 한의 심정세계나 한시적(漢詩的)인 자연관조에 대해서 생리적인 거부감을 가지고 있었다. 정지용에 대해서도 감각적이고 회화적이고 도시적인 경향의 시를 선호했고 「향수」「고향」이나 후기 「백록담」에 대해서는 냉담했던 것으로 보인다. 1946년에 씌어진 「공동체의 발견」이란 글에서 분명히 『청록집』의 시인들을 겨냥한 듯이 보이는 다음과 같은 귀절은 매우 시사적이다.

다른 한편으로 새로 자라나는 말하자면 낭만적 민족시인의 그룹이 있다. 《상아탑》을 거쳐 발표하는 특징 있는 영탄을 주로 하는 시인들이다. 작년말 전후의 정치적 혼돈과 암담은 이러한 영탄을 위해서 늘 좋은 시제를 제공하였다. 그러나 그들의 옆에는 늘 감상주의라는 위험한 적이 따라댕기면서 침입의 기회를 노리고 있는 것을 잊어서는 아니된다……개인적으로는 《상아탑》에 관련이 없으면서도 이용악(李庸岳)씨는 이 새 낭만파의 먼 선구였다.

이렇게 그는 〈건강한 모더니즘〉이 아닌 시들을 감상주의라는 이름으로 경원하고 배격한다. 일부의 카프 시인들이 그나마 거론된 것은 감상주의와는 거리가 멀다는 이유에서였다. 그가 사회성과 모더니즘의 종합을 시도했으면서도 사회성에 대한 천착에 있어 사실상 무심했다는 것은 주목할 만하다. 가령 1930년대의 식민지 상황에서 〈명랑과 건강〉을 강조하는 것이 무엇을 의미하는가에 대해 그가 깊이 성찰했다는 증거는 없다. 또 1920년대에 감상주의가 지배적 경향이었다면 그것이 어떠한 사회적 의미를 가지고 있는가에 대해서도 사색한 흔적은 보이지 않는다. 다만 그것이 낡은 것이라는 이유로 되풀이 타박과 거부의 대상이 되고 있는 것이다. 그 점 김기림 비평의 판단 기준은 모더니즘과 감상주의라는 비교적 단조한 양분법에 기초해 있던 것으로 생각된다. 소설 비평에서와는 달리 거의 시인이 시평을 전담하다시피 했던 시기에 김기림은 뚜렷한 관점과 당시로서는 해박한 지식을 가지고 활동한 시인비평가였다. 그 비평이 암묵적인 자가해설이 아니고 동시대 시인을 겨냥하였을 때도 그것은 그의 선언서적인 글 이상의 충분한 구체성을 갖지는 못하였다. 그 자신이 말한 〈작품 자체〉에 관한 분석은 당시의 일반적 상황을 반영하여 자상하게 전개되지 못했기 때문이다.

모더니즘과 사회성의 종합

지금껏 김기림의 시의 평가는 주로 「기상도」와 『태양의 풍속』의 시편에 의존하여 이루어졌다. 이것은 매우 불행한 일이었다. 기림 시의 특징적인 국면이 드러나는 대목이라 해서 곧잘 인용된 귀절은 대개 기품 없는 비유나 피상적인 외국 풍물에 관한 시행이었다. 장시 「기상도」는 장시이기 때문에 그 결함이 돋보이게 마련인데 이 초기 작품이 빈번히 인용된 것이다. 사실 『태양의 풍속』에서도 짤막한 단시가 시적 성취에 있어 빼어난 편이다.

나의 고향은
저 산너머 또 저 구름밖
아라사의 소문이 자주 들리는 곳

나는 문득
가로수 스치는 저녁바람 소리속에서

여엄엄 송아지 부르는 소리를 듣고 멈춰선다.

——「향수」

　정지용의 첫시집이 나올 무렵 기림은 〈정지용 이전과 정지용 이후라는 말이 확립될 것〉이라며 〈금후의 시인은 적어도 정지용 이전에서 헤매는 도로(徒勞)는 면할 것〉이라고 적은 바 있다. 그러나 이러한 말이 적용되는 것은 여러가지 이유로 제대로 평가되지 못한 「바다와 나비」「새노래」에 와서일 것이다. 「바다와 나비」에도 〈그 날랜 재봉사(裁縫師) 세월도/바다 얼굴에는 주름살을 잡지 못합니다그려〉와 같이 불발로 끝난 기지의 흔적이 엿보이기는 한다. 그러나 대체적으로는 재기나 비유를 절제하고 안정된 기품을 지향하고 있음이 드러난다. 그리하여 「바다와 나비」「못」「바다」「공동묘지」「유리창」과 같은 수작을 낳고 있다. 이러한 성숙된 시경지는 「우리들의 8월로 돌아가자」와 같은 박력 시편으로 이어지고 또 「새노래」의 시편으로 이어진다. 「새노래」에서 그는 모더니즘과 함께 흔히 연상되는 부정적인 속성을 말끔하게 씻고 그가 1930년대에 고창하였으나 시적 결실로 연결시키지 못했던 명랑과 건강성을 얼마쯤 휘잡고 있다. 8·15 직후의 고양된 상황과 함수관계에 있는 것이겠지만 힘차고 활기있는 가락의 시가 많다. 「우리들 모두의 꿈이 아니냐」「새나라송(頌)」「데모크라시에 부치는 노래」「아메리카」「센토오트」 등은 이 시기의 수작들이다. 한편 젊은 날의 수다스러운 버릇을 말끔히 덜어 버린 생활의 노래도 보여주어 친근한 일면을 드러내기도 한다. 「오늘도 고향은」은 실향민 문학의 선구가 되는 작품으로 우리는 모더니스트 김기림과 전혀 다른 모습을 보게 된다.

오늘도 고향은 천리요 또 오백리
뜻하지 않은 위도가 은하로구나

사랑스런 살부치들

쟁쟁한 목소리 아물거리는 얼굴
도시 허위잡을 수 없이
구름만 북으로 밀려가는구나

여러 10년 하루같이 모두들 고대턴 것
눈앞에 얼른거리면서도 종내 나사서지 않어
동무와 안타까운 소식 이야기하며 밤을 새우며
목이 말라 가슴이 타 냉수를 켜며
이달도 손때 밴 자전(字典)을 팔아 즐거히 살아가리

　여기에 우리는 〈길잃은 노루처럼 살아왔기에/바다가 바라다 보일적마다 숨이차 볼이 달았다〉는 「길잃은 노루처럼」 같은 시편을 첨가할 수 있을 것이다. 「새노래」에 와서 그는 일찌기 시도하여 여의치 못했던 모더니즘과 사회성의 종합을 다시 기도하여 어느 정도의 성공을 거두고 있었다. 그것은 「기상도」에서 멀리 떨어져 있는 〈내 본시 한없이 약하고 허물많은 속된 인간일 따름〉이라는 생활과 〈백성〉의 세계였다. 애석한 것은 이러한 종합의 성공에 근접했을 무렵 갑자기 그의 시적 이력이 중단되었다는 것이다. 그것은 시인 김기림의 불행으로 그치지 않는다. 비평가 김기림을 위해서도 「시의 이해」 「문장론신강」의 문체적 성숙의 한복판에서 비평적 이력이 끝난다는 것은 다시 커다란 불행이었다. 사실 일제 한자어가 홍수처럼 쏟아져 나온 청년기의 비평문과 비교해 볼 때 「시의 이해」등이 보여준 단정하고 명쾌한 문체적 성숙은 탄복할 만한 것이었다. 그리고 그의 문학적 이력이 사실상 끝났을 때 그는 청년기를 갓 넘긴 42세의 장년이었다.

아무도 그에게 수심(水深)을 일러준 일이 없기에
흰 나비는 도무지 바다가 무섭지 않다.

청(靑)무우밭인가 해서 내려 갔다가는

어린 날개가 물결에 저러서
공주처럼 지쳐서 돌아온다.

삼월 바다가 꽃이 피지 않아서 서거푼
나비 허리에 새파란 초생달이 시리다.

——「바다와 나비」

　거창한 바다와 가녀린 나비의 대비가 인상적인 이 작품에서 김종철은
이른바 선진문화의 엄청난 유혹 때문에 자기 문화의 원천에 대한 인식을
간과한 김기림 자신의 모습을 보고 있는데 공감이 가는 지적이라 할 것
이다.
　8·15 이전 우리가 가지고 있던 대표적 시인비평가 김기림에게 있어
시와 비평은 상호보족적인 동시 진행의 문학행위였다. 그의 비평은 그의
시 이해를 위해서 아주 불가결한 것이지만 동시대의 많은 시인들의 조명
을 위해서는 별 도움이 되지 않는다. 그리고 그의 비평정신은 자신의 시
작에 있어 엄격한 조정과 기율의 방편이 되지 못하였다. 그리고 시와 비
평 양편에서 근접했던 성숙은 우연히도 문학 이력의 중단과 일치해 버리
고 말았다. 그가 각별히 불행했던 것은 아니지만 많은 동시대인들에게
그렇듯이 문학적 행운과는 먼 길을 그는 가야 했다.

주요 참조문헌
김우창, 「한국시의 형이상」, 『궁핍한 시대의 시인』, 민음사, 1977.
김종철, 「30년대의 시인들」, 『시와 역사적 상상력』, 문학과 지성사, 1978.
송욱, 『시학평전』, 일조각, 1963.
T. S. Eliot, 'The Function of Criticism' in *Selected Essays*.

Ezra Pound, *ABC of Reading* (New Directions, New York, 1960).

René Wellek, 'The Term and Concept of Literary Criticism' in *Concepts of Criticism* (Yale University Press, New Haven, 1963).

——————, 'The Poet as Critic, The Critic as Poet, the Poet-Critic in *Discriminations : Further Concepts of Criticism* (Yale University Press, New Haven, 1970).

화자와 시점

　1951년 베니스 영화제의 최고상은 일본영화 「라쇼몽(羅生門)」으로 돌아갔다. 이 영화는 또 1952년 미국에서 아카데미상의 최우수 외국영화상을 받았다. 그때까지 별로 알려져 있지 않았던 감독 쿠로자와 아키라(黑澤明)는 세계적 명성을 얻게 되었다. 「라쇼몽」은 「7인의 사무라이」「산다」와 함께 일본영화의 걸작으로 평가되고 있으며 그 후 구미 여러나라에서 일본영화 호경기의 계기가 되어 주었다. 이른바 〈사무라이〉영화를 널리 알려지게 해주었을 뿐만 아니라 일본문학이 구미각국에서 각광을 받게 되는 계기가 되어 주기도 하였다. 1968년 일본 작가에게 노벨문학상이 수여된 것은 일본이 경제대국으로 부상했다는 사실과 무관할 수는 없다. 그러나 하이꾸(俳句)나 노오(能) 같은 전통 시가나 극, 선과 다도, 고전소설과 무사도 등의 문화적 품목이 영화와 함께 일본 근대문학 수용의 분위기를 조성해 주었다고 할 수 있다. 노벨문학상 수여는 일본문학이라기보다도 넓게는 일본문화에 대한 서구의 경의 토로의 의식이었다고 말할 수 있을 것이다. 「라쇼몽」이 처음에 일본 작가의 한 장편소설을 기초로 하고 있다고 잘못 전해졌었다는 사실, 아쿠다카와(芥川)의 영역(英譯) 단편집 『라쇼몽 기타(其他)』가 1952년에 뉴욕의 한 출판사에서 처음으로 간행되었다는 사실, 또 1956년 싸이덴스티커의 「설국(雪國)」영역을 비롯해서 1950년대 후반부터 일본 현대소설의 영어번역이 많이 나왔다는 사실 등은 일본 영화의 구미시장 석권이 일본문학 수용의 직접적인 계기가 되었음을 확인시켜 주고 있다. 그리고 이러한 문화의 구미시장 진출이 그 배후에 한국전쟁이 몰고 온 특수 경기에 힘입은 바가 많다는 것도 재확인시켜 주고 있다.

베니스 영화제에의 출품 초대를 받았을 때 제작회사 자체도 출품을 꺼렸었다는 상영시간 88분짜리 흑백영화인 「라쇼몽」이 처음 일본에서 개봉된 것은 1950년 8월이었고 뉴욕 개봉시일은 이듬해 12월이었다. 널리 알려진 대로 이 영화는 일본의 단편작가 아쿠다카와 류노스케(그는 한편의 중편 이외에는 단편만을 썼다. 따라서 장편 소설 작가를 뜻하는 novelist가 아니라 어디까지나 단편작가이다)의 두 단편을 기초로 해서 감독 쿠로자와 아키라가 한 협력자와 공동으로 집필한 시나리오에 의존하고 있다. 「라쇼몽」「수풀 속」이 문제의 단편인데 영화 표제로 채택되고 있는 전자보다 「수풀 속」이 주요한 뼈대를 제공해 주고 있으며 전자는 도입부와 종결부의 배경을 제공해주고 있을 뿐이다. 「수풀 속」의 모티브가 그대로 영화화되어 있지만 시나리오에는 원작과 관계없이 추가된 부분이 있고 따라서 충실한 각색이라고 하기는 어렵다. 우리는 이 영화에서 읽어낼 수 있을 시점의 문제를 검토하기 위해서 우선 그 기초가 되어 준 두 단편을 살펴보기로 한다.

진실에 도달할 수 있는가

「수풀 속」은 1922년에 발표된 단편이다. 한 도둑이 남편과 함께 길을 가던 여인에게 남편 면전에서 성적 폭행을 가한다. 숲속에서 일어난 일이다. 그런데 이어서 남편되는 위인이 죽고 여인은 도망을 갔고 도둑은 붙잡힌다. 먼저 시체의 발견자였던 나무꾼, 도둑을 잡은 순검, 여행중인

부부를 목격하였던 스님, 사위의 시체를 확인한 장모 등 네 사람의 간단한 진술이 전개되어 사건의 윤곽이 독자들에게 전달된다. 이 네 사람은 증인으로서 경찰 간부의 질문에 대답하고 있다. 이어서 작품의 중심인물인 도둑, 아내, 남편이 각각 모순되는 진술을 들려주고 있다. 시대는 12세기경으로 되어 있으며 남편은 사무라이다. 이 작품은 이렇게 네 사람의 증언과 사건 당사자 세 사람의 진술로만 구성되어 있고 지문이나 작가편의 논평 같은 것은 전혀 없다.

이 작품의 촛점은 사건 당사자 세 사람의 엇갈린 진술에 있다. 도둑은 폭행을 가한 후 그곳을 빠져나가려 했으나 여인 쪽에서 미친 듯이 매달리면서 〈두 남정네에게 수치를 보이는 것은 죽기보다 괴롭다. 둘 중의 하나가 죽어야 한다〉고 말했다고 진술한다. 〈살아남은 사람을 따르겠다〉는 여인의 말에 살의를 느꼈고 묶여 있는 남편을 해치는 것이 비겁하다고 생각되어 남편을 풀어 준 뒤 칼을 돌려주고 결투를 해서 23합(合) 째에 치명상을 가했으나 그 사이 여인은 도망쳐 버렸다는 것이다. 따라서 남편은 죽였으나 여인은 살해하지 않았으며 행방을 모른다는 것이다. 그는 극형을 내려달라면서 말을 맺는다.

한편 절간으로 도망간 아내가 참회하는 자초지종은 전혀 딴판이다. 도둑은 폭행을 끝낸 후 묶여 있는 남편을 바라보면서 비웃었다. 남편에게로 달려가려는데 도둑에게 걷어차였다. 그때 남편의 시선에서 자기를 비웃는 차가운 눈빛을 발견하였다. 섬찟해서 그 순간 정신을 잃었다. 정신을 차리고 보니 도둑은 보이지 않았다. 이제 남편과 함께 살기는 틀렸다 생각하고 죽을 작정을 하였다. 그러나 남편도 자신의 봉변을 목격했으니 혼자 남겨 둘 수 없다고 생각하고 함께 죽어 달라고 하였다. 남편의 입에는 낙엽이 잔뜩 물려 있어 소리는 나지 않았지만 〈죽여라〉고 말했음을 알고 단도로 남편의 가슴을 찔렀다. 그때 다시 정신을 잃었다가 차려 보니 묶인 채 남편은 숨져 있었다. 새끼줄을 풀고 그 자리를 떴다. 목을 찌르기도 하고 연못에 몸을 던져 보기도 했지만 죽지를 못하고 말았으니 관세음보살조차 자기를 버린 게 아니냐며 어떻게 하면 좋으냐고 그녀는 흐느껴 우는 것이다.

　마지막으로 죽은 남편의 혼령이 무당의 입을 통해서 자초지종을 얘기한다. 도둑은 아내를 범한 후에 위로의 말을 하기 시작한다. 이렇게 된 이상 남편과는 원만한 사이를 유지하지 못할 터이니 자기 아내가 되어 달라고 유혹하였다. 이때 아내는 황홀한 듯이 고개를 쳐들었다. 그때처럼 아내가 예뻐 보인 적은 없었다. 아내는 어디든지 데려가 달라고 하더니 〈저이를 죽여 주세요. 저이가 살아 있다면 함께 될 수가 없어요〉라고 덧붙이는 것이 아닌가. 도둑조차 이 말에는 기가 차서 아내를 걷어찼다. 도둑은 〈이 여자를 죽일까, 살려 둘까?〉라고 물어왔다. 이 말만으로도 도둑의 죄를 용서해 주고 싶었다. 자기가 망설이는 사이 아내는 숲속으로 도망쳐 버렸다. 도둑은 새끼줄을 한 군데 끊어 놓고 그곳을 떴다. 아내가 버리고 달아난 단도로 자기 가슴을 찔렀다. 얼마 후 누군가가 소리 죽인 발걸음으로 다가 오더니 가슴의 단도를 빼었고 자기 자신은 영원히 어둠속으로 잠겨 버렸다는 게 무당의 입을 통해서 남편의 혼령이 토로한 자초지종이다. 여느 경우와는 다르게 세 사람이 한 사람의 죽음을 두고 각기 자기가 살해자라고 엇갈리는 진술을 하는 것으로 작품은 끝나고 작자는 지문이나 논평 없이 일곱 사람의 진술만을 전해 주고 있는데 사건의 진상은 모호하다.

　영화의 표제가 되어 준 「라쇼몽」은 1915년에 발표된 짤막한 단편으로 작가의 첫 단편집의 표제가 되어 준 작품이다. 일본 국내에서의 성가가 높았던 편이다. 라쇼몽은 중세 일본의 서울이었던 경도(京都) 중심부의 거리 남쪽 끝에 있던 이를테면 저들의 남대문이다. 어느 해질녘에 한 하인이 남문 밑에서 비가 멈추기를 기다리고 있었다. 지진과 기근 같은 재앙이 연거푸 일어나던 흉흉한 시절이라 사람들이 시체를 이곳에 마구 버리기가 일쑤였다. 비는 그칠 것 같지도 않고 으슬으슬해 와서 하룻밤 쉬어갈까 하고 사나이는 층계를 올라 다락 쪽으로 올랐다. 한 노파가 시체에서 머리카락을 뽑고 있다. 처음엔 두려움을 나중엔 증오를 느꼈다. 웬일이냐고 다그치는 소리에 가발을 만들기 위해서라고 노파는 대답하였

다. 더듬거리는 말투로 노파는 시체의 머리칼을 뽑는 것은 고약한 일이
지만 여기 굴러 있는 시체들은 그만 정도의 일은 당해도 싼 위인들뿐이
라고 말하였다. 금방 머리카락을 뽑았던 시체의 주인공도 뱀고기 말린
것을 생선 말린 것이라고 속여 팔던 여인이었으니 굶어죽지 않으려고 하
는 이 짓을 그녀도 이해해 줄 것이라고 덧붙였다. 틀림없느냐고 비웃듯
이 반문한 사내는 나도 이러지 않으면 굶어죽을 처지라며 노파의 옷을
벗겼다. 자기 다리를 붙잡으려는 노파를 시체 위로 걷어차고 나서 사내
는 벗겨 빼앗은 노랑색 옷을 겨드랑이에 끼고 층계를 내려갔다.

위의 두 단편은 모두 「곤쟈구 모노가다리(今昔物語)」라는 옛얘기 모음
책에 나오는 얘기를 자유롭게 변형시켰다고 알려져 있다. 그리고 여담이
지만 우리 문학에서도 김남천의 「장날」이란 단편은 「수풀 속」의 의도적
인 모작으로 작자 자신이 작품 끝에서 그것을 밝히고 있다.

그런데 영화 「라쇼몽」에서는 이 두 단편을 혼합하여 「수풀 속」의 모티
브를 훼손함이 없이 한결 극단적으로 극화하고 있다. 우선 도입부터 반
은 무너져 나간 라쇼몽을 보여주면서 나무꾼과 스님이 비를 피하는 사이
사흘 전에 목격했던 끔찍한 사건을 낯모르는 제삼자인 평민에게 들려주
는 것으로 영화는 시작된다. 나무꾼의 시체 발견과 경찰에의 제보, 이어
서 경찰에서의 나무꾼, 스님, 순검의 증언에 이어 당사자 세 사람의 상
반된 진술이 전개된다. 원작에 있던 사자의 장모가 빠진 대신 단편 「라
쇼몽」에 나오는 하인이 낯모르는 평민으로 나와서 사건의 자초지종에 귀
를 기울이는 경청자 구실을 해서 관객이 사건에 접하는 계기를 마련해
주는 셈이 된다.

영화가 원작과 크게 다른 것은 아내가 버리고 달아난 단도로 자진했다
는 혼령의 말을 나무꾼이 정면으로 부인하고 있다는 점이다. 깊이 개입
되어 성가시게 될까봐 경찰에게는 숨겼지만 사자가 일본도로 살해되는
것을 목격했다고 예의 낯선 평민에게 말하는 것이다. 남편이 묶여 있는
사이 도둑이 여인에게 무엇인가 호소를 하고 있었다. 아내는 남편에게
달려가 새끼줄을 끊고 두 남정네 사이에 몸을 던졌다. 도둑이 칼을 뽑았

364

으나 〈말(馬) 잃는 게 훨씬 아깝다〉며 싸우기를 거절하였고 도둑은 그곳을 떠나려고 몸을 돌리고 따라오는 여인을 물리쳤다. 그러자 여인은 두 남자를 모두 공격하기 시작했다. 자기를 위해 싸울 엄두도 내지 못하는 처지이니 잃어버린 절개를 비웃을 자격이 없다고 남편에게 들이대었다. 그녀의 말에 자극되어 두 사람은 마지못해 싸움을 벌였으나 그것은 결투가 아니라 볼품없이 야단스러운 난투였다. 마침내 남편이 죽고 싶지 않다고 소리치면서 찔린다. 기진맥진하여 비틀거리면서 도둑이 여인에게 근접하지만 거의 황홀경에서 싸움구경을 하던 여인은 그를 물리치고 도망간다. 도둑은 일본도 두 개를 집어들고 그곳을 떴다는 것이 나무꾼의 얘기다.

종결부에는 원작에 없는 삽화가 추가되는데 그것은 노파의 옷을 벗기는 단편의 모티브를 변형한 채 채용한 것이다. 남문에서 비를 피하던 세 사람은 울음소리를 듣고 이어 한 구석에 버려진 갓난이를 발견한다. 먼저 달려간 낯선 평민이 갓난이를 싼 담요를 벗겨 들자 놀란 스님은 아기를 안아들고 나무꾼은 낯선 사람을 책망하면서 멱살을 잡는다. 낯선 사내는 아이를 버린 부모의 의무를 자기가 떠맡을 필요는 없다며 누구나 자기 방식으로 살아가지 않으면 안된다고 대꾸한다. 자기가 가져가지 않으면 누군가 담요를 집어 가게 마련이라면서 왜 마지막 얘기를 경찰에게 하지 않았는지 이유를 안다고 나무꾼에게 들이댄다. 손잡이에 보석이 박힌 단도를 채어갖지 않았느냐고 나무꾼을 면박하면서 낯선 사내는 담요를 가지고 빗속으로 사라져 간다. 스님과 나무꾼은 말없이 서 있다. 그러자 나무꾼은 자식이 여섯이니 하나 더 보탠다고 크게 달라지는 게 아니라며 갓난이를 받아 든다. 스님은 사람에 대한 믿음을 돌려 주어 고맙다고 인사를 하고 남문을 떠난다. 그 사이 하늘은 개이고 스님은 집으로 향하는 나무꾼을 지켜보는 것으로 끝난다. 〈라쇼몽〉이라는 남문의 현판을 크게 보여주는 것이 영화의 마지막 장면이다.

극적 방법

이 영화는 당초 일본 국내에서 별다른 평가를 받지 못하였다. 대사의 부적성, 원작과의 괴리, 단조로움 등의 이유로 실패작이라는 평가를 받았다. 따라서 베니스 영화제에서의 대상 수상은 큰 놀라움과 충격을 주었다. 구미인들의 이국취미 선호 탓이라는 게 첫 반응이었다. 외국영화에서 이국취미를 기대하는 것은 당연하지만 그것만 가지고는 이 영화가 계속적으로 불러일으킨 호응과 일본 문화의 호경기를 설명할 수는 없다. 주제상의 매력이 이국취향과 결합하여 큰 반향을 일으켰다고 보아야 할 것이다.

이 영화가 제기하는 문제의 하나는 본래의 단편 「라쇼몽」이 보여주고 있으며 영화에서는 갓난이의 담요 채어가기로 변형되어 나타나는 위기 속의 도덕성의 문제이다. 살기 위해서라면 어떠한 일도 허용되는 것인가 하는 윤리적인 의문이 소박하게 비치는 상황을 조성하고 나서 이기심의 끔찍한 모습이 드러나는 것이다. 그러나 그것은 부차적인 것이다. 이 영화의 핵심적인 주제는 「수풀 속」의 모티브인 진실의 모호성 나아가서는 현실 이해의 상대성의 인식에 관한 것이다.

성적 폭행과 죽음이라는 격렬한 사건 정황이 우선 관객을 긴장감으로 충전시켜 준다. 그리고 나서 자기살해까지 포함하여 살인자가 과연 누구인가 하는 의문이 강력히 제기된다. 〈누구 짓인가?〉하는 의문을 제기하고 나서 끈질긴 지연작전과 우여곡절 끝에 의외의 인물을 문제의 장본인으로 드러내 주는 것이 추리소설의 정석이다. 그러나 이 영화에서 끝내 장본인은 드러나지 않는다. 이러한 정석의 파기, 그리고 범행 부인이라는 작중인물들의 일반적 관행과는 달리 스스로 범인임을 주장하는 당사자들의 거동이 관객의 의표를 찌른다. 게다가 성적 폭행의 피해자가 가해자에게 보여주는 기묘한 추종 역시 관객의 의표를 찌르는 국면이다. 이 영화가 가진 호소력은 이렇게 다양하다. 그리고 끝내 해결되지 않는 수수께끼의 매력도 만만치는 않다. 관객이 영미법 흐름의 배심원 제도 아래에서 배심원으로 앉아 있다면 살인의 죄과를 누구에게 돌릴 것인가? 이러한 논리적이고 분석적인 추리의 요소가 서구인에게는 각별히 매력 있게 비쳤을 것이다.

누구나 아다시피 관찰자가 서 있는 위치에 따라 북한산의 모습은 달라 보이게 마련이다. 어떤 특정 지점에서 관찰한 북한산의 모습을 곧 북한산의 참모습이라고 고집할 때 그는 코끼리를 만지는 장님으로 취급될 것이다. 북한산과 같은 자연물의 관찰은 그러나 관찰자의 특정 이해관계에 의해서 좌지우지되지는 않는다. 그러나 관찰대상이 이해관계와 밀접히 연관되어 있는 사회현상인 경우 그 객관적인 파악이란 그만큼 어려워지게 마련이다. 이해관계가 침투되어 있는 시각은 관찰대상 혹은 이해대상의 성질과 제상(諸相)을 편리하게 바꾸어 놓는다. 아니 어떤 현상도 처음부터 벌거벗은 중성적 상태로 존재하지 않는다. 〈도덕적 현상이란 것은 없다. 현상의 도덕적 해석이 있을 뿐이다〉라고 니이체는 적고 있지만 현상은 해석을 통해서 비로소 현상으로 드러난다고 할 수도 있다.

현상이란 것은 이렇게 주관적으로 구성되는 것이라 할 수 있지만 그것이 심하여 주관적 왜곡을 야기하는 수도 있다. 그때의 왜곡은 무의식적인 것이고 흔히 얘기하는 자기기만이란 사실 무의식적인 것이다. 그러나 의도적인 기만도 물론 있는 법이다. 영화에서 혹은 원작에서 당사자 중 의도적인 거짓말을 하고 있는 이도 있을 것이다. 사실 세 사람의 당사자들은 체면이나 명예를 위해서 제가끔 의도적으로 거짓을 말하고 있다고도 할 수 있을 것이다. 그런가 하면 위기에 처했을 때 혹은 정신적인 충격을 받은 직후의 이상심리 상태에서 현실감각을 잃고 착각을 가질 수도 있는 일이다.

앞에서 현상의 해석성을 언급했지만 사실 우리의 현실이해가 구체적 세부의 낱낱의 검토를 기초로 해서 이루어지는 것도 아니다. 많은 부분이 상상력과 추리의 상호작용을 통해서 이루어지는 것이다. 따라서 진실의 발견은 그만큼 어려운 것이고 그 전모는 늘 유동적으로 도망치고 있는 것이라고 할 수도 있다. 원작이나 영화는 이러한 진실 포착의 어려움 아니 그 궁극적인 불가능성을 성적 폭행과 살인 (혹은 자살)이란 극한 행동의 사례를 통해서 분명하게 따라서 어느 정도 거칠게 보여주고 있다. 그리고 진실 포착의 가능성에 대한 회의적 태도가 2차대전이라는 지속적 충격과 그것을 뒤이은 격렬한 동서냉전의 소용돌이 속에서 어리둥절해진 구미의 지식인들에게 크게 호소했다는 사실은 자연스러운 일이었을 것이다. 게다가 작품을 소재로 하여 상상력과 추리를 통해 줄거리를 재구성한다는 일종의 창작과정에의 참여가 관중들에게 독특한 지적 만족을 주었으리라는 것도 충분히 이해할 수가 있다.

전지적 시점

원작 「수풀 속」에 있어서 작자는 언뜻 보아 초월적인 태도를 취하고 있다. 한 사람의 사자를 포함하여 7인의 진술을 들려줄 뿐 문제의 장본인에 관해선 해명은커녕 뚜렷한 단서조차 주지 않고 있다. 물론 7인의 진술의 면밀한 검토을 통해서 진실에 도달하려는 해석적 노력은 가능하나 그것이 다수자의 합의로 이어질 공산은 희박하다고 해야 한다. 작자는 〈사실은 스스로 말한다〉는 상식의 허를 찌르면서 불가지론적 표정을 짓고 있을 뿐인 것이다. 우리는 앞에서 원작이나 영화가 문학상의 관습이나 삶에서의 일반적인 관행에서 벗어남으로써 수용자의 허를 찌르고 있음을 검토하였다. 그러한 관습이나 관행에서 벗어나서 일변 그러한 관습을 냉소적으로 드러내고 있는 셈이다. 그러나 원작이 가장 도전적으로 의문을 제기하고 있는 것은 모든 것을 다 알고 있다는 투의 작가의 자부에 관해서일 것이다. 원작이 시사하고 있는 것은 따라서 이중적이다. 진실에 도달하는 것의 어려움을 밝히면서 아울러 모든 진실을 알고 있다는 투의 작품 제작에 있어서의 작가들의 일반적 관행에 의문을 제기하고 있는 것이다. 누가 살해자인가? 〈나도 모르겠다〉고 작가는 말한다. 그렇기 때문에 그는 이른바 전지적 시점에 하나의 의문부호를 달아 놓고 있는 셈이다.

시점이란 얘기가 서술되는 방식을 가리키는 기법상의 용어이다. 가령 무대에서 상연되는 연극은 특정한 시점을 가지고 있지 않은 것이 보통이다. 관중과 연극 줄거리 사이에는 아무도 개입되어 있지 않은 것이다. 그러나 우리가 희곡을 읽는다면 작중인물이 아닌 어떤 사람의 말 즉 연출상의 지시가 특정한 시점의 단초를 제공하고 있다. 마찬가지로 대화만으로 구성되어 있는 단편도 특별한 시점이 없는 셈이다. 그러나 〈그녀는 매정하게 쏘아붙였다〉라든가 〈징그럽게 웃으며 그가 말하였다〉와 같은 서술 지문이 나오면 특정 시점이 드러나기 시작하는 것이다. 즉 줄거리 밖의 목소리가 독자에게 다가와서 제시되고 있는 사건에 대한 독자의 태도를 형성하게 되는 것이다.

소설에서 가장 비근한 시점은 전지적 시점이다. 전지적 시점을 취하고 있는 소설에서는 모든 것을 다 알고 있는 작가가 독자들을 아주 쉽게 이곳저곳으로 안내하고 또 작중인물의 마음속을 자유롭게 들락날락한다. 작가가 모르는 것은 아무것도 없다. 시인 작가는 흔히 창조자라 불리우고 마치 신의 세계를 창조하듯이 작품세계를 창조한다는 투로 얘기되어 왔다. 우주를 창조한 신이 모든 것을 다 알고 있듯이 작가도 모든 것을 다 알고 있다는 투의 아날로지에 의존한 정의가 작가의 〈전지적 성격〉이다. 대개의 우리 고대 소설이나 「전쟁과 평화」「적과 흑」같은 근대 서양 소설이 이러한 전지적 시점으로 되어 있다. 가령 두 사람이 사랑에 빠져 있을 때 두 사람의 마음속에 일어나고 있는 복잡한 감정의 음영을 작가는 잘 알고 있으며 그것을 충실하게 전달하고 있는 셈으로 있다. 작품 자체가 작가의 창조이니 당연하다고 여길 수도 있다. 그러나 소설을 포함한 서사문학이 결국 세상 일을 다루고 있는 이상 어떻게 작자가 모든 사람들의 마음속까지 꿰뚫어볼 수 있느냐는 의문이 제기될 수 있다.

신화나 전설의 경우 모든 사건은 아주 옛적에 일어난다. 그리고 이때 전승(傳承) 자체가 화자의 권위를 보증해 주는 것이다. 옛날 얘기나 민담에 나오는 어떠한 허황된 사건도 그것은 전승이라는 특성에 의해서 도전받지 않게 된다. 호메로스의 고대 서사시의 경우 시신(詩神)에게 영감을 기원함으로써 시인은 상상력의 자유와 함께 전승의 범위를 벗어나는 사건에 대한 화자의 권위를 확보해 두는 것이다. 그리고 또 일인칭의 시점은 목격자가 보고 듣고 알고 있는 것만을 얘기함으로 해서 화자의 권위를 유지한다. 그런데 근대소설에 와서 문제는 착잡해진다. 19세기의 고전적 서구소설이 성취한 총체적 사회상의 제시는 어느 모로는 전지적 시점의 채택을 통해서 가능했다고도 할 수 있다. 그렇지 않다면 어떻게 현실의 다양성과 중층적 구성을 종횡무진으로 보여줄 수 있었을 것인가. 「젊은 베르테르의 괴로움」이나 「좁은 문」과 같이 편지나 고백체 즉 일인칭 시점의 변형을 통해서 들려주는 얘기는 몇몇 개인의 내면세계나 그 섬세한 교류의 전달에는 적합하지만 당대 사회의 객관적 묘사를 정공법으로 시도하는 허구적 야심에는 적합할 수 없다. 따라서 전지적 시점과 19세기의 고전적 사회소설의 성취 사이에는 간단하지 않은 필연성이 개재되어 있다고 할 수 있다. 그런데 작가가 어떻게 해서 이러한 모든 것을 알 수 있는가? 이것은 작가측의 회의라기보다는 독자측의 그것이라 할 수 있다.

  사실 시점의 문제는 작가와 독자에게 있어 같은 것은 아니다. 작가에게 있어 시점은 일차적으로 소재를 통제하고 거기에 형식을 부여하는 방법이다. 일단 시점이 정해지면 시점의 선택과 이에 적절한 언어 양상이 작중인물이나 사건의 제시에 영향을 끼치게 된다. 따라서 작가에게 있어 시점의 문제는 태반은 미적인 문제로 나타난다. 그러나 독자에게 있어 시점의 문제는 미적인 것이 아니고 지각의 방법의 문제인 것이다. 로 벗 스코울즈 같은 이가 강조한 바 있지만 소설의 시점은 작품 속의 모든 것에 대한 독자의 인상을 좌우한다. 우리는 눈으로 소설을 지각하지 않는다. 우리가 눈으로 보는 것은 책장 위에 인쇄된 글자일 뿐이다. 그럼에도 하나의 얘기는 보이는 것, 들리는 것, 냄새, 감정 등을 갖춘 하나의 전체로서 우리의 의식에 다가온다. 실생활에서와 같이 우리의 감각기

370

관을 거침이 없이 우리의 지각으로 다가오는 것이다. 의식 속에서의 이러한 지각 자료의 정돈은 감각기관이 아니라 우리의 의지에 의해서 조정된다. 소설 속의 애기는 작가가 부여한 형태를 취한다. 즉 작중인물과 사건이 여과되는 시점에 의해서 지배되는 형태를 취하는 것이다. 얘기의 시점은 이렇게 독자의 지각과 밀접히 연관되어 있기 때문에 단순한 미적인 문제로 처리할 수는 없다. 심리학에 관한 지식이 작자의 성격묘사 그리고 작중 인물에 대한 독자의 기대에 영향을 주는 것과 마찬가지로 우리가 무엇을 어떻게 지각하느냐에 관한 인식론적인 지식은 시점의 문제에 영향을 주게 마련인 것이다. 그리고 사실주의적 경향이 강렬한 작품에서일수록 이러한 인식론적 압력은 커진다고 말할 수 있다. 어떤 장르에서보다 현실묘사 성향이 강한 소설의 경우 그것은 각별하다.

그런데 르네상스 이후 서구의 근대정신은 형이상학, 윤리학, 인식론에 있어서 교조(敎條), 확실성, 고정성 그리고 모든 절대로부터의 이탈이 하나의 흐름을 형성하고 있다. 진선미의 개념 자체도 절대적인 것이라기보다 상대적인 것으로 포착하게 되었다. 광막한 우주에 대한 천문학적 비전, 자기 문화의 특수성을 돋보여 주는 인류학적 시야, 종교와 거기 연루되어 있는 인간 중심적 시각의 흔들림 등은 이러한 상대성의 감각을 배양해 왔다. 그리하여 한편으로 핵무기에 의한 자기 파괴능력의 보유와 또 한편으로 문명의 한복판에서 자생한 야만주의의 횡포를 동시에 경험한 세대들의 자신감 상실은 위에서 본 바와 같은 「라쇼몽」의 인식론적 회의주의에 크게 쏠리는 현상을 빚기도 한 것이다.

이와 같은 지적 배경을 염두에 둘 때 모든 것을 다 알고 있는 전지적 시점의 권위주의적인 일원론이 도전받게 되는 것은 당연한 추세라고도 말할 수 있다. 작가의 전지적인 시점이 도대체 어떻게 가능한가 하는 그 권위에의 도전은 적어도 독자편에서는 정당한 것이다. 그리고 현실지각의 이모저모를 성찰한 작가에게 있어서도 그것은 단순한 기법상의 문제가 아니라 중요한 인식론적 쟁점이라는 성격을 띠고 있다.

변형 시점의 의미

널리 인정되고 있듯이 많은 현대 소설이 전지적 시점을 경원하면서 새로운 시도를 하고 있다. 그러나 전지적 시점의 경원은 상대성 감각의 확산이 직접적인 계기가 된 것은 아니다. 작가편에서는 일차적으로 작품 안의 미적인 원리로서 시점의 문제에 접근해 간 것이다. 얘기에 초점을 부여하고 작중인물과 언어와 사건을 일관성 있게 조정하여 질서를 부여하려다는 미적 계기가 일차적인 충동이었다. 헨리 제임스의 옹호자인 라보크가 〈소설 기법에 있어서 가장 복잡한 문제 전부가 시점의 문제에 의해서 지배되고 있다〉고 적고 있는 것은 저간의 사정을 간결하게 밝혀 주고 있는 것이다.

전지적 시점에 회의적인 작가들이 추구했던 것은 작품으로부터의 작자의 잠적이었다. 작가와 작품의 관계는 신과 우주의 관계와 같아야 한다. 즉 우주 도처에 편재하면서 어디에서도 그 모습을 드러내지 않고 있는 신과 같아야 한다는 플로베르의 이상적 모형을 추구한 것이다. 그리하여 작중인물 중의 한 사람이 관찰한 대로 플롯을 전개하고 이 인물에 관해서만은 작가가 전지적 태도를 취하는 소설이 이상적인 시점으로 추장(推獎)되기도 하였다. 그러나 그것은 시점에 통일성을 부여한다는 이점을 제공하는 것이 사실이지만 그것이 곧 소설의 뛰어난 성취로 이어지는 것은 아니다. 사실 20세기 소설의 가장 큰 성과라고 알려져 있는 작품이 시점의 통일성이라는 국면에서 질서정연한 것은 아니다. 신고전주의의 삼일치가 셰익스피어의 풍요성 앞에서 무력해지는 것과 같다.

시점의 문제에서 흥미 있는 국면은 도리어 보통 일인칭 시점이라 하기도 하는 목격자 시점의 변형에서 찾을 수 있다. 소설문학에서 유서깊은 역사를 가지고 있으며 이른바 〈악한소설〉에서 그 모범을 찾을 수 있는 목격자의 시점은 신빙성 있는 부대상황 묘사를 가능하게 한다는 장점을 가지고 있다. 그러나 이러한 장점은 모든 것을 볼 수 없으며 자기 자신의 마음만을 알고 있다는 한계성 때문에 제한을 받고 있다. 목격자가 타인의 마음을 헤아릴 때 그것은 피상적인 추측 이상의 것이 될 수 없다. 따라서 그 한계를 받아들이지 않으면서 목격자 시점의 이점을 취하려는 작가의 노력은 끈질기게 계속되어 온 것이다.

가령 영문학 교실에서 널리 읽혀지고 있는 콘라드의 「어둠의 속」도 그러한 관점에서 접근할 수 있다. 목격자인 화자 말로우가 주요 작중 인물인 커어츠에 관해서 이야기한다. 말로우 자신이 커어츠의 모든 것에 관해서 알고 있는 것은 아니다. 말로우는 커어츠의 경험을 상상 속에서 나누어 가짐으로써 그를 이해하려고 시도한다. 화자인 말로우는 타인의 경험에 대한 상상적 참여를 통해서 깨닫는 바가 많다. 상상력이 중요한 구실을 하기 때문에 화제가 되어 있는 인물의 삶의 사실적 경험적 국면은 화자가 이해하는 국면에 종속하게 된다. 실제 일어난 일보다도 화자가 일어났다고 믿고 있는 것이 더욱 중요한 의미를 갖게 된다. 따라서 화제 대상이 된 작중인물보다도 화자 자신이 작품의 참주인공이라는 역설이 성립되는 것이다. 화자의 작중인물 이해가 작중인물 자신 못지않게 화자의 변모나 성숙을 잘 보여주고 있기 때문이다.

이러한 시점 활용의 변종을 우리는 첫머리 「수풀 속」에서와 같은 다양한 화자 활용의 방법에서 찾아볼 수 있다. 「수풀 속」에서는 사건 당사자의 엇갈린 진술을 연극에서처럼 보여주고 있을 뿐이다. 짤막한 단편이기 때문에 가능한 국면도 있다. 그러나 장편이란 긴 뼈대 속에 그것을 실천할 때 다수 화자의 채택은 결국 전기적(傳奇的)인 로만스로 귀결될 공산이 커진다. 한 화자가 증거라고 내세우는 것이 터무니없는 이설이 되고 보면 합리적 설명이 뒷전으로 물러서면서 낯선 현상이 전경으로 돋보이는 것이다.

이러한 목격자 시점의 변종으로 또 믿을 수 없는 화자의 도입이 있다. 이럴 경우 화자가 들려 주는 얘기 전체가 반어적 성격을 띠게 된다. 화자 자신이 잘 이해하지 못하는 것을 독자는 이해하려고 노력하게 마련이기 때문에 즐거운 추리라는 부담을 독자가 안고 있는 셈이다. 「수풀 속」

의 화자만 하더라도 어떻게 보면 믿을 수 없는 화자의 국면을 가지고 있다. 악명 높은 도둑, 남편 면전에서 폭행당한 여인의 신빙성이란 매우 의심쩍은 것이라 할 수 있기 때문이다. 믿을 수 없는 화자의 시점은 「걸리버 여행기」의 경우처럼 풍자문학에서 극히 효과적인 시점이라 할 수 있다. 그 반어적 성격이 풍부하기 때문이다. 믿을 수 없는 화자의 시점은 옛 서사문학에서는 찾아볼 수 없는 특징이다. 경험론적 태도가 지배하는 시대에 고유한 현상이기 때문이다.

이러한 목격자 시점의 다양한 변종들은 단단한 리얼리즘의 쇠약의 징후라고 할 수 있다. 많은 사람들의 동의를 얻고 있는 〈사실〉의 인정이 어려워져 가고 있는 시대, 공유 현실에 대한 합의가 허약해지는 상황의 소산이라고 말할 수도 있다. 그러나 이러한 시점의 변형들은 독자들로 하여금 작가와 함께 스스로 이야기 구성에 참여하는 계기를 마련해 주는 것이다. 말로우의 얘기를 들으면서 독자들은 그의 이야기에 수동적으로 말려 가는 것이 아니라 어느 정도까지 커어츠라는 인물을 스스로도 만들어내는 것이다. 화자가 다수로 설정되어 있는 작품의 경우는 더 말할 나위도 없다. 작가는 옛날과 같이 전지적 권위를 누리지 못하고 있다. 독자들을 창작과정에 참여케 함으로써 작가의 자리를 튼튼하게 하고 있다. 문학에 있어서도 권위주의적 일원론은 쇠퇴하고 문학독자 즉 소비자의 참여를 권유하는 협력관계가 증대하는 것인지도 모른다. 그러나 이야기 창작과정에의 독자의 참여는 일정 수준의 소양을 필요로 한다. 소설 문법과 기본 장치에 대한 소양을 필요로 하는 것이다. 그러한 관점에서 볼 때 〈시점(視點)〉이 제기하는 문제의 이해는 필수적이라고 할 수 있다. 일부의 주장처럼 시점의 문제에서 소설 기법의 모든 것이 나온다는 과장법을 경계하면서 말이다.

주요 참조문헌

Wayne C. Booth, *The Rhetoric of Fiction* (The University of Chicago Press, Chicago, 1961), ch. VIII.

Percy Lubbock, *Craft of Fiction* (Jonathan Cape, London, 1921).

Robert Scholes & Robert Kellogg, *The Nature of Narrative* (Oxford University Press, New York, 1966), ch. 7.

Robert Hughes ed., *Rashomon : A Film by Akira Kurosawa* (Grove Press, New York, 1969).

스타일 분리에서 혼합으로

　어린이들의 호기심을 자극하여 해답을 찾게 하는 만화에 숨겨진 그림 찾기와 미로 한복판에서 길 찾기가 있다. 어린이들의 사랑을 받는 이러한 만화는 인간이 처해질 수 있는 난경과 함께 그것을 넘어서는 능력의 개발이 필요하다는 것을 시사한다. 보물찾기 놀이에서 그 평행현상을 발견할 수 있는 숨겨진 그림찾기는 행운과 요행을 희구해 마지않는 인간의 탐욕을 시사하면서 한편으로 목적달성을 위한 수단으로서의 도구적 이성의 원형을 보여준다. 한편 미로 한복판에서 길 찾기는 장미가 뿌려진 탄탄대로가 아닌 삶의 난경과 그 속에 던져진 인간존재의 위기성을 시사한다. 미로의 혼란을 넘어선 출구를 찾는 것은 때로 사활이 걸려 있는 생명부지의 전략이 되기도 한다. 동화이건 만화이건 어린이를 위한 얘기나 그림이 은연중에 어른 세대의 세계이해를 보여주면서 동물적인 생존경쟁에 대처하는 전략의 예행연습이 되어 있는 것은 흥미있는 일이다. 자연 속에 알몸으로 던져진 원시인에게 가장 절실했던 능력의 하나는 숨어 있는 적으로부터의 자기보호, 이용가능한 자연 찾기, 그리고 우주적 침묵의 미로 한복판에서의 길 찾기 능력이었을 것이다. 오늘날에 있어서도 사람들은 숨어 있는 그림 찾기와 길 찾기 놀음을 계속하고 있다.

미로 한복판에 서 있는 사람을 압도하고 있는 것은 외부로부터 덮쳐오는 세계의 불가해성과 이에 따른 불안감이다. 불가해한 무질서를 적절하게 제어하여 그것을 이해가능한 구조로 파악할 수 있을 때까지 그의 불안은 계속될 것이다. 이때의 미로가 다름아닌 세계라고 할 때 길찾기의 만화는 복잡한 현상을 분절(分節)해서 그것을 질서지어 주고 그렇게 함으로써 상황을 이해하고 지배하는 인간노력의 비유적 축도라해도 잘못은 아니다. 이때 사람이 보거나 인지하는 것을 형성해 주는 것은 개념적 지식의 힘보다도 오히려 기대감의 힘이다. 궁극적으로 사람들은 보고 싶은 것을 주목하게 마련이기 때문이다.

이성의 확대

인류의 역사를 놓고서도 우리는 얽히고 설킨 복잡한 줄기에 질서를 주고 그것을 총괄하는 어떤 원리를 찾아내려는 유혹을 물리치지 못한다. 성인의 도(道)가 행해졌던 요순시대(堯舜時代)를 상정하고 이러한 요순시대의 이상사회로부터 멀어져 온 과정으로 역사를 파악하는 유교의 타락사관도 소박한 대로 그러한 원리를 찾아내려는 시도의 하나이다. 신이 우주를 창조하고 나서 자신의 계획을 실현해 가는 장엄한 극으로서 역사를 파악하는 기독교의 섭리사관도 보다 정교한 대로 그러한 시도의 사례이다. 여기서 역사는 뚜렷한 시작과 중간과 끝이 있으며 따라서 유한한 극이 되는 것이다. 현실의 복잡성과 중층성이 그 어느 때보다도 증대해 가는 현대에 있어서 역사를 꿰뚫고 있는 뼈대를 찾아내려는 충동은 어느 때보다 강렬하다.

널리 알려진 한 역사가는 이성의 확대라는 관점에서 현대사를 파악하려고 시도한다. 그에게 있어 역사라고 하는 것은 인간이 이성을 활용하여 자기 환경을 이해하려 하고 환경에 작용을 가해 온 기나긴 투쟁이며 특히 현대는 이러한 투쟁을 혁명적으로 넓혀 놓은 시기이다. 현대인이 이해하고 작용을 가하려고 하는 것은 비단 환경뿐이 아니다. 그러한 노력은 자기자신에게도 향해진다. 그리하여 이 사실은 이성에게도 역사에게도 새로운 차원을 더해 주었다. 따라서 현대인은 전례없이 자기를 의식하고 있으며 역사를 의식하고 있다. 이성의 확대를 구체적으로 열거하고 나서 그는 이성활용을 알게 된 사람들의 점차적 증가도 현대사회의 중요한 특징이라고 지적하고 있다. 그리고 지금껏 역사 밖에 있던 집단과 계급, 민족과 대륙이 역사 속으로 등장했다는 사실도 이성의 확대라는 뼈대속에서 파악하고 있다. 더욱더 많은 사람들이 사회적 정치적 의식을 갖게 되고 과거와 미래를 지닌 역사적 실체로서 자기 집단을 의식하고 완전히 역사 속으로 등장하게 되었을 때 현대의 역사가 시작되었다고 그는 힘주어 말한다.

현대의 인간이 이해하려 하고 작용을 가하는 것이 환경뿐이 아니고 인간자신이라고 하는 것은 새삼스러운 지적은 아니지만 이와 관련해서 가장 풍부한 자료를 제공해 주고 있는 것은 문학이라 할 수 있다. 인간의 자기이해가 얼마나 한정되어 있었는가 하는 것의 구체적인 사례를 우리는 고전고대의 문학작품에서 얼마든지 발견할 수 있다. 가령 호메로스의 『일리아스』는 트로이전쟁에 참가한 아킬레스와 아가멤논이 싸우는 장면에서 시작되지만 두 사람의 불화는 19권에 가서 끝이 난다. 아가멤논은 브리세이즈를 빼앗아갔던 일을 아킬레스에게 사과하고 나서 그 사단이 자기 탓이 아니었다고 말한다. 〈내 잘못이 아니었소. 내가 아킬레스의 여자를 빼앗아갔던 날 내 판단을 흐리게 한 것은 제우스와 운명의 여신과 어둠속을 걸어다니는 복수의 여신이었소. 내가 어떻게 할 수 있었단 말이오? 그럴 때 완전히 힘을 휘두르는 것은 제우스의 맏딸인 아테요. 그녀는 우리 모두를 눈멀게 하고, 땅에 발도 대지 않고 사람들의 머리 위로 이리 번쩍 저리 번쩍하면서 사람들을 타락시키고, 쓰러뜨리는 것이요. 제우스조차도 그녀 때문에 눈멀었던 적이 있소. 모든 인간과 모든 신위에 군림하는 제우스마저도.〉 아킬레스 편에서도 이러한 변명을 책임회피의 둔사로 받아들이지 않고 곧이곧대로 받아들인다. 그리하여 인간

은 얼마나 속절없이 제우스에 의해서 눈멀게 되는 것인가 하고 맞장구를
치고 있음을 보게 된다.

여기 나오는 아테는 재앙으로 이끄는 마음의 상태 즉 도덕적 맹목이거
나 자기통제를 하지 못하는 상태를 뜻했다가 나중에는 재난 일반을 가리
키게 되었다. 오늘날 우리가 무의식적 충동이라고 이해하고 있는 것이
호메로스에서는 초자연적인 힘이 외부에서 개입하는 것으로 설명되어 있
음을 알 수 있다. 즉 인간의 절제 잃은 격정적 행동은 모두 신들린 상태
로 파악되어 있는 것이다. 이러한 생각은 호메로스나 기원전 9세기의 그
리스에 특유한 현상이 아니고 세계 도처에서 조금씩 형태를 달리해서 발
견할 수 있었던 현상이었다. 호메로스 이후 거의 3천년의 세월이 흐른
뒤 인간행동의 무의식적 근원에 대한 합리적 설명이 있기까지 사람들은
엄청난 자기 몰이해를 안고 살았던 것이다. 인간행동의 무의식적 근원에
대한 이해가 자신을 제어하고 관장하는 능력의 증대를 뜻한다는 것은 본
래 정신분석의 어휘였던 〈의식화 Bewusstmachung〉가 거짓 의식의 신비
화를 무너뜨리고 실천에 필요한 의식을 준비한다는 뜻으로 통용되고 있
다는 사실에서도 엿볼 수 있다. 도구적 이성으로 떨어졌다는 유감이 있
기는 하나 환경을 이해하고 환경에 작용한 인간이성의 경탄할 만한 성취
를 알고 있는 우리들은 문학 속의 사례를 통해서 인간의 자기이해와 자
아관리 능력 또한 엄청나게 확대되었다는 사실을 아울러 확인하게 된다.
그리하여 현대의 역사를 이성의 확대라는 구심적 개념으로 파악하고 있
는 한 역사가의 역사이해에 공명하게 되는 것이다.

스타일 분리에서 혼합으로

가령 호메로스를 서구문학의 기점으로 잡을 때 서구문학의 역사는 대
략 3천년의 세월을 수용하고 있는 셈이 된다. 3천년에 걸친 서구문학의
역사를 포괄적으로 설명할 수 있는 구심적 개념이나 가설은 없을까? 복

합적이고 중층적인 현상을 대했을 때 흔히 그렇듯이 우리는 그러한 포괄적인 구심의 개념을 대하고 싶은 유혹을 물리칠 수가 없다. 냉정히 생각해 볼 때 이러한 소망이 황당하고 문제성 있는 욕심임은 분명해 보인다. 비록 그리스, 라틴의 고전 전통을 공유하고 있다 하더라도 근대 민족어로 씌어진 서구문학은 그 구성요소가 다양하고 복잡하다. 한 나라 문학 전통의 집약적 처리도 괴물스러운 추상으로 떨어지게 마련인데 서구문학의 흐름을 집약적으로 파악한다는 것은 불가능한 일로 비친다. 그렇지만 이러한 난점을 인정하고 조심스럽게 접근할 때 그 가능성을 전혀 배제할 수는 없다. 예컨대 역사에 있어서의 진보사관이나 타락사관과 같은 모형의 제시가 아주 불가능한 것은 아니다. 이러한 맥락에서 제일 먼저 떠오르는 것은 에리히 아우얼바하의 걸작 비평서인 『미메시스』이다.

〈서구문학에 있어서의 현실묘사〉란 부제가 달린 아우얼바하의 『미메시스』는 『오뒷세이아』와 성서의 대조적 고찰에서 시작하여 버지니아 울프의 소설까지를 다루고 있는 20개의 장(章)과 짤막한 종장(終章)으로 구성되어 있다. 그리스말, 라틴말, 프랑스말, 이탈리아말, 스페인말, 독일말, 영어 등 일곱 나라말로 된 원문을 분석하고 있으며 장르에 있어서도 서사시, 역사, 로만스, 극, 자서전, 회고록, 소설 등 거의 모든 분야를 망라하고 있다. 아우얼바하는 우선 첫머리에 검토 대상이 되는 원문을 제시하고 나서 문체의 세밀한 분석을 시도한다. 이때의 언어분석 방법은 검토대상의 차이에도 불구하고 대체로 일관성 있게 유지되어 있다. 문체의 분석과 논평을 보여주고 나서 그는 그 맥락을 이루고 있는 사회적 역사적 상황의 설명을 시도한다. 이 점에 있어서 그는 당장의 언어적 문맥에만 치중하고 사회역사적 맥락을 등한시한다는 비판에 대해서 취약한 신비평의 관행과 큰 거리를 두고 있다. 아우얼바하가 언어사용의 세목에 착안하여 그 속에 담긴 문학적 사회적 쟁점을 유념하면서 그것을 분석하는 솜씨는 경탄할 만하다. 그러한 솜씨는 특히 단테의 『신곡』을 위시한 시의 분석에서 용의 주도한 치밀함을 성취하고 있지만 우리에게 비교적 친숙한 근대작가의 작품을 다루는 경우에도 예외는 아니다.

가령 스탕달의 『적과 흑』을 검토함에 있어 그는 라몰후작댁에 고용인으로 가 있는 쥘리앙 쏘렐과 신학교 시절의 스승이었던 삐라르사제가 나누는 대화 장면을 선택하고 있다. 쥘리앙은 날마다 후작부인과 정찬을 함께하는 것이 따분하기 짝이 없다고 하소연한다. 〈선생님, 저의 처지에선 그것이 제일 고역입니다. 신학교에서도 그렇게 따분한 일은 없었어요. 라몰양까지도 가끔 하품을 하지요. 이 집 내객들의 상냥한 말씨에 익숙해져 있을 텐데도 말입니다. 저는 졸음이 와서 잠들어 버릴까봐 걱정이 돼요. 어디 주막집 같은 데서 40수짜리 싸구려 저녁을 사먹을 수 있도록 제발 허가를 얻어 주십시요.〉 이러한 대화를 엿들은 라몰양은 쥘리앙에게 경의를 느끼기 시작하고 그것은 이내 격정으로 발전해 간다. 정열적이고 비극적인 사랑의 얘기를 준비하기 위하여 마련된 중요한 장면이었다. 아우얼바하는 7월혁명 직전의 프랑스라고 하는 특정한 역사적 시대의 정치적 상황, 사회계층 형성, 경제상태에 대한 정확하고 상세한 지식이 이 장면의 이해를 위해서 필수적이라고 말한다. 그리고 누구나 느낌직한 권태감, 보바리부인이 토스트에서 느꼈고 1930년대의 이상(李箱)도 강렬하게 체험했던 그 권태감이 위의 장면에서 각별하고 독특한 의미를 가지고 있다며 그 사회적 상황과의 함수관계를 설명한다.

　이 귀족집의 식당이나 살롱을 지배하고 있는 권태조차도 예사 권태가 아니다. 그것은 그곳에 모여드는 사람들이 우연히도 답답한 사람이기 때문에 생긴 것이 아니다. 그들 중에는 매우 교양 있고 재치 있고 또 때로는 지체 높은 사람들도 끼어 있으며 집주인은 총명하고 상냥하다. 도리어 그들의 권태를 통해서 우리가 만나는 것도 왕정복고시대 특유의 정치적 사상적 상황이다. 17세기나 18세기의 살롱은 결코 권태롭지가 않았다. 그러나 갖가지 사건에 의해 퇴물이 된 지 오래인 상황들을 복구하려는 부르봉왕조의 허술한 기도는 관료나 지배계급 가운데의 구제도(舊制度) 추종자 사이에 순전히 인습적이고 제약 많고 갑갑하고 부자유스러운 분위기를 만들어내게 된다. 그리고 이런 분위기 속

에 휘말리게 된 사람들의 총명함이나 선의는 그 속에서 전혀 맥을 못
추게 된다. 이들 살롱에서는 누구에게나 흥미있는 당대의 정치적 종교
적 문제, 따라서 당대 문학이나 한 시대 전에 문학의 주제가 되어 있
던 문제에 관한 토론은 없었다. 그리고 토론되는 경우에도 양식 있고
재간 있는 사람들이 피하려는 거짓에 찬 공식적인 말로나 토론되는 것
이 고작이었다. (제18장 라몰후작댁)

위에서 우리는 따분한 권태감이라고 하는 누구나 경험함직한 사사로운
감정조차도 그것이 단순히 개인 감정의 수준이 아닌 사회적 차원을 가지
고 있음을 확인하게 된다. 이것은 문체나 형태의 배타적 분석에 골몰하
는 형식주의자들이 대체로 간과해 버리는 국면이기도 하다. 이어서 쥘리
앙의 말에 대한 삐라르사제의 불만스러운 반응이 쟝세니스트이며 벼락출
세한 그의 사회적 위치와 어떠한 함수관계에 있는가가 설명된다. 악(惡)
인 줄 번연히 알면서도 이 세상의 악에 군말 없이 따르는 것이 엄격한
쟝세니스트의 전형적인 태도라고 스탕달은 파악하고 있었기 때문이다.
문체의 언어분석과 함께 분석 및 설명의 대상이 되어 있는 언어와 문체
가 그 속에 조건지워져 있는 사회역사적 맥락의 치밀한 재구성을 성취하
는 아우얼바하는 궁극적으로 탁월한 문화사가(文化史家)의 모습으로 드러
난다. 그가 관심 있게 다룬 것은 결국 문학사적 연속성의 문제이기 때문
이다.
아우얼바하는 문학이 넓은 의미의 미메시스라는 관점에 서서 서구 문
학이 저마다의 시대에 보여준 현실묘사의 여러 국면을 검토한다. 그는
삶과 문학의 연속적 대응 관계에 대한 믿음을 잃지 않고 있으며 따라서
그의 책은 리얼리즘의 역사이자 리얼리즘 문학관에 기초한 실천비평이라
할 수가 있다. 그는 책의 어느 부분에서도 리얼리즘이 무엇이냐는 질문
을 발설하지도 않고 또 그 현학적인 정의를 시도하지도 않는다. 고전고
대 이후 유서 깊게 내려온 서구의 문학관에 기초하여 문학자의 창조와
당대의 스타일과 시대상황이 복잡한 상호작용 속에 어울려 있음을 보여

준다. 그리하여 19세기 프랑스에서 극치에 이른 근대 리얼리즘을 다음과
같이 규정한다.

한편으로 일상적 현실을 심각하고 진지하게 다룬다는 것, 사회적으
로 지체 낮은 넓은 인간집단이 문제성과 실존적 진실 속에서 보여지는
현실재현(묘사)의 대상이 된 것, 또 다른 한편으로 아무렇게나 골라잡
은 인물과 사건을 당대 역사의 일반적인 흐름, 유동적인 역사적 배경
속에 자리하게 하는 것, 이 두 가지가 내 생각으로는 근대 리얼리즘의
초석이 되는 것이다. 그래서 포괄적이고 유연한 소설 형식이 많은 요
소들로 이루어지는 현실묘사의 대표적 형식으로 부각된 것은 당연하
다. (제18장 라몰후작댁)

근대 리얼리즘에서 극치에 이르게 된 일상적 현실 속의 개인을 심각하
고 진지하게, 때로는 문제적이고 비극적으로 다루는 일은 오랫동안에 걸
친 발전과 변화 뒤에 온 것이다. 스탕달과 발자크가 그것을 실천했을 때
그들은 그때까지도 부분적으로 위세를 떨치고 있던 고전주의 이론과의
결별을 선언한 것이었다. 이 고전주의 이론을 아우얼바하는 스타일 분리
라고 부르고 있다. 가령 비극이 우리보다 나은 사람들의 영웅적 변전(變
轉)을 이에 걸맞는 숭고하고 격조 높은 언어와 스타일로 처리함에 반하
여 일상생활의 영역은 희극에 맡겨져 보통보다 못났거나 지체 낮은 사람
들을 속되고 낮은 문체로 그린다는 것이 스타일 분리의 개념이다. 그런
데 아우얼바하는 서구문학의 역사 특히 스타일의 역사를 스타일 분리에
서 스타일 혼합으로 이르는 과정으로 파악한다. 스타일 혼합의 가장 발
전된 형태가 앞서 살펴본 근대소설의 리얼리즘인 것이다. 〈스타일 분리
에서 혼합으로〉가 『미메시스』의 뼈대를 이루고 있는 줏대 되는 개념인
것은 사실이지만 그것은 그가 역대의 고전들을 검토하는 과정에서 발견
하고 확인한 것이지 시초부터 설정하고 들어간 작업가설은 아니었다. 유
럽문학에 있어서 인간사를 해석하는 여러가지 방법을 연구해 나감에 따

라 자기의 관심이 점차 정확해지고 촛점있는 것이 되어 감을 발견하였다
고 그는 종장에서 토로하고 있다. 스타일 분리에서 혼합으로의 지향은
서구문학을 관통하고 있는 현상으로서 서구문학의 역사를 얘기함에 있어
하나의 구심적인 개념이 될 수 있을 것이다.

걸맞음

아우얼바하가 말하는 스타일 분리의 규칙이라고 하는 것은 흔히 〈걸맞
음decorum〉이라고 알려져 있는 개념과 상통하는 것이다. 문학의 쟝르,
등장 인물과 행동, 문체와 대화 등이 서로 걸맞아야 한다는 것이다. 우
리는 그 기원을 이미 아리스토텔레스에서 볼 수 있다. 『시학』에는 〈희극
은 전술한 바와 같이 보통 이하의 악인의 모방이다〉(제5장), 〈비극은 보
통 이상의 인물의 모방이므로 우리는 우수한 초상화가의 수법을 모방하
지 않으면 안된다〉(제15장)는 등의 귀절이 보인다. 장르와 등장인물 사
이에 걸맞는 관계를 설정한 것이다. 〈전술한 바와 같이 서사시는 장대한
운율을 가지고 진지한 문제를 모방하는 한에 있어서 비극과 일치한다〉
(제5장)는 구절은 장르와 문체 및 주제 사이의 걸맞는 관계를 설정한 것
이다. 비극과 서사시에는 보통 이상의 상위(上位)신분 및 선인(善人)(이
때의 선인이라는 것은 단순히 도덕적인 의미에 국한된 것이 아니라 모든
점에 있어서 보통 이상의 훌륭한 인물을 뜻한다. 〈덕(德)〉을 뜻하는 그리
스말이 인간의 도덕적 품성에 관해서만 사용되지 않고 모든 사물이 그
고유한 기능을 훌륭하게 발휘하는 상태를 가리켰다는 것을 상기하는 것
은 유익할 것이다)이 등장하며 이들의 대화언어, 또 이들을 다루는 언어
와 문체는 숭고하고 격조 높아야 한다는 것이다. 한편 희극에는 보통 이
하의 인물이 등장하며 이들의 대화 또 이들을 다루는 언어나 문체는 속
되고 낮아야 한다는 것이다. 걸맞음의 이론은 그러니까 고전고대에 형성
된 것으로서 〈아이는 아이답게, 노인은 노인답게〉 그려야 한다고 말하고

있는 호라티우스, 또 웅변술에 관한 글을 남긴 바 있는 키케로의 보충설명을 얻어 르네상스와 신고전주의 시대에 큰 영향력을 발휘하였다. 특히 17세기 말과 18세기에는 걸맞음의 규범이 엄격하게 준수된 것으로 평가되고 있다. 걸맞음의 개념이 엄격하게 적용될 때 희극이 비극과 섞여서도 안되며 비극이나 서사시와 같은 진지하고 심각한 장르는 왕후장상(王侯將相)과 같은 상층계급의 인물만을 다루어야 하는 것으로 이해되었다.

셰익스피어는 흔히 삼일치(三一致)를 비롯해서 걸맞음과 같은 신고전주의의 금과옥조에 맹종하지 않는 극작가로 알려져 있다. 그리하여 신고전주의의 비평적 규칙을 경직하게 적용하는 비평가들에게는 경원의 대상이 되기도 하였다. 비극 속에 어릿광대를 집어넣기도 하고 희극에나 걸맞는 대사를 집어넣기도 하였다. 그렇지만 그가 완전히 걸맞음의 관습과 단절되어 있는 것은 아니다. 셰익스피어가 시극으로 남긴 전체 행수는 10만 5천 8백 행으로 계산되고 있다. 이중 74퍼센트가 운문으로 되어 있으며 나머지 26퍼센트가 산문으로 되어 있다. 하층신분의 등장 인물들이 산문으로 얘기함에 반해서 상위신분 등장인물들은 운문으로 말하고 있다. 또 상위신분 등장인물이라 할지라도 술에 취해 있을 때나 정신에 이상이 생겼을 경우에는 산문으로 말하고 있다. 이러한 사실은 셰익스피어도 걸맞음의 관습을 유연하게 채용하고 있음을 보여준다. 구체적인 사례를 들어 보더라도 희극인 「공허한 소동」에서 남녀간의 농담과 응수가 구어적인 산문으로 되어 있음에 반하여 낭만적인 삽화를 다룰 때는 항시 운문이 사용되고 있다. 한쌍의 남녀가 서로 사랑하고 있음을 깨닫게 되자 그들은 운문으로 대화를 나누는 것이다.

걸맞음의 관습이 신고전주의 시대에 있어서도 경직하게만 적용된 것은 아니었다. 그러나 신고전주의의 부자유스러운 관습과 이론에 반기를 든 낭만주의에 와서 걸맞음의 규칙은 여지없이 타격을 받게 된다. 〈여기 모은 시편 속에서 꾀해진 중요한 목적은 사건 및 상황을 평민의 생활에서 취하고 가능한 한 사람들이 실제로 쓰는 말로서만 서술하고 묘사하는 것이었다. 동시에 어떤 상상의 색채를 가해서 평범한 사물들이 비범하게 비치도록 하는 것이었다)고 워즈워드가 『서정담시집』의 재판 서문에 적었을 때 그는 시어(詩語)의 거짓된 세련에 대한 자신의 시적 반역이 의식적이고 의도적인 것임을 선포하였다. 사실 그가 『서정담시집』에서 실천한 것은 범상하고 낮고 하찮은 것에 위엄과 숭고함을 부여함으로써 시에 있어서의 전통적인 걸맞음을 부수어 버린 셈이었다. 그후 근대소설과 산문극의 번창은 걸맞음이 들어설 자리를 누진적으로 축소시켜 온 셈이 된다. 많은 사람들이 글을 쓸 때나 말할 때 계제에 맞는 말을 골라 쓰려는 경향에서 걸맞음의 이념이 겨우 그 명맥을 유지하고 있다고 말할 수 있을 것이다.

계급적 편견과 스타일 분리

르네상스와 신고전주의 시대에 와서 경직하게 적용된 스타일 분리의 규칙은 앞서 말했듯이 고전고대에서 비롯된 것이다. 고전고대의 사회적 철학적 가치관이 반영되어 있는 스타일 분리의 원리에 보이는 것은 경직된 계급적 인간파악이다. 왕후장상과 같은 상위신분의 삶은 그들의 실상에 걸맞게 격조 높은 언어와 문체로 진지하게 다룰 필요가 있으며 그렇지 않은 사람은 희극에나 걸맞는다는 생각이 귀족들의 계급적 편견을 반영하고 있음은 분명하다. 아리스토텔레스나 호라티우스와 같은 걸맞음의 이론가들이 출현하기 훨씬 이전에 낭송되고 기록된 호메로스에도 벌써 스타일 분리 현상이 발견되고 있다. 『오뒷세이아』에는 지배계급에 속하지 않는 인물이라고는 두 사람밖에 등장하지 않는다. 20년만에 돌아온 오뒷세우스를 흉터를 통해 알아보는 가정부 유레클레이아와 돼지를 기르는 유매이어스가 그들이다. 자유민으로 태어났으며 어릴 적에 유괴를 당해서 그렇지 사실은 귀족출신임을 알고 있는 유매이어스도 또 노예로 팔려온 유레클레이아도 자기자신의 삶이나 감정을 가지고 있지 못하다. 그들은 전적으로 주인집 사람들의 삶 속에 휘말려서 주인의 삶과 감정을 분담하고 있을 뿐이다.

『일리아스』에서도 평민이나 병졸은 문학적 대우를 받지 못하고 있다. 그리고 아주 드물게 상세한 묘사의 대상이 될 때 그것은 부정적인 역할을 통해서이다. 『일리아스』 제2권에 나오는 테르시테스의 삽화는 그 좋은 사례이다. 트로이의 10년 전쟁이 9년이 지났을 때 승산이 없어 보이는 그리스 진영에서는 사기가 떨어진다. 돌파구를 찾으려고 아가멤논은 시험 삼아 전쟁종결과 귀국을 제의해 본다. 병정들 사이에서 동요가 생겨 웅성거리자 친위대장격으로 오뒷세우스가 나서서 〈모두가 왕이 될 수는 없다. 민주정치는 돼먹지 않은 것〉이라며 지도자를 모시자고 홍보한다. 이때 오뒷세우스의 말을 듣지 않고 의견을 개진하는 것이 병졸이요 평민인 테르시테스이다. 그는 모두 배를 타고 고향으로 돌아가자며 아가멤논에 대해 항의도 서슴지 않는다. 테르시테스는 이내 오뒷세우스에게 어깨와 등허리를 두들겨맞고 병정들의 갈채 속에 주저앉아 눈물을 흘린다. 호메로스는 그가 나라 안에서 가장 못생긴 추남이요 다리가 밖으로 굽은 주제에 절름발이, 가슴팍이 좁아서 어깨가 맞닿을 지경이요 머리카락이라고는 한줌도 안된다고 갖은 흉을 다 늘어놓고 나서 타고난 겁장이에다가 욕장이라고 매도한다. 오늘날의 관점에서 볼 때 용기 있고 양식 있는 비판자를 몰지각한 선동자, 비겁한 이적행위자, 명예훼손을 일삼는 뒤틀린 비방자로 극히 부정적으로 다루고 있는 것이다. 육체적인 추와 결함, 도덕적 저열성과 낮은 신분이 한데 어울려 테르시테스라는 불운한 작품인물을 구성해 놓고 있다. 그리하여 호메로스의 세계를 두고 아우얼바하는 이렇게 적고 있다.

물론 호메로스는 일상생활의 리얼리즘이 숭고한 것, 비극적인 것 속에 침투해 들어가도록 허용하는 것을 두려워하지 않는다. 흉터의 삽화도 그 한 보기이며 발을 씻어 주는 조용히 묘사된 일상적 가정적 장면이 어떻게 오뒷세우스의 귀향이라는 슬프고도 숭엄한 행위 속에 통합되었나를 우리는 보게 된다. 뒷날 거의 보편적으로 받아들여졌던 일상

생활의 사실적인 묘사는 숭고한 것과 양립할 수 없고 희극이나 세세하게 양식화된 목가 속에나 걸맞는 것이라고 규정한 스타일 분리의 규칙으로부터 호메로스는 아직도 상당히 동떨어져 있다. 그럼에도 구약과 비교해 본다면 호메로스는 스타일 분리의 규칙에 가까운 편이다. 호메로스시에 나오는 위대하고 숭고한 사건은 의심할 바 없이 오로지 지배계급의 구성원 사이에서만 일어나기 때문이다.

(제1장 오뒷세우스의 흉터)

스타일 분리의 규칙이 가장 완벽하게 파기된 것이 근대 리얼리즘에 와서라는 것은 앞서도 검토한 바 있지만 이때의 주도적인 장르인 소설이 애초부터 낮은 신분인 중산계급을 주된 등장인물로 설정했다는 것은 우연이 아니다. 무엇보다도 중산계급은 출생이 아니라 능력에 의해서 자기 정의를 시도하였기 때문이다.

스타일 혼합의 함축

스타일 분리의 관습이 고전주의 시대부터 시작하여 신고전주의, 특히 17세기 프랑스에서 그 극치를 보여주었다고는 하지만 예외적인 문학이 없었던 것은 아니다. 성서를 비롯한 기독교문학의 전통이 그것이다. 구약성서에 나오는 얘기 속에는 숭고한 것, 비극적인 것, 문제가 있는 것이 바로 일상적이고 평범한 것 속에서 형성된다. 또 구약에 나오는 인물들 예컨대 아담, 노아, 다윗, 욥 등은 모두 형편없이 타락할 수 있는 인물들이어서 영웅적인 고양의 순간에도 변화를 보이지 않는 호메로스의 인물들과 구별된다. 가정, 들판, 혹은 가축들 사이에서의 일상생활의 평화가 질투 때문에 파괴되고는 한다. 아우얼바하는 그것을 간결하게 지적한다.

여기서는 신의 숭고한 영향력이 너무나 깊숙히 일상적인 것 속에 뻗쳐 있기 때문에 숭고한 것과 일상적인 것의 두 영역은 사실상 분리되어 있지 않을 뿐 아니라 기본적으로 분리될 수가 없게 되어 있다.

(제1장 오뒷세우스의 흉터)

이러한 스타일혼합은 신약성서에서 보다 뚜렷하게 발견할 수 있다. 마가복음에 나오는 베드로의 부인(否認)장면도 좋은 사례가 되어 준다. 예수가 체포된 다음 안전거리를 두고 베드로는 예수를 데려가는 병정들을 쫓아간다. 그는 제사장의 저택 뜰에 들어가서 구경꾼을 가장하고 하인들 틈에 섞여 불 곁에 선다. 그때 하녀 하나가 베드로가 예수의 무리의 하나라고 말한다. 베드로는 그러한 지적을 세 번에 걸쳐 부인한다. 미천한 배경과 교육을 가진 갈릴리의 고기잡이인 베드로를 위시해서 등장인물은 모두 지체 낮은 사람이다. 따라서 장소나 등장인물의 면에서 사실적인 사건이지만 그것은 문제성과 비극으로 차 있는 사건이다. 스타일 분리는 채용되지 않고 있는 것이다.

복음서의 스타일 혼합은 예술적 의도 때문에 채용된 것이 아니고 유태교 기독교 문학의 성격에 내재하고 있는 것이다. 사실 기독교 교리의 핵심인 신의 예수로의 나타남과 수난(受難)의 교의는 스타일 분리의 규칙과 전혀 양립할 수 없는 것이다. 예수는 비천한 사회신분의 사람으로 이 세상에 왔고 그의 최초의 제자는 고기잡이나 직공들이었다. 또 창녀, 병자, 어린이, 가난한 사람들과 어울렸다. 왕중의 왕이면서 죄인으로 조롱받았고 매를 맞고 십자가에 못박혔다. 이러한 예수 수난의 감동적인 얘기는 스타일 분리의 미학을 일거에 물리치게 마련이다. 그리하여 일상생활을 홀대하지 않으며 감각적으로 사실적인 것, 추악하고 품위 없는 것, 육체적으로 저속한 것조차도 흡수하는 새로운 숭고 문체를 낳는다. 복음서에서의 스타일 혼합은 그러므로 예수의 삶과 수난의 당연한 귀결이기도 하다. 이러한 성서의 전통은 중세기 성자전(聖者傳)이나 기적극에 의해서 계승되다가 단테에서 그 정상적인 표현을 얻게 되는 것이다. 〈다른 어디에서도 두 전통 즉, 고대적 스타일의 분리와 기독교적 혼합의 전통의 대치가 단테의 강한 성품에서처럼 뚜렷해지는 사례를 찾아볼 수 없다. 그리하여 다른 어떤 곳에서도 스타일 혼합이 파괴에 가까와지는 예를 찾아볼 수 없다〉(제8장 파리나타와 카발칸테)고 아우얼바하는 적고 있다.

스타일 분리는 분명히 계급적 편견의 반영으로서 귀족적 세계관의 소산이지만 그러한 지적으로 그 문제가 탕진되는 것은 아니다. 그것은 삶을 하나의 통일성 안에서 포착하고 드러내려는 충동과 관련되어 있다. 전체적으로 볼 때 스타일 분리에서 스타일 혼합으로의 과정이 경직된 신분 사회 및 계급 사회로부터 보다 평등한 사회로의 이행이라고 하는 역사적 변화에 대응하는 현상인 것은 분명하다. 신고전주의의 걸맞음과 시어에 반발한 낭만주의가 적어도 그 초기에 있어서 중산계급의 자기해방 운동과 연결되어 있었다는 사실이 시사해 주듯이 평등주의적 인간관의 수용과 일상현실의 진지하고 심각한 처리는 불가분하게 얽혀 있다. 성서적 전통이라는 예외가 있기는 하였으나 서구문학에서의 스타일 분리에서 혼합이라는 과정은 한 역사가가 말하는 이성의 확대를 반영하는 문학적 평행현상이라고 말할 수 있다. 그러한 한에 있어 문학의 역사 또한 민주적 이상을 향한 지속적인 도상(途上)의 역사라고 말해도 좋을 것이다.

주요 참조문헌

에리히 아우얼바하, 『미메시스 : 서구문학에 나타난 현실묘사』, 김우창·유종호 옮김, 민음사, 1984.
E. H. 카아, 『역사란 무엇인가』, 길현모 옮김, 탐구당, 1966.

부록

젊은 문학독자를 위하여

1 무엇을 어떻게 읽을 것인가
—경험적 독서론

> 루스티쿠스에게서 나는 꼼꼼하게 읽고, 피상적
> 인 이해에 만족하지 않으며, 수다떠는 사람에게
> 성급하게 동의하지 않는 것을 배웠다.
> ——마르쿠스 아우렐리우스, 『명상록』 I 권

> 어떤 책은 맛보고 어떤 책은 삼키고 어떤 소수
> 의 책은 잘 씹어서 소화해야 한다. …… 독서는
> 충실한 사람을 만들고, 담화는 기지 있는 사람
> 을 만들고, 글쓰기는 정확한 사람을 만든다.
> ——프란시스 베이컨, 『수상록』 50

> 인류가 자연으로부터 선물로 받지 않고 인간의
> 정신으로부터 창조해 낸 수많은 세계 가운데서
> 가장 위대한 것은 책의 세계이다.
> ——헤르만 헤세, 『책의 마법』

우리들의 아득한 기억 속에서 문학 향수는 대체로 잊혀지지 않는 감동과 연결되어 있다. 또는 뒷날 좀처럼 다시 만나지지 않는 흥미진진함과 연관되어 있다. 기억하는 한 최초로 접해본 그림책 혹은 최초로 읽어본 동화책은 우리의 유년시절에 켜 있던 꺼지지 않는 마법의 등불이었다. 사람은 누구나 어린 시절을 황금 시절인 양 뒤돌아본다. 결코 축복받았다 할 수 없는 유년을 가졌던 사람들도 예외는 아니다. 멀리 떨어져 있는 것은 아름다워 보이는 법이다. 우리들의 유년이 돌이킬 길 없게 멀리 떨어져 있기 때문에 아름다워 보이는 것이기도 할 것이다. 시간은 지난

날의 권태와 공포와 고통을 잊게 하고 짤막했던 즐거움과 행복의 순간을
전경화(前景化) 시켜준다. 그러나 그것뿐만이 아닐 것이다. 모든 것이
새로운 경이와 불안스러운 기대로 다가오던 세계 상봉의 은은한 기억이
우리의 유년을 감싸고 있기 때문이기도 할 것이다. 최초로 접하였던 그
림책 그리고 최초로 읽은 동화책도 경이로운 세계 상봉의 하나였으며 그
것은 또 미지의 세계에 대한 가슴 설레는 약속이었다. 지금처럼 놀이나
노리개가 많지 못하였던 세월을 산 한 세대 앞 사람들에게 그것은 가장
중요한 세계 상봉의 계기였을 것이다. 책의 세계는 유년의 우리들 가슴
을 한결 조마조마하게 하고 숨결을 가쁘게 했으며 육체적인 감동과 정신
의 집중을 선사해 주었다. 그러한 한에서 책 세계는 현실보다도 더욱 현
실적이기까지 하였다. 교과서라는 반드시 즐거운 것만이 아닌 또 하나의
책 세계가 우리들 앞에 열려 있었다. 교과서의 세계가 그림책과 동화의
책이라는 마법의 세계를 얼마쯤 퇴색하게 한 경우도 있을 것이다. 그러
나 공부와 의무로부터 멀리 떨어진 마법의 세계를 더욱 매력 있게 한 것
도 사실일 것이다.

　문학 독서의 이상적인 상태는 책이라는 마법 세계에 빨려 들어갔던 유
년 체험을 재생하는 일이요 복원하는 일이다. 일상적 자아를 잊어버리게
하는 매혹의 집중, 주인공의 모험과 아슬아슬함과 낙담과 행복에 대한
전신적인 공명, 그리고 미지의 세계에 대한 가슴 설레는 동경과 호기심
을 다시 회복하는 일이다. 놀이에 열중해 있는 어린이의 일편단심을 성
년 전후한 청년들이 재생하기는 어려운 일이다. 그러나 그것은 독서의
이상적 상태로서 전범(典範)의 상기가 되어 주어야 할 것이다. 이러한
탐닉적 몰아적 독서만으로 독서 행위가 완결되는 것은 아니다. 그러나
아는 사람이 좋아하는 사람만 못하고 좋아하는 사람은 즐기는 사람만 못
하다는 공자의 말은 문학 독서의 경우에도 고스란히 해당된다. 흉내내기
보다는 훔치는 시인이 윗길이라고 말한 엘리어트는 시에 관해서 즐기지
않고는 이해할 수 없으며 이해하지 않고는 즐길 수 없다고 말한 바 있
다. 즐기는 것이 곧 이해하는 것이다. 그리고 참으로 즐길 수 있는 사람

이 비판도 할 수 있다. 비판적인 독서는 몰입적이며 탐닉적인 독서를 실천한 사람만이 수행할 수 있는 독서 기술일 것이다. 학문에 왕도가 없듯이 독서에도 획일적인 외줄기 왕도는 없다. 그것은 각자가 제가끔의 방식으로 발견하고 창조해 내야 할 것이다. 그렇지만 왕도에 이르는 조언이나 시사는 가능할 것이다.

즐길 수 있는 책부터

스스로 고전이란 이름에 값하는 책을 써낸 독서의 대가들이 한결같이 강조하는 것은 많이 읽고 꼼꼼히 읽으라는 것이다. 다독과 정독에 으레껏 곁들이는 충고는 또 정평 있는 고전을 읽으라는 것이다. 어느 것 하나 버릴 것 없는 경험과 지혜로 차 있는 금언임에 틀림이 없다. 그렇지만 이러한 원론은 대개의 일반론이 그렇듯이 지혜로운 독서를 지향하면서 출발점에 서 있는 젊은이에게 실천적인 지표가 되어주지 못한다는 흠이 있다. 구체적인 세목이 추가되어야 비로소 의미 있는 원론으로서의 기능을 발휘할 것이다.

고전의 중요성은 말하는 편이 새삼스럽게 들린다. 그러나 문학 고전을 읽는다고 대뜸 동양 쪽의 『시경』이나 서양 쪽의 호메로스로 들어가는 것은 현명한 일은 아니다. 어차피 번역을 통해서 읽을 터인데 번역된 시는 시 본래의 모습이 훼손된 채 뜻만을 전할 뿐이다. 따라서 그것을 즐기기는 어려울 것이고 왜 좋다는 것인지 모르겠다는 회의감이나 자기 감수성에 대한 공연한 열등감을 안게 되기가 십상이다. 또 수많은 군인과 신들이 등장하고 생소한 고유명사가 빈번히 나오는 『일리아스』에 곧 염증을 느끼게 되기도 십상이다. 단테의 『신곡』은 서양 쪽 고전 목록의 윗켠에 으레히 씌어 있는 작품이지만 우리 쪽에서 과연 몇 사람이나 읽었는지는 의문이다. 헤르만 헤세 같은 광범위한 독서의 대가도 『신곡』이 끊임없이 영향을 미치고 있으며 인류의 위대한 세기의 책이라 할 수 있는 몇 권의

책 가운데 하나라고 하면서도 이탈리아파 학자를 빼놓고는 소수의 사람
만이 진지하게 읽고 있다고 덧붙이고 있는 실정이다. 옛 고전은 시간의
풍화작용과 역사의 시련을 이겨낸 만큼 강렬한 보편적 호소력을 지니고
있다. 그러나 오늘의 독자들과는 시간적, 공간적으로 너무나 상거해 있
고 또 역대의 소수 문화적 선량들에 의해서 계승되어 온 만큼 소홀치 않
게 어려운 국면이 있다. 따라서 일정한 문학 경험 없이는 쉽게 접근하여
즐길 수 있는 것은 아니다. 좋은 번역이 드문 풍토에서는 더욱 그러하
다. 별다른 문학 경험 없이도 가령 소포클레스의 『오이푸스왕』을 읽고
깊은 충격과 딱부러지게 정의할 수 없는 외포감을 경험하는 것은 가능하
다. 다루어진 소재 자체가 존재의 깊이에서 독자의 정신을 뒤흔들며 압
도시킬 것이기 때문이다. 이 고전비극 중의 불후의 걸작이 지닌 충격의
힘은 그만큼 막강하다. 그러나 그 세세한 결과 과부족 없는 구성과 인간
의 이성적 이해를 초월하는 어떤 불가사의에 대한 전체적 파악은 소홀치
않은 문학 경험을 전제하고 있으며 반복적인 재독과 정독을 요구하는 것
이다.

　따라서 문학 독서의 첫걸음은 각자의 수준에 알맞는 정평 있는 작품으
로부터 출발하는 것이 좋을 것이다. 수준에 알맞는다는 것은 진정으로
즐길 수 있어서 책읽기가 몰아적 집중을 뜻하는 그러한 책을 말한다. 책
이 너무 쉬우면 이러한 몰아적 집중이나 향수가 불가능하다. 얼마쯤의
지적인 도전 없이 우리의 흥미는 지속적으로 유지되지 않을 것이다. 그
러나 너무 어렵거나 수준에 걸맞지 않으면 이내 염증이 생기고 그 다음
엔 재미없는 교과서 읽기처럼 고역으로 변하고 말 것이다. 따라서 자기
감수성에 정직하고 충실하게 마음놓고 즐길 수 있는 작가와 작품을 골라
잡아야 할 것이다.

　그러나 이것은 그리 쉬운 일이 아니다. 사람은 무리를 따르고 시속을
따른다. 소집단 속에서 가령 하품과 헛기침과 불안과 공포와 증오는 급
속하게 전염한다. 함께 사는 성년의 여성들 사이에서는 생리의 시기조차
전염하여 자연스러운 일치가 야기된다. 주위의 친구나 동년배들이 모두

<고전>의 가치를 칭송하며 감동을 토로할 때 그것을 물리치거나 못본 체하고 자기의 감수성 수준에 충실하련다는 것은 진정성의 고독한 용기를 필요로 한다. 사람은 지적 호기심이나 내면적 충동만으로 책을 읽지 않는다. 책을 읽는 것은 세계를 읽는 것이며 책의 이해는 세계 이해이기도 하다. 세계 이해의 충동 속에는 우리가 발을 디디고 서 있는 세계 속에서의 설 자리와 갈 길 모색의 욕구가 내재해 있다. 특히 젊은 날의 독서는 삶의 모색과 겹쳐 있으며 그러한 한에서 세계 속에서 더불어 살고 있는 타자에 대해서 완전히 냉담할 수는 없다. 그러므로 타자의 존재와 암시로부터 자유로울 수 없으며 그것은 책읽기라는 극히 개인적인 행위의 경우에도 예외는 아니다. 그렇지만 타자의 암시에 민감하게 반응하여 자기 수준에 맞지 않는 책과 씨름하면서 자기 부과적 중노동을 감수한다는 것은 갈데없는 자기기만이며 공허한 내면성의 무력한 고백에 지나지 않는다. 자기 기만의 지속적인 실천과 축적은 속물주의를 공고하게 내면화시켜 주기는 하지만 책읽기의 즐거움이란 행복 세목의 아까운 포기를 빚고 말 것이다. 어느 정도의 지적 허영과 자기 기만은 젊은이의 것이고 거기에서 완전히 자유로운 삶은 있을 수 없다. 그러나 자기 기만의 유혹에 대한 자각을 가지고 있다는 것은 그것을 극복하고 그 정도를 낮추는 데 필수적이다. 지적 유행에 대해서 어느 정도 거리를 유지할 필요가 있다. 군중 있는 곳에 허위가 있다는 것은 철인 키에르케고르의 통찰의 하나이기도 하다.

우리 문학부터

문학은 언어예술이다. 말에 대한 민감성은 시인 작가에게 요구되는 일차적인 자질이지만 바로 그렇기 때문에 역량 있는 문학 독자가 갖추어야 할 기본 능력의 하나이기도 하다. 말에 대한 민감성은 당연히 제1언어 혹은 모국어 속에서 길러지고 또 발휘된다. 학습과 훈련에 의해서 외국

어 속에서도 말에 대한 남다른 민감성을 발휘할 수는 있다. 그러나 그것
은 제1언어 속에서 발휘되는 언어 재능이 다시 외국어 속으로 이동해서
능력을 발휘하는 것에 지나지 않으며 제1언어가 어디까지나 본거지인
것이다. 몇개 언어가 동시에 제1언어가 되어 있는 희유한 개인이 있기
는 하다. 유럽 근대어 거의 모두에 통달해 있는 가령 비평가 조지 슈타
이너는 영·독·불 3개 국어에 정통하여 그것이 모두 제1언어로 기능
하고 있다. 거꾸로 말하면 제1언어가 따로 없는 것이다. 3개언어를 똑
같이 쉽게 말하고 읽고 쓸 수 있다. 3개국어로 속셈을 하는 시험에서도
정확성이나 속도에 차이가 나지 않았다. 꿈속에서도 3개 언어가 똑같은
밀도로 나타난다. 유일한 차이가 있다면 꿈속에 나오는 관용구가 낮에
사용하였던 언어로 되어 있다는 정도다. 그의 제1언어를 가려내기 위해
최면술 실험을 해보았지만 가려지지가 않았다. 최면술사가 구사하는 언
어로 그가 반응을 보였기 때문이다. 보통 사람들이 수십 년을 바쳐도 이
룰까 말까 하는 수개 언어의 동시 통달이란 그의 언어적 행운은 복잡한
유년과 언어 환경의 소산이었다. 프랑스 파리에서 출생한 그는 그곳과
뉴욕에서 성장하였고 출생지가 복잡한 동유럽계 유태인인 부모는 집안에
서 독일어를 사용하였던 것이다. 언어에 대한 통찰과 비교문학은 그의
운명이었다.

　이러한 예외적인 개인을 제외하고서 보통 독자들의 경우 제1언어를
통해 문학의 마법 세계로 들어가는 것이 너무나 당연하고 자연스러운 일
이다. 따라서 우리말로 된 문학작품부터 출발하는 것이 순서요 철칙이
다. 또 시대적으로 상거해 있는 지난날의 작품보다도 우리들의 삶이 투
영되어 있고 우리들이 안고 있는 문제적인 국면과 시대의 고민이 그대로
다루어진 우리의 근대문학에서 출발하는 것이 자연스러운 일일 것이다.
우리의 근대문학이 전범적이라는 것도 또 유례 없이 빼어난 성취를 보여
주어 있대서도 아니다. 언어예술인 문학에서는 당연히 모국어로 된 작품
에서 언어예술성을 감득하고 터득할 수 있기 때문이다.

　그 점 문학의 정수이며 언어예술성을 풍요하고 깊이 있게 보여주는 시

와 친숙해지는 것이 필요하다. 한 나라의 시에는 그 나라 언어의 특성과 이모저모가 가장 잘 드러나 있는 법이다. 대체로 문명이란 것은 투박하고 조야한 것으로부터 섬세하고 세련된 것으로 나가는 경향이 있다. 정치적으로는 폭력에서 설득으로 나아가는 과정으로 단순화해서 요약할 수 있지만 문화적으로는 모든 가치의 척도가 점차 세밀하게 세분화되어 가는 것을 볼 수 있다. 농경사회에 있어서 하루의 시각은 새벽, 아침, 점심때, 저녁, 밤으로 구분해서 큰 불편이나 지장이 없다. 근대 사회에서 그것은 분과 초로까지 세분화되지 않을 수가 없다. 미묘한 차이가 커다란 차이로 감득되고 파악되는 그만큼 문화는 진화된 상태에 있는 것이라 말하는 것도 가능하다. 가령 포유류 동물 세계에 성폭행이란 것은 있을 수가 없다. 그저 성 행위가 있을 뿐이다. 그러나 똑같은 행위가 인간 세계에서는 성폭행에서 사랑에 이르는 천차만별의 미묘한 차이로 기술될 수 있는 것이다. 헬레니즘은 인간을 언어동물로 정의하였지만 언어야말로 인간됨의 핵심이라 할 수 있다. 말이 곧 사람인 것이다. 말의 이모저모와 특징이 종횡무진으로 활용되어 있는 시는 곧 사람됨의 정수를 경제적으로 보여주고 있다고 할 수 있다. 사람이 생각하고 꿈꾼 모든 것, 인간의 의식과 무의식 전부가 거기 들어 있다고 해도 과언은 아니다. 인류의 적정한 연구 대상은 인간이라고 시인과 철인은 말했지만 시야말로 인간의 적정한 연구 대상이다. 동서의 인문주의와 지적 전통이 시를 숭상하고 교육한 것은 단순히 즐거움과 가르침을 위해서만이 아니다.

극시와 서사시의 전통으로부터 동떨어져 있는 우리 근대문학에서 시는 서정시를 가리키는 것이 보통이다. 서정시는 본래 짤막한 기악곡에 붙인 노랫말이 기원이다. 따라서 노래에 가장 가까운 문학 형식이다. 서구 쪽에서 서정시가 문학의 중요 장르로 부상한 것은 낭만주의 시대에 와서이다. 서정시는 대체로 짧기 때문에 언어의 경제적 처리가 특별히 요구된다. 최소한의 언어 단위를 사용해서 최대한의 효과를 내야 하기 때문이다. 그것은 두루 시에 해당되는 것이기는 하나 장시의 경우는 성질상 그런 것만도 아니다. 서정시는 압축, 생략, 비약, 암시 등을 동원하여 소재의 경제적 처리를 도모하기 때문에 특유의 밀도와 함께 독자로 하여금 의미의 이모저모를 검토하게 하는 모호성 혹은 다의성(多義性)을 띠우게 된다. 또 말뜻뿐만이 아니고 말소리 자체에도 독자의 주의를 당기면서 운율과 음률성을 지향한다. 그러므로 시에 친숙하여 뜻과 소리가 어울리는 말의 음악을 향수하는 것은 산문 문체를 음미하고 향유하는 데도 큰 도움이 된다.

서사문학의 일차적인 관심이 얘기임은 누가나 알고 있는 바 대로다. 얘기의 중심부에는 대개 갈등이 있게 마련이다. 사람과 사람 사이의 갈등, 사람과 환경과의 갈등 혹은 개인 내부의 상충되는 욕구의 갈등 등이 이를테면 얘기의 발단이며 그것이 어떻게 충돌하고 해결되느냐 하는 것을 얘기는 들려주는 것이다. 서사문학의 일차적인 관심이 얘기에 있다고 해서 그것으로 끝나는 것은 아니다. 서사시는 얘기를 갖고 있지만 어디까지나 운문으로 된 얘기이다. 근대의 대표적인 서사문학이자 어느 사이에 문학의 대명사처럼 되어버린 소설에서도 얘기와 줄거리는 중요 요소이다. 그러나 등장인물과 인물의 행동과 거기서 빚어지는 얘기와 묘사에 현실감을 부여하는 것은 궁극적으로 문체이다. 문체는 결코 수사적 장식이나 효과를 내기 위한 덧붙임이 아니다. 그것은 작가가 세계와 사물을 바라보는 방식이며 삶에 대한 작가의 태도이자 실감이다. 단순히 줄거리나 사건 전개와 귀결에 주의를 집중한다는 것은 서투르고 피상적인 소설 독법이다. 소재 처리의 방식, 묘사와 대화, 등장인물의 성격 묘사, 중요한 것은 빼놓지 않으며 중요하지 않은 것은 들여놓지 않는다는 세목 선택과 플롯, 그리고 문체의 세심한 음미를 통해서 소설의 이해는 원만해진다. 얘기꾼의 경우 입심이 설득력과 재미의 원천이 되어있듯이 소설의 재미와 설득력은 사실은 문체에서 온다. 자기의 문체를 가지고 있지 않은 작가는 온전한 작가가 아니다. 문체에 대한 안목은 사실상 시에 대한 안목과 같다. 필자의 관찰이 크게 틀리지 않는다면 시에 대한 적정한 안목을 가진 작가는 대개 독자적인 문체의 소유자이다. 이에 대해서 문체를 갖지 못한 사람들은 대체로 시에 대한 안목을 가지고 있지 못하다.

우리의 근대소설이나 단편 가운데서 기억할 만한 것들이 그 문체와 문장력에 의존하고 있다는 것은 강조해 두어도 좋다. 가령 교과서에 흔히 나오는 이효석의 「메밀꽃 필 무렵」, 김유정의 「봄·봄」, 이상의 「날개」 같은 30년대 단편에서 문체를 빼어버린다면 무엇이 남을 것인가? 서양 근대의 예술소설에 이르면 문체의 중요성은 더 두드러진다. 요컨대 문학의 언어예술성을 시와 문체롤 통해서 실감하고 체득하고 흡수하는 것은 제1언어 문학을 접하고 그것과 친숙해짐으로써 가능하며 온전한 것이 된다. 그러므로 근대의 우리 문학작품으로부터 시작하는 것은 중요하고 자연스럽다. 이것은 아무리 강조해도 지나치지 않는다. 번역된 외국시나 소설에서 출발함으로써 미로로 접어들고 문학의 예술성에 눈과 귀가 멀어지는 것은 흔히 목도되는 정경이다. 나의 문학 경험과 학교 경험은 그것이 거의 구제할 길 없는 참담한 것임을 실감시켜 주는 사례로 충만되어 있다.

구체적 대조

특수한 경우를 제외하고 젊은이들이 외국문학을 접하는 것은 번역을 통해서이다. 그러나 근대소설과 근대극을 제외한 외국 고전은 사실은 운문으로 되어 있다. 누누히 강조한 대로 운문과 시는 번역을 통해서 그 대부분이 훼손되고 증발해 버린다. 남는 것은 앙상한 의미의 잔해일 뿐이다. 언어예술이기를 그친 경우가 대부분이다. 이상적으로 말해서 좋은 번역시는 수용어로 된 시와 경쟁할 수 있어야 한다. 창작 이상의 재주와 솜씨가 요구되는 뛰어난 번역시가 아니면 수용어의 뛰어난 시편과 경쟁이 되지 않는다. 가령 고향을 그리워하거나 돌아온 고향에서 〈립 반 윙클〉이 되어버린 자신을 발견하는 귀향자의 감회는 어느 나라 시가에서나 되풀이 노래되는 원형적인 소재의 하나다. 외국의 어떠한 명시도 번역으로서는 가령 정지용의 「향수」나 「고향」과 경쟁할 수 없다. 우리나라 사

람에게는 정지용의 「향수」와 「고향」이 노스탤지어와 귀향자의 감회를 노
래한 세계 최고의 명시인 것이다. 구체적인 경험을 위해서 고독이 주제
가 되어 있는 우리 쪽의 백석(白石)과 윤동주(尹東柱), 그리고 서양 쪽의
릴케와 헤세의 작품을 읽어보기로 한다.

오늘 저녁 이 좁다란 방의 흰 바람벽에
어쩐지 쓸쓸한 것만이 오고 간다
이 흰 바람벽에
희미한 十五燭 전등이 지치운 불빛을 내어던지고
때글은 다 낡은 무명샤쓰가 어두운 그림자를 쉬이고
그리고 또 달디단 따끈한 감주나 한잔 먹고 싶다고 생각하는 내 가지가지 외
로운 생각이 헤매인다
그런데 이것은 또 어인 일인가
이 흰 바람벽에
내 가난한 늙은 어머니가 있다
내 가난한 늙은 어머니가
이렇게 시퍼러둥둥하니 추운 날인데 차디찬 물에 손을 담그고 무우며 배추를
씻고 있다
또 내 사랑하는 사람이 있다
내 사랑하는 어여쁜 사람이
어늬 먼 앞대 조용한 개포가의 나즈막한 집에서
그의 지아비와 마조 앉어 대구국을 끓여놓고 저녁을 먹는다
벌써 어린것도 생겨서 옆에 끼고 저녁을 먹는다
그런데 또 이즈막하여 어늬 사이엔가
이 흰 바람벽엔
내 쓸쓸한 얼골을 쳐다보며
이러한 글자들이 지나간다
　　——나는 이 세상에서 가난하고 외롭고 높고 쓸쓸하니 살어가도록 태어났다
　　　　그리고 이 세상을 살어가는데

내 가슴은 너무도 많이 뜨거운 것으로 호젓한 것으로 사랑으로 슬픔으
로 가득찬다
그리고 이번에는 나를 위로하는 듯이 나를 울력하는 듯이
눈질을 하며 주먹질을 하며 이런 글자들이 지나간다
─── 하늘이 이 세상을 내일 적에 그가 가장 귀해하고 사랑하는 것들은 모두
가난하고 외롭고 높고 쓸쓸하니 그리고 언제나 넘치는 사랑과 슬픔속에
살도록 만드신 것이다
초생달과 바구지꽃과 짝새와 당나귀가 그러하듯이
그리고 또 〈프랑시스 쨈〉과 陶淵明과 〈라이넬 마리아 릴케〉가 그러하
듯이

─── 백석, 「흰 바람벽이 있어」

산모퉁이를 돌아 논가 외딴 우물을 홀로 찾아가선 가만히 들여다봅니다.

우물속에는 달이 밝고 구름이 흐르고 하늘이 펼치고 파아란 바람이 불고 가
을이 있습니다.

그리고 한 사나이가 있습니다.
어쩐지 그 사나이가 미워져 돌아갑니다.

돌아가다 생각하니 그 사나이가 가엾어집니다.
도로 가 들여다보니 사나이는 그대로 있습니다.

다시 그 사나이가 미워져 돌아갑니다.
돌아가다 생각하니 그 사나이가 그리워집니다.

우물속에는 달이 밝고 구름이 흐르고 하늘이 펼치고 파아란 바람이 불고 가
을이 있고 追憶처럼 사나이가 있습니다.

─ 윤동주, 「自畫像」

I 무엇을 어떻게 읽을 것인가 **403**

엄밀한 의미의 운문과는 거리가 있다는 점에서 우리의 근대시는 대체로 산문시적 성격이 강하다. 그 점을 참작하더라도 위에 적은 두 편은 서슴없는 산문시라 할 수 있다. 외국시 번역과의 비교를 위해서 의도적으로 산문지향의 시를 골라본 것이다. 백석은 초기 작품에서 외국어나 진배 없을 정도의 지독한 서북방언을 통하여 독자적인 시적 모험을 감행하고 독보적인 경지를 개척하였다. 후기 작품에서는 그러나 방언 충동을 절제하면서 느낌을 술술 풀어가듯 대범해 보이는 호흡이 비교적 긴 산문시를 통해 사람살이의 근원적인 슬픔을 토로하고 있다. 무기교의 기교라고나 할 후기 몇몇 작품은 우리 근대시의 절창의 하나를 이루고 있는데 위에 적은 작품도 그 중의 한편이다. 화자는 흰 바람벽이 있는 방안에 혼자 앉아서 떠오르는 느낌과 생각을 술회한다. 그것을 직접화법이 아닌 일종의 간접화법으로 극화한 데 묘미가 있고 그렇게 함으로써 축축한 감상주의에서 벗어나 있다는 데 특장(特長)이 있다. 〈그리고 이번에는 나를 위로하는 듯이 나를 울력하는듯이 눈질을 하며 주먹질을 하며 이런 글자들이 지나간다〉는 대목에서는 섬뜩한 귀기(鬼氣)마저 감득케 한다. 「사슴」 시절의 시적 모험은 「흰 바람벽이 있어」 「남신의주 유동 박시봉 방」과 같은 절정에 이르는 도정의 우회적인 삽화에 지나지 않는다 해도 과언은 아니다. 대범해 보이는 이 작품이 사실은 무수한 시적 모험의 연마 끝에 도달한 최고의 순간을 울리고 있다는 것을 실감하지 못한다면 이 작품은 물론 초기 작품의 이해도 원만한 것은 못되는 것이다.

너무나 잘 알려진 윤동주의 「자화상」을 단순한 고독의 시라 할 수는 없다. 한 젊은 영혼의 자의식과 자기 애증이 투명한 언어 속에 극화되어 있는 순도 높은 서정시편이다. 그러나 달 있는 밤 논가 외딴 우물을 찾아가 제 모습을 들여다 보곤 하는 청년의 애증의 심리극은 고독의 소산이다. 자화상은 그대로 고독한 자의 초상이다. 미움, 가엾음, 그리움과 같은 기층어휘가 이렇게 풍요한 함의를 갖게 되는 경우는 흔하지 않다. 외롭다는 말을 한 번도 하지 않았기 때문에 화자의 고독은 더욱 돋보이

고 절실하게 감득된다. 스스로를 〈한 사나이〉로 객관화할 수 있는 서정
적 상황구조는 절묘하다. 이제 우리는 세계적 명성을 누리고 있는 시인
의 작품 번역을 읽어볼 차례다.

　　고독은 비와 같다.
　　고독은 바다에서 저녁을 향해 오른다.
　　고독은 아득히 외딴 평원에서
　　언제나 고독을 품고 있는 하늘로 향한다.
　　그러다 비로소 하늘에서 도시 위로 떨어져 내린다.

　　동틀 녘에 고독은 비가 되어 내린다.
　　모든 골목들이 아침을 향할 때,
　　아무것도 찾지 못한 몸뚱어리들이
　　실망과 슬픔에 서로를 놓아줄 때,
　　서로 미워하는 사람들이
　　한 침대에서 자야 할 때,

　　고독은 강물과 함께 흐른다……
　　　　　　　　　—— 라이너 마리아 릴케, 「고독」(김재혁 역)

　　안개 속을 걸어가는 것은 신기합니다.
　　숲마다 돌알마다 호젓합니다.
　　나무마다 다른 나무는 보이지 않습니다.

　　나의 생활이 밝았을 때는
　　이 세상은 친구들이 가뜩 찼었습니다.
　　이제 안개가 내리니
　　한 사람도 보이지 않습니다.

참으로 어둠을 모르는 사람은
현명하지 못합니다.
어둠은 자기를 어찌할 도리 없이
모든 것에서 가만히 떼어 놉니다.

안개 속을 걸어가는 것은 신기합니다.
인생은 고독합니다.
어느 누구도 다른 사람을 모릅니다.
모두가 호젓합니다.

—— 헤르만 헤세, 「안개 속을」(정경석 역)

릴케의 작품은 중기의 시집인 『형상시집』 제 1 권 제 2 부에 수록되어 있는 시다. 적적하고 쓸쓸한 느낌이 비로 비유되어 바다와 평원에서 하늘로 올라갔다가 다시 도시 위로 내리는 것으로 되어 있다. 고독이 비되어 내리는 도회의 뒷골목에서는 서로 환멸을 느낀 육체들이 떨어지기도 하고 피차 미워하면서 같은 잠자리에 들기도 한다. 이럴 때도 고독이 강물과 함께 계속 흐른다는 취지이다. 고독이나 쓸쓸함은 혼자 있을 때만 느껴지는 것은 아니다. 가장 가까워보이는 사람들 사이에서조차 고독은 더 절실해지기도 한다. 제 2 연은 서정시치고는 극히 리얼리스틱한 관찰을 담고 있으며 제 1 연의 대자연의 적막과 대조를 이루고 있다. 헤세의 작품에서는 자연의 모든 것이 단독자이고 고독하다. 삶은 사람이 보이지 않는 〈안개속〉으로 파악되고 있으며 어둠이 모든 것을 떼어놓는다. 삶은 고독한 것이며 사람은 피차 남남일 뿐이다. 사람도 만물도 모두 혼자이다. 이 사실의 수락이 지혜라고도 말한다.

번역시를 통해서 우리는 작품의 취지를 대충 파악한다. 그리고 작품 속에 드러난 상황을 상상하면서 취지에 동의하기도 한다. 그러나 작품 속 화자에 대한 짙은 공감 또는 감정이입에는 미지근해지는 자신을 발견한다. 백석이나 윤동주의 작품을 대할 때의 감정이입과 비교해 본다면 차이가 뚜렷하다. 백석의 흰 바람벽을 지나가는 글자나 윤동주의 우물 속에 있는 사나이에게 우리는 의표를 찔리면서도 자연스러운 상황을 발견한다. 그리고 그것이 화자에 대한 유보 없는 감정이입의 계기가 되어 주고 있다. 그러나 릴케의 고독과 비의 비유에 자연스러움을 느끼지 못한다. 또 헤세의 보다 친근한 비유에 무감하지는 않으나 깊은 감동을 받지는 못한다. 원시가 지니고 있는 울림과 미묘한 뉘앙스와 말의 음악의 태반이 증발되었기 때문일 것이다. 이것은 번역이 서투르게 되었다는 뜻이 결코 아니다. 원시에 충실하면서 무리 없이 격을 유지하고 있는 번역인 것은 틀림이 없다. 다만 시 번역은 이렇게 될 수밖에 없고 서정시 특유의 느낌의 진정성은 전달되지 않는다는 뜻이다. 백석과 윤동주의 시를 외국어로 번역해 놓아도 사정은 마찬가지다. 번역 속에서 그래도 읽을 만한 시는 쉽게 요약될 수 있는 어떤 단편적 생각을 토로한 경우이다.

> 내 방 벽에는 일본의
> 악귀(惡鬼) 탈이 걸려 있다.
> 노랑칠을 한 것이다.
> 고약하다는 것이 얼마나 힘드는 것인가를 보여주는
> 이마에 삐져나온 힘줄을
> 나는 알듯한 기분으로 바라다 본다.
>
> —— 베르톨트 브레히트, 「악의 탈」

인간이 저지르는 악은 때로 우리를 절망케 한다. 그러나 인간악도 사실은 어렵사리 이루어지는 것이며 그만큼 선이 인간의 본성이며 자연이라고 브레히트 시는 말한다. 그러한 생각에 공명하든 안하든 작품의 취지는 분명하며 그것만으로 충분한 문학적 경험이 된다. 필시 위의 작품은 번역을 통해서도 별반 잃은 것이 없으며 그러한 점에서 울림이나 시적 자력(磁力)은 약한 시라 해도 잘못은 아닐 것이다.

외국시의 성취도를 수평적 기계적으로 비교하는 것은 불가능하다. 다만 웬만한 외국시의 번역은 우리 쪽 시와 경쟁이 되지 않으며 번역시만 읽고 외국시를 평가한다는 것은 특히 서정시의 경우 만용에 근접하는 무모한 일이다. 릴케나 헤세라는 이름에 주눅이 들어서 번역 작품을 읽고 감동했다면 그것은 독자의 자유다. 그러나 그의 시적 감수성은 수상쩍은 것일 수밖에 없다.

그러면 번역시는 읽을 가치와 필요가 없는 것인가? 그렇지는 않다. 번역을 통해서 시의 취지와 대의는 파악될 수도 있다. 다만 그것은 원시가 가지고 있는 의미의 총체성에서부터 떨어져 나온 지극히 작은 부분에 지나지 않는다는 점을 유념해야 한다. 동시에 우리 시의 최고의 순간을 머릿속에서 재경험하면서 번역시도 원어에서는 그러한 최고의 순간을 누리고 있다는 것을 상상해 보는 것도 좋을 것이다. 따라서 우리 시를 통해서 독서경험을 쌓은 감수성만이 번역시를 제대로 읽을 수 있는 것이다.

독자들의 참고가 되도록 여기서 개인적 경험을 적어보려 한다. 필자는 중학 저학년때 『햄릿』을 번역으로 읽은 일이 있다. 역자는 『제신의 분노』와 같은 개성적인 시집을 낸 시인 설정식이었다. 당시로서는 활자도 크고 체재도 의젓한 신간본을 빌려 읽었다. 그러나 감동을 받기는커녕 뭐가 좋은지 도무지 알 수 없었다. 세계 최고의 걸작이라는 해설이나 세계 최고의 시인이라는 셰익스피어 소개에 고무되어 시작한 통독은 무너진 기대감과 자신에 대한 불안감으로 마감되었다. 정지용을 비롯한 한국 근대시의 애송자였고 감동리의 「황토기」를 좋아했던 당시의 필자는 세계에서 공인된 최고 걸작에 무감동했던 자신에게 격렬한 회의를 느꼈던 것이다. 찬찬히 재독하고 대충 줄거리는 알아차렸지만 훨씬 전에 읽은 모파상의 「감람나무밭」이나 토마스 하디의 「슬픈 기병」과 같은 단편집에서처럼 깊은 감동은 전혀 느낄 수 없었다. 굉장히 재미있다는 같은 또래 책주인의 단언은 자신에 대한 회의감을 절망감으로 바꾸어 주었다. 연천(年淺)한 인생경험이 『햄릿』의 향수를 불가능하게 한 국면도 있었을 것이다. 〈죽느냐 사느냐, 그것이 문제다〉의 유명한 독백 장면을 주의깊게 읽었지만 무감동이었던 것은 그와 무관하지 않았을 것이다. 그러나 근본적으로는 대의 위주의 번역이 원본과 엄청나게 다른 것이며 말의 음악이 소진된 것과 관련된 것일 터이다. 〈상처받은 사슴은 울러 가거라〉란 노래만은 묘하게 잊혀지지 않았던 기억이 있는데 아마 그 이미지에 끌렸던 것이 아닌가 한다. 유명한 독백 장면에 무감동하고 별로 대수롭지 않은 대목에 끌린 것도 불안감을 더해 주었지만 훨씬 뒷날 그 노래가 괜찮은 것이라는 확신감도 갖게 되었다. 개인적 경험을 얘기한 것은 비슷한 일을 겪고 불필요한 자학이나 자기회의에 빠질지도 모르는 독자들을 위로하기 위해서다. 대의만 전달된 시에서 감동을 느끼지 못하는 것이 도리어 자연스러운 반응인 것이다.

시에 비해서 산문소설 쪽은 번역을 통한 훼손도가 한결 적은 편이다. 그러나 이른바 예술소설 쪽으로 갈수록 그 문체가 시의 경우와 마찬가지로 전달하기 어렵다는 것은 앞에서도 주목한 바 있다. 우리나라 청소년 사이에서 일반적으로 널리 읽혀지고 있는 가령 펄벅의 『대지』, 마가렛 미첼의 『바람과 함께 사라지다』, 샬로트 브론테의 『제인에어』 등은 책에 대한 흥미를 일깨워준다는 점에서 읽을 만한 것들이긴 하다.

그러나 읽어가면서 문체가 주는 독특한 매력을 감득하게 되지는 않는다. 이런 작품을 계기로 해서 보다 밀도 있는 명작을 읽게 된다면 다행이지만 계속 이런 수준에 머물러 있다면 정작 읽을 만한 작품은 제쳐두는 셈이 된다. 비록 번역을 통해서라도 명작소설의 문체는 얼마쯤 전달되기 마련이고 거기 끌리게 된다면 파란 많은 줄거리 위주의 소설에는 곧 물리게 될 것이다. 문학 고전이 발휘하는 힘의 하나는 신통치 않은 대중소설을 멀리하도록 만들어준다는 점이다. 좋은 영화의 관람이 졸렬한 영화의 관람을 지루하고 답답하게 만들어주는 것과 같다. 어쨌든 우리 시를 통해서 말과 글에 대한 문리(文理)가 트이게 되면 명작과 대중소설의 차이도 한결 분명해질 것이다.

이것도 한 방법

이 세상에서 가치 있는 많은 것은 마음속에서 좋아하기 때문에 하는 일, 즉 사랑의 노동의 소산이다. 어떤 강제 아래서 부득이 하는 일도 놀라운 결실로 맺어지는 경우는 있다. 고대 왕조에서 건설한 웅장한 건축이나 사원은 그러한 사례가 된다. 또 마지못해 하는 일도 하다보면 재미도 나고 그리하여 사랑의 노동으로 변모할 수도 있다.

그러나 사랑의 노동에서 비로소 솜씨와 정성이 마음껏 발휘되는 것이다. 우리 사이에서 참으로 훌륭한 번역이 드문 것은 대개의 경우 필요에 몰려 수행된 아르바이트의 소산이기 때문이다. 작품에 감동하여 꼭 우리말로 옮겨놓고 싶다는 내적 욕구를 충족시키기 위하여 번역에 착수하는 일은 드물다. 필요에 몰린 졸속주의가 언어예술성이 희박한 번역 작품을 양산하고 있는 것이다. 또 넉넉치 못한 보수나 빈약한 어학력이 번역 작품의 열악성에 크게 기여한다. 요령부득의 단정하지 못한 번역 문장은 역자의 문장력에 관계되는 것이 사실이나 그보다는 외국어 실력이 견고하지 못하기 때문이다. 외국어를 제대로 이해한다면 졸렬하고 열악한 문장이 나올 수 없다. 적어도 번역 대상이 될 만한 작품이라면 그 원산지에서 특색 있고 뛰어난 문체로 되어 있다. 좋은 점을 제대로 파악한다면 그것이 치졸하고 열악한 우리말로 되어 나올 리가 없다. 외국어 실력은 착실하나 문장력이 빈약하다는 속설도 실상과는 거리과 먼 헛소리다. 번역자의 문장력은 외국어 실력과 전혀 동일한 수준인 것이다. (원문이 워낙 난해하고 그에 따라서 번역도 난해하다는 것과 단순히 열악하고 요령부득의 번역과는 구분되어야 한다) 요즘의 번역 수준이 대체로 한 세대 전보다 올라가 있다면 그것은 외국어 실력의 전반적인 향상과 관계되는 것이다.

열악하고 언어예술성이 희박한 번역서는 문학감수성에 부정적이고 파괴적인 영향을 끼치게 마련이다. 그러한 피해에서 벗어나기 위해서는 스스로 외국어에 통달하여 원전을 접하는 것이 최상의 방책이다. 그러나 그것은 그것대로 소홀치 않은 노력을 필요로 하며 장구한 시간이 소요된다. 우리나라에서는 영어가 제일외국어로 되어 있으며 소년기의 막대한 정력과 많은 시간을 영어 교습에 바치고 있다. 그것이 대체로 쓸모없이 되는 데 우리 교육의 실패가 선명하게 드러나 있지만 고교 3학년 정도의 실력만 제대로 갖추고 있으면 영어 번역을 통해서 웬만한 서양 쪽 고전을 모두 접할 수 있다. 이것은 추상적 이론적 차원의 얘기가 아니라 필자 자신의 경험을 토대로 얘기하는 것이다.

가령 영국에 콘스탄트 가네트부인이라는 러시아 문학의 번역가가 있었다. 톨스토이, 도스토예프스키, 투르게네프, 체홉 등의 거의 모든 작품을 번역하여 그것이 『에브리먼 라이브러리』나 『모던 라이브러리』 같은 영미의 문학총서에 수록되어 영어사용국민 사이에서 널리 읽혀 많은 러시아문학 애호자를 낳게 하였다. 요즘 와서는 그녀의 번역에 대한 비판이 많이 나오고 있다. 엄밀성에서 미흡한 점이 있고 또 유머러스하고 경쾌한 문장도 지나치게 심각하게 번역하는 등 적지 않은 오역이 발견된다는 것이다. 따라서 새로운 번역이 많이 나오고 있다. 그렇지만 그러한 오독이나 오해는 원전을 읽는 독자라도 으레껏 범하는 것이다. 중요한 것은 그녀의 번역을 통해서 몇 세대의 영미독자들이 19세기 러시아 소설과 친숙해지고 새 세계에 접근할 수 있었다는 점이다. 그 자체로서 번역문학의 소임을 능란하고 실속 있게 수행한 것이다.

필자는 대학 초년생일 때 가네트부인이 번역한 『카라마조프의 형제들』을 읽고 러시아소설에 매료되어 닥치는 대로 읽었다. 체홉과 투르게네프의 거의 모든 작품을 가네트 번역본으로 읽었다. 「연기」라는 슬라브주의자와 서구주의자의 대립을 다룬 투르게네프의 구석진 작품까지 찾아 읽었다. 그런데 가네트 번역본은 고3 정도의 영어실력만 있으면 아주 재미있게 읽을 수 있다. 영어 독서력을 기르는 데 있어서도 가네트 번역본은 안성맞춤이다. 우리 대학의 외국문학 교실에서는 너무 어려운 원전을 읽히는 폐습이 있다. 독서 경험은 물론 문학 경험도 많지 않은 학생들에게 가령 멜빌의 『모비 딕』을 대뜸 과하는 것은 일종의 교육 폭력이다. 저학년 학생에게 다 읽고 레포트를 써오라 하니까 부랴부랴 번역본으로 대충 훑어보고 이것저것 해설문을 짜깁기하여 거짓말 투성이의 〈기말논문〉을 날조하게 되는 것이다. 이래 가지고는 문학 읽기가 아니라 강제 노동이 되어버린다. 독해력도 늘지 않고 문학 감수성의 연마도 되지 않는다. 어려운 책을 정독하는 것은 지적 훈련으로나 정신 기율로나 반드시 실천해야 할 필수적인 요식이다. 그러나 쉽게 읽을 수 있는 책을 속독하는 습관을 들여놓지 않으면 독서 세계의 거북이로 전락하고 말 것이다. 소설 번역본은 원전보다 쉬워지게 마련이다. 따라서 톨스토이처럼 재미있고 유익한 거장의 작품을 영어 번역으로 다독하는 것은 영어 독해력 향상을 위해서도 이상적인 방식이다. 초보자의 경우엔 너무 길지 않은 작품부터 출발하는 것이 좋을 것이다. 위대한 작가와 접한다는 최상의 문학 경험을 곁들이니 일거양득이다. 또 재미를 만끽할 수 있기 때문에 책을 덮어버리기 아까울 것이다. (톨스토이의 모든 작품이 우선 재미있다. 교훈적인 인도주의 작가라는 풍문 때문에 고리타분한 설교거니 지레짐작하고 멀리하는 것은 개탄할 일이다. 재미와 가르침이 절묘하게 어울린 사례다. 따라서 도스토예프스키 같은 천재는 다시 나올 수 있지만 톨스토이 같은 천재는 나올 수 없을 것이라고 지적하는 학자나 비평가들이 많다) 앞엣 얘기는 개인적 경험에 바탕을 두고 있지만 조언 추종자의 공명과 동의도 받아낸 것이니 그 확실성은 보증할 수 있다.

독서 습관이 우리 쪽보다 일반화되어 있는 영어권의 번역문학이 수준 높은 것도 참작해야 할 것이다. 가령 프루스트의 「잃어버린 시절을 찾아서」 영역본은 원전보다 나으면 나았지 못하지 않다는 정평을 얻었었다. 또 우리 사이의 아르바이트 번역과는 처음부터 다른 경우가 많다. 학생들이 많이들 읽는 E.H. 카아의 「역사란 무엇인가」에서 비판받고 있기 때문에 알 만한 사람은 알고 있는 아이자이어 벌린은 서양 지성사의 대가이다. 영국에 귀화한 라트비아 출신의 이 유태인은 투르게네프의 「첫사랑」을 영역하였고 지금은 그것이 펭귄총서에 수록되어 있다. 자신의 제 I 언어로 된 문학작품을 생애의 대부분을 보낸 나라의 말로 번역했으니 이상적인 번역자라 할 수 있다. 또 우리말로도 번역된 「전체주의」란 책을 쓴 영국 정치학자 레오너드 샤필로는 투르게네프의 「봄철의 급류」(헤밍웨이의 「봄철의 급류」의 원형이다)를 번역하였고 이 역시 펭귄총서에 수록되어 있다. 모두 원작의 서정미와 향기를 간직한 명역이라는 평가를 받고 있다. 처녀작 「가난한 사람들」이 나오기 전에 나온 도스토예프스키의 처녀 출판이 발자크의 「위제니 그랑데」 번역이었다는 것은 알려진 일이지만 이들 모두의 경우 번역은 전문영역과 연관된 진지한 지적 노력이었다. 따라서 믿을 만한 번역인 것은 말할 것도 없다.

따라서 제1 외국어 연마와 문학경험을 동시에 성취할 수 있는 알맞은 수준의 번역서 찾아 읽기도 문학을 공부하는 젊은이들에겐 적극 권장되어 좋을 것이다. 서양쪽의 명작소설을 읽고 재미가 없다고 느끼는 것은 문체가 주는 언어예술성이 사라진 번역본에서 줄거리 위주의 재미만을 추구하기 때문이다. 비단 문학작품의 경우만이 아니다. 니이체, 프로이트를 위시한 철인이나 사상가들이 모두 뛰어난 문장가요 스타일리스트란 사실은 문체가 단순한 수사가 아니며 사물을 바라보는 시각이나 현실인식과 깊게 연결되어 있음을 다시 상기시켜 주는 것이다.

정독·반복적 독서·난폭 독서

즐기면서 배우는 몰입적 독서를 실천하다 보면 부지중에 자기 나름의 독서법이 개발되게 마련이다. 우리 나라의 四象의학에서는 체질에 따라서 처방이 달라진다고 말하는데 독서 기술도 취향과 성향에 따라 달라질 것이고 획일적으로 유효 적절한 방법이 있는 것은 아닐 것이다. 그러나 동서고금의 뛰어난 독서 大家들이 이구동성으로 거론하는 조언과 충고가 있는 것도 사실이다. 진리란 것이 대체로 가깝고 비근한 것이기 마련이지만 多讀과 정독을 빼놓은 사람은 없다 싶이 하다.

많이 읽는 것은 중요하다. 그러나 두루널리 읽는 것 못지 않게 중요한 것은 동일한 책의 반복적인 독서이다. 백번을 읽으면 책의 문리가 절로 트인다는 것은 옛 선비들이 숭상하고 실천했던 독서법이다. 눈빛으로 말미암아 책장에 구멍이 뚫렸다던가 책 표지가 너덜너덜하게 되었다던가 하는 것이 독서인에 대한 과장 섞인 칭송의 삽화였다. 책의 생산과 보급이 비할 데 없이 영세하였던 시대의 얘기이긴 하지만 반복적 독서의 유효성은 경험과 실험에 의해서 곧 증명될 것이다. 재독과 삼독을 통해서 첫번째 때 간과했던 부분이 부각되며 그 의미가 새로워짐을 발견하게 되는 것은 낯선 경험이 아닐 터이다. 반복적 독서 때마다 새로운 국면을 제시할 수 있는 잠재가능성을 풍요하게 내장하고 있는 책이야말로 진정한 의미에서의 고전일 것이다.

　반복적 독서는 책이 귀했던 옛사람들만의 독서법이 아니다. 『행복론』의 저자로 알려진 프랑스의 알랭은 철학 교사였다는 직업적 필요성과도 관련되겠지만 『파르므의 승원』 『적과 흑』 『골짜기의 백합』을 50회나 거푸 읽었다 한다. 대장편인 『전쟁과 평화』를 열번 이상 읽었고 플로벨의 『브바르와 뻬큐셰』를 스무번 읽었다 한다. 좋아하는 산문가로 디드로, 좋아하는 시인으로 셰익스피어, 아이스킬로스, 괴테를 들고 있는 마르크스는 해마다 아이스킬로스를 희랍어 원전으로 다시 읽고는 했다는 것이 그의 사위인 폴 라파르그의 『마르크스의 회상』에 나온다. 톨스토이는 75세의 노령에 셰익스피어를 문학적으로 부정하다 싶이하는 신랄한 평문을 썼는데 평소의 지론을 재확인 하기 위해 다시 전집을 통독했다고 말하고 있다. 50년 동안 자신을 시험하기 위해 러시아말, 영어, 또 독일어로 읽었고 잘된 번역이라는 쉴레겔의 독일어 역본으로 여러번 읽었지만 혹시나 하고 다시 통독했다는 것이다. 직업적 특성과 관계된 특수사례이기 때문에 일반화할 수는 없지만 책읽기의 길잡이가 되는 삽화라 할 수 있다.

　해석학에서 쓰는 말에 〈해석학적 순환〉이란 것이 있다. 우리가 어떤 것을 이해할 때 우리는 이미 알고 있는 것과 비교함으로써 이해한다. 우리가 이해하고 있는 것은 부분으로 이루어진 체계적인 단위속으로 형성되어 들어간다. 가령 하나의 문장은 하나의 단위이다. 우리는 개개 단어를 문장 전체와 연관시켜 봄으로써 이해한다. 한편 전체로서의 그 문장의 의미는 개개 단어들의 의미에 의존한다. 전체와 부분 사이의 변증법적 상호작용에 의해 전체는 부분에게, 또 부분은 전체에게 의미를 주게 마련이란 것이다. 따라서 이해란 순환적이다. 부분의 이해 없이 전체의 이해도 불가능하며 그 역도 진이다. 문학작품의 경우 해석학적 순환의 진실성은 더욱 현저해진다. 『오이디푸스왕』처럼 완벽한 구성을 갖춘 작품에서 불필요한 부분이나 세목은 찾아 볼 수 없다. 그런데 사소한 세목이 불가결의 요소라는 것은 전체를 알고 날 때 새삼 확인되는 것이다. 이해의 순환성을 이해할 때 반복적인 독서의 중요성은 다시 부각되는 것이다.

반복적 독서에 값하는 책은 정독에 값하는 책이기 때문에 정독과 반복적 독서는 결국엔 같은 것이 된다. 정독에 관해서도 시읽기는 좋은 모형이 되어 준다. 〈잘 빚은 항아리〉라고 어떤 비평가가 명명한 바 있는 명편의 시에서 글자 한자의 더함이나 빠짐, 낱말 하나하나의 위치 변경이나 대체는 커다란 차이를 빚어낸다. 시편이 살기도 하고 죽기도 한다. 한편의 시를 음미한다는 것은 낱말의 시행과 그 시행의 연결이 대체할 수 없는 필연의 고리로 연결되어 있음을 확인하고 그 필연성에 경탄하는 일이기도 하다. 집중과 압축과 비약과 대조와 비유 등 시의 모든 장치는 꼼꼼히 읽기를 요구한다. 시는 성질상 정독을 필요로 하기 때문에 정독을 습관화하는데 있어서도 반복적 독서를 위해서도 모형이 되어 주는 것이다. 앞서 누누히 주목해 본 시읽기의 중요성은 다시 보강 사안을 획득하는 셈이다.

정독은 일단 습관화되면 허술한 속독에 적응하지 못할 것이다. 그러나 정독에 값하는 책에 대한 선택적 안목의 획득은 많은 책의 독서 경험을 요구한다. 속독에 의존하지 않고서는 봇물 터져 나오듯 쏟아지는 책들을 감당하지 못할 것이다. 따라서 비록 졸속의 한이 있더라도 속독의 필요성은 커진다. 여기서 유의해야 할 것은 속독이 반드시 정독의 反概念이 아니라는 사실이다. 속독은 고도의 정신집중을 요구하며 따라서 자연히 정독의 성격을 띠게 마련이다. 다만 내용상으로 꼼꼼한 사고를 요구하는 데도 기계적인 고속에 의존할 경우 책읽기는 단순히 활자를 따라가는 눈운동으로 그칠 공산이 커지는 것이다. 외국어 학습의 경우 드러나게 마련이지만 잘 모르는 국지적 세목에 지나치게 구애받아 뒷걸음질쳐 다시 읽어 내려오는 일을 되풀이하면 속독에 악영향을 미치게 된다. 그러므로 정독은 속독에 의한 반복적 독서가 훨씬 효과적이다. 미진한 구석을 그냥 지나쳐 버리고 다시 책 첫머리부터 시작하거나 해당되는 章 첫머리부터 시작하는 반복적 독서는 독서법으로서는 권장할만한 것이다.

그러나 허술한 속독으로 잃는 것이 없다 싶이한 책도 허다하다. 이러한 책은 정독의 값하는 책을 판단하는데 매우 효과적인 기준이 될 수 있다. 라디게는 십대말에 읽을 만한 소설을 써내어 조숙한 천재라는 세평이 자자했던 프랑스의 작가인데 그는 소설 지망생에게 가끔 졸렬한 작품을 읽는 것이 좋다고 충고한 적이 있다. 조숙한 재사들에게 특유한 악동(惡童)의 반어적인 어조가 느껴지기도 하지만 졸렬한 작품에 염증을 내면서 바로 그 정반대되는 것을 구상하고 글쓰기를 실천하면 좋은 작품이 될 수 밖에 없다는 것이 그가 내세운 이유였다. 이르는 바 악서(惡書)라는 것은 이와 같이 반면교사의 기능을 수행할 수 있다. 중요한 것은 그러므로 독자가 주체적이고 선택적인 안목을 기르고 취득하는 일이다. 그러나 의미에서 허술한 속독이나 난폭 독서도 필요하며 그 나름의 유효성을 가지고 있는 것이다. 난폭 독서와 정독과 반복적 독서의 습관화 및 동시적 실천은 구극적으로 독자적 독서기술의 체득으로 귀결될 것이며 독자를 독자적 판단력을 갖춘 주체적 독자로 형성시켜 줄것이다. 다소 역설적으로 말하면 주체적 독자로 태어나는 것이야말로 독서의 목적이라 할 수 있다.

문학 독서의 경우 특정작가나 시인에 대한 선호도가 생겨나게 마련이다. 이럴 때는 선호에 따라 그 작가의 작품을 많이 읽어보는 것이 좋다. 가능하다면 작품 전체를 읽어 보는 것도 좋다. 외국의 대작가의 경우엔 어렵겠지만 상대적으로 작품량이 적은 국내작가의 경우엔 그리 어려운 일이 아니다. 한 작가의 변모나 성장과정을 지켜보는 것은 그 자체로도 흥미있는 일이다. 한 시인, 작가가 어떻게 변하며 그러는 한편 또 얼마나 동일성을 유지하고 있는가 하는 점이 드러나서 인간 연구로도 진진하다. 또 앞서도 주목한 부분의 이해 없이 전체를 이해할 수 없으며 전체를 이해하지 않고서 부분을 이해할 수 없다는 것을 다시 확인하게도 될 것이다.

이렇게 선호하는 시인 작가에 대한 집중적 탐구적 독서는 그러나 편향된 독서의 권장은 아니다. 편식이 건강에 좋지 않듯이 독서에서의 편식도 정신 건강에 좋은 것은 아니다. 편향적 독서는 비교와 대조의 한 항목을 지워버림으로써 건전하고 온전한 판단력 형성에 장애가 되기 십상이다.

취향이나 입맛이란 것은 사람마다 다르게 마련이다. 문학이나 예술의 경우에도 사정은 같다. 끝에 가서 독자를 놀라게 하는 의외 결말 흐름의 모파상 단편을 좋아할 수도 있고 플롯에 의한 의외 결말 같은 것은 염두에 없이 씌어진 체홉 단편을 더 좋아할 수도 있다. 그러나 어느 한쪽만 읽었으면 단편소설이란 장르에 대한 전반적인 이해는 가질 수가 없을 것이다. 얼마쯤 작위적인 의외 결말보다 삶의 실감이 더 진하게 배어있는 체홉 단편이 윗길이란 것은 양자의 대조적인 읽기를 통해서만 드러나는 것이다. 오스카 와일드의 재능이 잘 드러나는 재담의 보물창고처럼 보이는 그의 사교계 희극은 구성을 아랑곳하지 않은 듯이 보이면서도 사람살이의 기본적인 우스움과 슬픔이 드러나는 체홉의 희곡과 비교할 때 피상적이고 경박한 것임이 드러난다. 편향된 독서는 비교에 의한 판단을 불가능하게 하여 일찌감치 폐쇄된 자아를 형성하게 될 위험성이 많다.

한동안 우리 사회의 젊은 세대 사이에서는 광의의 지적 급진주의가 풍미하였다. 학생들의 써클 모임이 경쟁적으로 급진주의의 각종 이론을 흡수 수용하여 그 열기는 정규 학업에 쏟아야할 정력을 완전히 제압하는 듯한 양상마저 띠고 있었다 해도 과언이 아니다. 그리하여 과격하면 과격할수록 도덕적 정당성과 지적인 정통성을 구현하고 있다는 듯한 언설이 횡행하기도 하였다. 진지하고 사려깊은 사고보다도 구호적이고 획일적인 단순 사고가 위세를 떨쳤다. 이러한 상황이 조성된 것은 설득보다도 물리적 강제에 의존한 정치형태, 위기의 계속적인 호소를 통한 사회통제, 산업화에 따른 공장 노동자의 증가, 경제성장이 빚어낸 빈부차의 격화와 이에 따른 박탈감의 만연 등 제반 사회 정세가 복합적으로 작용한 탓이었다. 일반적 불신풍조는 기성적인 모든 것에 대한 적대적 부정적 시각을 전파하였다. 불행한 상황에 대한 하나의 반응으로 대두한 지적 급진주의에 대해서 일방적인 매도를 가할 수는 없는 것이며 그것은 일정한 사회적 역할을 수행한 측면도 있을 것이다. 그러나 급진주의는 일체의 지적 관용성을 원리적으로 배척함으로써 편향된 시각으로 일관하고 움직이는 세계에 대해 눈을 감음으로써 현실감각의 결여라는 대가를 치르지 않으면 안되었다.

그러한 추세의 부작용으로 젊은이들 사이에서도 편향된 독서가 유행하여 편식 현상이 두드러졌다. 서양 고전과 이른바 정전(正典)에 대한 이데올로기 폭로의 이론이 유행하여 고전이나 정전 자체를 송두리째 무시하는 풍조마저 생기게 되었다. 문과 학생이나 문학도 사이에서도 특정 지적계보의 이론서는 탐독하나 정작 문학작품 자체는 도외시하게 되었다. 문학작품도 특정 유형의 것만을 문학으로 간주하는 기풍이 농후하였다.

이러한 편향성은 반드시 급진주의에 내재하는 것은 아니다. 고전 마르크스주의자들이 인문주의 전통을 딛고 섰다는 것을 상기하는 것만으로도 충분하다. 마르크스나 엥겔스의 문학숭상과 애호는 널리 알려져 있다. 이러한 맥락에서 예전에 본 독일영화의 한 장면은 극히 인상적이었다. 로자 룩셈부르그의 생애를 아주 충실하게 다룬 이 영화는 일차대전 휴전 후 〈붉은 로자〉가 군경에게 피살된 후 시체가 운하 속으로 던져지는 것으로 끝나는 충직한 연대기적 영화이다. 혁명운동으로 투옥된 로자에게 그녀를 존경하는 여자 간수가 꼭 읽어야 할 책을 추천해 달라고 부탁한다. 로자가 추천한 책은 혁명적 사상 서적이 아니라 『안나 카레니나』였다. 공산청년동맹을 방문하고 도서실에 들렀던 레닌은 책에 열중해 있는 청년의 어깨를 치며 〈푸시킨을 읽고 있나?〉 하고 물었다. 청년은 반동 시인 푸시킨이 아니라 혁명시인 마야코프스키를 읽고 있노라고 대답하였다. 그러자 레닌은 〈마야코프스키보다 푸시킨이 훨씬 위대한 시인이라네〉라고 했다는 일화도 전해지고 있다. 소아적 질환을 앓고 있는 아류들일수록 선명경쟁을 일삼으며 과격성을 지배의 무기로 사용하는 것은 극히 낯익은 역사와 현실 속의 사례이다. 20년대까지만 하더라도 제한된 범위에서나마 예술표현의 자유를 허용해서 가령 푸르스트소설을 번역 출판하고 문교위원 루나찰스키가 거기 서문을 부치기도 했던 소련은 그후 스탈린주의의 완전 통제체제로 돌입한다. 그때 이미 소련 사회주의의 문화적 정치적 실패는 예고된 것이었다고 할 수밖에 없다. 편향된 교조만 있을 뿐 지적 자유가 없는 사회에서 정신적으로 건강하고 현실을 향해 열려 있는 개인들이 성장할 리 없다. 처음 강연 원고였다가 1922년에 발표한 「괴테와 톨스토이」에서 토마스 만은 〈마르크스가 횔덜린을 읽을 때에야 비로소 사회주의는 참으로 그 국민적 사명을 다할 수 있다〉고 적고 있는데 참으로 예언자적 통찰이라 하지 않을 수 없다. 횔덜린을 읽기는커녕 그 존재조차 허용치 않았던 사회의 구경이 어떤 것인지는 이제 분명해졌다.

　편향된 교조가 사회를 마비시키게 되 듯 편향된 독서는 개인의 밋밋한 성장과 잠재성의 개화에 장애가 된다. 그것은 일종의 자승자박이다. 이 세계최상의 정신과 친숙해진다는 교양을 위해서건 인간 형성을 위해서건 경험에 대한 개방성은 절실하게 필요한 것이다. 문학 독서가 주는 즐거움과 잇점은 상상 속의 경험을 확대시켜주며 그렇게 함으로써 공명적 이해심이 많은 품성을 도야하도록 도와준다는 것이다. 동서의 인문주의적 전통이 이 점에 관해서 사실상의 일치를 보이고 있다. 정보사회라고 하는 오늘날 우리는 실제적 필요와 지식 정보의 획득을 위해서 독서하는 경우가 더 많다. 일정한 목적의식이나 문제의식을 안고 달려드는 독서일수록 사실은 능률적인 것이다. 르네상스적인 만능의 인물이었던 괴테는 그림에 열중하기도 했다. 그는 그림의 대상이 되는 집이나 새를 더 잘 관찰하기 위해서 그리는 것이라고 의아해하는 주위 사람에게 대답했다고 전해진다. 그림은 그리겠다는 목적의식을 가지고 집이나 꽃을 관찰하면 분명하고 세밀하게 그 대상이 떠오를 것이다. 마찬가지로 일정한 주제의식이나 문제의식을 가지고 독서를 할 때 보다 창조적이고 주체적인 독서 행위가 성립될 것이다.

오늘날 기술정보사회의 시민이 취득해야 할 상식과 정보는 무량하게 많다. 간단한 읽기, 쓰기와 셈하기 능력만 갖추고 있으면 얼마전 까지만 하더라도 문맹(文盲) 상태를 벗어날 수 있었다. 오늘날 사정은 이미 동일하지 않다. 자동차 운전이나 컴퓨터 조작이 바야흐로 새 시대의 〈문맹〉 탈피조건으로 부상하고 있다. 현대인 앞에는 그만큼 구비해야 할 기본적 조건과 자질이 수없이 기다리고 있다. 사회가 복잡해짐에 따라 신경과 시간을 받쳐야 할 세목도 증가하게 마련이다. 그러나 시인이 얘기한대로 인간정신이 마련해 낸 세계에서 가장 위대한 세계는 언어로 된 책의 마법세계이다. 그 세계 속에서 현명한 주민이 되기 위해서는 무엇보다도 시간을 잘 활용해야 할것이다. 〈초읽기〉야 말로 지혜로운 책읽기의 왕도일지도 모른다. 평생을 시간 낭비 없이 보낸 괴테, 우리 사이에서 별 주목을 받지 못하나 그렇기 때문에 더욱 돋보이는 괴테는 자기 손자를 위한 기념 수첩에 다음과 같은 짧막한 시를 적어 놓았다 한다.

한시간에는 일분이 60 있다.
하루에는 천이 넘게 있다.
아이야 기억해 두려므나
사람은 무슨 일이라도 할 수 있음을.

시험적 목록

문학을 향수하고 공부하려고 하는 젊은이에게 가장 필요한 것은 그러나 원론적인 권면보다 구체적인 문학고전의 필독서 목록일 것이다. 또 외국 작품인 경우 책임지고 권고할 수 있는 번역서의 지정일 것이다. 불행히도 우리 사이에서 자타가 공인하는 바 정평 있는 번역본이 지목되어 있지는 않다. 그러나 일단 필독 고전의 목록에 따라 독서계획을 짜보는 것이 좋을 것이다. 마침 서울대학교 인문과학연구소에서 문학서 1백편과 사상서적 1백편을 선정하여 학생들에게 권장하기로 했는 데 의지할 만한 향도가 되리라 생각한다. 그것을 옮겨보면 다음과 같다.

〈한국〉

1 수이전
2 계원필경 · 최치원
3 파한집 · 이인로
4 역옹패설 · 이제현
5 송강가사 · 정철
6 열하일기 · 박지원
7 다산시선 · 정약용
8 구운몽 · 김만중
9 홍길동전 · 허균
10 춘향전
11 혈의 루 · 이인직
12 무정 · 이광수
13 임꺽정전 · 홍명희
14 삼대 · 염상섭
15 천변풍경 · 박태원
16 고향 · 이기영
17 무영탑 · 현진건
18 상록수 · 심훈
19 탁류 · 채만식
20 인간문제 · 강경애

21 감자 外·김동인
22 카인의 후예·황순원
23 님의 침묵·한용운
24 김소월 전집
25 정지용 전집
26 윤동주 전집

〈중국·일본·인도·아랍〉

27 詩經
28 山海經
29 陶淵明 詩選
30 李白 詩選
31 杜甫詩選
32 三國志演義·나관중
33 水滸傳·시내암
34 西遊記·오승은
35 紅樓夢·조설근
36 儒林外史·오경재
37 老殘旅記·유악
38 阿Q正傳·노신
39 子夜·모순
40 祥子·노사
41 家·파금
42 源氏物語·무라사키
43 도련님·나쓰메
44 기탄잘리·타골
45 千一夜話

<남북 유럽과 라틴 아메리카>

92 돈키호테·세르반테스
93 백년동안의 고독·마르케스
94 인형의 집, 유령·입센
95 미스 줄리, 아버지·스트린드베리히

<러시아>

96 카라마조프의 형제들·도스토예프스키
97 안나 카레니나·톨스토이
98 아버지와 아들·투르게네프
99 어머니·고리키
100 개를 데리고 다니는 여인·체홉

　전문가들의 오랜 연구과정을 거쳐서 선정된 위의 고전들은 문과 학생들을 위한 것이 아니라 전공분야와 관계 없이 대학생 일반을 위한 것이다. 오랜 고심 끝에 작성된 목록임이 분명하고 또 매우 야심적인 구상의 소산이다. 당장 현실적인 난점이 있다면 채 국역판이 나오지 않은 고전도 포함되어 있다는 점이다. 또 권장할 수 있는 번역본이 명시되어 있지 않다는 점이다. 또 세계 여러나라의 고전을 균형있게 선정하였기 때문에 자연 일종의 안배주의와 대작위주로 되어서 지나친 부담이 될 수도 있을 것이다. 『삼국지연의』나 『천일야화』는 누구라도 쉽게 접근할 수 있지만 『말테의 수기』나 『신곡』은 그렇지도 않을 것이다. 두루 폭넓게 독서하는 것은 장려되어야 하지만 문학을 공부하는 사람의 경우 좋아하는 나라나 작가가 생겨나게 마련이고 선호에 따라서 가령 러시아 소설이나 프랑스 소설에 특별한 애착이 가는 경우도 있을 것이다. 그럴 경우 서슴 없이 선호를 따라서 집중적으로 읽는 것은 문학이해를 위해서 긍정적인 처사요 굳이 주저할 필요는 없을 것이다. 중요한 것은 그릇 큰 작가일수록 작품도 많으니만큼 쉽게 접근할 수 있는 작품부터 접근하는 것도 효과적인 방법일 것이다. 따라서 위의 목록은 특히 근대작품의 경우 선택된 작품보다는 작가 위주로 참조하고 활용하는 것도 좋을 것이다. 방대한 『안나 카레니나』에서 출발하기 보다는 『크로이체르 소나타』나 『이반 일리치의 죽음』에서 출발하여 대작으로 접근해 가는 편이 순서일 수도 있다는 뜻이다. 사실 톨스토이 같이 위대한 작가의 경우 다른 작가를 놓지는 한이 있더라도 많이 읽을 수록 좋을 것이다.

문과학생이나 문학을 지망하는 젊은이의 경우 우리 문학은 많이 읽을 수록 좋을 것이다. 또 일단 문학에 매료되고 나면 우리 문학은 부담 없이 광범위하게 읽을 수 있다. 가령 우리 근대시의 경우 마음만 먹으면 단시일내에 그 전부를 독파할 수도 있다. 여러가지 이유로 작품량도 많지 않고 또 대개가 단시이기 때문이다. 서정시치고도 우리의 시는 대체로 서양시와 비교하면 극히 짧은 편이다. 이러한 점을 참작해서 위의 고전백선에 포함되지 않은 양서의 목록을 작성해 보기로 한다. 매우 주관적이고 시험적인 선정이 될 수밖에 없을 것이다.

우리 문학의 경우 현재 왕성하게 작가활동을 계속하고 있는 시인 작가쪽은 할애하기로 한다. 성급하게 대표적 작품을 규정짓는 것은 실례가 되는 일이기도 하고 작가활동이 계속되고 있는 한 사실상 허용될 수 없는 일이라 생각되기 때문이다. 따라서 작고문인 위주가 되겠지만 사실상의 절필상태거나 해방이전부터 활동해온 노대가의 경우는 예외로 하였다.

외국작품의 경우 필자의 한계로 말미암아 선정목록은 한결 자의적이고 주관적이 될 수밖에 없다. 그러기 때문에 우리 문학에 영향을 끼쳤다고 생각되거나 우리 문인들 사이에서 애독된 작가들의 작품을 우선하였다. 서울대학 고전백선에 끼어있는 작가의 끼어있지 않은 작품들을 고려하였으며 접근 용이한 중편을 다수 포함시켰다. 또 인간 형성에 빛을 던져주는 성장소설류를 많일 포함시킨 것은 필자의 선호를 절제하지 않았기 때문이다. 영어가 제1외국어로 되어 있다는 사정 때문에 영미문학쪽에 무게가 실린 혐의도 있다. 유럽쪽으로 편중되고 동양문학쪽이 상대적으로 소홀히 된 것은 번역되지 않은 작품을 거명하는 것이 별로 의미가 없다고 생각하였기 때문이다. 독일, 프랑스, 러시아문학쪽으로 비중이 실려 있는 것도 사실상 접근가능한 번역서가 많고 제1외국어인 영어해독자가 다수임을 참작하여 영역본을 쉽게 구할 수 있다는 사정을 고려한 결과이다. 위에서도 밝혔듯이 수용어 작품과의 경쟁 태세를 처음부터 포기한 의역이 별 의미가 없을 듯하여 시집은 배제하였다. 또 두툼한 역 시집이 없는 것도 사실이다. 번역본이 여러개 있는 작품의 경우 각자가 출판사나 역자를 고려하여 선택하는 수밖에 없다. 책임지고 권고할 수 있는 번역서 정본(定本)이 없다는 것도 독자들로서는 곤혹거리일 것임에 틀림없다. 공연히 미끈하기만 번역도 문제는 있지만 우리말로 무슨 뜻인지 모르게 되어 있는 것은 오역인 경우가 많다는 참고 사항을 첨언해 둔다. 한국 작가의 경우 요즘 전집류가 많이 나와 있다. 따라서 개개 단편집을 거명하는 것이 도리어 부적절한 경우가 있다. 그럴 경우엔 단편집이라고만 적어 두었다. 단편선집으로 읽어도 상관 없을 것이다. 과작인 작가의 경우엔 본래의 책 이름을 적어 두었다.

〈한국〉

1 시인·시집

김영랑 시집
김기림 시전집
김광균 시전집
임화 시전집
백석 시전집
이용악 시전집
서정주 시전집

유치환 시전집
오장환 시전집
김현승 시전집
박목월 시전집
조지훈 시전집
청록집·박목월, 조지훈, 박두진
김수영 시전집
신동엽 전집
주막에서·천상병

2 소설·단편·희곡

만세전, 단편집·염상섭
최서해 전집
조선의 얼굴·현진건
이태준 단편집
이효석 단편집
대하·김남천
소설가 구보씨의 일일·박태원
김유정 전집
이상 선집
장삼이사·최명익
비오는 날·손창섭
선우휘 단편집
서울·1964년 겨울·김승옥
유치진 희곡집
함세덕 희곡집

〈영국〉

로빈슨 크루소·드포
톰 존즈·필딩
암흑의 핵심, 밀정·콘라드

더블린 사람들·조이스
인간의 굴레, 먼 옛날, 변방·몸
인도항로, 하워즈 엔드·포스터
베를린이여, 안녕·이셔우드
1984년·오웰
파리대왕, 상속자들·골딩

〈미국〉

빌리 바드, 바틀비, 베니토 쎄라노·멜빌
단편집·호손
단편집·포
아메리카의 비극·드라이저
와인즈버그 오하이오·앤더슨
위대한 개츠비·피처랄드
오기 마치의 모험·벨로우
어씨스턴트, 단편집·맬라무드

〈독일〉

루이제 밀러린·쉴러
젊은 베르테르의 괴로움, 시와 진실·괴테
베니스에서의 죽음, 토니오 크뢰거 外·만
크눌프, 데미안, 황야의 이리·헤세
소송, 변신·카프카
갈리레이의 생애·브레히트
횔덜린·바이스

〈프랑스〉

마농 레스코·쁘레보
고리오영감·위제니 그랑데, 발자크

빠르므의 승원·스탕달
감정교육·프로베르
여자의 일생, 단편집·모파상
단편집·도데
제르미나르·졸라
좁은 문, 지상의 양식, 테제·지드
인간의 조건·말로
말·사르트르
이방인, 전락·카뮈
하드리안느 황제의 회상·위르스나르

〈러시아〉

대위의 딸·푸시킨
첫사랑, 루딘, 처녀지·뚜루게네프
죄와 벌, 지하생활자의 수기, 악령·도스토예프스키
크로이체르 소나타, 이반 일리치의 죽음, 산송장, 소년시대, 민화집·톨스토이
나의 생애·겔첸
중편집, 세자매, 벗꽃동산, 외숙 바니야·체홉
단편집·레스코프
밤주막·고리키
의사 지바고·파스테르나크
이반 데니소비치의 하루·솔제니친

〈기타〉

아르네·뾨른손
단편집·보르헤스
단편집·마르께스

2 어떻게 쓸 것인가

독서에 왕도가 없듯이 글쓰기에도 왕도는 없다. 그러나 독서법의 경우와 마찬가지로 옛날부터 일러오는 유서깊은 충고는 있다. 많이 읽고 많이 쓰고 많이 고쳐보라는 것이다. 사실 이보다 더 적절한 조언은 있을 수 없다. 옛말 그른 데가 없는 것이다. 간결한 이러한 지침을 실제로 어떻게 활용하느냐가 문제의 핵심으로 떠오르는 것일 뿐이다.

글재주는 식별력이다

글쓰기는 글읽기와 떼어서 생각할 수가 없다. 글이 글을 낳는다. 좋은 글이 좋은 글을 낳고 서투른 글은 서투른 글을 낳게 마련이다. 따라서 좋은 글을 많이 읽는 것이 우선 필요하다. 사람은 누구나 모방충동을 가지고 있다. 모방충동이 있기 때문에 어린이가 말을 배우고 말을 익힌다. 또 가까운 사람의 몸짓과 동작을 흉내내면서 성장하는 것이다. 좋은 글을 읽고 그것을 본뜨면 자연히 좋은 글을 쓰게 마련이다. 따라서 좋은 글의 좋은 점을 알아보는 것이 중요한데 이것은 어느 정도 경험의 축적을 요구하는 일이다.

풍경이 풍경화가를 만드는 것이 아니라 풍경화가 풍경화가를 만든다는 말이 있다. 풍경화가는 매력 있다고 생각되는 그리하여 그림으로 옮겨놓고 싶다는 충동을 느껴서 어떤 풍경을 그려내고 그 풍경화를 완성시킬 것이다. 그러나 그것은 화가로서의 일정한 수련을 연마한 후의 일이다. 처음으로 그림을 그려보는 사람이 대뜸 어느 풍경을 대하고 그림을 그린다면 그림이 되어 나올 리가 없다. 많은 풍경화를 완상하고 세심하게 검토하며 그것을 본뜨고 모사함으로써 기초가 잡히는 것이다. 그러므로 거장들의 작품 모사야말로 화가 지망생에게 과해지는 기초 훈련의 하나가 되는 것이다. 모작과정을 통해 기본기를 익히고 나야 비로소 자기 나름의 자연 관찰이 화폭 위에서 생색을 발휘할 수 있을 것이다.

어린이에게 그림 교육을 과할 때도 마찬가지다. 어린이가 본 대로 혹은 보이는 대로 고양이를 그릴 수는 없다. 고양이는 그리는 순서를 일종의 공식으로 가르치는 것이다. 예술심리학자이며 미술사가인 곰브리치는 그림 교과서의 예를 보여주고 있다. 처음 빵모양을 한 동그라미를 그린다. 다음 그 동그라미 위에 곡선을 그려넣어 쇼핑백을 그린다. 이어서 쇼핑백의 손잡이 위로 조그마한 곡선을 두 개 첨가하여 지갑을 만든다. 마지막으로 꼬리를 그려넣으면 당초의 빵그림은 고양이로 변한다.

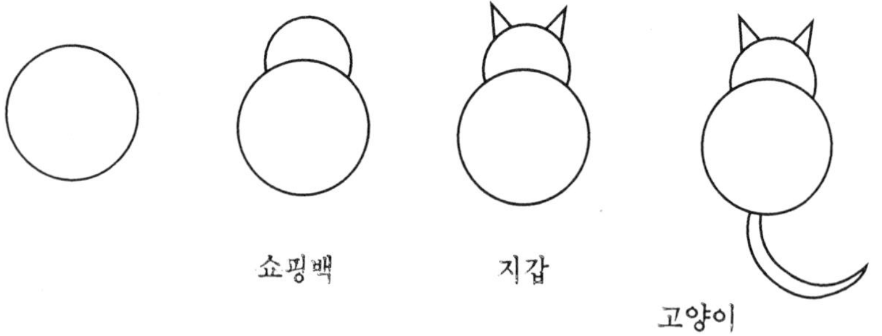

이러한 기초 습득과정을 거쳐 줏대되는 관습을 익히고 난 뒤에 비로소 본 대로 혹은 보이는 대로 그리는 개성적인 그림이 가능해지는 것이다. 이와 같은 과정은 모든 예술분야에 해당된다.

느끼고 생각한 대로 쓰라는 말은 틀린 말이 아니다. 그러나 느끼고 생각한 대로 쓰자면 그 이전에 느끼고 생각한 대로 씌어진 많은 글, 그것도 좋은 글을 읽어야 한다. 그리고 그것은 어린 시절에 이루어지는 것이 좋다고 생각한다. 그 점 동요를 많이 읽히고 암송시키는 것도 효과적인 방법이다. 시에서와 마찬가지로 동요에서도 말바꿈이나 순서의 바꿈은 커다른 차이를 빚어내게 마련이고 따라서 말에 대한 민감성을 훈련시키는데는 적절하다. 동요나 동시 기송(記誦)은 앞의 그림에서와 같은 기초 익히기의 의미를 갖게 될것이다. 암기 위주의 교육은 좋은 것도 아니고 또 효과도 없다. 원리를 이해하고 활용하는 능력의 개발이 소망스러운 것이다. 그렇지만 셈본에서 구구법을 외워두는 것은 필요하며 필수적인 것이다. 어문교육에서조차 기억의 중요성을 무차별적으로 배격하는 것은 옳지 않다. 원래 기억술의 한 방편이기도 했던 시의 암송은 동양에서나 서양에서나 인문교육에서 중요 훈련의 하나였다(위에서 본 곰브리치의 어린이 그림 교과서도 빵과 쇼핑백에서 고양이에 이르는 그리기 과정을 동요로 만들어 기억하기 쉽게 공식화한 것이다). 글짓기 훈련을 시킨답시고 글쓰기만을 부과하는 것은 소득도 효과도 낳지 못한다. 우선 매력 있는 글을 많이 읽히는 것이 중요하다. 글쓰기는 그 다음에 자연스레 뒤따르게 마련이다.

흔히 글재주가 있다든가 없다든가 하는 말을 쓴다. 말재주나 손재주가 있다든가 운동신경이 발달되었다는 말 정도의 의미는 있는 말이다. 정말 글재주라는 것이 있다면 그것은 좋은 글과 빈약한 글을 가릴 줄 아는 식별력일 것이다. 좋은 글을 알아보는 능력이 그대로 글재주이다. 거꾸로 얘기해서 훌륭한 글을 쓰지 못하는 사람은 감식력도 떨어지게 마련이고 따라서 믿을 만한 소리도 하지 못하는 것이다. 직업상의 여러 가지 이유로 필자는 글쓰기를 지망하는 젊은이를 만나는 일이 꽤 있는 편이다. 습작을 읽어보는 경우도 잦다. 그럴 경우 좋아하는 작가나 작품, 또 감명 깊게 읽은 작품 등을 물어보는 것이 예사이다. 문학 지망자가 대체로 내향적 성격이어서 자기를 드러내는 것을 수줍어하는 터여서 답변 유도는 쉽지가 않다. 그러나 그가 좋아하는 시인이나 작품은 대체로 그 사람의 문학적 성향뿐 아니라 글쓰기 수준에 대한 유력한 지표가 되어 준다. 특히 시 지망자의 경우 그가 좋아하는 작품이나 시행을 들어보면 그의 수준은 곧 드러나게 마련이다. 즉 한 사람의 글은 그의 글읽기의 총화의 한 조그마한 노출인 것이다. 문학 지망자라는 습작생이 거의 읽는 게 없는 경우도 있다. 사람은 누구나 세계의 중심이다. 인식 주체 없이 세계도 존재하지 않는다. 성숙해 간다는 것은 세계의 중심이라고 생각했던 유아적(唯我的) 자아가 한심스럽게도 그렇지 않다는 것을 자각해 가는 과정이다. 유아적 자아상과 세계 파악이 젊은 날의 업신 여길 수 없는 특징인 것은 사실이다. 그러나 자기만의 독자적이고 일회적인 것이라 생각하는 느낌이나 생각이나 경험치고 이미 기술되고 표현되지 않은 것은 이 세상에 없다고 생각해도 틀림은 없다. 동일한 경험에 접근하는 시각이나 강조점의 극히 미세한 차이로 말미암아 조금씩 다르게 변용되고 변주되어 나올 뿐이다. 따라서 선행 작품에 대한 참조나 고려를 무시하고 습작에 착수한다는 것은 그 자체가 무모한 일이기도 하지만 근본적으로 분수를 모르는 짓이다. 또 좋은 글을 읽지도 않은 채 쓰려고만 덤빈다는 것은 옛 조상의 말투를 빌리면 밑천도 들이지 않고 거저 일확천금해 보자는 도둑의 심보에 지나지 않는다. 좋은 글을 많이 읽는 것이 글쓰기의 첫 걸음이다.

만족 없는 탐구

우선 많이 읽는다는 것은 글쓰기를 늦추자는 뜻이 아니다. 양서와 고전을 섭렵하는 것은 그 자체가 많은 시간을 요하는 평생교육이다. 읽기만 하고 쓰지 않는 것은 운동경기를 구경하기만 하고 간단한 도수체조도 하지 않는 스포츠 관람자로 자족하는 것과 같다. 다만 글이 글을 낳는다는 엄연한 사실은 우선 확인하자는 것이다. 좋은 글에도 일률적인 기준이 있는 것은 아니다. 좋은 글과 문학작품은 모두 저마다의 방식으로 존재한다. 소재에 걸맞는 문체와 방법이 있게 마련이고 글쓰기가 소속하는 장르마다 질적 식별의 척도도 달라질 수밖에 없다. 그리고 식별력도 독서 경험의 축적에 의해서 세련되고 연마되는 것이다.

이 세상에서 가치 있는 것이 땀흘리지 않고 성사되는 법은 없다. 글쓰기도 예외는 아니다. 많이 써보고 또 많이 고쳐보아야 한다. 글쓰기의 지표로서 흔히 거론되는 것에 일사일어(一事一語)라는 가르침이 있다. 이 세상에는 똑같은 나무나 돌이나 물건이 없다. 그러니까 이 나무와 이 물건에 꼭 어울리는 단 하나의 말을 찾아 골라쓰라는 취지의 가르침이다. 이러한 생각을 발설한 플로베르 자신의 엄격성과 실천에서 우러나온 실천에 의해 뒷받침되어 있는 말이다. 그는 평생 독신으로 지내면서 오직 글쓰기를 삶의 목표로 책정하고 실천한 사람이다. 59년의 생애를 통해서 그가 남겨놓은 것은 미완성작품을 포함하여 여섯 권의 장편과 한 권의 중단편집과 수많은 편지뿐이다. 대표작이라고 하는 「보봐리부인」을 쓰는 데만 5년여가 걸렸다. 단 두 줄의 문장을 쓰기 위해서 꼬박 이틀을 바친 일도 있었다. 〈하루에 적어도 일곱 시간을 각고하면서 한 달 동안에 겨우 20페이지를 썼을 뿐이오! 지난 수요일 나는 몸을 일으켜 손수건을 찾아야만 했소. 주루루 얼굴에 눈물이 흘러내렸던 까닭이오〉라는 편지 대목도 보인다. 플로베르는 극단적이고 예외적인 경우일 것이다. 그러나 이렇게 고행에 가까운 각고의 노력을 통해서 불후의 걸작은 태어난 것이다. 정확하고 적정한 말을 찾아 고치고 또 고치는 비평적 노동의 과정을 통해서 그의 문체는 태어난 것이다.

누구나 플로베르가 될 수 있는 것도 아니고 또 될 필요도 없다. 플로베르과 같이 59년의 생애를 산 스탕달은 「빠르므의 승원」을 52일 동안에 탈고했다고 한다(스탕달은 작가로서 알려져 있지만 소설로는 장편 2권,

중편 하나, 미완의 장편 하나를 남겼을 뿐이다. 그러나 그가 생전에 쓴 책은 서른세 권이나 되며 그중 생전에 출판된 것은 14권에 불과했다. 그의 유명한 「연애론」은 10년간에 17부가 팔렸을 뿐이다) 사람마다 문체가 다르듯이 글 쓰는 방식에도 차이가 있다. 그렇지만 저마다의 방식으로 고심하며 쓰는 것에는 차이가 없다. 문체가 없다고 플로베르가 혐오했던 발자크도 고치고 또 고쳐서 인쇄소의 식자공을 울리곤 했다는 일화를 남기고 있다. 이웃나라의 한 대표적 시인은 짤막한 단시를 완결시킬 때 까지 한 낱말을 천 번이나 입에 올려 음미했다고 전해진다. 중국의 백낙천은 이웃사람에게 작품을 보여주고 그의 이해가 확실하다고 생각될 때 까지 고쳤다고 한다. 젊어서 죽은 영국 시인 딜런 토마스의 「시월의 시」는 그의 작품치고 쉽게 친숙해질 수 있는 시다. 그의 사후 서로 다른 2백 개의 초고가 발견되었다. 2백 번이나 고쳐 썼다는 얘기가 된다. 8백편이 넘는 시편을 발표한 미당 서정주는 작품량이나 굴질감이 있는 시적 성취로 보나 가장 큰 우리말 시인이요 자타가 공인하는 우리 말의 연금술사다. 팔순이 가까운 연치에 발간한 『늙은 떠돌이의 시』의 「머릿말」에는 다음과 같은 대목이 보인다.

　여기서 다시 한번 실감되는 것은 〈시라는 전공(專攻) 이것 참 매우 어렵다〉는 것이다. 60여 년 동안이나 이걸 이어서 써왔는데도 지금의 내 느낌은 습작기의 문학청소년 시절이나 다름없는 표현상의 불만, 불만 그것만이 늘 반 넘어 차지하고 있으니 말이다.
　그러나 이 불치의 욕구불만 감정이 항시 계속됨으로써 언제나 표현상의 새 매력을 탐구해 보려는 노력도 계속되어서, 이것으로 타성의 게으름에 멎어버릴 수 없이 된 것, 이것 한 가지만큼은 참 다행한 일이다. 시의 표현의 매력 추구도 자연과학의 발견의 추구와 마찬가지인 새 경지의 발견의 추구라고 나는 나이가 더할수록 더 생각하게 되는데, 그렇다면 이 늘 계속되는 욕구불만 이야말로, 여기에서는 가장 좋은 약이 되는 것이다.

팔순의 노대가가 자신의 작품에 불만을 느끼며 늘 새로운 매력을 찾아 탐구하는 자세는 가히 전범이 되어 마땅하다. 글재주란 것이 있다면 그것은 식별력일 것이라고 위에서 비쳤지만 자신에게 만족하지 않는 것이야말로 참다운 재능의 징표일지도 모른다. 노대가의 말에는 우리를 숙연케 하는 무엇이 있다.

스승이 반팔자

그렇지만 위에서 주목해 본 걸출한 문인들의 글쓰기 과정은 자칫 글쓰기에 대한 부질없는 두려움을 안겨줄지도 모른다. 그러나 두려운 생각을 가질 필요는 없다. 빼어난 재능들도 글쓰기 앞에서 겸허하였고 꾸준히 연마하였다는 사실의 상기가 중요한 것이다. 누구나 말을 할 수 있는 것처럼 글쓰기는 누구에게나 열려 있다. 언변이 서투른 것은 대개 훈련이 부족하고 또 소심한 성격인 탓에 숫기가 없기 때문이다. 실패에 대한 두려움이나 소심증만 극복한다면 누구나 구변좋은 사람이 될 수 있다. 필자의 관찰에 의하면 우리 사이에서 알려진 이른바 구변좋은 사람들 중에는 기독교인들이 많다. 그들은 어린 시절의 주일학교 경험이나 그 후의 교회교험을 통해서 말 잘하는 목회자들의 설교에 일찌감치 노출되어 사실상의 언변교육을 주입받은 것이다. 목회자의 설교는 대체로 자신과 신념에 차 있어 머뭇거림이 없다. 따라서 그 밑에서의 교육 이수자도 그러한 말투와 심정적 태도를 흡수하게 마련이고 그러는 사이 실패에 대한 두려움이 없는 언변 좋은 사람이 되어 버리는 것이다. 글쓰기의 경우에도 사정은 같다. 누구나 일정 수준에 이를 수가 있는 것이다.

능률적인 독서를 위해서 독서 습관의 형성이 필요하듯이 글쓰기 훈련의 경우에도 글쓰기의 습관화가 필요할 것이다. 반드시 긴 글일 필요가 없다. 「영국사」의 저자로 알려진 전기작가인 프랑스의 앙드레 모로아는 〈한 줄도 쓰지 않고 지나가는 날은 없다〉는 뜻의 라틴말 격언을 벽에 걸어놓고 좌우명으로 삼았다고 한다. 서양 문인들이 대체로 방대한 양의 일기나 편지를 남겨놓고 있는 것을 보게 된다. 자기 반성적이고 생활 정리적인 실용적 목적에서 나온 것이겠지만 글쓰기의 습관화라는 측면도 있지 않나 생각된다. 그 점 일기 쓰기는 글쓰기의 습관화를 위해서 안성맞춤이다. 길게 쓸 것 없이 몇 줄만이라도 써보는 버릇이 중요하다.

읽은 책의 요약이나 소감을 간단히 적어보는 것도 글쓰기 습관 형성에 기여할 것이다. 글쓰기는 마음속의 막연한 느낌이나 헝클어진 생각을 정리하면서 그것을 고정시키고 객관화하는 것이다. 읽은 책에 대한 소감을 적어보는 것은 정독에도 도움이 되고 자기 생각을 분명히 하는 데도 도움이 된다. 글쓰기는 또 자신에 대한 환상을 버리게 하고 비교적 균형잡힌 자기 인식을 갖도록 해준다. 머릿속의 느낌이나 생각이 제법 그럴 듯하게 여겨지더라도 막상 글로 적어놓고 보면 맥빠지는 경험은 누구나 가지고 있을 것이다. 말이나 글로 드러내지 않은 속생각이란 것은 대체로 허황한 것이다. 글쓰기는 또 일정한 단계를 지나면 글이 스스로 써지기도 한다는 사실을 가르쳐주기도 한다. 주어는 동사나 술어를 갖게 마련이고 따라서 일단 잡아놓은 주어에 걸맞는 술어가 저절로 굴러오기도 하는 것이다. 낭만주의자들이 말하는 영감이라는 것은 과장된 것이고 글쓰기의 실상과는 동떨어진 허구이지만 언어의 성질에 따라 글이 저절로 씌어진다는 국면과 관련하여 생겨난 측면도 있을 것이다.

글쓰기의 막중한 실천적 효용은 좋은 글을 알아보는 감식력을 크게 향상시켜 준다는 점이다. 어떠한 형태의 것이건 글쓰기의 경험은 공들인 글과 뛰어난 글의 미덕을 식별할 수 있게 해준다. 그러는 만큼 치졸한 글과 산만한 글도 가려준다. 제어되지 못한 혼란에서 나온 아리송한 불명확성과 참으로 깊고 심세한 사고에서 필연적으로 우러나온 어려움을 식별할 수 있게 해준다. 앞에서 좋은 점을 알면서 좋은 글을 많이 읽으면 좋은 글을 쓰게 마련이라는 것을 누누히 강조하였다. 글쓰기 경험이 또 좋은 글을 알아보게 한다면 모순된다고 생각할지 모른다. 그러나 이 두 개의 진술은 결코 모순이 아니며 상호 보완적이다. 글읽기와 글쓰기의 상호작용은 상승작용을 일으켜서 양쪽 모두를 능숙하게 해주는 것이다.

　어떤 유태계 미국 문인이 뱀과 유태인이란 낱말이 책 속에서 눈 쪽으로 튀어나오곤 했다는 어린 시절의 독서경험을 적고 있다. 헤브라이즘의 전통에서 뱀이 상서롭지 못한 것임은 말할 것도 없지만 반유태인적인 편견이 상당히 뿌리박혀 있는 사회에서의 특수 경험일 것이다. 뱀이나 유태인은 아니지만 어느 특정 단어가 책에서 불쑥 튀어나오는 일은 드문 일이 아니다. 웬만큼 책읽기에 익숙해지면 매력적인 생각이나 표현이 책 속에서 눈 앞으로 튀어나올 것이다. 그러한 생각이나 표현은 또 기억에 남게 마련이고 심층 속에 머물러 있던 생각은 그나름의 변용과정을 거쳐서 언젠가는 의식의 차원으로 떠오르게 될 것이다. 요즘 부쩍 화제에 오르고 있는 상호 텍스트성이란 것은 그 전에 인유(引喩)라 했었지만 인유란 반드시 의식적 의도적인 산물인 것만은 아니다. 우리가 읽은 것이 기억 심층에 남아 있다가 의식 수준에 떠올라와 글로 표현될 때 그것은 인유의 성질을 띠게 마련이다. 심층의 재고량이 풍부할 때 글쓰기의 가능성도 커지는 것이다.

　글쓰기에서 중요한 것은 글쓰는 주체이다. 글은 사람이다란 것은 옛말이지만 변하지 않는 진리이다. 주체를 부정하고 저자를 부인하는 최신 이론이 아무리 정교함을 지향하더라도 글이 사람이란 사실은 여전히 남아 있을 것이다. 글이 사람이란 것은 인간 품성의 반영이라는 투의 도덕적 함의에서 끝나는 것이 아니다. 글쓴 주체의 사람됨과 현실적 내면적 경험의 총화를 딛고 글도 씌어지는 것이다. 글쓰기는 연마하고 세련시킬 수 있다는 점에서 일종의 기술에 속한다. 그러나 소리나 물감을 매체로 사용하는 기술과는 달리 글쓰기는 말을 매체로 하는 기술이다. 모든 기술 혹은 예술이 의미에의 투기(投企)라는 국면을 가지고 있지만 특히 글쓰기는 의미에의 투기요 참여이다. 글쓰기는 사람을 드러내게 마련이다. 글쓰기는 궁극적으로 인간에 의한 인간에 대한 인간의 호소이다. 호소하는 주체의 그릇과 크기와 높이와 깊이와 섬세함이 글을 결정하는 것이다. 높이와 깊이에 대한 지향 없이 사람을 고양시키는 글은 씌어질 수 없다. 좋은 글쓰기의 길은 결국 성숙한 인격으로 가는 길과 다르지 않다.

　진정 개성적인 글을 쓰고자 할진대 줏대 있는 주체는 타자의 암시나 유행에서 초연해야 할 것이다. 〈유행은 죽음의 어머니〉라고 시인은 노래했지만 오늘의 유행가는 십 년 후의 흘러간 노래이다. 또 타자의 암시는 믿음직스러운 것이 못 된다. 글은 짤막할수록 좋다던가 재미있게 써야 한다던가 하는 등속의 권유는 묵살하는 것이 좋다. 글쓰기에 관한 한 좋은 글의 작자보다 의지할 만한 스승은 없다. 글을 통해 좋은 스승을 선택하고 그를 따르는 것이 최상의 방책이다. 부모가 반팔자라고 하지만 스승이야말로 반팔자이다. 좋은 스승을 알아모시는 것이 나머지 그대의 몫인 것이다.

ㅇ

아우구스티누스 176
아놀드, 매슈 190, 318
아리스토텔레스 12, 54, 175,
    222, 255, 264-279, 312
  「시학」 54, 255, 264-283, 286,
    312, 384
  「정치학」 266, 273-274
  「윤리학」 266, 275
  「자연학」 268
아우얼바하 380-390
  「미메시스」 299
아이스킬로스 288
아쿠다카와 류노스케 360-361
  「라쇼몽」 360-361, 363, 366,
    371
  「수풀 속」 361-366, 368, 373
안데르센 182-184
  「안티고네」 287-290, 310
야콥슨, 로만 88-89
양주동 325, 336
에르리흐 211
  「러시아 형식주의 — 역사와 이
    론」 211
에이브람즈 311, 313, 315-316
  「거울과 램프」 311
엘리어트 39, 43, 60, 162, 174
    -175, 325-326, 331, 344-345
  「J.A. 프루프록의 연가」 325
    -326
연 84

염상섭 23, 310
영감 158-167, 170 →영감론
영감론 168-169, 173-174
예술을 위한 예술 231, 233-236,
    243
예술지상주의 235 →예술을 위한
    예술
예이츠 102, 117, 170, 193
오든 352
오웰, 조오지 307
오장환 103-108, 115
와일드, 오스카 234, 294
와트, 이언 297
워즈워드 22, 156-159, 169, 185
    -186, 222, 315, 345, 386
  「3월에 쓰다」 156-159
  「서정담시집」 186, 386
운문 82-86, 302
운율법 prosody 85
윌슨, 에드먼드 186-190,
    201-204, 209
  「상처와 활」 201-204, 209
유리왕 291
  「황조가」 291, 294-295
유진오 126
유치환 37
  「가난하여」 36-37
  「깃발」 216
윤동주 191, 237
  「서시」 237
윤석중 20
  「날아라 새들아」 20

유종호
서울대 문리대 영문과 졸업.
뉴욕 주립 대학원 졸업.
연세대 문리대 특임 교수 역임.
저서『비순수의 선언』,『문학과 현실』,
『동시대의 시와 진실』,『사회역사적 상상력』,
『시란 무엇인가』,『서정적 진실을 찾아서』등.

문학이란 무엇인가

1판 1쇄 펴냄 1989년 9월 5일
1판 6쇄 펴냄 1992년 9월 30일
2판 1쇄 펴냄 1994년 3월 20일
2판 37쇄 펴냄 2024년 8월 13일

지은이 유종호
펴낸이 박근섭, 박상준
펴낸곳 (주)민음사

출판등록 1966. 5. 19. 제16-490호
서울특별시 강남구 도산대로1길 62(신사동)
강남출판문화센터 5층(우편번호 06027)
대표전화 02-515-2000 팩시밀리 02-515-2007
www.minumsa.com

ⓒ 유종호, 1989, 1994. Printed in Seoul, Korea

ISBN 978-89-374-1012-3 03800

* 잘못 만들어진 책은 구입처에서 교환해 드립니다.